KB083462

근대 일본의 문화사 1 : 19세기 세계 1

근대세계의 형성

저자

사카이 나오키酒井直樹 | 코넬대학교 교수

디페쉬 차크라바티 Dipesh Charkrabarty | 시카고대학교 교수

피터 오스본 Peter Osborne | 킹스턴대학교 교수

왕 후이汪暉 | 칭화대학교 중문학과 교수, 인문사회과학고등연구소 소장

가우리 비스와나탄 Gauri Viswanathan | 컬럼비아대학교 교수

하가 쇼지羽賀祥二 | 나고야대학 교수

요코타 후유히코横田冬彦 | 교토대학 교수

역자

허보윤許寶允, Boyoon Her | 현대공예이론 전공

남효진南孝臻, Hyojin Nam | 일본학 전공

한윤아韓允娥, Yoonah Han | 동아시아영화・영상이론 전공

이현희李炫熹, Hyunhee Lee | 일본 근대문학 전공

강현정姜現正, Hyunjung Kang | 동아시아영화・영상이론 전공

김연숙金淵淑, Yeonsook Kim | 한국문학 전공

전미경全美慶, Mikyung Jun | 가족학 전공

한국과 일본의 근대 형성기에 관심을 가진 우리들은 옛 '연구공간 수유+너머'의 '일본 근대와 젠더 세미나'에서 만나 함께 공부해왔다. 이 책의 번역 이전에 이와나미岩波 강좌의 '근대 일본의 문화사' 시리즈 중 3권 『근대 지知의 성립』(소명출판, 2010), 4권 『감성의 근대』(소명출판, 2011), 5권 『내셔널리즘의 편성』(소명출판, 2012), 6권 『확장하는 모더니티』(소명출판, 2007), 9권 『냉전 체제와 자본의 문화』(소명출판, 2013), 10권 『역사와 주체를 묻다』(소명출판, 2014)를 번역했다.

근대 일본의 문화사 1 : 19세기 세계 1

근대세계의 형성

초판 인쇄 2019년 4월 10일 **초판 발행** 2019년 4월 20일

지은이 사카이 나오키 외

옮긴이 허보윤 남효진 한윤아 이현희 강현정 김연숙 전미경

펴낸이 박성모 **펴낸곳** 소명출판 **출판등록** 제13-522호

주소 서울시 서초구 서초중앙로6길 15, 1층

전화 02-585-7840 **팩스** 02-585-7848 **전자우편** somyungbooks@daum.net **홈페이지** www.somyong.co.kr

값 25,000원

ISBN 979-11-5905-001-5 94910
ISBN 978-89-5626-540-7 (세트)

근대 일본의 문화사 1 : 19세기 세계 1

근대세계의 형성

The Formation of the Modern World : 19th c, 1

사카이 나오키 외 지음

허보윤 · 남효진 · 한윤아 · 이현희 · 강현정 · 김연숙 · 전미경 옮김

소명출판

◆ 일러두기

1. 번역을 위한 텍스트는 이와나미쇼텐岩波書店에서 2002년에 발행한 『岩波講座, 近代日本の文化史 1 近代世界の形成 19世紀世界 1』이며, 이 책의 편집위원은 고모리 요이치小森陽一, 사카이 나오키酒井直樹, 시마조노 스스무島薗進, 지노 카오리千野香織, 나리타 류이치成田龍一, 요시미 슌야吉見俊哉이다.
2. 저자의 원주는 미주를 사용하였고, 역자의 주는 각주를 사용하였다.
3. 단행본과 신문, 잡지는 『 』, 논문・시는 「 」, 영화・연극・노래 등은 〈 〉를 사용하였다. 다만 본 글의 특성상 사진제목이나 그림제목이 많은 경우, 이해하기 쉽도록 따로 《 》로 표시하였다. 또 원문을 인용한 경우는 " "를, 강조의 경우는 ' '를 사용하였다.
4. 표기법
   - 일본어 인명 및 지명의 한글표기는 원칙적으로 「외래어 표기법」(1986년 문교부 고시)에 따랐다. 따라서 어두에 격음을 쓰지 않았으며, 장음표기도 하지 않았다.
   - 일본의 인명 및 지명 등의 고유명사는 각 장마다 처음 나오는 경우에 한하여 한글 다음에 한자어나 일본어를 넣어 병기하고 그 다음부터는 한글만을 표기하였다.
   - 역자의 판단에 따라 이미 익숙해진 명사와 고유명사나 일본어 발음 그대로를 살리는 것이 좋다고 여겨진 경우에는 일본어 발음대로 쓰는 것을 원칙으로 하였다. 예를 들면, 『東京日日新聞』의 경우 『도쿄니치니치신문』이라고 표기했다.

편집자 서문

20세기 마지막 사반세기 동안, 근대 역사와 문화를 재검토하는 일이 세계적으로 이루어졌으며, 그에 관한 서사 방식 또한 새롭게 모색되어왔다. 일본에서도 1980년대 이후 그와 같은 과정이 눈부시게 전개되었다.

'역사'의 개념 자체를 다양한 개인과 사회 집단의 역학관계 안에서 구성된 담론으로 새로이 파악하고, '역사'에 관한 지식들이 근대의 권력관계를 둘러싼 투쟁의 장 속에 배치되어 있음을 깨달았다. 또한 '문화'의 개념도 제각기 처한 역사적 · 사회적 · 정치적 맥락 속에서 만들어지며 강요당하고, 강요당하면서 만들어지는 투쟁의 장으로 재인식되었고, 실체적인 가치로서가 아니라 오히려 새로운 물음을 던지는 장으로서 재발견되었다. 그런 까닭에 우리가 '역사'와 '문화' 속에서 어떠한 주체로 구성되었는가를 문제 삼지 않을 수 없다.

이러한 비판적 실천은 근대 학문 분야나 지식을 둘러싼 모든 영역에서 전개되고 있다. 비판적 실천이야말로 근대적으로 제도화된 학문 분야를 근본적으로 비판하면서 자유로운 재편성을 모색하는 일이다.

우리가 지향하는 것은 종래 의미의 '근대사'도 '문화사'도 아니다. 각각의 학문 분야에서 탈영역적인 질문을 던지고 경계를 초월하여 공유할 수 있는 새로운 서사의 지평을 창출하는 일이다. 이를 위해 우리는 '문화'라는 창을 통하여 근대 일본을 재검토할 것이다. 근대 일본의 문화를, 끝없는 항쟁과 조정調整, 전략과 전술의 충돌과 교차 속에서 경계가 계속 변화하는 영역, 불안정하고 유동적인 그래서 동적인 매력을 가진 영역으로 보고자 한다. 근대 일본의 역사는 과거 사건들의 집적이나 현재의 시점에서 재구성된 서사가 아니다. 그것은 현재를 살아가는 것과 과거를 재정의하는 것 사이를 계속 왕복하고 횡단하는 운동이다.

근대의 학문 분야들이 은폐해온 역사와 문화의 정치성을 밝히기 위해 이 책에서는 '일본'의 근대를 문제 삼고 있다. 하지만 여러 나라의 연구자들에게 특별히 집필을 부탁했다. 그들의 글을 통해 세계 여러 지역에서 진행되고 있는 비판적인 지식의 새로운 흐름을 두루 살필 것이다. 동시에 이제까지 제각기 속해있던 학문 분야에서 빠져나와, 근대 일본의 역사와 문화에 관한 지적 담론의 경계를 돌파하고자 한다.

고모리 요이치 小森陽一
사카이 나오키 酒井直樹
시마조노 스스무 島薗進
지노 카오리 千野香織
나리타 류이치 成田龍一
요시미 슌야 吉見俊哉

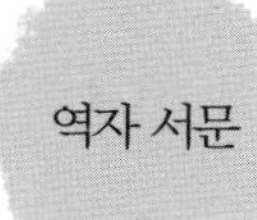

역자 서문

이 책은 출판사 이와나미쇼텐岩波書店이 2001년부터 2003년에 걸쳐 발간한 '근대 일본의 문화사' 시리즈의 제1권 『근대세계의 형성』을 번역한 것이다. 출판사의 소개글에 따르면, 세계화의 물결이 국경을 초월하여 넘나들면서 근대에 형성된 여러 가지 가치들과 정체성이 흔들리기 시작한 시점에 근대란 무엇인가를 다시 물음으로써 근대의 가능성과 한계를 탐색해보고자 이 시리즈를 기획했다고 한다. 애초에는 별권을 포함하여 전 11권으로 계획되었는데, 현재 '문화연구 방법론' 일반을 다룬 별권을 제외한 총 10권이 출간되어 있다.

그중에서도 첫 권인 『근대세계의 형성』에서는 주로 근대를 묻는 방식을 고민한다. 근대를 어떻게 바라보아야 하는지 그리고 근대라는 것이 얼마나 복잡하게 이루어진 것인지를 추적함으로써 근대를 통해 구성된 우리의 가치관과 정체성을 되돌아본다. 총설을 쓴 사카이 나오키가 말하듯이, 우리는 근대라는 시공간적인 제약 조건을 바탕으로 세계관을 구축해왔다. 그러는 동안 어느덧 그러한 세계관이 내면 깊숙이 침투하여, 아무런 의심 없이 그것을 본질로 믿게 되었다.

이 책은 그 대표적인 사례로 국민국가론 즉 내셔널리즘을 거론한다. 민족 · 국가는 물론 동양과 서양 나아가 인종에 이르는 개념들이 기획된 혹은 상상된 이데올로기라는 사실은 이미 익숙하다. 그러나 이 책은 거기서 한발 더 나아가, 그러한 개념이 구현된 구체적 맥락을 꼼꼼히 살핌으로써 그것이 근대에서 전근대로의 일방적인 유출이 아니라 상호작용에 의한 것임을 밝힌다. 다시 말해 지역적 특수성이 가미된 번역으로서의 근대를 이야기하는 것이다. 이러한 관점은 시리즈 전체에 스며들어 있다.

알다시피, 근대적 가치관이 가진 문제점과 한계를 논의하기 시작한 지는 이미 오래되었다. '근대 일본의 문화사' 시리즈는 그러한 근대의 문제를 다시 한번 환기시키면서도, 근대가 가진 가능성 또한 놓치지 않으려 애쓴다. 하지만 가능성으로 어렴풋이 제시되고 있는 것들이 변혁을 말하기에는 너무 미약하지 않은지 의문이 들기도 한다. 그럼에도 불구하고 이 시리즈가 가진 미덕은 근대에 대한 고찰이 곧 우리의 가치관과 정체성을 탐색하는 일임을 명백하게 보여주고 있다는 점이다.

이 책의 총설에서 사카이 나오키는 근대를 세 가지로 정의한다. 우선 그것은 연대기적 시대를 초월하며, 둘째, 오늘날 우리 세계관을 제약하는 틀이며, 셋째, 인종 · 민족 · 국민이라는 민족-언어통일체를 만들어낸 과정이다. 이렇게 보면, 근대는 인류의 긴 역사 중 어떤 시기에 등장하여 오늘날까지 영향을 미치고 있는 어떤 사고 체계라 할 수 있다. 더불어 발전사관의 바탕에 깔린 근대와 전근대, 서양과 비서양의 구분은 본질적이라기보다 상대적이다. 즉, 근대는 전근대라는 대조항이 있어야만 성립되기에 전근대적 존재를 억지로 만들어낸다. 지리적·언어적 정합성조차 없는 서양이라는 개념은 비서양을 이국적인 것으로 배척함으로써 서양이라는 모호한 테두리를 공고히 한다. 이러한 구분이 상대적이기 때문에, 일본인인 필자는 대조항이 무엇이냐에 따라 근대에 속하기도 하고 전근대에 속하기도 한다.

인종·민족·국민이라는 근대적 관념을 통해 사람의 정체성을 파악하지 않는, 다른 가능성이 있을까? 사카이 나오키는 "개인적인 관계로 형성된 정체성"에 따라 사람을 자리매김하면 된다고 생각하는 것 같다. 개인적인 관계를 만드는 과정은 바로 "같은 시간을 사는 것", 즉 공재성의 과정이다. 그러한 공재성의 경험들이 제거된 채, 근대의 관점에서 재편성된 역사와 학문은 진실이 아니라고 주장한다. 개인적 관계들이 가진 개별적 구체성과, 학문적 체계가 내세우는 보편 진리 사이에 존재하는 격차를 사카이 나오키가 어떻게 해소할지는 잘 모르겠지만, 근대가 구상한 세계관을 바탕으로 한 인종·민족·국민이라는 잣대가 지닌 문제점에 대한 지적은 전적으로 수긍할 만하다.

총설에 이어 제1부 '근대란 무엇인가'에 실린 디페쉬 차크라바티의 「네이션과 상상력」은 인도를 대표하는 시인 타고르를 둘러싼 벵골문학계의 논쟁을 다룬다. 이를 통해 '상상력'이라는 말이 지닌 이질혼효heterogeneous적인 성격을 밝힘으로써 정치적이라는 것이 단일하지 않음을 주장한다. 타고르는 산문을 통해서 인도의 빈곤, 질병, 분파주의, 무지, 봉건, 억압 등을 이야기한 반면, 운문으로는 신성한 우아함과 아름다움으로 축복받은 벵골을 노래했다. 이러한 그의 운문과 산문은 벵골 내셔널리즘에 내재한 두 개의 시선을 시사한다. 더불어 필자는 타고르의 관념적 낭만주의 작품들 안에 리얼리즘·정치적 모더니즘이 동시에 존재하고 있음을 밝힌다. 그러므로 베네딕트 앤더슨이 말한 '상상'은 정신주의적·주체중심적 범주를 뛰어넘어 본질적으로 다원성을 가지고 있는 것이다.

피터 오스본의 「다른 시간, 근대」는 근대를 묻는 방식을 본격적으로 파고 든 글이다. 그는 근대의 개념을 세 가지, 즉 역사적 시대구분 범주로서의 근대, 사회경험의 질적 차원으로서의 근대, 그리고 기획으로서의 근대로 나눈다. 역사적 시대구분 범주로서의 근대에 관한 부분에서는 마샬 버만과 페리 앤더슨의 주장을 논한다. 버만은 근대를 역사의 주어진 조건이자 경험의 형식으로 보았으나, 시대구분의 범주가 가진 복잡성을 무시하는 과오를 저질렀다고 오스본은 말한다. 한편 앤더슨은 근대를 자본주의 시장에 의해 생산된 경험의 양식이자 이데올로기 형식으로만 보았기 때문에, 결국 근대를 오인된 표상으로 만들어 버렸다고 한다. 사회경험의 질적 차원으로서의 근대에 대해서는 근대의 성질인 추상화·균질화·차이화에 대하여 논한다. 오스본은 여기서도 버만과 앤더슨의 논의에 반박하며, 근대의 시간성을 구성하고 있는 균질화와 차이화가 변증법적으로 만들어낸 가능성과 한계를 밝힌다. 예를 들어, 식민지 침략이 구축한 지정학적 차이를 시간화함으로써 근대 개념을 보편적 가치로 만들었다거나, 근대와 다른 시대의 차이를 진보·발전·근대화라는 직선적 시간 구조 안에 배치시켰다는 것이다. 다른 한편으로, 근대는 세계사적 기획으로서 철학적 담론으로 표현된다. 철학담론 안에서 근대는 역사의식의 형식이자 추상적인 시간구조이며, 현재의 입장에서 역사를 전체화하는 것이다. 이러한 논리구조로 보면, 근대는 경합하는 복수의 기획, 복수의 미래가 될 수밖에 없다고 말한다. 세 가지 개념에 덧붙여, 오스본은 앞선 근대 개념들을 대신할 것으로 알튀세르의 '역사적 시간'에서 유래한 정세적 분석 개념을 언급한다. 그에 따르면, 결국 유럽식민지주의·세계시장에서 탄생한 근대라는 역사의식 구조는 자본주의의 발전에 앞장서게 된다. 그러한 분석은 마르크스주의 경제학과 서로 다른 차원에서 작동하지만, 궁극적으로는 통합·연결되어 있으며 그 형태가 시간의 흐름에 따라 변화할 것이라고 오스본은 전망한다.

제2부 '근대세계의 성립'에 실린 첫 글, 「새로운 '아시아 상상'의 역사적 조건」에서 왕 후이는 '아시아'라는 개념이 역사적으로 어떻게 형성되었는지를 고찰함으로써, 새로운 '아시아 상상'을 위한 역사적 자원 혹은 거울을 발견하고자 한다. 그는 먼저 '아시아'라는 개념은 근대 지식체계가 구축되는 과정에서 유럽 지식인들에 의해 '유럽'과의 비교를 통해 목적론적으로 탄생되었음을 밝히고, 이를 비판적으로 사용하고자 했던 아시아의 혁명가나 지식인, 개혁운동가 및 역사학자들의 사상을 살펴본다. 왕 후이는 아시아라는 문제가 넓고 복잡한 영역에 걸쳐 있어 '아시아' 개념을 어떻게 사용하더라도 한쪽으로 치우칠 위험성이 있음을 경고하면서, 제한적으로나마 '아시아'라는 개념의 역사적 계보를 추적하고 이것이 아시아라는 문제의 풍부함을 잘 보여줄 것으로 기대한다.

가우리 비스와나탄의 「문학이라는 제도와 식민지주의」에서는 영문학교육이 식민지 인도에 정착한 과정을 살펴본다. 이를 통해 사회문화적 관점을 강조하는 문학 연구가 어떻게 식민지주의와 밀접하게 관련 맺게 되었는지를 드러내고 있다. 인도에 부임한 영국 관리들은 서양 고전문학과는 이질적인 인도 전통문학들에 대해 그것이 인도사회의 후진적인 특성을 반영하고 있다고 설명했다. 나아가 인도의 사회적 현상들이 문학을 통해서 추상적・보편적 원칙으로 변형되었고, 그것이 인도인들의 행위나 삶의 방식에 큰 영향력을 미쳐왔다고 말한다. 따라서 식민지 인도에서 자기계몽의 과정을 촉구하는 교육프로그램은 인도사회의 재구성을 위해 매우 중요한 사업으로 부각되었다. 영국정부가 식민지교육에 개입하는 일은 쉽게 정당화되었지만, 영문학교육은 외부 문화를 토착 사회에 강제한다는 인상을 벗어나기 위해 스스로를 정교하게 재정의함으로써 정통성을 얻어나갔다. 즉 영문학교육은, 영국의 문화・배경・전통에서 인도인을 분리해버리려는 것이 아니라, 인도 청년이 본질적인 자기를 회복하고 스스로를 서양문명의 노정에 끼워 넣기 위해 필요한 것이라는 이미지를 획득한 것이다. 이에 따라 인도의 영문학 교과 과정은 인도 사회가 고집해온 모순된 가치관에 대해 인도 학생들 스스로가 비판할 수 있게 만들고자 했다. 동시에 이러한 교육을 통해 인도의 '허위의 사고'를 제거하고, 영국정부야말로 국가의 번영과 정의를 추진하는 정당한 정부라고 인지시키는 길을 열어나갈 수 있었다.

하가 쇼지의 「팽창하는 황국・개화하는 황국」은 18세기 말~19세기 초 일본사회가 맞닥뜨린 외부 위협에 대한 와타나베 카잔, 사토 노부히로, 가나가키 로분 등의 활동을 더듬어 보면서, 당시 일본에서 발생한 역사와 지리에 관한 문제, 요컨대 바깥세계 확장에 따른 새로운 국가사회상의 구축 과정을 밝히고자 했다. 와타나베 카잔은 1838년 일본에 내항한 미국 배 모리슨호를 '이국선격퇴령'에 따라 처리한 막부 외교를 비판하였다가 외국인과 교역하려 했다는 혐의로 투옥되었다. 와타나베 카잔과 가까웠던 농정학자인 사토 노부히로는 한 발 더 나아가 공상적 제국주의론을 제기했다. 그는 북방에 거점을 형성하고 남방으로 진출하여 부국강병을 실현하고 교역을 확대하면 전 세계를 일본의 손 안에 넣을 수 있다는 팽창주의적 침략을 구상했다. 게샤쿠 작가인 가나가키 로분은 개화된 선진 국가 영국으로 가는 야지키타의 여행을 그린 게샤쿠와 대중지리서를 통해 세계에 대한 이미지를 독자에게 제공하는 한편, 메이지유신 정부의 국민교화 정책에 협력하여 '황국'의 역사와 국가적 도덕원리를 민중에게 전했다. 하가 쇼지는 당시 지식인층의 이러한 시도들이 팽창하고 개화하는 황국의 국가상을 수용하는 데에 밑바탕이 되었다고 이야기한다.

마지막 글인 요코타 후유히코의 「'여자'의 규범과 일탈」은 경제력 없는 하층 여성인 가메가 남편의 폭력에서 자신을 구제하기 위해 번에 제소한 소송 사건을 자세히 추적하고 있다. 잘 알려진 바대로 근세 사회에서 아내의 도리는 여성의 강력한 규범이다. 이 글은 그러한 여성규범과 더불어, 가메의 소송장이 여러 번 수정된 흔적을 통해 지역사회 시스템이 내세운 문서주의와 합리주의가 커다란 영향력을 가졌음을 증명하고 있다. 가메를 구제하려는 지역사회 시스템에 주목하고 있는 저자는 여성규범과 문서주의・합리주의라는 모순된 이중규범이 어떻게 작동하였는지를 논하면서 근대국가를 봉건적인 '가부장적 지배'에서 벗어난 근대시민 사회원리만으로 설명할 수 없듯이 근세국가를 '가부장적 지배원리'로만 볼 수는 없다고 말한다. 즉 근세 여성들은 근세 사회가 지향하는 문서주의와 합리주의를 적극 활용하면서 자신을 둘러싼 여성규범을 다양한 방식으로 극복해 갔다고 주장하고 있는 것이다.

책에 실린 글들이 보여주듯, 근대는 일방향의 단선적인 기획이라고 하기 어려운 다양하고 이질적인 상호작용이다. 그러한 복잡성을 모두 제거한 채 단순한 발전사관으로 근대를 바라보는 일은 학문계에서 이미 과거의 것이 되었다. 그러나 근대를 다시 묻고 다시 들여다봄으로써 그 복잡성 안에 내재된 가능성과 한계를 발견해보려는 시도는 그리 흔치 않다. '근대 일본의 문화사' 시리즈는 그러한 시도를 실행한 매우 좋은 연구서 모음이라 할 수 있다.

더불어 이 시리즈가 감행한 또 하나의 도전은, 바로 근대라는 주제를 중심으로 한 여러 학문 분야 학자들의 영역횡단적 결과물을 모아 함께 출간했다는 사실이다. 학문 분야 간에 벽이 높은 일본에서는 매우 드문, 거의 최초라 할 만한 일이라고 출판사 측에서도 자랑을 한다. 이 책을 번역한 역자들도 그러한 모험을 감행한 이들이다. 관심사도, 전공분야도, 심지어 나이도 제각각인 사람들이 어쩌다 모여 함께 근대를 공부하고 이 시리즈를 번역한 지, 어언 10여 년. 그 사이 모험은 일상이 되어, 모여 얼굴 맞대고 공부하지 않으면(실은 수다 떨지 않으면) 마치 세수를 안 한 듯 밥을 안 먹은 듯 무언가 허전한 사이가 되었다. 요하네스 파비안의 말처럼 "같은 시간을 사는 공재적" 관계가 된 우리의 최근 고민은, 이 시리즈의 번역을 마치면 무엇을 핑계로 만날까이다.

2019년 3월

역자들을 대표하여

허보윤

| 차례 |

다른 시간, 근대

제2부 근대세계의 성립

새로운 '아시아 상상'의 역사적 조건

문학이라는 제도와 식민지주의

팽창하는 황국 · 개화하는 황국

'여자'의 규범과 일탈

| 총설 |

근대와 세계의 구상

근대와 세계의 구상*

사카이 나오키 酒井直樹**

1. 들어가며

나는 이 총설을 통해 근대에 관한 세 가지 명제를 생각해보고자 한다.

① '근대'를 연대기적 시대 중 하나로 인식하는 경우가 많지만, '근대'는 고대, 중세, 근세와 같은 연대기적 질서로 파악할 수 없다. '근대'를 시기적인 시작과 끝이 있는 시대로 파악하려는 시도는 역사가들이 현

---

* 이 글은 허보윤이 번역했다.

** 사카이 나오키는 도쿄대학과 미국 시카고대학에서 수학했으며, 현재 미국 코넬대학교 아시아학과 교수로 재직하고 있다. 『번역과 주체』(1997), 『세계사의 해체』(1998), 『일본, 영상, 미국』(2007) 등 다수의 저작이 한국어로 번역되어 있다.

대사를 위해 설정한 전략에 다름 아니다. 그것은 역사가들의 정치성을 잘 보여주는 지표일 따름이다.

② '근대'란 우리가 '세계'를 구상하려 할 때, 우리의 구상력을 제약하는 하나의 시공간적인 조건이다. '세계'에 대한 구상을 제약하는 조건은 여러 가지이며, 조건들 사이에 상호관계가 있기 때문에, 그러한 조건들을 하나의 묶음으로 이해하는 것이 중요하다.

③ '근대'란 '인종 · 민족 · 국민'이라 불리는 민족-언어통일체ethno-linguistic unity가 출현한 역사적 과정이다. 동일한 언어를 공유한 민족이라 불리는 집단이 처음으로 구상되었고, 그 민족이라는 존재가 종종 고대에까지 투사되었다. 따라서 '근대'에 언어가 민족을 따라 규정되고, 민족이 언어를 따라 규정되어, 개인의 정체성에 대한 새로운 형식이 생겨났다.

이 세 가지 이외에도 근대의 특징을 서술하는 또 다른 명제들이 있을 것이다. 그러나 이 글에서는 먼저 이 세 가지에 집중하고자 한다. 물론 근대를 고찰할 때 이외의 논점이 중요하지 않다는 것은 아니다. 또한 몇 개의 명제만을 가지고 근대를 전부 설명할 수 있을지도 불분명하다. 따라서 세 가지 명제에서 출발하여, 과거 여러 세대에 걸쳐 쌓아온 역사적 경험을 중심으로 논의를 펼쳐보려 한다.

2. 라왈핀디Rawalpindi[1]의 레스토랑에서

예전에 포스트모던 논의가 성행하던 무렵, 나는 포스트모던을 근대 다음에 오는 후기 근대로 생각하는 경향을 비판했던 적이 있다.1) 후기 근대(포스트모던)를 근대 다음에 오는 것으로 이해하면, 근대도 후기 근대도 연대기적 시간축에 따른 시대구분에 불과하게 된다. 후기 근대는 물론 근대 역시 연대기적인 시간 질서에 속하지 않은, 다른 역사적 시간을 가진 것이다. 따라서 '세계'를 구상하는 우리의 감성적 체험 속에서 근대의 역사적 시간을 추적하고, 그럼으로써 근대세계에 대한 구상을 고찰하고자 한다. 이는 동시에 앞서 언급한 세 가지 명제를 탐색하는 계기가 될 것이다.

〈파리의 지붕 밑〉, 〈스카보로 페어Scarborough Fair〉, 〈로마의 휴일〉 등과 같은 영화주제가들로 이루어진 백그라운드 음악 테이프가 끝없이 계속 돌고 있었다. 흘러가는 음악이 사람들을 일부러 각성시키지는 않았으나, 조용한 가운데서 잠에 빠져드는 것을 허락하지 않을 정도의 환기력을 가지고 있었다. 나는 낮게 울리는 친숙한 선율이 거듭 반복해서 밀려왔다 지나쳐 가는 것을 듣고 있었다. 무언가의 배경이 되는 이차적인 음악으로 편곡되어 있었기에, 그 선율에서 원곡이 가진 영상적인 혹은 언어적인 강렬한 인상을 받기는 어려웠다. 무심하게 그

1 파키스탄의 도시. 1959~1969년 파키스탄의 수도였다. 현 수도인 이슬라마바드에서 남서쪽으로 14km 정도 떨어진 포트와르 고원에 위치한 도시이다.

저 들리기만 하면 되는, 낮게 중얼거리는 듯한 선율은, 영원히 계속될 것 같은 단조로운 분위기를 만드는 데에 성공했다.

게다가 한밤중이었던 것으로 생각된다. 힘없는 형광등 불빛 아래, 천정이 낮으면서도 제법 깊이가 있는 커다란 방 안, 나란히 놓인 많은 테이블에 환승객들이 여기 저기 앉아 있었다. 여기에 세 명, 저기에 다섯 명, 저 멀리에 한 명이 앉아, 띄엄띄엄 무리를 이루고 있었다. 무리를 이루고 있다고 해서 저마다 이야기꽃을 피우고 있는 것도 아니었다. 입을 열거나 몸을 움직이려는 사람은 거의 없었다. 몇 명은 테이블에 엎드려 있었다. 우리는 피곤했다. 피로와 졸음이 우리를 매우 과묵하게 만들었다.

테이블은 추상적인 꽃 모양의 하얀 테이블보로 덮여 있었는데, 여러 번의 세탁에도 지워지지 않은 오래된 얼룩이 여기저기에 남아 있었고, 끝단은 몇 군데 올이 풀려 있었다.

한밤중인데도 기온은 섭씨 25도가 넘었다. 여러 차례 덧칠한 페인트가 벗겨져 군데군데 녹이 난 선풍기가 천천히 돌고 있었는데, 습도가 적어서인지 뿌연 먼지가 날리고, 실내인데도 테이블보를 만지면 꺼슬꺼슬한 입자의 느낌이 손에 남았다.

어떤 종류의 가난함이 전혀 감추어지지 않은 채 드러나 있었던 것이다.

1970년대 말, 시간적 여유는 있어도 금전적 여유가 없었던 나는 일본에서 유럽에 갈 때 혹은 유럽에서 일본으로 올 때에 남쪽으로 돌아오는 항공로를 자주 이용했다. 남쪽으로 돌아오는 노선이란, 북극권이나 모스크바를 경유하여 비행시간이 상대적으로 짧은 북쪽 직통 노선이 아니라, 남아시아를 통과하는 항공로를 말한다. 이 항로를 통해 도쿄에서 프랑크푸르트나 런던으로 가는 아주 싼 항공권을 당시 이집트항공이나 파키스탄항공과 같은 제3세계 항공사들이 제공했다. 파키스탄항공의 경우, 도쿄에서 출발하여 베이징 혹은 홍콩, 방콕 등의 동남아시아 도시를 거쳐 카라치Karachi나 라왈핀디에 도착한다. 거기서 타고 온 비행기에서 내려 유럽 도시로 향하는 새로운 항공편으로 갈아타게 된다. 도쿄에서 출발한 비행기는 항상 밤늦게 파키스탄에 도착했다. 도쿄발 비행기에서 내린 환승객들은 각자의 여권을 공항직원에게 맡기고, 버스를 타고 공항 근처 레스토랑으로 이끌려 갔다. 거기에서 유럽행 항공기가 준비될 때까지 몇 시간을 기다려야 했다.

'뒤쳐진 음악'을 들을 수밖에 없는, 과거로 돌아간 듯한 레스토랑에서 우리는 호텔에 가서 샤워도 못하고 옷도 갈아입지 못한 채 불합리한 시간을 보내야만 했다.

낡은 가구, 중고 가전제품, 게다가 유행에 뒤쳐진 음악까지. 나는 전근대사회의 한 가운데 있는 것 같은 기분이 들었다.

그곳 가구의 낡음은 골동품이 가진 낡음과 달랐다. 스타일이나 재질의 오래됨 자체를 내보이는 것이 아닌, 골동이라고 하기에는 너무 새것이고 새것이라고 하기에는 너무 낡은, 그냥 시대에 뒤떨어진, 상품가치 없는 연륜이 거기에 있었다. 보통이라면 모델이 벌써 바뀌어 폐품이 되었어도 하나도 이상하지 않을 물건들이 그대로 사용되고 있는 것에 대한 놀라움. 그리고 내가 어린 시절에 자주 들었던 음악.

〈파리의 지붕 밑〉 선율은 어릴 적 처음 들었던 때 내가 모르는 원곡을 리바이벌한 것이어서, 그리고 〈스카보로 페어〉는 유행 당시 옛 영국의 민요를 새롭게 편곡한 것이어서 오히려 신선했다. 〈로마의 휴일〉만은 내 개인적 기억의 가장 오래된 층과 결부되어 있었고 그래서 앞의 두 곡보다 오히려 더 시대에 뒤처진 느낌이 났다.

라왈핀디의 레스토랑에서 나는 여러 가지 사물과 분위기에 둘러싸여 현지 사람들의 움직임을 바라보고 있었는데, 그곳의 인상은 국제적 유행에서 빗겨난 것, 유행에 뒤쳐진 것, 낡은 것, 중고품, 재생품, 모방품에 대한 것이 압도적이었다. 그래서 라왈핀디의 레스토랑에서 내가 목격한 것이 '전근대적인 어떤 것'이라고 생각했다. 보다 정확하게 말해, 목격했다기보다 느낀 것 혹은 정서적으로 받아들인 것이, 바로 라왈핀디 지역의 사회편제가 기본적으로 '전근대적인 것'이라는 전제였다. 더욱이 그 땅에서 '전근대적인 것'을 담당하고 있는 사람이 파키스탄인이라고, 즉 나는 일본인이고 거기 사람들은 파키스탄인 혹은 파키스탄 · 인도인이라고 제멋대로 생각하고 있었다. 나 그리고 내가 라왈핀디에서 본 현지인을 오로지 민족 · 국민 간의 비교 차원으로만 바라본 것이다. 요컨대 라왈핀디의 사회편제가 '전근대적'이라고 확신한 데에는, 나의 민족 · 국민이 근대적임에 비해 라왈핀디사람들이 속한 민족 · 국민은 전근대적이라는 선입견이 내재해 있었다. 그러므로 전근대적이라는 판단은 내가 라왈핀디에서 우연히 만난 어떤 개인에 대한 것이 아니고, 어디까지나 집단적 정체성에 관한 것이었다. 나는 사람을 민족 · 국민으로 파악하고 있었다. 메이지 초까지 외국 소개 기사에서 흔히 그랬듯이 과거 인물에게조차 경어를 사용했던 관습, 이른바 외국인이나 이인종에 대해서도 **개인적 관계로 형성된 정체성에 따라 사람을 파악**하는 관습이 나에게 전혀 없었던 것이다. 나는 오로지 인종·민족·국민이라는 집단적 관계로 형성된 정체성에 따라 상대를 자리매김했던 것이다.[2)] 당시 나는 너무 졸려서 막연하게 내가 전근대사회에 있다고 생각했던 것의 내면을 조금도 의심하지 않았다. 그것은 바로 나 자신이 일본인이라는 인종·민족·국민에 속한다는 생각에 어떠한 의문도 품지 않았던 것과 일맥상통한다.

나의 아이들에게 〈파리의 지붕 밑〉은 조부모 세대의 기억과 결부되어 있고, 사이먼 앤 가펑클의 〈스카보로 페어〉는 부모 즉 내 세대의 기억과 결부된 것이다. 나의 부모에게 〈황성의 달荒城の月〉은 그들의 부모 세대와 결부되어 떠오를 것이다. 그리고 그들의 부모는 또 …… 라는 식으로, 친족이나 공동체의 계승 질서와 함께 과거의 현상이 정리되어 기억의 지도 위에 자리매김된다. 우리 모두는 세대를 포함한 이 같은 계보를 가진 연대기에 따라 과거의 일들을 정리한다. 거기에 보태 서력西暦 그리고 천황력의 연호가 있다. 과거의 사건은 이러한 연대기적인 질서나 계보의 계열 속에 질서를 부여받아 배치된다. 따라서 조부모 세대의 사건으로 기억되는 현상을 만나면 '오래된 것'으로 생각하게 되고, 현재 유행 중인 선율을 들으면 '새롭다'고 느낀다.

그러나 이러한 세대의 교체 혹은 오래된 것과 새로운 유행을 제어하는 연대기적 질서 안에 '전근대적'이라는 판단의 근거는 전혀 없다. 세대가 이동하고 연호가 바뀌는 것 안에서 근대 이전과 근대 사이의 낙차는 전혀 드러나지 않는다. 다만, 후지와라 사다이에藤原定家[2]가 이미 13세기에 〈근대수가近代秀歌〉를 썼듯이, 근대라는 말을 단순히 현재에 가까운 시기로 이해한다면 그것은 또 다른 이야기다.

2 가마쿠라鎌倉시대(1192~1333) 초기의 귀족 출신 조정 대신이자 가인歌人.

물론 라왈핀디의 레스토랑에서 내가 느꼈던 '전근대적인' 것이란 현재로부터 먼 과거의 것이 아니다. 겨우 반나절 전에 떠난 도쿄에 비해 혹은 반나절 후에 도착할 런던에 비해, 라왈핀디에서 보고 들은 것이 먼 과거에 속한다고는 할 수 없다. 그럼에도 불구하고 나는 그날 도쿄에서 라왈핀디로의 공간적 이동이 근대적 시간에서 전근대적 시간으로의 시간적 이동을 한 것이라고 멋대로 생각했던 것이다.

또한 라왈핀디에서 내가 본 여러 가지 현상이 국제적 유행에 뒤쳐지고, 낡고, 재생품이고, 모방품이었다고 해서, 과거의 세대가 발명한 제도나 도구를 여전히 사용하고 있는 것도 아니었다. 그것은 내가 아직도 사용하고 있는 할아버지의 장서인처럼 오래된 것도 아니었다. 만약 오래된 것을 사용하는 것이 전근대적인 것이라면, 영국 사람들이 더 '전근대적'이라고 말할 수 있을 것이다. 1970년대 런던 사람들이 라왈핀디의 사람들보다 일반적으로 훨씬 더 보수적이고 낡은 제도나 관습을 고집하고 있었으니 말이다.

지금 생각해보면 그때 나는 완전히 잘못 생각하고 있었다. 라왈핀디의 사람들을 전근대적이라고 생각할 근거는 어디에도 없었다. 그러나 내가 정서적으로 또 직관적으로 파키스탄의 사회편제가 '전근대적'이라고 의심 없이 경솔하게 속단했던 데에는 나름의 이유가 있었고, 그것은 나만의 문제가 아니었다. 요컨대 내가 '세계'를 구상하려 했을 때, 나의 구상력은 분명하게 시공간적인 제약을 받고 있었던 것이다.

그렇다면 어떤 사회집단이나 그 사회집단에 속한 사람들의 생활양식, 가치관, 생산품, 그들이 사용하는 도구 등이 '전근대적'이라고 느낄 때, 우리는 무엇을 근거로 그렇게 판단하는 것일까? 사람들의 집단, 사회제도, 관습, 사고방식을 전근대적이라고 판단하는 것은 과연 가능한 것일까? '근대적인 것'이 무엇인가를 묻기 전에 근대적인 것의 타자인 '전근대적인 것'이 무엇인지를 우선 생각해보자.

도구는 오래 사용하면 낡는다. 오래 가는 건축 자재로 만든 집은 수백 년 비바람을 견딜 수 있기에 수세대 전에 지은 집이라도 사람이 살 수 있다. 일반적으로는 '전근대적인 것'을 낡은 것이라고 생각하지만, 낡은 것이 곧 '전근대적인 것'은 아니다. 전후 일본에는 지은 지 백 년 이상 된 집이 극히 드물었는데, 영국에는 18세기에 지은 집이 흔했다. 그렇다고 영국이 일본보다 더 전근대적이라고 생각하는 사람은 1970년대에도 거의 없었다. 전쟁으로 건물 대부분이 불타버린 전후 일본의 대도시는 영국과 비교하면 오히려 새것으로 채워진 경관이었다. 그럼에도 불구하고 영국보다 일본에 전근대적인 것이 더 많이 남아있다고 생각하는 사람이 압도적으로 많다는 사실을 분명히 기억해두자. 그것은 일본 사람들이 과거로부터 계승한 관습이나 제도에 더 많이 의존한다고 느끼기 때문일 것이다.

새롭게 생겨난 것이 과거의 반복으로 인식될 때, 설령 오늘 만든 것임에도 그것이 오래된 것의 모방으로 인식될 때, 전근대적이라는 수식이 가능하게 된다. 따라서 전근대는 종종 '전통'과 병치된다. 전통이란 과거에 만들어진 생활양식이나 기술이 현재까지 재생, 반복되는 것이라고 일반적으로 생각하기 때문이다. 18세기부터 19세기에 걸쳐 서유럽의 학문세계가 '전통적인 것' 대 '근대적인 것'이라는 이항대립을 기본축으로 사람들의 생활에 관한 지식을 조직하기 시작했다는 점은 이미 잘 알려져 있다. 이 이항대립은 집단의 자自・타他 구별을 만드는 데에 대단한 힘을 발휘했고, 유럽 대 비유럽, 식민지종주국 대 식민지, 백인 대 비백인, 서양 대 비서양 등의 사이에 자와 타의 차이와 동일성에 관한 역학을 만들었다. 20세기 중반 무렵에는 전 세계 대부분의 지식인이 이 이항대립의 안경을 통해 세계를 보는 법을 배우기에 이르렀다. 당시 일본 지식인도 예외가 아니었다. 그래서 오키나와나 조선반도에 가면 현지인들에게서 '전통적인 것'을 찾아냈고, 유럽이나 북아메리카에 가면 이번에는 자신들에게서 '전통적인 것'을 발견했다. '전통적인 것'이란 해당 집단(대부분의 경우, 이 집단은 인종・민족・국민으로서 민족-언어통일체이다)이 외부와의 관계에서 자기혁신적이 아니고 수동적이라는 조건이 달려 있다. 또한 '근대적인 것'이란 역으로 집단 외부와의 관계에서 능동적이고 자기혁신적이다. 그러므로 자신이 일본이라는 민족-언어통일체를 대표한다고 믿어 의심치 않는 일본 지식인은, 오키나와를 타자로 삼을 때 자신을 은근히 '근대적인 것'으로 규정하고, 유럽을 타자로 삼을 때에는 자신을 '전통적인 것'으로 그리고 유럽을 '근대적인 것'으로 전제했다.

이렇게 보면 근대적인 것과 전통적인 것은, 유출론적인[3] 공간 표상에서 서로 상대적인 개념으로 선택되는 것임을 알 수 있다. 집단 내의 전통적인 것뿐만 아니라 집단 외부에 대해서도 능동적인 변혁을 촉구하기 때문에, 근대적인 집단에서 수동적・전통적 집단 쪽으로 근대적인 것이 흘러나온다. 즉, 근대적인 집단과 전통적인 집단은 영향을 주는 집단 대 영향을 받는 집단으로 상대적으로 상상된다. 말할 것도 없

3 유출론은 세계의 본원에서 에너지와 질료가 흘러나와 만물이 성립된다는 이론.

이, 근대 유출론의 가장 노골적인 예는 제2차 세계대전 미국의 연구자들이 중심이 되어 미국의 세계적인 헤게모니를 정당화하기 위해 편제한 근대화론이다. 근대화론에서는 능동적·근대적 사회가 보편주의의 교의를 내건 것이고, 수동적 전통 사회는 특수주의의 교의를 가진 것이 된다. 그러나 교의로서의 근대화론을 비난하면서도, 근대화론을 지탱하고 있는 감성미학적인 이데올로기의 기제를 그대로 방치한다면 우리는 유출론에서 결코 벗어날 수 없다.

내가 라왈핀디에서 그곳 사람들의 생활양식이나 도구 가운데 오로지 복제나 모방만을 보았던 것은 그들에게서 '전통적인 것'을 발견하고 싶었기 때문이었을 것이다. 졸음과 싸우면서도 나는 나와 라왈핀디의 '현지인' 사이에 자·타의 관계설정을 모색했다. 선진국 일본에서 온 내가 '근대적인 것'에 해당하고, 후진국 파키스탄 사람들이 '전통적인 것'에 해당하는 구도를 당연시했던 것이다. 그것은 '근대적인' 자아와 '전통적인' 타자라는 구도 안에서 일본인 대표로서 나와 라왈핀디 사람들의 관계를 민족-언어통일체 간의 비교를 통해 인식하려고 한 것이었다. 그러나 되돌아보면, 나는 라왈핀디 사람들의 언어를 이해하지도 못했고 관습을 알지도 못했으니 내게는 라왈핀디 사람들을 민족-언어통일체로서 실증적으로 검증할 능력이 없었다. 그럼에도 나는 내 멋대로 그들을 민족이나 국민이라는 인종적 정체성으로 규정했던 것이다. 설령 라왈핀디에 거주하는 사람들이 인류학적으로 균질한 민족공동체를 구성하고 있다 하더라도, 그것은 그저 내 생각에 지나지 않았다. 그들 안에서 그들의 수동성을 드러내는 복제와 모방의 증거를 찾는 것은, 결국 내가 능동적인 근대의 대표자가 되기 위해서 그들을 전통적으로 만들어야 하기 때문에 생겨난 일이라는 결론에 다다른다. '전통적인 것' 대 '근대적인 것'이라는 이항대립으로 자・타의 구별을 설정하면, 내가 근대적이기 위해서는 그들이 전통적이어야만 한다. 내가 근대적이기 위해 그들은 나의 대조항으로서 전통적인 것으로 규정되어야만 하는 것이다. 요컨대 '우리'는, 전근대의 형상인 '그들'과 상대화되어야만 비로소 근대의 형상이 될 수 있는 것이다. '근대적인 우리'라는 형상은 '전근대적인 그들'의 형상에 반드시 매달려야만 한다. 마찬가지로 '전근대적인 그들'의 형상은 '근대적인 우리'라는 망령에 반드시 매달려야만 한다. 내가 라왈핀디의 그들에게서 발견하려 했던 '전통적인 것'은 나의 시선 속에 이미 편성된 것이었고, 그것은 오히려 내 욕망의 투사 구조를 보여주는 것이었다. 나의 욕망은 상대화의 도식을 그대로 답습하고 있었다.[3] 그러므로 나의 구상력은 상대화의 도식 안에 갇혀 있었고, '전통적인 것' = 수동성, '근대적인 것' = 능동성이라는 비교구도에 분명한 제약을 받고 있었던 것이다.

3. 비교와 발전사관

어떤 지역에 사는 사람들, 그들의 생활양식, 제도, 사용하는 도구, 그들이 만든 물건 등 어느 것에서도 '전통적인 것'과 '근대적인 것'을 이항대립으로 구분할 수 있는 결정적인 기준은 없다. '전통적인 것'도 '근대적인 것'도, 어떤 지역이나 사회집단에 속한 사람 혹은 제도 안에서 객관적으로 발견할 수 있는 속성이 아니다. 인간집단이든 제도든 **비교되지 않는다면** 그 자체로는 전통적인 것이라고도 근대적인 것이라고도 말할 수 없다. 얼핏 보아 전통과 근대를 역사의 시대구분상 대립항으로 여길 수도 있다. 하지만 그것들은 상대화 도식에 따른 비교를 통해 처음으로 출현한 어떤 종류의 특질이다. 즉, 전통적인 사람들인지 근대적인 사람들인지는 서로 다른 집단 간의 자·타를 가르는 비교역학이 결정하는 것이다. 더욱이 이러한 자·타의 비교 형상화는 동일한 평면 위에서 대상물을 비교하는 것이 아니라, 주관과 객관의 대립으로 설정되는 것이 일반적이다. 이 대립은 집단과 집단 간의 인지를 둘러싼 권력 관계의 표상을 만든다. 여기서 비교의 단위가 되는 집단이 바로 민족-언어통일체라는 사실을 다시 한번 강조하고자 한다. 비교역학은 또한 식민지배의 관계를 형상화하기 위한 도식이다. 이런 과정을 거쳐 선진과 후진이라는 단계적 계층화 혹은 인종 간의 위계와 같은 연상이 만들어진다.

그렇다면 전통 개념에 대한 이해를 중개하는 데에 '근대적인 것'은 어떠한 의미를 가지는가? 전통적이고 전근대적인 집단이나 사회편제가 과거를 모방하거나 복제하는 데에 온존하는 것이라면, 근대적인 것은 그와 같은 과거를 탈피하여 새로운 형태를 만드는 궤적으로 간주된다. 근대적인 것이란 개혁적이고 변화를 초래하는 것이며, 그러한 의미에서 현재를 과거와 미분화함으로써 끊임없이 분리하려는 역사의식인 것이다. 그러므로 진보와 발달이라는 역사적 시간에서 현재가 과거로부터 얼마나 떨어져 있는가에 대한 변화의 인지가 근대 인식의 기본적인 틀이 될 수밖에 없다. 이에 따르면, 현재는 단순히 과거가 무작위로 변화한 결과가 아니다. 현재는 과거에 유효했던 생활양식, 가치관, 제도 등이 미래를 향해 설정된 시나리오를 따라서 변화해 가는 것이다. 더욱이 그렇게 설정된 미래 지향의 관점을 과거의 일에도 투사한다. '과거의 시점'에서 보면 '미래의 시점'이었을 '현재의 시점', 과거가 바로 그 시점을 지향하여 현재에 이르렀다는 이야기를 회고적으로 과거 안에 짜 넣는 것이다. 과거에 품은 의지가 현재에 실현된다는 목적론적 이야기가 과거로 소급, 승인되는 것이다.

이에 따라 대조적인 두 개의 태도가 도출된다. 하나는 과거를 계승하고 제도나 관습을 온존시켜 계속 과거의 권위에 이끌려 미래로 나아가는 보수적 태도이고, 다른 하나는 과거에서 이어온 것을 바꾸고 새로운 것을 발명함으로써 미지의 미래를 개척하려는 진보적이고 주체적인 태도이다. 말할 것도 없이 전자는 '전통적'이고, 후자는 '근대적'인 것이 된다.

그러나 여기에는 기묘한 양의성이 있다. 우선, '전통적인 것'과 '근대적인 것'의 이항대립이 비교에 기반을 두기 때문에 비교항이 설정되어야 한다. 어떤 사람들은 능동적으로 스스로를 변혁함으로써 스스로를 창조하는 것으로 설정되고, 이에 대한 비교대립항으로서 능동성이 결여된 채 자족하여 자기제작을 회피하는 사람들이 필요하게 된다. 말할 것도 없이 스스로를 제작하는 존재는 주체로 불리고, 근대 인본주의에서 이 주체가 '인간'으로 불려왔다. 그것은 신에 의해 만들어진 인간이 아니라, 스스로를 만들어낸 이른바 신의 위치를 선취한 '인간'이다. 그러므로 유럽의 신학적 문맥에서 전근대와 근대는 신의 지배를 받는 인간과 자립한 인간의 대비이다. 즉, 세계의 사람들이 인류학적 인간anthropos과 인본주의적 인간humanitas으로 구분, 비교되는 것이다.4) 그러나 그것이 비교인 이상, 같은 사람이라도 대조항에 따라 주체성을 획득한 인간이 되기도 하고 혹은 그렇지 않은 인간이 되기도 하는 것을 피할 수 없다. 그런데 다른 한편으로 비교는 주관 대 객관의 역학에 의해 이루어지기 때문에 '근대적인 것'은 '전통적인 것'을 객관으로 인식하는 주관의 입장에서만 스스로를 근대적인 주체로 주장할 수 있다. 세계에는 진보적이고 근대적인 사회편제와 전통적이고 반복적인 사회편제가 병존하고, 게다가 근대적 사회는 스스로 탈피해온 과거, 스스로 폐기해온 과거를 타자인 전통적 사회에서 찾아내야만 스스로의 주체성을 규정할 수 있게 된다.5) 그러므로 지금에 와서 생각해보면, 나는 라왈핀디의 레스토랑에서 근대적 주체의 전형적인 태도를 보였던 것이다.

이 같은 태도는 많은 일본인들이 1988년 서울올림픽 TV방송을 보면서 1964년 도쿄올림픽의 반복을 확인하는 태도와 그리 다르지 않다. 그것은 한국사회도 일본사회와 마찬가지로 근대화의 발전단계를 밟아야 한다는 전제를 확인하는 작업이고, 더욱이 한국이 근대화함으로써 '현재의' 일본처럼 될 것이라는 기대를 은근히 내포한 것이었다. 또한 이러한 태도는 일본사회 역시 예전에 '서구' 선진국 모범을 답습하고 서양의 선진적 근대사회를 목표로 삼아 사회를 변혁해 왔음을 고백하는 일이다. 거기에는 서양을 향한 동경과 질투가 동시에 담겨 있다. 서양에 대한 질투는, 한국이 이제 일본을 모방하고 있다는 시나리오에 의해 전이되어 상상적으로 위로받는다. 근대화 정책이 일본에

때로 비참한 결과를 초래했음에도 불구하고, 근대화를 향한 욕망은 강력한 근대화 정책을 정당화하고, 정책입안자뿐 아니라 국민 대다수에게 서양에 대한 동경과 질투를 느끼게 했다. 전통적이고 반복적인 사회편제로부터 탈피해 근대적인 미래를 향하도록 그들을 내모는 매우 교묘한 틀이 자리하고 있었던 것이다.

진보와 발전의 역사는 유기체나 인격과 유사하게 이해되는 민족-언어통일체, 즉 '사회'[6]가 여러 가지 상태를 경과해서 변화 · 발달을 완수한다는 발전주의를 끌어들인다. 스펜서의 사회진화론을 포함한 발전주의는 민족-언어통일체가 규정되어야만 비로소 가능해진다. 이와 동시에 발전주의는 주어진 사회편제를 어떻게 이해할 지에 대해서 주관의 입장을 명확하게 규정한다. 어떤 사회를 '뒤쳐진 사회'로 진단하는 관찰자는 반드시 식민지 지배자나 근대주의 관료의 입장을 취하고, 그 입장에서 주어진 사회편제를 인식하는 것이다. (그러므로 민족이나 인종이 같더라도, 자신이 속한 국민을 근대화 · 문명화하기 위해 일하는 근대주의 관료가 서민을 대하는 태도는 비서양인을 대하는 서양인의 태도와 다름없다.) 다른 한편 발전주의는 일정한 미래를 향해 사회를 변혁하는 주체를 구축하기도 한다. 발전주의에 내재된 원칙을 극단적으로 표현한 발전단계설은 세계의 여러 사회와 인종을 서양 선진국을 정점으로 한 일원적인 상하관계 안에 위치시켜, 서양중심의 위계를 만들고 서양의 세계 지배를 정당화한다. 그러나 발전단계설이 정치적인 위력을 발휘하는 것은 서양중심적 세계관을 낳았기 때문만이 아니라 서양이라는 상상체를 끊임없이 재생산하기 때문이라는 점을 잊어서는 안 된다. 서양은 사실상 뒤쳐진 = 전통적 = 후진적 = 수동적인 비서양을 필요로 하고, 마치 라왈핀디에서 '근대적인' 나와 같이 '전근대적인' 비서양이 있어야만 그 덕택에 존재로서 추정될 수 있다. 사실 서양은 지리적으로 정합적인 영역이라기보다 전 세계에 분산된 신화적 존재이다.7) 발전주의는 서양중심적 위계에 기반을 둔 사회 변혁을 희구하는 주체를 전근대적으로 간주되는 사회편제 내에서도 만들어내기 때문이다. (발전주의에서) '선진국만큼'의 생활수준을 달성하는 일이나 '자율적인 근대인'이 되는 것은, 구체적인 임금의 증가나 국가제도의 개선에 한정되지 않는다. 발전주의는 개개인의 미래에 막연한 목표를 부여하고 그 목표에 희망을 의탁하게 만드는 이데올로기 기제이기 때문이다. 게다가 이 틀은 개개인이 미래를 향하도록 부추김과 동시에, 개인이 속한 국민이나 민족이 과거로부터 미래로 향하는 궤적을 그려준다. 만약 발전주의라는 틀이 없다면 개인이 진보라는 개념을 그다지 실감하지 못할 것이다. 전근대에서 근대로 자기변혁하는 주체에게 발전주의란, 어떤 국민이나 민족에 속한 개인의 희망을 집단의 미래에 공급하는 장치이다.

그러나 발전주의가 과거에서 현재에 이르는 경험을 조직화하고 발전 시나리오를 미래에 투사한다 해도, 여기에는 근본적으로 미래가 결정되어 있지 않다는 사실이 결여되어 있음을 기억해야 한다. 발전단계설은, 이미 일어난 일(과거)에 기대어 아직 일어나지 않은 일(미래)을 이야기함으로써 미래의 미래성(비결정성)을 피하는 방책이다. 요컨대 발전단계설은 과거(이미 없는)–현재(지금 있는)–미래(아직 없는)라는 세 개의 다른 차원을 연대기적인 척도로 공간화하고, 연대기적인 계열을 지정학적 공간에 공시화共時化하여 재분배한다. 과거, 현재, 미래가 전 세계에 병존하는 세 개의 사회편제로 이해되는 것이다. 그럼으로써 발전단계설에서 시간성이 완전히 제거되고, 발전주의가 상정한 주체는 근본적인 시간성을 결여하여 소위 거짓 혹은 한 차원 낮은 주체가 된다. (여기서 주체의 미분적 성격을 상기하자. 주체는 인간의 분열과 분열항 간의 차이에 의해 정해진다.)

서양중심주의나 발달 개념이 암묵적으로 전제하고 있는 식민주의적 시선은 물론 비판받아야만 한다. 그러나 진보와 발달의 역사가 소위 선진국뿐만 아니라 후진국 사람들에게도 미래를 향한 욕망의 틀이었던 것을 잊어서는 안 된다. 사실 선진국, 후진국, 개발도상국과 같은 용어 자체가 연대기적 계열을 지정학적 공간에 공시화한 것이다. 발전주의에 따르면 소위 후진국 사람들은 선진국을 모방하는 형태로만 미래를 향한 욕망을 조직할 수 있다. 동시에 선진국 사람들과 후진국 사람들은 상호관계를 욕망의 모델인 자와 욕망을 모방하는 자의 관계로밖에 표상할 수 없다. 후진국이라는 규정은 그곳에 사는 사람들에게 잘못된 비하의 감정을 발생시키고, 선진국이라는 규정은 거기서 온 사람들에게 거짓 자신감을 만들어 주어 근대화의 정도에 따른 차별의식을 뒷받침한다. 말할 것도 없이 이렇게 조성된 열등·우월 의식은 인종주의와 깊이 관계되어 있다. 발전주의 역사관이 식민주의 의식과 불가분의 관계라는 것은 이미 많은 사람들이 지적한 바 있다.

이렇게 보면 이제까지 전근대적이라고 생각했던 '뒤쳐진' 중국이 돌연 특정 기술분야나 노동생산성에서 '앞서 가는 것'으로 판명되었을 때 많은 일본인들이 공황상태에 빠진 것도 이해할만하다. 왜냐하면 전근대적이라고 생각했던 '그들'이 근대적인 '우리'보다 앞서 가는 것은 근대화의 국제적인 경쟁에서 일본이 중국에게 뒤쳐진 것 이상의 의미를 가지기 때문이다. 그것은 객관적인 현실인식의 문제인 동시에 근대화라는 미래를 향한 희망을 공급하는 장치의 문제이다. 그것은 국민・민족으로서 '우리'가 국민・민족의 미래를 향한 희망을 어디에 의탁해야 할지 모르게 되는 것이다. 단지 '뒤쳐진 것'의 문제가 아니라 이제까지 '그들'과의 위치관계를 통해 확보할 수 있었던 '우리'의 정체성을 상실하게 된다. 제임스 볼드윈James Baldwin 식으로 말하면, "'그들'은 '우리' 세계의 고정된 별, 움직이지 않는 기둥으로서 역할을 수행해왔다. 그러므로 '그들'이 부여받은 자리에서 벗어나기 시작하면 하늘도 땅도 근본부터 흔들리게 된다".[8] 그리고 '우리'는 미래를 향한 희망을 의탁하는 방법을 잃는 것이다.

그러나 발전주의가 뒤집혔을 때 공황상태에 빠지는 일은 일본인만의 현상이 아니다. 1980년대부터 1990년대 초에 걸쳐 서구언론이 조성한 '일본 때리기Japan bashing' 현상은 매우 전형적인 사례이다. 서구 언론은 '일본식 경영'이 구미의 경영보다 효율적이고 일본의 노동자는 '(민족문화의 특성으로) 월등하게 우수'하기 때문에, 21세기는 '일본의 세기'라고 주장했다. 돌이켜보면 농담으로밖에 들리지 않는 그 같은 풍설에 의해, 그때까지 구미인은 물론 일본지식인 대다수가 의지해온 일본 = 전근대・서양 = 근대라는 도식이 흔들리자, (일본인 대다수가 술렁대고) 일부 구미인이 공황상태에 빠졌던 기억이 새롭게 생각난다. 그때까지의 역사주의적 틀을 온존시키면서 일본이 '앞서 나간' 것을 설명하기 위해, 일본 경영 음모설 혹은 일본의 경제적인 성공은 속임수에 의한 것 혹은 일본인은 윤리감각이 없는 비인간이라는 논의까지

나왔었다. 서양과 비서양이 함께 존재하는 복합적인 정체성을 가진 것으로 서양을 생각할 수 없었기 때문에, 서양과 비서양은 선언적으로만 존재하고 따라서 일본의 근대성은 비본래적인 것이어야만 했다. 일본 경제의 성공으로 인해 일본을 '뒤쳐진' 전근대사회로 자리매김하는 일이 어렵게 됨에 따라, 서양인으로 자인하는 어느 미국인 일본연구자는 "나는 서양인이다. 그러므로 단연코 근대적이다!"라는 비명을 질렀을 정도였다. 이러한 비명을 공적인 장에서 질러야만 했던 것은 틀림없이 스스로의 근대성이 괴이하게 보였기 때문이었을 것이다. 비명을 통해 그가 충분히 자각하지 못했으나 정직하게 고백하고 있는 것은, 일본을 '전근대'로 규정함으로써 '서양인'인 그의 '근대성'이 확보되기 때문에, 일본이 더 이상 '전근대'가 아니라면 그의 '근대성'은 괴이한 것이 되어버린다는 점이다. 그에게 '근대'와 '전근대'의 차이는 기본적으로 인종적 차이고, 이 인종적 차이는 '서양' 대 '비서양'으로 공식화된 발전단계적 차이에 의해 확보된다.

근대와 전근대의 대비가 잘 기능하지 않아서 빚어지는 불안을 징후적으로 보여주는 과거의 사례를 1930년대부터 40년대의 사상사에서 찾아볼 수 있다. 이에나가 사부로家永三郎의 『일본사상사에서 부정논리의 발달』과 마루야마 마사오丸山眞男의 『일본 정치사상사 연구』는 각각 1938년과 1940~44년에 발표한 논문을 모아 편집, 간행한 책으로(마루야마의 책은 전후 1952년 간행) 기본적인 내용은 사상의 비교다.[9] 한편으로는 일본사상과 서양사상에서 부정논리 발달의 유사성이, 다른 한편으로는 중국사상과 일본사상의 차이점이 비교의 축을 이루고 있다. 이에나가 사부로의 경우, 자기변혁을 가능하게 만들어주는 피안彼岸 의식을 일본 불교에서 찾아 일본 불교와 유럽 기독교의 유사성을 이야기함으로써 일본에 잠재한 근대성을 증명한다. 그럼으로써 피안성을 결여하고 있는 중국사상과 일본사상 간에 '전통적인 것'과 '근대적인 것'의 비교 구도를 만들 수 있게 된다. 마루야마 마사오의 경우, 중국과의 비교가 보다 직접적인데, 에도시기의 유학・국학사에서 자연으로부터 인위를 향한 사상적 전개를 살펴봄으로써 일본사상에 있는 부정성의 계기를 찾고자 했다. 이에나가 사부로는 쇼토쿠聖德 태자[4]나 신란親鸞[5]을 일본 불교의 대표로 인용하고, 마루야마 마사오는 야마가 소코山鹿素行,[6] 이토 진사이伊藤仁齊,[7] 오규 소라이荻生徂徠,[8] 모토오리 노리나가本居宣長[9]를 거론하며 일본사상에서 부정성의 존재를 증명하고자 하였다. 이에나가도 마루야마도 고대 이래 일본의 저자나 작가들 중에 그들이 생각하는 일본사상에 전혀 타당치 않은 사상가들이 있다는 사실을 부정하지는 않았지만, 그럼에도 불구하고 그들 사상사의 계보를 담당하는 주체는 정토진종淨土眞宗[10]도 옛 유학儒學도 아닌, 서양의 기독교나 중국사상과 상대화할 수 있는 **일본사상**이어야만 했다. 요컨대 그들이 애써 피하려 했던 것은 불교, 유교, 기독교와 같은 인종・민족・국민의 경계를 횡단하며 연결되어 있는 계보였다. 이에나가와 마루야마의 사상사는 일본인을 민족-언어통일체로 구축하고,

4 574~622. 아스카飛鳥시대의 황족, 정치가.
5 1173~1262. 가마쿠라시대 초중반에 활동한 승려. 정토진종의 원조로 일컬어진다.
6 1622~1685. 에도시대 전기 유학자.
7 1627~1705. 에도시대 전기 교토 출신의 유학자, 사상가.
8 1666~1728. 에도시대 중기의 유학자, 사상가, 문헌학자.
9 1730~1801. 에도시대 국학자, 문헌학자이자 의사.
10 일본 불교의 한 종파. 가마쿠라시대 초기에 승려 신란이 종파의 원조로 알려져 있다.

'전통적 민족'으로서의 중국인을 일본인의 근대성을 명확히 하기 위한 도구이자 비교항으로 사용하고 있다. 이러한 면에서 이에나가와 마루야마의 사상사는 근대적 조건의 징후가 되었다. 1930년대에 헤겔의 부정성 개념을 대일본제국의 논리로 가장 치밀하게 전개했던 이는 다나베 하지메田邊元[11]였는데, 다나베로 대표되는 빼어난 근대성 논리가 그들의 사상사로 계승된 것이었다. (이에나가는 전후 다나베와의 관련성을 인정하나 마루야마는 부정하였다.)

당시 이에나가와 마루야마의 업적은 과거의 문헌을 체계적으로 읽으려 했다는 점이다. 이들의 시도를 일본 경영 음모설이나 일본문화론과 같은 수준에서 논할 수는 없다. 그럼에도 불구하고 이데올로기적 기제로서 민족-언어통일체를 특권화한다는 점은 분명하다.

장소나 역사적 문맥이 다름에도 불구하고, 라왈핀디의 레스토랑에서 현지인들이나 그들의 사회에서 '전근대'의 증거를 필사적으로 찾았던 나와, "나는 서양인이다. 그러므로 단연코 근대적이다!"라고 비명을 질렀던 미국인 연구자는 둘 다 발전단계적 역사주의와 근대관近代觀의 노예였던 것이다. 다시 말해, 현재를 과거의 사상과 미래를 향한 희망이나 불안에 결부시키고, 나와 '원주민', '야만인', '문명인', '서양인'을 민족-언어통일체 간의 비교를 통해 구별하는 역사의식에 나 역시 물들어 있었던 것이다. 그러므로 세계를 '서양과 '야만'으로 나눠 생각하는, 구제하기 어려운 역사주의의 악폐에서 벗어나기 위해서는 '근대'와 '전근대'를 대조하는 틀에 대한 철저한 비판이 필요하다.

그렇다면 이렇듯 전통에 대한 이해를 매개하는 '근대적인 것'이란 어

11 1885~1962. 철학자. 교토학파의 대표적 사상가. 전 교토대학 교수 역임.

떤 의미를 가진 것일까? 전통적이고 전근대적인 집단이나 사회편제가 과거의 모방과 복제에 온존하면, 근대적인 것은 그러한 과거로부터 끊임없이 탈피하여 새로운 형태를 만들어내는 운동이라고 간주할 수 있을 것이다. 근대적인 것이란 개혁적이고 변화를 초래하는 것이다. 따라서 진보나 발전과 같은 역사적 시간에서는 목적론적인 변화의 개념이 근대를 인식하는 틀일 수밖에 없다. 그것은 단순히 현재가 과거와 무작위적으로 다르다는 말이 아니다. 미래로 설정된 이념에 따라 과거에 유효했던 생활양식, 가치관, 제도 등이 변해 간다는 말이다. 즉, 근대적인 것이란 현존하는 생활양식이나 제도를 미래를 향해 바꿔가는 것이고, 근대란 현재와 미래의 관계가 존재하는 방식이다. 현재를 과거와의 관계를 중심으로 이해하는 것이 전통 혹은 전근대라면, 근대는 현재를 미래와의 관계 안에서 이해하는 것이다. 이는 근대가 주체의 개념을 중시했던 이유이기도 하다. 근대는 주체가 담당해야만 하고 사회의 근대화는 인간의 주체화를 필요로 한다. 왜냐하면 고전적인 주체 개념에서 주체란 '나' 안에 내재하는 분열에 근거를 둔, 내가 끊임없이 자기로부터 탈피하는 투기投企[12]적인 운동이기 때문이다.

12 현재를 초월하여 미래로 자기를 내던지는 실존의 존재 방식. 하이데거나 사르트르의 실존주의의 기본 개념.

4. 동시성과 서양

근대적인 사회와 전통적인 사회의 관계를 능동과 수동 혹은 영향을 준 것과 영향을 받은 것으로 말할 수 없다는 사실은 이제 너무나도 명백하다. 종주국 영국England과 식민지 인도의 관계처럼 일견 당연해 보이는 지배・피지배의 관계라 하더라도, 능동과 수동의 대비로는 이해할 수 없다. 버나드 콘Bernard Cohn에 따르면[10)] 많은 근대적 제도들이 식민지에서 고안되어 종주국으로 전해졌다. 또한 앤 맥클린톡Anne McClintock이 분석했듯이, 아프리카 식민지와의 인종관계가 19세기 영국 중산계급의 젠더관계나 계급관계를 점차 개편하기도 했다.[11)] 가우리 비스와나탄Gauri Viswanathan의 『정복의 가면』은 인도에서 영문학이라는 제도가 영국사회의 세속화 과정과 어떻게 연동되었는지, 그리고 그것이 어떻게 종주국 영국에 국민교육제도의 일환으로 도입되는지를 잘 보여준다.[12)] 식민지 제도로서 성립된 것이 종주국에 미친 영향을 다룬 버나드 콘의 연구에서 볼 수 있듯이, 식민지와 종주국을 연구의 동일선상에 놓으면 둘 사이의 상호작용이 드러나게 되어 유출론에 입각한 근대화론이 더 이상 무의미하게 된다. 식민지와 종주국을 동시에 시야에 놓는 것뿐 아니라 서양인으로 자기규정하는 관찰자・연구자와 연구대상이 되는 토착민의 만남 그 자체를 동일선상에 놓아보면, 근대적 사회와 전통적 사회의 관계를 능동과 수동으로 혹은 영향을 주는 것과 받는 것으로 생각하는 것이 얼마나 어리석은 일인지 잘 알 수 있다.

유출론적 표상은 두 사회 간에 인위적인 분리를 도입할 때에만 유효하다. 그러나 사람과 사람의 만남은 분리와 완전히 정반대 개념인 공재성共在性의 상황이다. 분리 개념과 대비되는 만남의 상황은 동시성同時性의 개념으로도 이해할 수 있는데, 이는 공시성共時性, synchronicity과 구별되는 개념이다. 요하네스 파비안Johannes Fabian은 『시간과 타자』에서, 분리의 의미를 거리를 취하는 것 혹은 격리하는 것으로 이야기하면서, 동시성의 한 양태인 공재성coevalness을 훌륭하게 분석하였다.[13] 파비안은, 주로 1980년대 제임스 클리퍼드James Clifford나 조지 마커스George Marcus 등에 의한 민족지民族誌와 인류학을 비판하는 선두 주자였다. 파비안에 따르면 공재성이란 "같은 시간을 사는 것"이다. 이는 격리된 다른 시간 안에 있는 것이 아니다. 따라서 그는 분리의 핵심을 시간의 공간적인 분리 안에서 발견하고자 하였다.

서양의 인류학자나 식민지 경영자는 아프리카, 아시아, 라틴 아메리카와 같은 특히 미개한 땅의 사람들을 찾아 나섰다. 찾아 나서야만 했던 이유는 소위 미개지의 사람들로부터 배우고, 그들과 함께 일하고, 또 그들과 함께 여러 가지 제도를 만들어야 했기 때문이다. 그들에게 배우고, 함께 일하고, 제도를 만들 때, 서양 인류학자나 식민지 관리자는 원주민과 '같은 시간을 살아야만 한다'. 마찬가지로 상품교환, 식민지화, 식민지 통치를 행하는 경우, 그것이 제아무리 폭력적인 상황이라 해도 사람들은 만나서 같은 시간을 살아야만 한다.

파비안은 근대 학문제도인 인류학이 이 지점에 기묘한 모순을 가지고 있다고 지적한다. 인류학이 학문으로서의 경험적 실증성을 주장할 수 있는 것은, 유럽의 방문자가 세계 여러 지역에서 원주민을 만나 일정 절차에 따라 정보를 수집하기 때문이다.[14] 민족지가 인류학에서 둘도 없는 정보 제공원인 것도 이 때문이다. 민족지는 공재성을 통해 획득한 정보로 경험적 실증성의 근거를 만든다. 따라서 근대 지식으로서 인류학이 경험적 실증성을 필요로 하는 한 민족지는 필수불가결하다. 파비안은 그러므로 인류학에 구조적 불성실함 혹은 분열증적 이율배반이 필히 숨어 있다고 말한다. 경험적 실증성의 근거인 원주민에 관한 지식이나 원주민이 배워온 '문명'에는, 같은 장소에 공재했던 인류학자나 식민지 관리자의 흔적 또한 기록될 수밖에 없기 때문이다. 그런데 원주민에 관한 지식이 원주민의 관습, 문화, 제도라는 이름으로 상대화되고 민족지가 이론화되어 원주민에 대한 인류학적 지식의 자격을 획득하고 나면, 공재성의 증거가 모두 소거된다.[15] 요컨대 원주민의 관습이나 문화로 이야기되는 것 모두 원주민과 인류학자 혹은 식민지 관리자의 공재성의 결과임에도 불구하고, 그 내력이 모두 소거되어 버리는 것이다. 원주민으로 인식된 사람들이 인류학화되어 인류학적 인간anthropos이 되는 것이다. 파비안은 이러한 현상을 거리를 취하는 것 혹은 격리하는 것이라고 부르고, 시간을 주제로 인류학이 어떻게 공재성을 제도적으로 부인하게 되는가를 분석하였다.

공재성의 부인이라는 인류학적 지식의 특성을 도출한 파비안의 연구는 나에게 시사하는 바가 컸다. 그것은 서양과 비서양이라는 두 개의 상상된 닫힌 영역에 존재하는 분리(실은 닫힌 결과로서 분리된 것이 아니라 분리 자체가 서양과 비서양이라는 상상된 영역의 폐쇄성을 만든 것이다)가 서양인·비서양인으로 자기규정한 사람들의 상호투사 기제를 통해 어떻게 분절되는가를 고찰하는 실마리가 되었다.

『시간과 타자』에서 파비안은, 인류학이라는 지식이 서양인 방문자와 원주민이 공재한 증거이면서 동시에 원주민의 장소에 인류학자가 부재한 증거이기도 하다고 말한다. 그에 따르면, 이 같은 이율배반이 두 개의 다른 시간층을 설정하기를 요구한다. 원주민과 서양인은 같은 장소에서 만나 이야기하고, 서로에서 배우고 혹은 가르치고, 권력관계를 만들고, 상품교환을 함에도 불구하고 완전히 이질적인 두 개의 다른 시간층에 속하게 된다. 서양인과 대비되는 '원주민'이라는 말뿐 아니라 원주민에게 부여된 '원시적', '야만' 혹은 '전통적'이라는 형용사는 시간의 계층화 혹은 공간화allochronism의 움직임을 잘 보여준다.[16] 말할 것도 없이 시간을 계층화하지 않으면 전 세계의 사회를 진화의 위계 안에 정합적으로 배치할 수 없고 또 문명개화의 논리를 적용할 수도 없다. 또한 역사상 정복의 결과로 공존하게 된 다른 사회집단에 대해서도, 정치적으로 패배했을 뿐인 집단이 시간의 계층화를 통해 역사적으로 다른 시간층 위에 놓이게 된다. 예를 들어 아이누는 정복자 왜인보다 '선사적'이고, 오키나와 문화는 일본 고대문화를 보존하고 있다는 식으로 이야기된다.

진화를 전제로 하는 역사주의나 근대화론에서 전형적으로 발견되는 전통과 근대(진보)의 이항대립은 결국 시간을 계층화한 결과이다. 또한 습관처럼 근대라고 부르는 우리의 상상은 시간-공간적인 제약을 받는 이데올로기적 기제다. 파비안의 분석이 특히 나의 관심을 끈 것은 역사주의나 근대화론에 대한 날카로운 비판 때문만이 아니다. 우선 그가 시간의 문제를 훌륭하게 도상화한 예를 살펴보자.

원주민 사회에서 자료를 수집하는 인류학자는 반드시 원주민들과 사회관계를 맺는다. 교섭인, 짐꾼, 요리사, 길안내자, 통역, 심부름꾼,

어학교사 등 인류학자는 다수의 중개자를 통해서 원주민과 공재한다. 이들 중개자의 도움이 없다면 인류학자는 원주민에 관한 '정보'를 수집할 수 없다. 또한 대부분의 경우 인류학자의 어학능력이 불충분하기 때문에, 인류학자의 언어를 알면서 원주민 측에 가까운 통역이나 어학교사와 같은 협력자가 없으면 완전히 무력해진다. 단지 언어만의 문제가 아니라 그곳에서 계속 생존하기 위해서 인류학자는 중개인이나 원주민과 깊은 사회관계를 맺는다. 말하자면, 그들 덕분에 인류학자가 살아갈 수 있는 것이다. 그러므로 인류학자의 민족지 '정보' 수집은 일종의 협력작업이라고 할 수 있다. 민족지 텍스트 자체는 분명 인류학자의 기록에 의한 것이다. 하지만 '정보'의 기초가 되는 관찰이라는 개념을 생각해보면 바로 알 수 있듯이, 인류학이나 사회학에서의 관찰은 자연과학의 실험・관찰과도, 지리학・고고학의 관찰과도, 임상의학의 진단과도 크게 다르다. 잘 알려져 있다시피, 인류학의 관찰은 원주민 사이에 떠도는 이야기 수집, 그들의 표정, 동작, 말의 번역, 중개자의 확인과 해설 등과 같은 상호교섭을 반드시 포함한다. 관찰이라는 말을 사용하고는 있지만, 원주민과 인류학자의 관계는 관찰당하는 대상과 관찰하는 인식주관이라는 기본적인 인식론의 관계로 환원할 수 없다. 주관이 대상의 정보를 수집하는 데에 있어서, 대상의 아무런 관여 없이 오로지 주관 안에서 정보를 재구성해 지식을 만드는 것이 아니다. 즉, 수동성과 능동성이 대상과 주관의 측에 엄격하게 분배되는 인식론적 관계가 아니라는 말이다. 파비안이 공재성을 주장한 것은 민족지 자체의 이러한 성격 때문이다. 재차 확인하는 바, 인류학자와 원주민 양자의 관계를 능동성과 수동성의 작용으로는 결코 이해할 수 없다.

따라서 인류학자는 인식주관이 아니다. 그는 원주민이나 중개자와의 수행적pragmatic 사회관계로 한정된 주체의 입장일 수밖에 없다. 원주민이나 중개인과의 상호교섭을 통해야만 인류학자가 민족지적 정보를 수집할 수 있다는 사실은, 그가 원주민이나 중개인에게 열려 있지 않으면 경험적 실증성을 뒷받침할 정보를 얻을 수 없다는 의미다. 상대에게 이야기하고 상대의 이야기에 응답하는 열린 자세가 아니라면, 상거래를 비롯하여 언어를 배우는 일이나 원주민과 성적 쾌락을 향유하는 것까지 전부 불가능하다.

그런데 인류학 지식이 총합되어 편집되고 나면, 원주민이나 중개인과의 상호교섭은 부인되고 그들과의 공재성은 흔적도 없이 사라져버린다. 파비안에 따르면, 공재성에서 그것을 부인하는 방향으로 이행하는 것을 가능하게 만들어 주는 것이 바로 시간의 계층화 혹은 공간화이다. 이에 관한 사례로, 현지의 짐꾼 등에 업혀 안데스 산을 탐방하는 유럽인 탐험가를 그린 D. 마이예Maillet의 「고뇌의 등반」[17]이 종종 인용되었다. 메리 루이스 프랫Mary Louise Pratt이 훌륭하게 분석했듯이[18] 일단 민족지로 얻은 '정보'가 가공되고 인류학적으로 해석되어 학문적인 문헌으로 제출되면, 민족지를 뒷받침한 원주민이나 중개자는 인류학자 본인이 화자인 '나'의 세계에서 제거되어 버린다. 인류학보고서, 발표 저작물, 민족지 어디에서도 원주민이나 중개인을 향해 이야기하는 일은 없다. 오로지 '서양인'을 향해서만 이야기한다. 현지인의 말은 마치 사라진 언어로 쓰인 문헌에 나온 말처럼 적힌다. 이렇게 인류학자는 원주민이나 중개인의 지식과 노동을 횡령한다. 누구의 손도 빌리지 않고 미개의 땅을 탐색한 탐험가라는 인류학자의 이미지가 '서양인 독자'

를 위해 만들어진다. 그러한 과정이 「고뇌의 등반」에 정교하게 잘 그려져 있다. 파비안은 이러한 이행과정이 결국 최후에는 서양과 그 나머지The West and the Rest라는 분리로 귀결된다고 생각했다.[19] 공재성을 부인하는 이층적인 구조의 시간 배분은 화자인 '나'와 원주민의 관계를 오로지 인식론적인 관계로 간주하게 만든다. 원주민과의 관계에서 인류학자가 완전한 인식주관이 될 수 있는 것도 그 때문이다. 그러므로 원주민이 그저 단순한 인식 대상이 되는 순간, 서양과 비서양의 분리가 성립하게 된다. 다만 여기서 잊지 말아야 할 것은, 인류학자가 말을 거는 독자로서의 '서양인'은 실체적으로 존재하지 않는다는 점이다. 원주민, 그리고 최종적으로 비서양인으로부터 격리된 '서양인'이란, 시간의 계층화 혹은 공간화에 따른 분리가 만들어낸 닫힌 영역일 뿐, 지리적 영역도 인종집단도 아니다. 그럼에도 불구하고 시간의 계층화에 의한 차별화를 통해 서양은 마치 지리적 영역, 종교적 전통, 혹은 백인 인종집단으로 이해되어 왔다.

5. 동시성과 근대

공재성은 개인과 개인이 공간적으로 가까이 있는 것을 뜻하지 않는다. 또한 공재성의 시간적 양태인 동시성은 공시성과 엄밀히 구분되어야 한다. 동시라는 것을 판단하는 데에 두 개의 다른 방법이 있다.

하나는 현재의 순간이 다른 먼 장소에서도 마찬가지로 시간으로 매겨지니, 오사카의 오후 3시는 도쿄에서도 오후 3시로 오사카와 도쿄가 같은 시각을 공유한다는 의미에서 동시이다. 한편, 오사카의 오후 3시가 뉴욕에서는 오전 1시이니 각기 다른 시간대이지만, 그럼에도 불구하고 **당연히** 동시의 시각이라고 상정한다. 이렇듯 같은 시각을 상정함으로써 결정되는 동시가 공시성이다. 두 경우 모두 같은 시각 기준이 통용되는 균질한 공간을 전제하고, 같은 시각임을 결정하는 근거로서 공시성이 상정되어 있다. 공시성으로서 같은 시각임을 결정하기 위해서는 초월적인 시점이 상정되어야 함을 간단히 확인해보았다.[20]

동시성을 공시적인 것이나 공간적으로 가까이 있는 것과 혼동해서는 안 된다. 동시성은 지금 이렇게 당신에게 말을 건네고 있는 것, 혹은 당신의 질문에 답하려고 하는 것, 요컨대 당신과 내가 가까이에 있든 멀리 떨어져 있든 당신과 나의 교섭 그 자체가 동시인 것을 말한다. 같은 시간을 산다는 것이란, 당신과 내가 관계를 맺고 동시성을 확인하는 작업 그 자체이며 그것이 바로 동시성의 정의다. 당신과 내가 서로 만나고 있는—혹은 서로를 드러내고 있는—것이 결국 동시성의 상태에 있는 것이다. 당연히 동시성의 상태에서 사람들은 '같은 시간을 산다'. 따라서 동시성에는 초월적이고 부감적인 시점이 필요 없다. 당신과 내가 만나고 있는 평면을 초월한 상상의 시점을 설계하고, 그 시점에서 두 개의 지점을 정하고, 그 두 지점을 같은 시간이라고 설정할 필요가 없다는 말이다. 물론 만남의 내용은 여러 가지이다. 대화라는 형태로 서로 대면하는 경우도 있고, 전화로 이야기하는 경우도 있다. 때로는 편지로 교신하는 형태를 취하는 일도 있다. '같은 시간을 산다'는 것은, 반드시 '공허하고 균질한' 시계로 계측된 국제표준시라는 질서를 부여 받은 시간 속에서 동시에 발생하는 일을 뜻하는 것이 아니다.

'같은 시간을 산다'는 것은 당신과 내가 '관계'를 맺는 것인데, 그렇다고 해서 둘이 서로 대등한 입장이 되는 것은 아니다. 지배-종속 관계나 매혹하는 자와 매혹 당하는 자와 같은 권력 관계도 일단 동시성의 차원에서 형성될 수밖에 없다. 따라서 동시성은 종종 폭력을 수반한다.

근대는 서로 다른 지역이나 산업, 정치체제에서 온 사람들이 지리적인 거리나 사회계층의 차이를 뛰어넘어 서로 만나 같은 시간을 사는 곳에서만 가능하다. 요컨대 근대는 근본적으로 번역의 문제를 빼놓고 생각할 수 없다.[21] 이렇게 보면, 근대란 사람들이 다양한 차이를 가로질러 서로 만나는 동시성의 사건을 어떻게 표상하는가와 관련된 것이자 이데올로기 기제와 연관된 형식의 문제이다. 이것은 우리가 세계를 상상할 때에 어떠한 시간적-공간적 제약을 가지는가라는 서두의 두 번째 명제에 해당하는 문제이다. 동시성의 개념을 떠올리지 못하고 공시성을 통해 근대를 바라보면, 서양 = 능동성 대 비서양 = 수동성 도식에 기반을 둔 시간의 계층화를 피할 수 없다. 또한 유출론적인 근대관과 '다른 근대들Alternative Modernities'의 불필요한 대립 사이에 하나를 선택할 수밖에 없는 상태가 된다. 다시 말하지만, 만남이라는 것은 가치관이나 상품가치가 한쪽에서 다른 쪽으로 전달되는 일방통행의 유출과정이 아니다. 만남이 사회적인 관계가 아니라면, 즉 만남이 거기에 관계된 사람들을 변화시키는 데에 두 집단을 둘러싼 공재성을 통하지 않는다면, 가치관이나 상품의 이동도 일어나지 않을 것이다.

그렇다면 이렇게 애매모호하고 자의적인 서양과 비서양의 구별이 마치 일관성 있는 객관적인 현실인 것처럼 인식되고, 이러한 인식이 전 세계로 퍼져 상식이 되어버린 것을 어떻게 해석해야 할까. 말할 것도 없이, 서양이라고 상정된 통일체의 존재는 근대세계가 인종주의적 질서 아래에 있다는 사실과 분리해서 생각할 수 없다. 그런데 서양과 비서양의 구별이 정합적인 체계성을 가진 것이 아니듯 인종주의 또한 자의적인 것으로, 지역마다 조정을 거친 위계에 의존하는 것일 뿐 결코 정합성을 가진 것이 아니다. 그럼에도 불구하고 전 세계 사람들은 인종분류가 정합적이고 체계적인 구분이라고 믿는다.

이제까지의 고찰에 입각하여 서양을 통일체로 바라보는 관점의 타당성과 근대의 구상력을 설명하기 위해, 근대적 지정학이 따르고 있는 조건들을 정리해보자.

① 동시성의 차원에서 형성된 사회관계는 종종 군사적 폭력이나 부富가 가진 힘의 간섭을 포함하는 권력관계이고, 또한 욕망의 불균형을 내포한 관계이다. 욕망의 불균형이란, 사람과 사람의 만남에서 한쪽이 자기인지나 자기획정을 다른 쪽 사람의 승인에 의존하기 때문에 양자의 자기인지 사이에 상호 대등성이 성립하지 않는 경우를 말한다. 결국 소위 '자기인식의 변증법'이 성립하는 경우에 욕망의 불균형이 가장 분명하게 드러난다.

② 만남에서 성립되는 권력관계나 욕망의 불균형은 친족관계 가운데 개인이 점하고 있는 위치의 차이로서 표상되는 것이 아니다. 즉 개

인 간의 한쪽에 의한 전제나 강제는 아버지와 아들, 형과 동생, 남편과 아내와 같은 관계적 정체성을 통제하는 친족의 어휘로 표상되지 않는다. 대신에 일본인과 중국인, 영국인과 아일랜드인과 같은 종種적 정체성(말할 것도 없이 민족–언어통일체가 그 기본이다) 간의 차이로 표상된다. 물론 친족관계는 소위 '가족' 제도 안에서 온존하기 때문에 이른바 근대사회에서도 사라지지 않고, 관계적 정체성과 종적 정체성이 병존하게 되었다. 친족의 어휘는 가족관계 바깥에서도 의제적으로 계속 사용되지만, 공적 장면에서는 종적 정체성(민족–언어통일체)에 비하면 이차적인 중요성밖에 가지지 못한다. 기독교에서 관용적으로 사용되는 신이나 성직자에 대한 호칭(하늘에 계신 우리 아버지, 시스터(수녀), 파더(신부) 등), 천황폐하의 자식(천황의 자식이라는 말은 일본제국신민을 지칭한다), 동포(같은 엄마의 자궁에서 나온 사람들이라는 말), 형제애fraternity(국민국가의 기본적 가치로서 '형제애' 혹은 세계 종교의 '사해동포universal brotherhood') 등 근대 이후 사용되어온 친족의 어휘는 수없이 많다. 그러나 대부분의 경우에 직업이나 국적에 의한 개인의 자격이 친족의 어휘로 표현된 것일 뿐, 혈연에 기반을 둔 의무나 권리를 뜻하는 경우는 거의 없다.

③ 따라서 민족–언어통일체를 횡단하는 개인 간의 불균형한 '관계'는 민족–언어통일체 간의 차이로 표상된다. 개인 간의 교섭이 민족 혹은 인종 간의 차이로 표상되는 것이다. 사람과 사람의 만남이라는 사건은 다양하게 기술되어야 하는데, 오로지 인종·민족·국민과 같은 종種 간의 접촉으로서만 기록된다. 리옹에서 온 의사가 닝보寧波[13]의 상인에게 현미경 사용법을 가르친 일이 '프랑스인이 중국인에게 과학

13 중국 저장성 북동부의 연해 항만도시. 1842년 남경조약으로 개항.

적 지식을 가져다주었다'라고 기술되는 것처럼.

④ 개인 간의 불균형한 '관계'가 종 간의 격차로서 이해된다. 나아가 이 격차는 지리적 공간상의 거리로 이해된다. 사람들의 만남으로 일어난 투쟁, 교섭, 교환의 사건이 지정학적으로 배치되어 분리된 종 간의 관계로 표상되는 것이다. 요하네스 파비안이 말한 시간의 계층화 혹은 공간화allochronism는, 사람들의 만남이 공재성을 소거당하고 분리된 종 간의 원격접촉으로서 지정학적으로 배치되는 표상화를 지칭한다. 개인의 신체가 공간적이고 통일성을 가진 것이라는 인식이 ―신체의 안과 밖을 구별할 수 있다는 상식을 이용한 인식 ―어느새 사회와 인종에도 적용되어 사회나 인종도 공간적이고 유기적인 통일성을 가진 것으로 제유적으로 확장되었다. 사람들의 만남이 상대화 도식에 따라 표상되는 것이다. 이렇게 표상된 만남은 애초의 '관계'가 아닌 분리된 종 간의 거리로만 이해될 뿐이다.

⑤ 다양한 장소에서 일어난 만남은 인종·민족·국민의 배치인 지정학적인 질서 안에서 배분된다. 만남은 시간적 성격을 완전히 잃어버리고 문명이나 문화의 충돌로 잘못 이해되기도 한다. 전 세계 사회를 발전 정도에 따라 계층화하는 발전단계설 역사관이 가능하기 위해서, 이러한 지정학적 공간에 만남의 사건을 집어넣는 일이 필요하다.

위의 조건들이 발전단계설이 표방하는 세계를 상상하는 시공간적 요건이라 하더라도, 이것만으로는 서양이라는 기묘한 존재를 다 설명하지 못한다. 왜냐하면 발전단계설은 서양을 어떤 특권적인 영역으로 설정하고 나아가 서양과 비서양의 구별을 언제나 모방과 유혹의 장면으로 상상하기 때문이다.

6. 서양과 근대

만남은 반드시 욕망과 감정을 수반한다. 따라서 만남이라는 관계 안에서 사람들은 선망, 혐의, 동정, 질투, 매혹, 경멸, 존경 등의 감정을 통해 결부되어 있다. 이러한 감정들은, 만남이 사람들을 서로 변용시키는 관계라는 사실을 잘 보여준다. 다만 변용affect은 시간적인 개념이어서 반드시 과거에서 현재로, 현재에서 미래로 나아가는 관계의 변용이다. 그러므로 사람들의 관계는 희망, 불안, 공포와 같은 투기投企와 연관된 미래적 차원과 필연적인 상관관계가 있다.

즉, 관계는 미래를 향한 투기를 내포하고 있는 것이다. 사람들이 만나면 그곳에는 반드시 새로운 미래가 펼쳐진다. 그러나 비결정성을 가진 미래의 차원이 완전히 소거되어버린 연대기적 역사의식 — 연대기라는 역사적 시간의 공간화 이외에 다른 어떤 것도 없다는 생각 — 으로만 만남을 생각할 때, 나아가 시간이 계층화 혹은 공간화되어 버렸을 때, 원래 관계에 존재했던 시간성(미래성)은 모두 종 간의 격차로 여겨질 뿐이다. 만남에 참가한 사람에게 변용을 초래한다는 불안감, 즉 감정은 시간의 공간화와 함께 전부 억압된다. 그 대신 시간의 공간화와 함께 일어나는 것은 감정이 아니라 이국취미로 휘감긴 감상적 정서다. 그것은 타자에 의한 변용 없이 이루어지는 즉 자기 안에서 충족되는 정서다. 인종 · 민족 · 국민을 횡단하는 사람들의 만남에서 분리의 비유가 중요한 역할을 수행하는 것도 이 때문이다. 거기에서 종 간의 공간적 격차는 동시에 다른 시대와의 차이라는 연대기적 거리로도 등록된다. 발달사나 발전단계설은 이렇게 지정학적 배치와 연대기적 시대 구분을 통합하는데, 여기에 공시성과 통시성은 있어도 동시성이나 미래성은 존재하지 않는다.22) 그것은 역사적 시간이 압살된 역사이다. 그 역사 안에서 나는 하나의 민족-언어통일체 대표로서 다른 민족-언어통일체 사람들과의 비교를 통해 자기를 획정한다. 그것은 상대화 도식을 통해 주체를 제작하는 일이다. 상대화 도식은 주체가 스스로를 제작하는 '기술' 중 하나인 것이다.

그러므로 시대구분으로 오인된 '근대'는 또 다른 시대구분인 '전근대'와의 대조와 비교를 통해 가시화된다. 그러나 앤더슨이 논한 호세 리살José Rizal[14]의 경우나, 1930년대 일본 지식인이 '전근대적 잔재'를 포함한 일본 자본주의를 '근대적' 영국 자본주의와 비교한 것 즉 발전사에서 '후진국' 위치에 있는 지식인이 '선진국'을 슬쩍 엿보는 경우, 그리고 라왈핀디에서의 내 경우처럼, 스스로를 '근대' 쪽에 자리매김하기 위해서도 '전근대'를 발견해야만 한다. 이 점에서 보면 상대화 도식이라는 주체 제작 기술은 '뒤쳐진 인간'으로 자기를 인지하는 경우만이 아니라 '근대인'으로 자기획정하는 측에도 강력하게 작동한다.

이렇듯 '전근대'로부터 자신을 상대적으로 차이화함으로써만 가능한 시간의식이 근대라면, 앙리 메쇼니크Henri Meschonnic가 말했듯이 근대는 고정된 지시대상이 없는 것이다. 전근대가 변별되어야만 근대는 그 내실을 정할 수 있다. 그러나 시대가 변하고 장소가 변하면 전근대를 변별하는 방식도 바뀔 수 있다. 전근대가 변하면 근대의 내실도 다시 정해야만

14 1861~1896. 필리핀 독립운동가. 무장투쟁론을 반대하고 스페인 개혁과 자치운동을 주장한 그는 필리핀 독립의 아버지로 추앙받는다.

할 것이다.[23)] 『시간의 정치』 제1장에서 피터 오스본Peter Osborne이 말했듯이 근대란 영원한 이행이자 역사인식의 형식에 지나지 않는다.[24)] 서두의 첫 번째 명제로 분명하게 말했듯이, '근대'를 시작과 끝이 있는 시대로 생각하려는 시도는 반드시 실패한다. 그 대신, 종 간의 공간적 관계가 '전근대'와 '근대'의 대비에 항상적 외관을 부여하는 것이다.

이러한 비교에 의한 상대화 도식은 두 가지 종을 비교하는 것으로 형상화에 성공할 수 있다. 스페인의 정원과 필리핀의 정원을 비교하고, 수도 런던과 수도 도쿄, 멜라카Melaka[15]의 문화와 라이프치히의 문화를 비교하는데, 어느 경우라도 한쪽은 다른 쪽을 망령처럼 따라다니며 나타난다. 그러나 비교항이 민족-언어통일체라면 비교항에 서양이 등장하는 일은 있을 수 없다. 왜냐하면 서양은 민족-언어통일체가 아니기 때문이다. 서양에는 여러 민족이 있고 서양어라는 언어도 없다.

서양이 인종 범주로서 공통성을 드러내 보이는 것은 분명 이 지점에서다. 이렇게 규정된 민족-언어통일체가 의미론적 유동화를 일으키고 융통성을 발휘하여 인종에 대한 유영을 시작한다. 그에 관해 다음 내용을 우선 확인해보자.

나는 민족-언어통일체ethno-linguistic unity라는 개념을 사용했는데, 이 개념에는 민족도 언어도 그 통일성도 실체성도 전혀 전제되어 있지 않다. 스코틀랜드 사람 혹은 몽골 사람과 같은 민족통일성도, 우루두Urdu어[16]나 일본어와 같은 언어도 전제되어 있지 않다. 오히려 내가 서두

---

15 말레이시아 말레이반도 남서부에 있는 주. 말라카Malacca주라고도 한다.

16 파키스탄의 국어, 인도의 잠무카슈미르주의 공용어. 파키스탄, 인도에 사는 이슬람교도 사이에서 주로 사용. 인도 유럽어족의 인도 아리아어파에 속하며, 아라비아문자를 사용한다.

의 세 번째 명제로 말했듯이, 분명한 것은 근대를 민족-언어통일체가 나타나는 역사적 과정으로 이해할 수 있다는 점이다. 동일한 언어를 공유하는 민족으로 불리는 집단이 처음으로 상상되기 시작하고, 그 존재가 고대로 투사되었다. '근대'에 언어가 민족을 따라 규정되고 민족이 언어를 따라 규정되면서, 개인의 정체성을 만들어주는 새로운 형식이 탄생한 것이다. 근대는 민족이나 언어가 통일성으로 존재한다는 생각을 사람들에게 주입했다.[25] 대다수 사람들이 민족과 언어를 실체적인 것으로 믿는다 하더라도, 역사 연구를 하는 우리까지 그렇게 믿을 필요는 없다. 민족도 언어도 영속적 실체가 아니기 때문에 지역마다 역사적 조건과 상황에 따라서 변경되거나 바뀌는 일이 수없이 많다. 동시대라 하더라도 사람들이 모두 똑같이 이해하는 것이 아니라서 하나의 민족이나 언어에 대해 각기 전혀 다르게 말하기도 한다.

최근 30년 동안, 사람들은 인종이나 민족이 역사적으로 다양하고 유동적이라는 사실을 점차 깨달아 가고 있다. 영국(잉글랜드) 통치하에서 아일랜드인은 열등인종으로 앵글로색슨계에게 배제당했으나, 19세기 후반 미국에서 아일랜드인은 '백인'이 되었다.[26] 혹은 1930년대 식민치하에서 법적으로 차별 대우를 받았던 한반도 주민들은 일본정부로부터 '조선동포'라고 불리게 되었다. 이러한 사례가 보여주는 것은 인종이나 민족의 구별이 영속적이고 자연적인 것이라는 생각을 사람들에게 열심히 주입했음에도 불구하고, 정치, 경제, 사회적 조건과 연동해 다시 선긋기된다는 사실이다. 서양은 극도로 논리적인 정합성을 결여한 인종이나 민족과 같은 것이었고, 더욱이 서양과 비서양은 '근대'와 '전근대'라는 연대기적 차이화를 통해 가까스로 항상적 정체성을 획득할 수 있었다. 서양은 흔히 '백인'이라는 극단적으로 애매하고 정의불가능한 범주로 비유된다. 피터 버튼Peter Button이 훌륭히 보여주었듯이, 서양은 차별적 구별에 의해 성립된 범주로 역사적 혹은 지역적 정합성이 없다. 그렇기 때문에 서양을 총괄하는 '서양 인본주의'는 끊임없이 과잉을 산출한다. 그러나 서양이라는 정체성은 상대화를 통해 서양과 비서양을 정립한다. 서양은 비서양이라는 망령과의 비교를 통해서만 상을 만들 수 있고, 비서양도 서양이라는 망령과의 비교 안에서만 비로소 상을 맺을 수 있다. 따라서 자기 안에서 생겨나는 과잉과 모순을 상대적 타자에 귀착시켜야만 한다.[27] 버튼이 논했듯이, 백인 = 서양을 위협하는 황화론은 서양과 근대를 통합적으로 구성하려는 발전사 자체에 내재한 것이다. 즉, 황화론은 '서양 인본주의'의 피할 수 없는 귀결이다. 말할 것도 없이, 이에나가 사부로나 마루야마 마사오의 근대화론도 이러한 황화론의 구조를 벗어나지 못했다.

이 글에서 고찰한 '근대'가 공간적으로 지구상의 어떤 지역에 해당하는지 혹은 연대기적으로 어떤 시대에 해당하는지를 굳이 문제 삼지 않았다. 이러한 근대관이 '근대 일본의 문화사'를 연구하는 데에 얼마나 유용할지를 고민하는 일은 다른 연구자의 소임이다. 총설의 역할은 근대에 관한 우리의 시야를 열어줄 뿐, 결론을 내리는 일이 아니라고 생각하기 때문이다.

제 1 부 근대란 무엇인가

네이션과 상상력

다른 시간, 근대

네이션과 상상력*

디페쉬 차크라바티 Dipesh Charkrabarty**

61

1. 들어가며

이 글은 세 개의 동심원을 이루는 문제에 관한 것이다. 가장 안쪽의 원은 20세기 초 벵골에서 일어난 문학논쟁이다. 그것은 산문과 운문의 구별, 이 양자가 현실을 다루는 차이를 둘러싼 논쟁이었는데, 주로 로

---

* 이 글의 원문은 "Nation and Imagination"(*Provincializing Europe*, Princeton University Press, 2000)으로 『近代日本の文化史 1－近代世界の形成』에 실린 것은 미시나 유미三品裕美가 일역한 것이다. 원문과 일역을 함께 참고하여 남효진이 번역했다.

** 1948~. 인도의 역사학자. 현재 미국 시카고대학교 교수. 탈식민주의와 서발턴 연구에서 괄목할 만한 성과를 보여주고 있으며, 주요 저서로 *Provincializing Europe*(2000), *Habitations of Modernity : Essays in the Wake of Subaltern Studies*(2000) 등이 있다.

빈드로나드[1] 타고르Rabindranath Tagore의 작품을 중심으로 이루어졌다. 이를 통해 나는 두 번째 원이 되는 '상상력'이라는 말의 세계사를 읽어내려고 한다. 베네딕트 앤더슨Benedict Anderson의 『상상의 공동체*Imagined Communities*』는 내셔널리즘의 분석에서 '상상력'이라는 범주가 얼마나 중요한지를 일깨워주었다.1) 그럼에도 불구하고 지금까지 사회과학의 내셔널리즘 연구에서 '상상력'이라는 개념은 '공동체'에 비해 그다지 논의되지 않았다. 앤더슨은 상상력을 '허구false'로 해석해서는 안 된다고 경고했다.2) 그러나 현재 상황은 그런 오해를 하기 이전에 이미 '상상력'을 자명한 것으로 받아들이고 있다. 이 글의 목적 가운데 하나는 '상상력'이라는 말을 해체하여, 우리가 유럽에서 제조된 이 말의 영향 아래 종종 행하고 있는 이질혼효heterogeneous적인 관찰실천을 가시화하는 것이다. 나아가 '상상력'에 대한 비판을 통해 정치적인 것의 전체화되지 않은 개념을 논의해보고자 하는 것이 나의 세 번째 노림수이다. '상상력'이라는 말 안에 이질혼효성이 들어 있다는 사실은 정치적인 것의 영역이 본질적으로 단일하지 않음을 의미한다고 나는 생각한다. 우선 문학논쟁부터 이야기해보자.

1 타고르의 이름은 일반적으로 영어 발음인 라빈드라나드로 쓰는데 여기서는 벵골어 발음을 따라 로빈드로나드로 적었다. 이 글에 나오는 벵골의 인명, 지명, 단어는 가능한 벵골어 발음에 따라 표기했다.

2. 관점으로서의 내셔널리즘

근대 내셔널리즘이 만들어낸 관점에 사진 같은 리얼리즘과 열성적인 자연주의만 있는 것은 아니다. 이를 깨닫기는 그리 어렵지 않다. 내셔널리즘의 관점에서 본다면 리얼리즘이나 자연주의에는 다음과 같은 문제가 있다. 만일 네이션이, 그 땅이, 거기에 사는 사람들이 관찰되고 묘사되거나 평가만 받는 것이 아니라 사랑도 받아야 마땅하다면, 그것들이 사랑받을 만한 가치가 있다는 걸 무엇으로 증명할 수 있는가? 현실이나 자연, 역사적인 있는 그대로의 사실이 네이션에 대한 헌신과 상찬의 감정을 만들어낼 수 없다면 어떻게 할 것인가? 결국 원래 그 안에 있었던 사랑스러운 뭔가를 발견하는 것 외에 그와 같은 감정을 입증할 방법이 없다. 객관주의적 · 현실주의적 견해로는 동일화가 어렵다. 그런 까닭에 내셔널리즘은 현실 또는 사실을 정치적인 것과 동일시하는 단순한 사고방식이 아닌 더 복잡한 방식으로 네이션에 대한 관점과 상상력을 문제 삼는다.

1911년 콜카타에서 니베디타 수녀Sister Nivedita가 죽었을 때 열린 집회에서, 타고르는 이 네이션에 대한 관점 문제를 날카롭게 제기했다. 니베디타 수녀는 아일랜드 출신의 내셔널리스트로, 본명은 마가렛 노블Magaret Noble이다. 19세기 인도의 성자 스와미 비베카난다Swami Vivekananda의 제자가 되기 위해 인도에 온 그녀는 식민지 인도를 위해 일생을 바쳤다. 타고르는 니베디타가 객관적인 현실이란 장막에 구멍을 뚫을 수 있었기 때문에 인도인을 사랑할 수 있었다고 말한다. "우리는 많은 유럽인들이 성자 스와미에게 헌신하기 위해 인도에 왔던 것을 알고 있다. 그들은 우리의 성스러운 서적이나 성자의 인격・말에 이끌려 오긴 했지만 결국엔 아무 것도 얻지 못한 채 돌아갔다. 성자에게 헌신하겠다는 생각은 시간이 흐를수록 약해지고 마침내 사라져버렸다. 그들은 이 나라에 만연한 빈곤과 불완전함이라는 장막에 구멍을 뚫지 못했다. 따라서 그들은 자신들이 성스러운 서적에서 읽거나 성자의 인격 속에서 본 것이 무엇인지 알지 못했다."[3)]

타고르는 유럽인들이 자신들이 인도에서 찾고자했던 것에 의해 거부당하거나 인도・인도인을 잘못 이해하고 돌아갔다고 주장하려는 것이 아니다. 실제로 인도인에게는 환멸을 느끼게 하는 점이 분명히 있고 그에 대한 유럽인의 반응은 아주 타당하다고 한다. 타고르는 이어서 "유럽인에게 우리의 말, 생활방식, 일상적인 관습이 얼마나 참기 힘들고 불쾌한지 우리는 이해하지 못한다. 그래서 우리는 우리에 대한 그들의 무례를 도리에 어긋난 것으로 생각해버린다"고 말한다. 타고르의 논점은 현실적인 단편적 시각으로는 인도가 사랑할 만한 대상으로 보이지 않는다는 것이다. 인도를 사랑할 수 있기 위해선 현실을 뛰어넘어야 한다. 타고르의 표현을 빌리자면 현실이라는 장막에 구멍을 뚫어야 한다. 인도에 대한 진정한 사랑을 스스로 발견하기 위해 니베디타 수녀는 바로 이 객관주의 혹은 현실의 장벽을 극복해야 했다고 타고르는 보았다. "콜카타의 뒷골목 벵골인 주거지에서 니베디타가 보낸 일상의 매순간마다 고통의 역사가 숨겨져 있음을 우리는 기억해야 한다. 그녀는 게으름・불결・관리소홀・무기력 등 우리 본성의 어두운 면들 때문에 항상 힘들었으리라." 그러나 "그것은 니베디타를 꺾지 못했다". 왜냐하면 그녀는 현실 그 너머를 볼 수 있었기 때문이다. 그녀는 현실주의자의 시선이 멈추었던 빈곤과 불완전함의 장막에 구멍을 뚫을 수 있었던 것이다.[4)]

현실이라는 장막에 구멍을 뚫는 것, 혹은 그 너머를 본다는 것은 무엇을 의미하는가? 타고르는 그것에 대해 일상의 '장막' 너머에 존재하는 '영원함을 보는 것'이라고, 유럽 낭만주의의 용어와 힌두교의 형이상학적 용어를 섞어서 설명하곤 했다. 그는 인도에 대한 니베디타의 사랑을 힌두의 여신 사티Sati의 남편 시바Shiva에 대한 헌신에 빗대어 다음과 같이 말했다. "인도에 대한 그녀의 사랑은 참으로 진실했다(타고르는 행운을 의미하는 몽골mangal이라는 울림이 있는 단어를 사용했다). 그것은 단순히 마음을 빼앗기는 그런 것이 아니었다. 사티가 시바에게 헌신하듯이 니베디타는 인도의 모든 사람들에게 완전히 헌신했다."[5)] 또한 우리는 타고르의 주장이 '영원함'이라는 말을 사용함으로써 내셔널리즘의 관점이 만들어낸 문제들을 이미 뛰어넘어 버렸다는 것에 주목해야 한다. 아일랜드 여성 니베디타의 인도와 인도인에 대한 사랑을 어떤 의미에서도 '내셔널리즘'이라고 할 수는 없기 때문이다.[6)]

3. 산문과 운문, 그리고 리얼리티의 문제

개량이나 개혁을 목적으로 네이션의 단점을 찾는 비판적인 시선과 이미 아름답고 숭고한 것으로서 네이션을 보는 시선, 이 상반된 두 시선은 조화를 이룰 수 있을까? 문학 활동 초기에 타고르는 이 문제를 해결하기 위해 하나의 '낭만주의적' 전략을 세웠다. 초기(후에는 그것이 흔들리게 되기 때문에 '초기'라고 함)에 그가 사용한 해결 방법은 산문과 운문, 더 정확하게 말하면 산문적인 것과 운문적인 것 사이에 분업을 설계한 것이다. 1890~1910년 그가 내셔널리스트의 입장에서 쓴 작품들은 그런 전략을 확실하게 보여주고 있다. 이 시기 그는 전형적인 '벵골' 농촌에 대해 완전히 상반된 두 이미지를 만들어냈다.

우선 그의 산문 작품들, 특히 단편소설집 『골포구쵸*Galpaguchha*』 중에서 벵골의 농촌생활을 묘사한 단편들을 살펴보자. 이 작품들에는 신랄한 사회비판과 개혁을 향한 정치적 의지가 분명하게 잘 나타나있다. 지금까지 벵골문학 비평가들은 『골포구쵸』가 '결혼지참금, 권위적인 남편, 여성 억압, 가족의 이해를 우선시한 결혼, 땅을 둘러싼 형제 간 분쟁 등의 악'을 어떻게 묘사했는지에 초점을 두었다. 그리고 이 작품집에 등장하는 다양한 인물과 계급에도 주목했다. "딸을 결혼시켜야 한다는 책임감에 짓눌린 아버지 람순도르(「빚」), 신앙심 깊은 람카나이(「람카나이의 어리석음」), 수줍음 많은 작가 타라프로숀노(「타라프로숀노의 업적)」, 충직한 하인 라에쵸론(「도련님의 귀환」) …….”[7]

타고르는 이 단편들의 리얼리티에 상당한 자부심을 가졌다. 그는 말년에, "사람들은 부유한 집안에서 태어난 내가 시골 생활에 대해 도대체 뭘 알겠냐고 한다"[8]라며 불만을 털어놓았다. 그는 1940~1941년에 쓴 에세이들을 통해 그런 비판에 대해 분명하게 답했다.

> 마지막으로 말해둘 것이 있다. 내 작품에는 중산층moddhobitto(= 중간 정도의

재산을 가진 자)이 전혀 나오지 않는다고 불평하는 사람들에게 설명을 할 때가 온 것 같다. 나는 시골생활에 관해 몇 개월 동안 연속해서 쓴 적이 있다. 내가 알기로 그 이전에 벵골문학에서는 그런 묘사가 연속적으로 다루어진 일이 없었다. 그때까지 중산층 출신의 작가가 없었기 때문은 아니다. 그러나 그들은 주로 프로탑싱하Pratapsingha나 프로탑아디또Pratapaditya처럼 (역사에 나오는 낭만적인) 인물들에 열중했다. 『골포구쵸』가 '부르주아계급의 작가'가 썼다는 이유로 훗날 사람들이 꺼려하는 '비-문학'이 되어버리지는 않을까 걱정된다. 지금도 내 작품의 계급적 성격에 관해 평가하면서 마치 내 작품 속에는 중산층이 존재하지도 않는 것처럼 아예 언급조차 하지 않는다.[9)]

사실 타고르는 시골생활에 대한 현실적 비판을 결코 빼놓지 않았다. 실제로 벵골 농촌의 현실주의적이고 부정적인 전형을 만들어내는 데 공헌하기도 했다. 그는 1920~1930년대 샨티니케탄Santiniketan에서 '그의 학교' 주변 농촌지역 재건 사업에 참여할 때 시골생활에 관해 갖고 있었던 '현실주의적' 지식을 활용했다. "나는 농촌에서 오랜 시간을 보냈다. 나는 사람들이 좋아할 말만 하고 싶지는 않다. 내가 본 농촌 이미지는 매우 추악했다. 사람들 사이에서 질투・경쟁・기만・사기가 다양한 형태로 드러났다. 얼마나 뿌리 깊게 썩어 있는지 내 눈으로 똑똑히 보았다."[10)] 이후에 나온 비판적인 평론(1938)을 하나 더 살펴보자. "벵골 동부지역의 지주인 나는 벵골의 농촌들을 아주 가까이에서 볼 기회가 있었다. 나는 먹을 물이 부족한 마을들을 많이 보았다. 또 질병이나 굶주림이 사람들의 육체에 그대로 드러나 있음을 보았다. 모든 면에서 그들이 얼마나 억압받고 갈취당해 왔는지, 무지와 타성으로 그들의 마음이 얼마나 괴로운 지를 보여주는 증거도 많이 갖고 있다."[11] 시골생활에 대한 이런 부정적 이미지는 사회운동에 헌신한 20세기 내셔널리스트 작가들에게 리얼리즘 산문의 자원이 되었다. 이 장르의 가장 유명한 예로 쇼롯촌드로 촛또팟다Saratchandra Chattopadhyay의 소설 『시골사회*Pallisamaj*』(1916)를 들 수 있다.[12]

타고르는 사회문제를 기록하고자 할 때는 산문을 썼다. 하지만 시적인 작품(반드시 운문이라고 한정지을 수는 없지만)이나 노래는 전혀 다른 목적으로 사용했다. 그런 시와 노래도 산문과 마찬가지로 '벵골 농촌'이라는 일반적인 이미지의 창출과 유포에 큰 역할을 했다. 그러나 이 경우 벵골 농촌은 순박하고 목가적인 아름다움을 가진 이상적인 땅이라는 이미지로 그려졌다. 이 작품들에는 타고르가 1880년대부터 '벵골의 마음'[13]이라고 불렀던 정서가 넘쳐흐른다. 그 한 예를 들어보자. 다음은 1905년에 쓴 유명한 시 「금빛 벵골」에서 인용한 것이다. 이 시는 후에 방글라데시의 국가國歌가 되었다.

나의 금빛 벵골이여! 나는 그대를 사랑하리
영원한 그대의 하늘, 그대의 바람은
내 삶의 피리를 부네.
오, 어머니 벵골이여, 봄에
그대의 망고나무 숲에서 나는 향기는 나를 미치게 하네.
이 황홀함, 황홀함이여.
오, 어머니 벵골이여, 가을에
그대의 풍성한 들판에서 나는
꿀처럼 달콤한 웃음을 보았네.[14]

이 외에 타고르가 1895년경 지주로서 벵골 동부를 돌아보면서 쓴 「두이 비가 죠미Dui Bigha Jomi」의 유명한 구절도 있다. 이 시의 중심인물은 비열하고 탐욕스러운 지주에게 땅을 빼앗기고 쫓겨났던 '우펜Upen'이다. 슬픔과 한탄 속에 마을을 떠났던 우펜은 어느 날 다시 돌아오게 되는데, 멀리서 마을을 보고는 너무 기뻐 노래한다. 이 시는 훗날 벵골 초등학교 교과서에 실리게 된다.

> 나의 아름다운 어머니, 벵골이여
> 나는 그대에게 인사하네
> 강가Ganga의 강둑 위에 부는 시원한 바람이
> 나의 마음을 위로하네
> 드넓은 땅 — 그대의 발에
> 하늘이 머리 숙여 입 맞추네
> 그대의 보금자리는 작은 평화의 마을
> 어둡고 깊은 그림자 안에 자리 잡고 있네[15)]

이와 같이 타고르는 산문과 운문을 구분해서 사용하였다. 산문으로는 빈곤·질병·분파주의·무지·카스트·'봉건적' 억압을 이야기했다. 반면 운문은 신성한 우아함과 아름다움으로 축복받은 장소, 따뜻하고 평화롭고 평안한 장소인 벵골의 마음의 고향(가정) / 마을을 그려냈다. 즉 내셔널리스트가 느낀 금빛 벵골이다. 전자는 역사주의·객관주의를 따르면서 현실적·합리적으로 세계를 정렬시키는, 잘 알려진 근대의 정치적 욕망에 바탕을 두었다. 타고르의 말을 빌리자면, 시적인 것은 역사적 시간의 바깥으로 우리를 데려간다. 이렇게 산문과 운문은 함께, 벵골 내셔널리즘에 내재된 두 개의 시선이라는 문제를 제시하고 그에 답했다.

19세기 벵골의 정치 · 사회적 개혁과 벵골어 산문의 리얼리즘 발흥 사이의 관계에 대해서는 이미 여러 학자들이 논한 바 있다. 벵골어 소설의 역사를 포괄적으로 연구한 스리쿠마르 본도팟다Srikumar Bandyopadhyay가 1923~1924년 벵골의 한 잡지에 연재했던 『벵골문학에서 소설의 흐름』은 소설에 나타난 리얼리즘과 민주적 감수성에 바탕을 둔 새로운 근대 정치의 도래 사이에도 그와 같은 관계가 있음을 발견했다.[16] 그는 "소설의 주된 특징은 그것이 철저하게 근대적이라는 사실이다"라고 말했다. 즉 소설은 중세에서 근대로의 이행을 보여준다는 것이다.

> 소설은 민주주의의 영향을 가장 많이 받은 문학 장르다. 민주주의는 소설의 기반이다. 중세의 사회적 구속으로부터의 해방과 개인주의의 시작은 소설에서 빠질 수 없는 요소이다. 소설은 개인주의 감각과 동시에 등장하였다. 두 번째, 하층계급이 자존감을 자각한 것 또한 소설의 주요한 요소이다. 그것은 (그들 안에서) 개인주의의 발달과 함께 생겨났고 다른 계급도 늦든 빠르든 그것을 깨달을 수밖에 없었다.[17]

스리쿠마르 본도팟다는 소설의 세 번째 특징은 자연주의와 리얼리즘이 강하게 연관되어있는 것이라고 설명한다. 벵골어 바스토보타basta-bata(bastab = real)는 자연주의와 리얼리즘, 두 가지 뜻을 함께 가지고 있다. 리얼리즘은 자연주의의 기준에 어긋난, 초자연적이고 신적인 고대 인도의 이야기(예를 들면 『판차탄트라*Panchatantra*』)[2]를 기피하는 것을 의미한

2 인도의 동물우화 모음집. '판차탄트라'는 산스크리트어로 다섯 개의 장章이라는 뜻. 이 작

다. 고대 인도의 이야기는 동물들이 마치 인간인 양 재치있게 말하도록 함으써 독자에게 그것들의 '진정한 형식 / 본질'(프로크리토 루프prokrito rup)을 감춘다.[18] 그렇기 때문에 본도팟다는 소설의 근본적 요소가 인생에 대한 합리적인 견해에 있다고 판단했다. 그도 중세 벵골의 종교개혁자 초이톤노Chaitanya에 관해 16~17세기 그의 후계자들이 쓴 전기에 사실적으로 세밀하게 묘사한 부분이 존재한다는 점은 인정한다. 다만 그런 서술이 우리에게 역사적 감각을 불러일으킬 수도 있었는데 지나치게 열렬한 신앙심이 그것을 망쳐버렸다고 그는 말한다. "(그) 광신적인 감정의 분출은 세심한 과학적 논의를 완전히 쓸어버렸다."[19]

인도 정부에서 교육부 장관을 역임했던 후마윤 코비르Humayun Kabir는 1961년 미국 메디슨의 위스콘신대학에서 열린 타고르 탄생 백주년 기념 강연에서 스리쿠마르 본도팟다의 논점을 되풀이했다. 그는 다음과 같이 말했다. "인도 사회의 생활은 본질적으로 전통적이고 보수적이다. 이 사실과 남녀차별로 인해 인도문학에 소설이 늦게 도입되었다. 물론 일종의 민주적 감정을 느끼도록 하는 쟈타카Jataka가 있긴 있었다. 그러나 리얼리즘과 초자연주의가 함께 뒤섞여 있기 때문에 쟈타카를 소설의 선구로 보기는 힘들다."[20] 또 그는 스리쿠마르 본도팟다의 말을 빌려 이렇게 덧붙였다. "소설은 본질적으로 근대적인 예술 형식이기 때문에 민주주의 정신이 유럽에 침투한 후에야 비로소 나타날 수

품은 세속적 지혜를 가르치는 데 중점을 두고 있어서, 남들을 돕는 것보다는 약삭빠름과 영리함을 찬양하는 경구들을 많이 싣고 있다. 이 작품의 원본은 5개의 주된 이야기 속에 여러 이야기들을 포함하고 있으며, 산스크리트 산문과 운문의 혼합으로 씌어져 있다. 11세기경 유럽에 전해져 인도에서뿐만 아니라 전 세계적으로 널리 읽히며 유럽에서는 『비드파이의 우화들*The Fables of Bidpai*』이라는 제목으로 알려져 있다. 이 제목은 이 우화의 낭송자인 인도의 성자 비디아파티로부터 유래한다.

있었다.” 소설은 “민주주의 기질”, “개인주의”, “과학적 기질의 발달”을 필요로 한다.[21] 픽션의 새로운 산문 형식 — 장편소설과 단편소설 — 은 이렇게 정치적 근대와 밀접한 관련을 맺고 있는 것으로 간주되었다. 이러한 산문은 현실적인 것의 출현에 동반한 현상이며 세계에 대한 현실주의적·객관주의적 관계를 의미했던 것이다.

1940년대까지는 이러한 산문과 운문의 구별이 자연스럽게 받아들여졌다. 근대 벵골어에서 산문을 의미하는 '곳도gadya'가 일찍이 운문과 시가를 의미하는 단어 '캇보kavya'에서 갈라져 나온 건 전혀 문제시되지 않았다.[22] 천재 시인 슈칸토 봇타차리야Sukanta Bhattacharya도 젊은 시절, 1943년의 기근에 대한 정치시를 쓸 때 이 구별을 사용했다. 슈칸토 봇타차리야는 이 불후의 명작에서 “기아의 왕국에서 세계는 오직 산문적일 뿐”이라고 선언했다. 그의 짧지만 강렬한 운문은 바로 이 구별, 1940년대까지 벵골의 시인과 소설가들이 당연하게 여겼던 산문과 운문의 명확한 구별 안에서 기능했다.

오, 위대한 인생이여, 이제 더 이상 이 운문적인 환상kavya은 필요없다
거칠고 예리한 산문(곳도gadya)을 가져오라
운문의 마음을 어지럽히는 주문呪文은 그만두게 하고
산문의 망치로 세게 내려쳐라
운문으로 마음을 어루만질 필요는 없다—
운문이여, 너는 이제 떠나가기 바란다
기아의 왕국에서 세계는 오직 산문적일 뿐—
달은 차면 잘 구운 차파티chapati[3]가 된다.[23]

이 시 안에서 산문은 현실·기아·정의를 위한 투쟁 쪽에 서서 역사 형성·정치의 시대와 손을 잡게 된다. 반면 운문은 리얼리즘이 결여되어 있으며 정치적인 것과는 거리가 있다고 말한다. 그러나 슈칸토 봇토챠리야가 이런 주장을 운문의 형식으로 노래했다는 역설을 동시대 사람들은 이해하지 못했다.[24]

4. 산문과 운문, 그리고 콜카타의 모더니즘

19세기 말 타고르가 창안하여 발전시킨 산문과 운문의 기능에 대한 구별은 20세기 초 내셔널리스트의 정치적 관점으로 작동하며 벵골문학의 모더니즘 역사 속에서 활발한 논의를 불러일으키게 된다. 여기서 나는 '모더니즘'을 마셜 버만Marshall Berman의 용법에 따라 사용한다. 그는 근대화의 힘을 받은 도시의 지식계급이 머뭇거리면서 근대 도시 안에서 편안한 느낌을 만들어내고자 했던 미학적 수단들을 '모더니즘'이라고 불렀다.[25] 1920년대 이후 많은 시인들은 타고르가 19세기 파리의 보들레르Baudelaire와 달리 콜카타를 위한 미학적 수단을 거의 제공하지 않았다고 불만을 터트렸다.[26] 타고르의 작품, 특히 그의 운문은 리얼리즘이 결여되어 있다는 말을 들었다.

3 밀가루를 반죽하여 둥글고 얇게 구운 인도 빵.

타고르가 유명해진 19세기 말 이후 이러한 비난이 항상 그를 따라다녔다. 타고르와 그 친척들이 예술 탐구에 매진하는 것은 선조들로부터 부를 물려받았기 때문이며, 따라서 그들은 콜카타의 중산계급처럼 생활고를 겪은 적이 없다는 질투 섞인 비난이 노골적으로 쏟아졌다. 타고르가 1898년 잡지 『샤히토*Sahitya*』에 발표한 단편소설은 재능이 넘쳤던 자신의 가족을 소재로 하였음을 한 눈에 알 수 있다. 그는 자전적 이야기를 전개하면서 다음과 같이 냉소적으로 말한다. "우리가 학교나 대학에 대해 격렬하게 저항할 수 있는 것은 먹고 살 걱정이 없기 때문이다. 우리가 화가, 시인, 철학자가 된 것은 사람들이 취미로 비둘기를 키우거나 낚시를 하거나 말을 타는 것과 마찬가지로 단순히 기분 전환을 위해서이다."[27)]

세기가 바뀌어 타고르가 노벨상을 수상할 무렵(1913)에는 비난이 더욱 심해졌다. 타고르의 작품에는 벵골어로 현실을 의미하는 바스토브bastab의 감각이 결여되어 있다는 주장이 힘을 얻었다. 일찍부터 이런 비난을 해온 사람들 중 하나로 민족운동 지도자 비핀 촌드로 팔Bipin Chandra Pal을 들 수 있다. 1910년대부터 사회주의 사상에 심취했던 그는 1912년 잡지 『봉고도르숀*Bangadarshan*』에 다음과 같이 썼다. "타고르의 창작은 대부분이 환상이다. 그의 운문은 별로 유물적(보스투탄트릭bostutantrik)이지 않다. 이러한 유물주의의 결여는 그가 창조한 인물상 안에도 나타나 있다. 타고르는 많은 단편과 몇 편의 장편소설을 썼는데 거기에 묘사된 인물들을 현실(바스토브bastab)에서 찾아보기란 힘들다."[28)]

비핀 촌드로 팔은 이렇게 비난하면서 타고르 일가의 부를 한 번 더 강조한다. "현대 콜카타의 귀족들은 그들만의 범위 안에서 살고 있다. 보통사람들은 그들의 생활공간 안에 들어갈 수 없으며, 그들 또한 보통사람들의 생활 안으로 들어올 수 없다."[29)] 이와 같은 불만은 벵골인 사회학자 라다코몰 무카지Radhakamal Mukherjee가 쓴 평론들에도 반복해서 나타난다. 그는 "타고르의 작품에는 유물적 성격이 전혀 없으며 (…중략…) 『오쵸라요톤*Achalayatan*』과 『고라*Gora*』에 묘사된 것은 현실 생활(바스토브 지본bastab jiban)과 전혀 무관하다"[30)]고 논했다. 타고르의 소설 『4개의 장章 *Char Adhyay*』은 하리잔Harijan운동,[4] 노동운동, 카다르khaddar운동[5] 같은 당시 주요 정치운동이나 대중운동을 제대로 다루지 않았다는 비판을 받았다. 사회사 연구자로 유명한 비노이 고쉬Binoy Ghosh는 젊었을 때, 타고르를 다음과 같이 통렬하게 비판했다. "타고르의 '추상적 세계인류애'는 '신의 사랑과 함께 하는 세계를 향한 사랑'의 존재증명에 지나지 않는다." "그것은 단순한 백일몽일 뿐이다. 리얼리티와 단절된 정신주의는 그 꿈의 피난처가 된다. 그러나 그와 같은 이상은 불가능하고 어리석으며 인류 역사에 역행하는 것이다."[31)] 이 논의에서 리얼리즘과 역사주의는 민주주의와 역사적 유물론을 지탱하는 두 기둥이다.

극단적인 몇몇 비난은 타고르에게 큰 고통을 주었다. 이런 비난에 대해 타고르가 직접 답하는 일은 거의 없었다. 하지만 자신보다 젊은 세대 작가들의 비판에 대해서는 그도 주의를 기울이지 않을 수 없었다. 『콜롤*Kallol*』(1923), 『잉크와 펜*Kalikalam*』(1926), 『진보*Pragati*』(1927), 『포리쵸*Parichay*』(1931), 『코비타*Kabita*』(1935) 같은 새로운 아방가르드 잡지와 관계있

4 간디가 불가촉천민의 지위 향상을 위해 제창한 운동. 하리잔은 신의 아들이란 뜻으로, 간디는 불가촉천민인 달리트를 '하리잔'이라고 불렀다.

5 카다르는 인도의 손으로 짠 면직물을 말한다. 인도 농촌의 전통 수공업 중 하나였던 카다르 산업은 영국의 식민지배로 몰락하였다. 카다르운동은 1920년대 간디가 전개했던 국산품 장려운동의 일환으로 전개되었다.

는 젊은 층들은 정중하면서도 강한 어조로 타고르의 미학에는 빈곤과 섹슈얼리티가 결여되어 있다고 말하기 시작했다. 『콜롤*Kallol*』의 창간자 가운데 한 사람인 오친토쿠말 센굽토Achintyakumar Sengupta는 이렇게 회상했다. "『콜롤』은 타고르로부터 멀어졌다. (…중략…) 그리고 하층 중산 계급으로, 탄광으로, (…중략…) 슬럼으로, 길거리로, 거부당하고 기만 당하는 사람들 속으로 파고 들어갔다."[32] 시인인 부토뎁 보슈Buddhadev Bose는 그 전개를 다음과 같이 묘사했다. "(…중략…) 이른바 '콜롤' 시대의 주된 징후는 반란이었다. 그리고 그 반란의 주요 목표는 타고르였다. 그의 운문에는 리얼리티bastab와의 밀접한 연관이나 강한 열정, 존재에 대한 고뇌가 빠져 있으며, 그의 인생철학은 부정할 수 없는 인간의 육체성을 부당하게 경시하고 있다는 느낌을 준다."[33] 타고르 이후 가장 중요한 시인 중 한 사람인 지본나논도 다쉬Jibanananda Das 역시 거리감을 느끼며, 타고르에게 편지를 보냈다. "나는 시를 쓰는 젊은 벵골인입니다. 나는 당신을 몇 번 보았으나 그때마다 사람들 속에 휩쓸려 멀어지고 말았습니다. 당신의 위대한 빛과 나의 보잘것없는 인생이 우리 사이에 결코 건널 수 없는 간극을 만들어 내고 있습니다."[34]

이런 비판들에서 한 발 더 나아가 벵골의 중산층 출신이 아닌 타고르는 이국적이고 지나치게 서양식이라는 주장까지 나왔다. 타고르에 대한 불만 중에는 매우 거친 것도 있었다. 그 한 예로, 타고르에 관한 에드워드 톰슨의 책에 나오는 어느 벵골인의 편지를 살펴보자. 톰슨은 편지를 쓴 사람의 이름은 밝히지 않고 '저명한 학자'라고만 했다.

나는 벵골어로 쓴 『기탄잘리』보다는 영어로 번역한 쪽이 훨씬 낫다고 생각한다. 타고르는 본질적으로 영국식 사고방식을 가졌기 때문이다 (…중략…) 우리 가운데 유럽 책만 읽으면서 우리의 전통문학이나 인도인의 삶과는 거리가 먼 사람들만이 그를 떠받든다. (…중략…) 만일 우리나라가 외국 문화의 흐름에 휩쓸려버린다면 타고르가 그 새로운 시대 문학의 선구자가 되리라는 것은 의심의 여지가 없다. 그러나 만일 그렇게 되지 않는다면 타고르의 명성은 쇠퇴하리라고 나는 확신한다. (…중략…) 유럽의 평가는 우리에게 별로 중요하지 않다. 그것은 단지 그가 유럽의 정신에 호소하는 방식으로 사물을 말하는 정치적 기교를 습득했음을 보여주는 데 지나지 않는다.

벵골은 타고르를 유럽에 준 적이 없다. 오히려 유럽이 벵골인들에게 타고르를 주었다. 유럽 학자들은 그를 추켜세움으로써 자신들의 선물을 칭찬하고 있는 것이다. 만일 그와 같은 명성을 진정한 우리의 시인이 외국에서 얻었다면 나는 더 자랑스럽게 여겼을 것이다.[35)]

톰슨의 아들인 E. P. 톰슨은 톰슨의 저서를 연구하면서, 1922년에 이 편지를 쓴 사람이 저명한 문학연구자 디네쉬 촌드로 센Dinesh Chandra Sen임을 밝혀냈다. 그런데 그는 타고르의 도움을 많이 받은 인물이다.[36)]

그가 타고르에 대한 반감을 분명하게 표명한 것은 아니었지만 어쨌든 그 영향은 1960년대까지 미쳤다. 1930년대 이후의 시대를 대표하는 시인 부토뎁 보쉬Budhhadev Bose와 슈딘드로나드 닷토Sudhindranath Datta는 1960년대에 다음과 같이 썼다.

"타고르의 작품들은 벵골어로 쓴 최초의 유럽 문학작품이다."

"타고르의 손에 의해 모든 벵골문학은 서양식으로 바뀌었다, 말하는 것만 빼고."[37]

개인적인 취향이나 적대감은 별개로 치고, 타고르에게 리얼리즘이 결여되었다고 비판하는 바탕에는 벵골문학 내 모더니즘의 문제가 있었다. 콜카타의 벵골 중산층은 식민지 자본주의의 비참한 통치체제 아래에서 태어나고 자랐다. 학교나 대학에서의 경험, 교육이라기보다는 학위 취득만을 위한 경험, 변변치 않은 사무직 일자리 경험, 혼잡한 도로와 열악한 교통수단에 어떻게든 적응해야했던 경험, 도시의 비위생적인 환경 아래 겪은 열기·더러움·쓰레기·질병의 경험, 이러한 대부분의 경험들이 중산층 벵골인의 일상 감각을 결정지었다. 그러나 벵골의 위대한 시인은 운 좋게 많은 토지를 소유한 부유한 귀족 집안에서 태어났기 때문에 개인적으로 이러한 것들을 거의 경험하지 못했다.

이보다 더 중요한 것은 타고르가 도시 중산층의 생활 속 경험에서 미적인 부분을 전혀 발견하지 못했다는 점이다. 1920년대 이후 쓴 평론들에서 타고르가 시와 현실(바스토브)의 관계에 대한 자신의 생각을 말하기 위해 사용한 비유들은 이 점을 잘 보여주고 있다. 발터 벤야민Walter Benjamin이 보들레르의 시를 논할 때 사용한 표현을 빌려 말하자면, 타고르는 콜카타의 "아스팔트 위로 채집을 하러"[38] 나간 적이 없었다. 타고르의 작품들은 벵골인 사무원이나 학교 교사의 세계와는 거리가 있음을 분명하게 보여준다. 그는 임금노동자나 시민사회 제도에서 시가 될 만한 것들을 거의 발견하지 못했다. 타고르의 작품에서 차쿠리chakuri(고용인)·사무소·시험·위원회나 회의·노면전차·공장·공공생활·인플루엔자 같은 단어가 어떻게 사용되었는지 살펴보자. 다음 인용문에서 이 단어들은 모두 열등한 용어로 사용되었다. 높은 평가를 받은 그리호griha(가정)·그리호롯키grihalakshmi[6](여신 라크슈미[7]의 아름다운 구현화로 여겨지는 주부의 모습)·하늘(자연을 상징) 같은 말과 좋은 대조를 이룬다.

사무소 소장인 한 남성의 정체성은 그 사무소의 서류나 파일로 정해진다. 그러나 여성을 그리호롯키grihalakshmi로 만드는 표시는 붉은 색의 머리 장식과 팔찌다. 바꿔 말해 후자는 은유와 올름카alamkar(장신구와 수사학, 둘 다 의미)를 필요로 한다. 왜냐하면 그녀는 단순한 정보 이상이며, (우리는) 지식으로뿐만 아니라 마음으로도 그녀와 만나기 때문이다. 우리가 그리호롯키grihalakshmi를 라크슈미(풍요의 여신)로 부를 수 있는 것은 그 말이 암시하는 뭔가를 보여주기 때문이다. 그러나 우리는 사무소 소장을 케라니-나라얀kerani-narayan(kerani는 사무원이나 작가를 뜻함. 나라얀Narayan은 라크슈미의 남편)이라고는 결코 부르지 않는다. 종교에서는 이론적으로 모든 남성 안에 나라얀이 잠들어있다고 하지만 사무소 소장에게는 신비스러움이 전혀 없다.[39)]

아름다움이 결여된 사무실을 소박하면서도 우아한 온토푸르antahpur(집안에서 여자들이 사는 구역)와 비교할 수는 없다.[40)]

축제일에 어째서 피리를 연주하는가? (…중략…) 마치 흉물스런 노면전차들이 더 이상 사무소를 향해 철로 위를 달리지 않는 듯, 마치 모든 흥정이나 팔고 사는

6 영어로는 그리호라크슈미, 벵골어로는 그리호롯키라고 한다.

7 인도 힌두교 신화에서 비슈누의 아내로 절대적 아름다움을 지닌 미의 여신이며 농업을 관장하는 풍요의 여신이다. 비슈누는 나라얀Narayan 또는 하리Hari라고도 불린다.

것이 아무 것도 아닌 듯 그것(피리 소리)은 모든 것을 은폐한다.41)

벵골인만큼 신념이 없는 족속도 없다. (…중략…) 만일 누군가가 출퇴근길의 흔적을 지워버린다면 그들은 이 넓은 세상에서 어디로 가야할지 감조차 잡지 못할 것이다.42)

벽으로 둘러싸인 하늘 한 조각은 내 사무실 안에 완전히 갇혀버렸다. 땅과 같은 비율로 그것을 사고 팔 수도 있다. 아니 세를 줄 수도 있다. 그러나 그 바깥에는 별들로 가득 찬, 파괴되지 않은 넓은 하늘이 있다. 그 무한한 환희는 내가 그것을 깨달았을 때에만 존재한다.43)

타고르를 매우 존경하고 따랐던 오미요 초크로보티Amiya Chakravarty는 이와 관련된 문제를 아주 부드럽게 제기했다. 한때 타고르의 개인비서로 일하기도 했던 오미야 초크로바티는 1930년대 이후 시인으로서 명성을 얻었다. 1925년 3월에 타고르에게 보낸 편지에서 그는 해브록 엘리스Havelock Ellis[8]와 나눈 대화를 인용했다. 해브록 엘리스는 타고르의 근대문명에 대한 "격렬한 고발"이 "사람들을 고양시킨다"는 점을 인정했다. 그러면서 그는 어째서 타고르가 과학기술이 가진 "고도의 모험성", 비행기가 주는 전율이나 그 "외면의 아름다움"에 관해서는 전혀 쓰지 않는지 의아해했다고 한다.44) 또 부토뎁 보슈는 1929년 『진보*Pragati*』에 쓴 평론에서 이 점에 관해 좀 더 직접적으로 말했다. "우리의 부엌, 찻집,

8 1859~1939. 영국의 의학자, 문명비평가. 저서 『성심리학 연구*Studies in the Psychology of sex*』로 유명하다.

노면전차와 버스와 자동차로 혼잡한 거리, 기차들은 왜 우리의 시 안에서 자신들의 장소를 찾지 못한 것일까? (…중략…) 만일 당신이 그것들을 시의 좋은 주제가 아니라고 본다면, 로버트 브룩스Robert Brooks의 「위대한 연인The Great Lover」, 「다이닝 룸의 차Dining Room Tea」를 읽어보도록 권한다."[45] 1930년대의 인도 시인들은 도시와, 시의 주제로서 도시가 가진 가능성에 대한 감각을 다듬기 위해 보들레르, T. S. 엘리엇, 에즈라 파운드Ezra Pound, 제라드 홉킨스Gerard Manley Hopkins, 그 외 유럽 시인들에게 주목했다. 1931년 부토뎁 보슈는 "타고르의 시대는 지나갔다"고 선언했다.[46] 그리고 십 년 후 1941년에는 지본나논도 다쉬가 타고르는 더 이상 현대 벵골 시인들을 충족시키지 못한다고 말했다.[47]

젊은 시인들 몇몇은 '낭만적이지 않은' 도시를 묘사하면서 일부러 타고르의 시 일부를 짜깁기하는 새로운 아이러니 기법을 시도했다. 유명한 시인이자 영문학 강사인 비슈누 데Bishnu Dey는 콜카타의 혼란스런 출퇴근길을 묘사하면서 타고르의 시에서 "오, 새여, 오, 나의 새여"라고 하는 한 줄을 가져다 다음과 같이 넣었다.

> 계속해서 경적을 울려대는 버스의 고집스러움이여!
> 이 무슨 기계의 변덕스러움인가!
> 그러나 이제 남은 시간은 겨우 25분 —
> 오, 새여, 오, 나의 새여.[48]

슈모르 센Samar Sen은 시 「천국으로부터의 이별Shvarga hote biday」에서 매일 밤 코리가트Karighat 다리를 건너 창녀를 찾아가는 타락한 남성들의 음울한 도시의 섹슈얼리티를 이야기하면서, 역설적이게도 천국에 대해 신화적으로 언급한 타고르의 작품에서 한 구절을 빌려 왔다.

> 코리가트 다리 위
> 타락한 자들의 발소리가 들리는가?
> 시간이 행진하는 소리가 들리는가?
> 오, 거리여, 오, 음울한 거리여

슈모르 센은 이 시에서 타고르의 소설 「최후의 시Shesher kabita」 마지막에 나오는 유명한 문장 "시간이 행진하는 소리가 들리는가?"를 그대로 가져다 썼다.[49)]

만일 콜카타의 모더니즘 문학 이야기가 여기서 끝났다면 나는, 타고르로 대표되는 영시英詩의 영향으로 필연적이라고 까진 할 수 없어도 변명은 할 수 있는 관념주의 / 낭만주의의 초기 단계를 거쳐 결국엔 리얼리즘 의식이 벵골문학에 등장했다는, 별로 문제될 게 없는 이야기를 하게 되었을 것이다. 그 경우에는 시도 결국에는 소설이 그렇다고 이야기되듯이 역사적 · 현실적인 것과, 어쩌면 민주주의와도 손을 잡았을 것이다. 그리고 1940년대에 수칸토 봇타차리야가 내놓은 주목할 만한 산문 / 운문의 구별은 시대에 너무 뒤처진 것으로 간주되어 아무런 영향도 미치지 못했을 것이다.

실제로 그런 일이 어느 정도 일어나긴 했다. 말년에는 타고르 스스로 작품 속에서 근대와 근대가 아닌 것 사이의 역사주의적 구분을 받아들였다. 그는 근대가 아닌 것을 지나간 시대, 가버린 시대, 빌려온 시간을 살고 있는 시대라고 표현하면서 자신을 그 구체적인 예로 들었다. 1937년 타고르는 오미요 초크로보티의 요청으로 전 세계 독자를 위해 아프리카에 관한 시를 썼는데 그에게 보낸 편지에서 극도의 고립감을 토로하고 있다. "네가 아프리카에 관한 시를 써달라고 해서 받아들이긴 했다. 그러나 나는 그 목적을 모르겠다. 나는 근대적 태도에 익숙하지 않다. 외국인의 혀는 내가 가진 언어의 라사rasa(정서, 과즙)가 흐르는 데까지 미치지 못할 것이다."[50]

그러나 산문과 운문을 구별하는 타고르의 방식이 1940년대 슈칸토 봇타챠리야의 시 안에 그토록 강하게 남아있었다는 사실은, 타고르가 초기 활동 시절에 말한 내셔널리즘의 관점 문제가 벵골문학의 반식민주의적 내셔널리즘 안에도 살아남아 있었다는 것을 보여준다. 분명 타고르와 그보다 젊은 동시대인들 사이 복잡한 관계는 벵골문학의 모더니즘에 본질적으로 문제가 있었음을 시사한다. 높아진 정치의식이 타고르의 정치 결여를 대체했다는 발전단계론으로는 이 문제를 설명하기 어렵다. 타고르를 비판한 대부분의 젊은이들은 알게 모르게 계속해서 타고르의 추종자였다. 부토뎁 보슈는 젊은 시절 자신이 타고르에 대해 품었던 적대감을 다음과 같이 썼다. "나는 밤에는 침대에서 미친 듯이 '프로비Purabi'의 시들을 암송하고 낮에는 타고르를 비판하는 글을 썼던 청년을 적어도 한 사람 알고 있다."[51] 『포리쵸』의 편집자 슈딘드로나드 닷토Sudhindranath Datta는 전쟁이 끝난 후 타고르가 받아들여지지 않게 된 이유나 타고르의 관념론이 매력적이지 않은 이유를 들이대며 논쟁을 벌였지만, 후에 자신이 했던 비판을 참회하고 철회했다. 그는 이렇게 썼다. "젊었을 때 나는 타고르의 관념에 맞춰 시를 쓰는 데 실패했기 때문에 나 자신도 모르게 질투에 사로잡혀 기회만 있으면 타고르가 서구의 시인들보다 못할 뿐만 아니라 그 역시 그들을 따라하는 데 실패했다는 것을 널리 알리려고 했다."[52]

여기서 가장 흥미로운 것은 시가 도시나 근대 생활의 리얼리티를 파고들기를 바란 젊은 시인들조차 타고르가 내셔널리즘에 기반을 둔 시를 통해 만들어낸 풍요로운 전원이라는 벵골에 대한 시각을 결코 버리려 하지 않았다는 사실이다. 유럽의 시인을 모더니즘의 시각에서 본 지본나논도 다쉬Jibanananda Das도 그런 시인들 중 하나였다. 1950년대에 유작으로 출판된 그의 소네트집 『아름다운 벵골*Rupashi Bangla*』은 1970~1971년 방글라데시 독립전쟁[9] 시기에 다시 각광을 받았다. 거기에 수록된 현실주의·역사주의적인 시들은 1930~1934년 흉작으로 인해 벵골이 황폐해진 1930년대 중반에 쓴 것들임[53]에도 불구하고 벵골 전원의 풍요로움·새·나무들·여신들을 그리고 있다. 그것들은 순수한 내셔널리즘의 구축물로 영원한 벵골을 표상하였다.

> 나는 벵골의 얼굴을 올려다본다 — 더할 수 없이 아름다운
> 더 이상 찾을 필요도 없다 : 그늘 안에서 나는 눈을 뜨고 쳐다본다.
> 무화과 나무의 우산 같은 잎 아래 앉아
> 이른 아침 까치 소리 — 나는 거기에 누워 나뭇잎들을 둘러본다
> 잼, 반얀, 잭프루트, 캐슈너트, 아스와타의 나뭇잎들

9 벵골 지방은 영국의 벵골분할령으로 동벵골과 서벵골로 나뉘었다. 인도가 독립한 1947년 이슬람교도가 많은 동벵골은 파키스탄의 일부인 동파키스탄이 되고 서벵골은 인도의 주가 되었다. 1971년 방글라데시 독립전쟁의 결과 동파키스탄은 방글라데시로 독립했다.

선인장 덤불 위로, 사티sati의 과수원 위로 그림자가 드리워진다
이와 같은 벵골의 아름다움들을, 푸른 그림자들을
촘파Champa에서 온 차드Chand가 자신의 배 허니비the Honeybee에서
언제 보았는지 나는 모른다[54)]

또 공산주의 역사주의자였던 시인 슈바쉬 무코팟디Shubhash Mukhopadhyay가 1962년에 쓴 다음 시구를 살펴보자. 그는 마치 카메라로 스냅사진을 찍듯, 흙으로 지은 오두막을 가정의 행복을 지켜주는 여신 라크슈미가 함께 하는 축복받은 영원한 벵골의 집으로 묘사한다.

내가 아무리 멀리 가도—
달라붙어있다
내 눈꺼풀에
남아있다
라크슈미의 연이은 발자국들
그려져 있다
안뜰에
소똥과 물로 깨끗하게 닦여진.[55)]

5. 장막에 구멍을 뚫고 그 너머를 보다

이제까지 살펴보았듯이 타고르에 대한 대부분의 비판은, 그의 시에 콜카타와 벵골 지역의 비참한 일상생활을 다루는 리얼리티가 결여되어있다는 것이었다. 이와 같은 비판에 자극받은 타고르는 산문시, 곳도코비타gadyakabita라고 불리는 새로운 산문 형식을 만들어내게 된다. 일반적으로 이 형식은 『리피카*Lipika*』에 수록된 시들을 쓴 시기(1918~1922)에 만들어진 것으로 여겨지는데, 이 형식을 채용한 대부분의 작품은 1932~1936년에 출간되었다(『푸노쉬쵸*Punascha*』, 『최후의 조사*Shesh Shaptak*』, 『나뭇잎 접시*Patraput*』, 『샤모리*Shyamali*』).[56] 타고르에게 이 형식은 일종의 문학적 실험이었다. 그는 『기탄잘리』를 직접 영어로 번역하면서 '운율이 있는 산문'의 가능성을 깨닫고 벵골어로 이를 실행해보고자 했다고 한다. 타고르 자신이 부여한 정당화의 중요성을 감안하더라도 몇몇 벵골 문학 비평가들이 지적했듯이 이런 형식의 혁신은 당연히 논쟁적인 비난을 불러일으켰다. 이를 통해 시와 현실(바스토브bastab)의 관계에 대한 타고르의 견해가 분명하게 드러났다. 그가 손을 대기에는 지나치게 산문적이라고 비판자들이 지적하는 주제 ― 콜카타의 오염, 쓰레기, 하층 중산계급의 생활과 그들의 일상적인 욕구불만 ― 를 시 하나하나에 담는 것이 산문체로 시를 씀으로써 가능해진 것이다. 웃졸 모줌다르Ujjval Majumdar가 말했듯이 "곳도코비타(산문시) 안에서 일상의 리얼리티와 미적 세계는 떼어놓을 수 없을 만큼 뒤엉켜있다".[57] 그러나 타고르는 시의 영역을 고수함으로써 근대라는 세계에서 시의 기능이 무엇인지에 대한 자신의 견해를 내보일 수 있었다. 그런데 이와 같은 산문시를 쓴 시기가, 벵골어 문학작품이 리얼리즘을 양념으로 사용하고 있다며 "리얼리즘이라는 카레가루" 혹은 "빈곤과 육욕을 떠벌이는 것"에 대해 타고르가 분노를 표명했던 시기와 겹친다는 것을 잊으면 안 될 것이다.[58]

논점을 분명하게 하기 위해 예를 하나 더 들겠다. 『푸노쉬쵸*Punascha*』에 수록된 「반시Bansi」는 하층 중산계급의 생활을 현실감있게 묘사한 작품이다.[59] 이 시는 콜카타 뒷골목에 사는 어느 평범한 사무원의 비참한 인생과 생활상을 산문적으로 세세하고 정밀하게 묘사하였다. 그가 사는 골목은 키누 고알라Kinu Goala라고 불리는데 그다지 자랑스러운 이름은 아니다. 키누 고알라는 '우유배달부 키누'를 뜻한다. 키누가 콜카타의 역사에 남을 만큼 큰 부를 일군 인물임에도 불구하고, 도시의 원로들은 그 비천한 출신을 지우지 않고 공공의 기억에 남겨두었다. 시의 화자인 사무원 호리포도Haripada는 그 골목의 방 한 칸에 세 들어 살고 있는 가난뱅이다. 그의 생활은 그 골목과 사무실로만 이루어져 있다. 호리포도는 자신의 의무를 다하지 못해 결혼식에서 도망쳐 나와야했다. 그러나 그가 결혼하려고 했던 여성과 그의 고향인 동벵골의 강변 마을은 도시에서 생활하는 그를 늘 따라다닌다.

타고르는 도입부에서 이런 것들을 매우 사실적으로 묘사하고 있다.

> 키누 고알라 골목.
>
> 그 골목 제일 안쪽
>
> 2층짜리 건물의 1층에 있는 방.

눅눅한 벽은 벽토가 여기저기 떨어져나가
습기찬 조각으로 군데군데 때워져 있다.
문에는 기계 날염한 천에서 잘라낸,
장애물들을 없애주는 신 가네쉬Ganesh가 프린트된 조각이 붙어 있다.
이 셋방에는
나 외에
또 하나의 창조물이 살고 있으니
그것은 집도마뱀이다.
우리 사이 유일하게 다른 점은
그는 먹을 게 궁하지 않다는 것이다.

내 급여는 25루피.
상사 사무실의 하급사무원인
나는 닷타Datta네 아들 과외도 하면서
겨우겨우 먹고 살고 있다.
전기료를 아끼기 위해 전차 역에서 보내는 밤,
도쉬도쉬하는 엔진 소리,
경적 소리,
밀어닥치는 승객들,
인력거꾼들이 외치는 소리 —
시계가 10시 30분을 가리키면
나는 고독하고 적막한 암흑의 집으로 돌아간다.

숙모네 마을은 달레스와리Dhaleswari 강변에 있다.
숙모의 시조카딸은 이 불행한 영혼과 결혼하기로
굳게 합의되어 있었다.
그 시간은 분명 상서로웠으며 —
확실하게 증명도 받았다 —
그 시간이 왔을 때 나는 도망쳤으므로.
어쨌든 그 처녀는 구원받았고
나 또한 그렇다.
내 집에 오지 않은 그녀는
언제나 내 마음 속에 왔다 간다 —
다카이dhakai[10] 사리를 입고
얼굴엔 주홍색 점을 찍고.

장마가 점점 심해진다.
전차요금이 올랐다.
때때로 나는 잘 지낸다.
망고씨와 껍질,
잭푸르트 속,
생선 아가미,
죽은 새끼고양이들이
다른 쓰레기들, 재와 뒤섞여
이 골목 모퉁이에

---

10 면으로 만든 인도 의상 사리의 한 종류로, 그 이름은 방글라데시의 수도 다카에서 유래되었다.

쌓여 썩고 있다.
내 우산은 마치 벌금을 낸 후의 월급봉투와 같다—
구멍이 숭숭 뚫려있다.
……

몬순의 암울한 그림자가
이 눅눅한 방 안에
움직이지도 않고 의식도 없이 누워있다—
마치 덫에 걸린 짐승처럼.
……

그 골목 모퉁이에는
칸토바부Kantababu가 산다.
그는 양쪽으로 가르마를 탄 긴 머리에
큰 눈을 가졌다.
인생을 즐기면서 살고 싶은
그는 취미로 코넷을 분다.

여기서 시의 분위기가 바뀐다. 타고르는 현실감 있게 산문적인 묘사들을 끼워 넣을 수 있는 산문시 형식의 이점을 살리면서, 영화 용어로 말하자면 한 장면이 조금씩 사라지면서 다음 장면으로 이동하는 디졸브를 만들어낸다. 이제 시는 역사적이고 객관적인 것에 대한 총공격을 개시한다. 타고르는 이 골목이 사실인 동시에 사실이 아니라고 말한다. 그것이 바로 현실의 장막에 구멍을 뚫고 그 너머를 보도록 도와주는 시의 기능이다. 타고르는 여기서 1890년대 그가 만들어낸 산문과 시의 구별로 되돌아간다. 시의 기능은 역사적 시간의 흐름을 끊고 역사적인 것을 초월한 영역으로 우리를 데려가는 것이다. 타고르는 이 초월적 영역을 영원이라고 부른다. 여기서 시의 분위기를 바꾸는 것은 코넷이다. 타고르는 이 유럽 악기가 콜카타에 사는 하층 중산계급 벵골인의 생활 속에 스며든 역사적 아이러니의 힘을 충분히 활용하고 있다. 이 시 안에서 코넷을 부는 사람은 위엄이 없다. 시의 제목인 '반시'는 흔히 플루트로 번역되는데, 이 시에서는 코넷을 목가적인 반시로 번역하였다. 그런데 타고르는 이 유럽 악기로 인도 음악 라가raga[11]를 연주하게 한다. 라가는 이 콜카타의 뒷골목에 흐르는 삶의 파토스를 취하는 동시에 초월한다. 이 시를 끝까지 읽어보자.

때때로
이 골목의 그로테스크한 공기 속으로 선율이 흐른다—
때론 깊은 밤에
혹은 새벽에
혹은 빛과 그림자가 희롱하는 오후에
갑자기 어느 저녁
라가 〈신두-보론Sindhu-baroan〉이 연주되고
그리고 모든 시대가 분리되는 고통에
하늘 전체가 공명한다.

11 인도음악의 한 선율형식 또는 그에 따른 즉흥연주.

그리고 그 순간
술주정뱅이의 헛소리처럼
이 골목이 끔찍한 거짓말이라는 것이 분명해진다.
갑자기
황제 아크바르Akbar[12]와
사무원 호리포도Haripada가
다를 게 없다는
메시지가 전달된다.
코넷의 애처로운 선율이 함께 흐르면서
황제의 파라솔과 찢어진 우산이
함께 간다 —
같은 바이쿤타Vaikuntha[60)]를 향해.

거기에서 이 노래는 진실이며
석양의 영원히 상서로운 시간 속에
달레스와리Dhaleswari강이 흐른다.
강둑에는 따말나무들이 깊게 그림자를 드리우고,
안뜰에서는
다카이dhakai 사리를 입고 이마에는 주홍색 점을 찍은
그녀가 기다리고 있다.[61)]

12 인도 무굴제국의 제3대 황제. 재위기간 1556~1605. 벵골 만에서 아라비아 해에 이르는 광대한 영토를 평정하여 무굴 왕조의 기초를 쌓았다.

타고르는 시에 대한 자신의 입장을 이론적으로 옹호하기 위해 여러 입장을 절충했다. 그는 유럽의 낭만주의, 특히 존 키츠John Keats의 「희랍 항아리에 부치는 노래」(1819)에 호소했다. 또 그는 보스투bostu(유용한 사물)와 라사rasa를 구별함으로써 우파니샤드와 산스크리트 미학에도 호소했다. 라샤는 산스크리트 시학 이론에 따르면 미적 활동으로 인해 생겨나는, 사리사욕 없는 보편적인 감정이다.62) 나아가 이성에 대한 궁극적 비판으로 기능하며 완전히 무관한 것으로 만들어버리는 건 아니지만 특히 정치적인 것을 차단하는 리라leela[13](play)에 존재하는 초월적·우주적 감각에 대한 타고르 자신의 철학을 여기에 덧붙였다.63) 이는 우파니샤드를 바탕으로 한 것이다. 타고르는 '생존을 위한 투쟁'이라는 서양적인 표현보다 '지본 리라jiban leela(생활유희)'라는 표현을 즐겨 사용했다. 그 이유에 관해 일찍이 그는 리라와 비교하면 '투쟁'이라는 표현은 존재의 문제를 부분적으로만 나타내기 때문이라고 설명했다. 리라는 궁극적으로 이성의 한계에 관한 것이다. 타고르는 농담처럼 혼잣말하듯 이렇게 말하기도 했다.

> 사랑하는 자여, 이런 불필요한 투쟁은 도대체 무엇 때문인가?
>
> 살아남기 위해.
>
> 그러나 어째서 나는 그렇게까지 해서 살아남아야 하는가?
>
> 그렇지 않으면 너는 죽는다.

13 Lila라고도 한다. 영어로 정확하게 옮기긴 어렵지만 그나마 가장 비슷한 단어는 'play'이다. 인도 철학에서 우주를 포함해 모든 현실을 신성한 절대자가 창조한 유희의 산물로 보는 개념이다.

그래서 만일 내가 죽으면 어떻게 되는데?

그러나 나는 죽고 싶지 않다.

어째서 너는 죽고 싶지 않은가?

죽고 싶지 않으니까 죽고 싶지 않다.

만일 우리가 이 대답을 한 마디로 요약한다면

그것은 리라leela일 것이다.[64)]

타고르는 프랏타히크pratyahik(일상)와 닛토nitya 혹은 치론톤chirantan(영원)을 구별했다. 전자는 오닛토anitya이며, 영구적이지 않고 역사의 변화를 따른다.[65)] 시의 영역은 일상에 섞여 있다. 그것을 시의 눈으로 밝혀내지 않으면 안 된다. 이에 대해 타고르는 두르죠티프로샤드 무카지Dhurjatiprasad Mukherjee에게 그리히니grihini(주부)를 예로 들며 이렇게 설명했다. 타고르는 항상 사무원의 모습과 구별하여 그리히니에게서 시적 가능성을 찾았다.

그렇다면 도대체 어떤 원칙에 따라 산문이 시의 차원까지 올라갈 수 있는가라는 의문이 생긴다. 대답은 간단하다. 산문을 그리히니(주부)와 같다고 상상하면 된다. 그녀는 말다툼하고, 세탁소에서 빨아온 옷들을 살펴보고, 기침이나 감기나 발열 등으로 힘들어하고, 월간지 『보슈무티*Basumati*』를 보는 존재이다. 이러한 것들은 일상 이야기에 속하며 '정보' 차원의 문제다. 이러한 일상 한가운데에서 돌을 뚫고 나오는 샘처럼 감미로운 흐름이 분출된다. 뉴스의 주제가 되지 못하는 것이 시의 주제가 된다. 그것을 선택해서 산문시로 쓰면 된다.[66)]

시는 우리가 일상생활의 한가운데에서 초월적 차원으로 이동할 수 있도록 도와준다. 그에 반해 산문은 필요와 효용의 영역에 속해있다. 그 영역에 사는 것은 단지 보스투bostu(사물)이다. 보스투란 순수하게 실용적으로 대상을 파악하는 방식이다. 실용적으로 소비되는 대상 자체도 보스투라고 부른다. 타고르는 시와 산문 사이 서열에 관해서 독자들에게 아주 분명하게 밝힌다. "어떤 원칙에 따라 산문을 시의 차원으로 끌어올릴 수 있는가?" 1925년에 쓴 평론 「사실과 진실Tathya o satya」에서 그는 키츠의 「희랍 항아리에 부치는 노래」를 언급하면서 다음과 같이 말했다.

> 영국의 시인 키츠는 오래된 그리스 항아리에 관한 시를 썼다. 그 항아리를 만든 예술가는 단순히 그릇을 만든 것이 아니다. 이 항아리는 단지 신전에 바치는 제물을 담기 위해 만든 그릇이 아니다. 요컨대 단순히 인간의 필요 때문에 만들어진 것이 아니라는 것이다. 물론 그로 인해 어느 정도의 필요는 충족되었겠지만 그렇다고 해서 항아리의 역할이 다한 것은 아니다 (…중략…) 키츠는 시를 통해 우주의 통일성을 나누어가진 이 항아리의 정체성을 우리에게 알려준다.

> 너, 침묵의 자태여, 너는 우리의 생각을 가물가물할 만큼 멀리 이끌어가는구나
> 마치 영원이 그러하듯이.[67]

유럽 낭만주의를 공부한 사람이라면 실용적인 보스투에 관한 타고르의 논의에 분명하게 나타나있는, '공리utility'에 대한 그의 비판이 새삼스럽지 않을 것이다.[68] 위 글에서 타고르는 벤덤의 공리주의를 비판하는데 이는 벵골 내셔널리즘이 갖고 있는 낭만주의의 바탕이라 할

수 있다. 19세기에 본킴촌드로 쵸토파티Bankimchandra Chattopadhyay도 비슷한 비판을 했다. 여성해방과 대의제 정부를 이야기한 존 스튜어드 밀의 공리주의는 벵골에서 많은 지지를 얻었다. 그에 반해 몇 년 전에 에릭 스톡스Eric Stokes가 보여주었듯이, 벤덤의 공리주의는 1830년대 이후 제국의 권위주의 이데올로기를 정당화하는 수단으로 간주되었고 그러한 '공리' 개념은 벵골 지식인의 비웃음을 샀다.[69] 벵골의 일부 저명인사들이 생각하기에, 존 스튜어트 밀이 시에 관한 특별한 이론을 가지고 있었던데 반해 "공리란 이익 · 편리 · 쾌락 · 선 · 행복 등을 만들어내는 사물에 내재된 특성을 의미한다"라는 벤덤의 계산법은 너무 노골적이어서 도르숀darshan(견해 / 철학)이라고 할 수조차 없었다.[70] 실제 그들은 '공리'의 어디가 그렇게 아름답고 고양시킨다는 것인지 의아해했다. 본킴촌드로 쵸토파티는 그것을 우다르-도르숀udar-darshan(위장胃腸의 견해)라고 부르며, 유머와 풍자가 넘치는 자신의 평론집 『코말라칸토의 사무실*Kamalakanter daptar*』에서 다음과 같이 빈정거렸다.

'공리utility'라는 말은 도대체 무슨 뜻일까? 그와 같은 뜻을 가진 벵골어는? 나 자신은 영어를 모르고 코몰라칸토도 말해주지 않았다. 그래서 아들에게 물어보았다. 그는 사전을 찾아보고는, 'U'는 '당신', 'till'은 농사짓는 것, 'it'는 '먹다'를 의미하는데 'y'가 무엇을 의미하는지는 모르겠다고 설명했다. 그러나 아마도 코몰라칸토는 바로 이 "너희들은 모두 농사지어 먹고 산다"는 뜻으로 '공리'를 말했을 것이다. 이 얼마나 무례한 놈인가! 모두를 농사꾼이라고 부르다니! 이로써 아들이 영어 공부를 열심히 한다는 것을 알았다. 그렇지 않았다면 우리는 이 어려운 단어를 이해할 수 없었을 것이다.[71]

타고르의 미학 이론 역시 벤덤을 반대하는 입장을 취했다. 그는 종종 리얼리즘을 의미하는 말로 벵골어 바스토바타bastabata를 사용하고 그 어원인 보스투(사물)에 관해 논했다. 그에게 바스토브bastab, 즉 자연주의적 / 리얼리즘적 의미의 현실은 사물의 세계, 공리(타고르가 사용하는 벵골어로 말하자면 프로요존proyojon, 필요)의 산문적 세계를 가리킬 뿐이었다.[72] 반면 시는 바스토브(현실) 너머를 볼 수 있는 힘을 우리에게 줌으로써 사물의 단순한 물질성을 초월할 수 있도록 도와준다. 분명 타고르는 중산계급 벵골인에게 콜카타의 도시풍경 안 그들의 임금노동이나 불안정한 시민생활을 직접적으로 미화하는 문학적 수단을 제공하지 않았다. 벵골문학의 모더니즘은 어떤 방법으로든 타고르를 뛰어넘지 않고는 확립될 수 없었다. 그러나 나는 지금도 타고르의 관념주의적 낭만주의가 도시 생활을 즐기기 위한 지식인의 문학적 전략에서 빠질 수 없는 한 부분으로 남아있다고 생각한다.

타고르는 언어를 이와 같은 즐거움의 매체, 즉 현실을 변용시키는 도구로 삼음으로써 중산계급 생활 속에 자신을 위한 장소를 마련했다. 언어는 타고르가 그 누구보다 욕망의 대상이 되도록 만든 벵골 근대성의 물질적 차원의 하나였던 것이다. 타고르는 문법・민간전승・운율・발음・철자 등 언어의 모든 측면을 연구했다.[73] 벵골어는 발화될 때 모음의 길고 짧음을 구별하기 힘들고 일반적으로 모든 음절에 악센트가 고르게 있다. 이와 같은 문제를 극복하기 위해 타고르는 벵골어로 쓴 시 안에 의도적으로 산스크리트어 단어와 어법을 집어넣었다.[74] 또 그는 민요와 속담을 수집했는데 그것은 도시의 벵골인이 가정에 대해 근대적인 감각을 갖는 데 필요한 정서를 벵골의 농촌생활에서 찾았기 때문이다.75) 한 발 더 나아가 타고르는 노래도 지었다. 음악은 일상적이면서도 말로는 잘 표현할 수 없는 것들을 언어로 끌어낼 수 있도록 도와주기 때문이다.76) 그의 노래와 시는 중산계급의 현실을 말하진 않았으나 중산계급 벵골인의 마음과 가정에 가 닿았다.77)

벵골 시인이 도시, 시험, 직장, 급여, 흔들리는 노면전차와 버스의 지독한 소음, 햇빛이 들지 않는 암울한 콜카타의 뒷골목에 쌓여있는 쓰레기들을 시로 어떻게 전개해 갈 것인가 하는 질문에 대해 타고르는 실천을 통한 답을 제시했다. 그의 대답은 언어의 물질성을 욕망의 대상으로 삼는 것이었다. 그렇게 함으로써 언어는 시적으로 사용될 때마다 초월적 영역으로 이동시키는 힘을 갖는다. 시는 진실이 현현하는 순간을 창조해낼 수 있으며, 타고르 자신이 시 「반시」에서 그토록 아름답게 예시한 디졸브[14]를 실행할 수 있다. 나아가 타고르는 근대 도시의 역사에서 모더니즘이 낭만주의에 이어 등장하고 마침내 그것을 대체하리라는 역사주의의 예측도 뒤죽박죽으로 만들었다. 그의 작품들은 도시에 살기 위한 자원이자 현실적 · 역사적인 콜카타를 변용시키는 강한 수단으로서 시를, 그리고 초월적 영역으로 이동시키는 시의 힘을 보여주었다. 그런 의미에서 그의 낭만주의 작품들은 리얼리즘 · 정치적 모더니즘과 동시에 존재했으며 어떤 모더니즘에도 뒤지지 않는 도시생활의 자원이 되었다.

시의 이와 같은 보상적 사용은 타고르나 그의 작품을 언급한 몇몇 벵골인들의 회상록에서도 볼 수 있다. 여기서는 두 가지 예를 들겠다. 시인인 숀코 고쉬Shankha Ghosh는 『시의 순간*Kabitar muhurta*』에서 자신의 아버지가 타고르를 사용한 이야기를 한다. 대학 교수였던 고쉬의 아버

14 한 화면이 서서히 사라지면서 다른 화면이 서서히 나타나는 장면 전환 기법.

지는 어느 날 의사로부터 아들이 앞으로 몇 시간밖에 살지 못한다는 말을 듣게 되었다. 슬픔에 가득 찬 그의 아버지는 강의에 들어가서 타고르의 시집 『노이봇도*Naibedya*(헌상품)』에 나오는 시들을 연이어 읽기만 했다고 한다.78) 여기서 타고르는 분명 언어의 물질성을, 망연자실해 있는 아버지를 위한 깊은 위안의 원천으로 만들었다고 할 수 있다.

두 번째 예는 일찍이 샨티니케탄Santiniketan[15] 학교에서 미술을 공부하고 훗날 영화감독 쇼토짓 라Satyajit Ray를 가르치기도 했던 화가 비노드비하리 무코팟다Benodbehari Mukhopadhyay의 회상록에 나온다. 무코팟다는 타고르 학교의 초기 시절에 관해 다음과 같이 썼다.

> 샨티니케탄의 학생 기숙사는 비가 오면 물에 잠기기 일쑤였다. 지붕이나 깨진 창문으로 빗물이 흘러들어와 침대를 적셨다. 한번은 밤을 꼬박 새운 탓에 신경이 곤두선 학생 몇이 그(타고르)를 찾아가 자신들의 고충을 이야기했다. 그때 타고르는 조용히 이렇게 말했다. "앉게, 어젯밤 우리 집 지붕도 빗물이 샜었네. 그래서 나는 일어나 앉아 노래를 지었네. 그것을 한 번 들어보고 느껴보게." 그렇게 말하고 타고르는 노래를 부르기 시작했다.
>
> 내 안의 슬픔을 일깨우는 사람이여,
> 나를 잠들지 않게 해주오, 당신을 위해 노래할 수 있도록.

---

15 인도 북동부 벵골주에 있는 옛 도시로 지금은 볼푸르 시에 속해있다. 샨티니케탄은 1863년 타고르의 아버지인 마하리시 데벤드라나드가 세운 명상 센터인 샨티니케탄아슈람에서 비롯되어 마을 전체가 학교라 할 수 있다. 타고르는 브라모비디알라야 학교를 세웠고 1901년 야외실험학교를 세웠다. 이 야외실험학교는 1921년에 비슈바바라티대학교로 확대되었다. 미술공예, 중국-인도학, 음악과 무용, 아시아 언어 연구, 사범대학, 기술 등 독립된 단과대학과 대학원이 있다.

> 그가 노래를 마쳤을 때 타고르는 "예술가와 시인 — 우리는 같은 괴로움을 가지고 있다. 우리를 돌봐줄 수 있는 사람은 아무도 없다"고 말했다. 타고르의 방에도 빗물이 조금 샌 것은 사실이었다. (그러나) 우리는 모두 기분이 들떠 "(어젯밤) 우리도 그처럼 할 수 있었으면……"이라고 중얼거리며 그의 방을 나왔다. 지금 나는 타고르가 우리 방들을 수리하기 위해 아무 것도 하지 않았음을 분명하게 알고 있다. (혹은) 그가 방 수리를 위해 뭔가 했는지 어땠는지 기억조차 못한다. 그의 노래는 우리로 하여금 전날 밤에 겪었던 고생을 완전히 잊어버리도록 만들었다.[79]

타고르와 무코팟다, 그리고 이 이야기의 독자는 시를 보상적 동기로 사용하고 있다. 그들은 물질적 결여와 그 외 다른 형태의 결핍을 포함한 현실을 부정하지 않고 재조직하기 위해 언어의 물질성 — 소리, 리듬, 선율 — 을 사용하였다.

6. 내셔널리즘의 역사와 상상력

인도는 원래 사랑받아 마땅한 존재임을 묘사하기 위해 타고르는 "현실이라는 장막에 구멍을 뚫어라"는 표현을 사용했다. 이는 베네딕트 앤더슨이 『상상의 공동체』에서 사용한 '상상한다'는 말과 같은 의미일까?

타고르는 이렇게 객관적 · 역사적인 관점을 초월해서 보는 행위를 채택했다. 이제 타고르의 내셔널리즘 시에서 이를 살펴보자. 타고르의 작품에서 벵골은 거의 예외 없이 자비롭고 강한 힌두의 모신母神 두르가Durga[16] 혹은 라크슈미의 이미지로 전달된다. 벵골의 제1차 분할에 저항한 스와데시Swadeshi[17] 운동(1905~1908)에 관한 많은 시에서 벵골 지방 / 국가는 이 두 여신의 형태로 생생하게 묘사된다. 다음 시에서는 두르가로 묘사된 벵골을 볼 수 있다.

당신의 오른손 안에서는 용기를 주는 메시지가 빛나고 있고,
당신의 왼손은 모든 두려움을 없애주고
당신의 두 눈 안에서는 사랑이 미소 짓고 있으며
당신 이마에 있는 눈은 불의 색을 띠고 있다.
오 — 어머니, 아무리 보고 또 보아도
나는 당신에게서 눈을 돌릴 수 없다.
오늘 당신의 문은 황금의 사원을 향해 열려있다.[80)]

시 「봉고롯키Bangalakshmi」에서 벵골은 가정의 행복을 지키는 여신 라크슈미의 이미지로 형상화된다.

당신의 들판에서, 강가에서, 망고나무 숲에 둘러싸인 수많은 집에서, 우유 짜는 소리 들리는 목초지에서, 반얀나무 그늘에서, 갠지스 강가의 열두 사원에서, 오

16 힌두 여신들 중 하나로, 시바의 아내이다. 보통 8~10개의 팔을 가진 것으로 그려진다.
17 20세기 초 인도에서 전개되었던 반영 독립운동의 표어 중 하나. 영국 상품을 배척하고 국산품의 애용과 장려를 주장하였다.

—자비로운 라크슈미여, 오—벵골이여, 나의 어머니여, 얼굴에 미소를 띤 당신은 밤낮으로 끝없이 일한다.[81)]

1960년대, 아마 그 이후에도 벵골 전 지역이 여신 두르가를 기릴 때 가을이 온 것을 알리기 위해 모든 학생들이 암송했던 다음 시구를 음미해보자.

오늘, 이 가을의 새벽에,
오—나의 어머니 벵골이여, 나는 당신의 초록 팔들이
완벽한 아름다움으로 빛나는
사랑스러운 모습을 본 것인가요?
강에는 흐르지 못할 정도로 물이 넘쳐나고
들판에는 주체할 수 없을 정도로 곡식이 그득하고
당신의 숲속 뜰에서
도엘doel[18]은 지저귀고, 코엘koel[19]은 노래합니다.
이 모든 것의 한 가운데
가을의 새벽에 어머니, 당신이 서있습니다.[82)]

인도 북부 지역의 언어에는 현실 너머를 본다는, 신과 함께 한다는 행위를 가리키는 일련의 말들이 있다. 그중 하나가 도르숀darshan(to see)

---

18 인도와 동남아시아 일부 지역에서 흔히 볼 수 있는 지빠귀과의 사철새인 oriental magpie robin의 벵골어 이름. 방글라데시의 나라새이기도 하다.

19 인도 오스트레일리아산 뻐꾸기.

으로 인간의 시선이 신과 교차하는 것을 뜻한다. 그것은 사원 안에서 혹은 신이 분명한 이미지(뭇티murati)로 나타났을 때 일어난다.[83] 타고르는 개인적으로 우상숭배자와는 거리가 멀다. 또 그의 가족이 속한 브라모스Brahmos는 19세기 초에 이미 우상숭배를 부정한 힌두교 종파에 속한다. 그런 그가 어느 가을 아침에 본 어머니의 '형상'을 표현하기 위해 벵골어 '뭇티'를 사용한 것이다. 톰슨이 'form'으로 잘못 번역한 '뭇티'는 글자 그대로 말하자면 체현되었거나 현현한 물질적 형상을 뜻한다. 특히 신의 이미지를 가리키는데, 세속적인 산문에서는 영어의 'statue'를 가리키는 말로 사용되기도 한다. 타고르가 어머니 벵골의 '뭇티'를 보았을 때 그는 '도르숀'을 실천한 것이다. 이것은 그가 우상숭배라는 힌두교의 관습을 믿어서도, 도르숀의 실천을 원해서도 아니다. 그것은 타고르가 내셔널리스트로서 '그 너머를 보는' 가운데, 언어 자체 안에 침전된 실천을 공유한 현실이 타고르의 발화를 통해 나타난 것이다. 이는 타고르의 개인적 · 종파적 믿음을 넘어선 것이었다. 이 도르숀은 미학적 실천이 아니다. 그러나 타고르는 현실의 틀을 다른 틀로 바꿔 놓기 위해 그것을 미화하였다. 미학적 실천에 관해 논한 고대 인도의 한 이론가는 라사rasa(미적 분위기)를 향유하기 위해서는 틀의 갑작스런 전환이나 "일상적인 역사 세계의 정지"가 반드시 필요하다고 주장했다. 어느 유럽인 번역가는 10세기의 이론가 오비놉굽토Abhinavagupta의 미적 경험의 창출에 관한 이론을 다음과 같이 설명하였다. "일반적으로 다음과 같은 사고방식이 이런 단어들(라샤의 작용을 설명하기 위해 사용된 쵸못카chamatkara와 비쇼vismaya)의 바탕에 깔려 있다. 요컨대 신비스러운 미적 경험이 세계 — 솜사르samsara, 일반적인 역사 세계 — 를 정지시키고 돌연 현실의 차원을 새롭게 바꾸어버린다는 것이다."[84] 내셔널리즘이 만들어낸 라샤를 향유하기 위해서는 이와 같은 고대 관습의 활력을 되살려야만 했다.

나는 '현실 너머를 보는 것'에 대한 타고르의 관점을 인도가 영국의 지배를 받기 이전의 실천으로 환원시키고, 인도 내셔널리즘을 서양과 동양 사이 건널 수 없는 차이의 장으로 제시할 생각은 없다. 타고르(그리고 내셔널리즘 일반)는 분명 유럽 낭만주의에 크게 의존했다. 그의 초월성 개념은 다름 아닌 관념론이다. 나의 논점은 '역사 세계의 정지'에 영향을 준 관점의 계기moment가 다원적 · 이질혼효적인 시각을 담고 있다는 데 있다. 이러한 시각은 유럽의 범주인 '상상력'의 분석적인 범위에 대해 의문을 불러일으킨다.

베네딕트 앤더슨의 '상상력'이라는 말은 시사하는 바가 매우 크다. 그는 '상상력'이라는 말을 사용하여 소설 · 신문 · 지도 · 박물관 · 인구센서스가 공허하고 일원적인 역사의 시간을 창조하는 과정에서 행한 역할들을 묘사했다. 상상력은 하나의 네이션 내부에서 각기 다른 부분들이 전부 한 순간에 동시성이라는 내셔널리즘의 상상물 안에 존재하는 것을 허용한다. 서두에서 말했듯이 앤더슨은 상상력의 의미가 자명하긴 하지만 그것을 '허구'로 봐서는 안 된다고 경고했다.[85] 상상력은 유럽사상사에서 길고 복잡한 역사를 지닌 말이다. 산스크리트 미학 역시 문학적 가치의 판단 기준인 상상력에 물음을 던지고 있다.[86] 힌두교와 불교의 논리를 사용해 지각의 이론들에 관해 논한 모티랄Matilal은 'imagination'과 같은 의미를 가진 산스크리트어를 사용하였는데 그것은 사뮤엘 테일러 콜리지Samuel Tayler Coleridge가 『문학평전

Biographia Literaria』(1815~1817)에서 '공상fancy'이라고 부른 것에 가깝다. '공상'은 기억을 통해 형성되었지만 기억에 의해 완전히 결정되지는 않는 연상관계를 뜻한다.[87] 이미 많은 사람들이 지적했듯이 유럽사상사에서 상상력은 17세기 심리학 이론들로부터 나와 흄Hume, 칸트Kant, 셸링Friedrich Schelling을 거쳐 『문학평전』의 '제1상상력', '제2상상력'이라는 콜리지의 이론에 다다랐다.[88] 유럽 낭만주의에서 상상력은 기독교적 신의 개념과 깊은 관련을 가지고 있다. 그리고 그 후 세속화한 형태조차 정신과 감각사이 오래된 구별을 극복하지 못했다. 토마스 맥팔렌드Thomos McFarland가 명쾌하게 지적했듯이, 사뮤엘 콜리지가 상상력이라는 말을 적용할 때 그 말의 핵심에는 '나는'과 '그것은' 사이에 구별과 긴장이 남는다. 왜냐면 상상력은 관찰하는 정신과 그것을 둘러싼 대상들 사이의 관계를 가리키는 말이기 때문이다. 그것은 스피노자적 전통에 대해 콜리지가 논쟁을 벌이면서 계속 되풀이했던 오래된 물음까지 거슬러 올라간다. 신은 '상상력'이라는 정신적 능력을 부여하는 주체인가? 아니면 주체의 본질 같은 것으로 정리될 수 없는, 세계 본연의 모습 자체로서 단순히 존재하는 것인가?[89] 시사하는 바가 여러모로 많은 베네딕트 앤더슨의 내셔널리즘에 따르면 상상력은 정신주의적·주체중심적 범주에 속한다.

그러나 근대 벵골의 내셔널리스트 작품 속에 등장하는 도르숀(to see) 혹은 딧보드리쉬티divyadrishti(신의 시각)를 반드시 주체중심적·정신주의의 범주라고만 볼 수는 없다. 나는 여기서 '도르숀'과 '딧보드리쉬티'를, 본다는 것에 대한 일련의 실천을 의미하는 용어로 사용하였다. 도르숀을 경험하기 위해 힌두교 신자가 될 필요는 없다. 이미 말했듯이 타고르가 어머니 벵골의 '사랑스러운 뭇티'를 보았을 때 그의 언어는 거의 무의식적인 습관에 따라 도르숀을 실천한 것이다. 여기서 도르숀은 실천과 습관의 역사에 속한다. 우리가 그것을 이해하기 위해 '정신'이라는 범주를 세울 필요는 없다. 콜리지는 "언어 스스로 (…중략…) 마치 우리를 위해 생각하고 있었던 것처럼"이라고 쓰면서 이러한 실천의 순간을 포착했다. 그것은 그가 마치 "산술 지식을 안전하게 대체할 수 있는 도구인 계산자"처럼 기능한다고 비유한 과정이었다.[90] 혹은 좀 더 현대적인 들뢰즈식 직관분석을 따르자면 실천의 순간은 주체와 객체의 구별을 단순히 융해시키는 게 아니라 그것을 그냥 지나치는 순간이라고 할 수 있다.[91]

도르숀 혹은 딋보드리슈티(신의 시각)의 실천은, 프로이트가 오래 전에 지적했듯이 자기인식을 동요시키는 엄청난 충격을 만들어냄으로써 근대적 주체의 자기의식 안으로 들어올 수 있었다.[92] 벵골 작가 와제드 알리S. Wajed Ali가 1930년대에 쓴 수필 「바롯보쇼Bharatbarsha(인도)」에서 예를 하나 들어보자. 와제드 알리는 힌두교 사상의 범주를 채택해 힌두의 서사시에 관한 글을 쓰기도 한 이슬람교도 작가이다. 이 수필은 세속적인 내셔널리즘의 전형적 산물이라 할 수 있는데, 1930년대부터 1960년대 중반까지 인도 고교생의 필독서였다. 오늘날의 역사주의나 정치적인 독해로 보자면 이 작품은 노골적인 내셔널리즘 근본주의에 불과하다. 실제 이 글은 주제를 설명하면서 영어 단어 'tradition'을 사용하므로 그렇게 봐도 무리는 없다. 여기서 흥미로운 것은 와제드 알리가 설명했듯이 'tradition'이 역사적인 관점이 융해되는 시각의 문제, 즉 '신의 시각'의 문제로 제기되었다는 점이다. 이 수필에서 그는 자신의 인생에서 있었던 두 개의 에피소드를 상세하게 말하고 있다. 와제드 알리는 1900~1901년 콜카타를 여행했다. 당시 열 살이나 열한 살 정도였던 그는 동네 식품잡화점에서 한 노인이 힌두의 서사시『라마야나Ramayana』를 아이들에게 읽어주고 있는 것을 보았다. 25년 후에 콜카타에 다시 온 그는 예전 장소들의 역사적 변화를 분명하게 볼 수 있었다. 한산했던 거리·가스등·오두막이 모터사이클·전기·아파트로 바뀐 것이다. 그러다 25년 전에 목격한 것과 완전히 똑같은 광경에 맞닥뜨렸을 때 그의 역사적 감각은 크게 흔들릴 수밖에 없었다. 25년 전 바로 그 식품잡화점에서 어느 노인이『라마야나』의 같은 대목을 아이들에게 읽어주고 있었던 것이다. 이 기묘한 경험에 대해 노인에게 물었더니, 그 노인은 25년 전에 책을 읽어주었던 사람은 자신의 아버지였고 지금은 자기가 손자들에게 그것을 읽어주고 있노라고 말했다. 그 책은 그의 조부로부터 물려받은 것이었다. 와제드 알리는 그 때 주위의 역사적인 것들이 융해되는 것을 느꼈다. 그는 다음과 같이 썼다. "나는 그 노인에게 인사하고 가게를 나왔다. 그것은 마치 내가 신의 시각을 얻은 것과 같았다. 내 눈 앞에 진실 / 현실의 바롯보쇼(인도)가 고스란히 모습을 드러낸 것이다! 그 오랜 tradition은 파괴되지 않은 채 전혀 바뀌지 않고 계속되고 있었던 것이다!"[93)]

와제드 알리는 기묘한 충격을 받았다. "그것은 마치 내가 신의 시각을 얻은 것과 같았다." 그는 "마치 ~과 같았다"라고 표현함으로써, 이렇게 본 것이 전부 그의 마음 안에서 일어났다는 것, 즉 콜포나kalpana(상상력)의 작용일 가능성을 열어놓았다. 그러나 그의 콜포나는 기묘한 충격으로 경험한 시각적인 실천과 아무런 관계가 없을 수도 있다. 동시에 인도에서 낭만주의적 내셔널리즘을 만들어낸 시각의 역사를 쓸 때 우리는 와제드 알리의 글에 나오는, 정신주의적 의미에서의 '상상력'과 실천의 역사에 속하는 '신의 시각' 사이에 있는 결정불가능한 그 계기를 놓쳐서는 안 된다. 인도는 원래부터 경탄할만한 가치를 가지고 있었다고 보기 위해 역사적인 것을 초월하려고 한 타고르가, 유럽의 낭만주의와 정신주의에 의존했다는 사실은 의문의 여지가 없다. 정신 / 물질의 구별과 마찬가지로 타고르의 키츠론이나 '공리' 비판은 벤덤 사상과 유럽 낭만주의 사상을 섞은 것이다. 내가 말하고 싶은 것은, 만일 '너머를 본다'의 그 계기가 주체를 반드시 전제하지 않아도 되는 도르숀 혹은 딧보드리쉬티 같은 현상을 포함한다면, 포스트콜로니얼 역사에서 '상상력'이라는 범주를 이야기하는 것이 한층 더 흥미로워진다는 점이다.

자와할랄 네루Jawaharlal Nehru는 젊은 시절 인도 농촌지역을 돌면서 농민들에게 국가 문제에 대해 연설할 때 경험했던 유명한 일을 기록으로 남겼다. 네루는 "바라뜨 마따 끼 자이Bharat Mata ki jay — 어머니 인도에게 승리를!"[20]이라고 외치는 농민들의 환호를 받는 가운데 있었던 한 사건을 이야기한다.[94] 이러한 농민들의 함성이 적어도 한 번은 네루에게 미신에 대한 근대적 반감과 교육자적 본능을 불러일으켰던 것 같다. 학생들의 개념 형성 능력을 알아보고자 하는 학교 선생님처럼 그는 모여든 농민들에게 "여러분들이 승리를 원하는" 이 '바라뜨 마따'는 누구냐고 물었다. 그의 질문에 농민들은 당황해하면서 분명하게 대답하지 못했다. 네루는 수업에서 학생들의 주목을 끄는 데 성공한

20 산스크리트어에서 나온 힌디어로 바라뜨Bharat은 인도, 마따Mata는 어머니를 뜻한다.

교사처럼 즐거워하면서 다음과 같이 썼다. "나의 질문은 농민들을 놀라게 했다. 뭐라고 답해야 할지 몰라 그들은 서로 얼굴을 쳐다보거나 나를 바라보았다. 마침내 태고 적부터 땅과 함께 살아 온 한 건장한 자트Jat[21]인이 그것은 다르티dharti, 즉 인도의 비옥한 땅을 뜻한다고 말했다." 이어서 네루는 자신이 생각하는 '바라뜨 마따'의 의미를 농민들에게 설명했다. 그가 의기양양하게 말한 내용은 다음과 같다.

> 도대체 어떤 땅을 말하는가? 그들이 사는 특정한 마을의 땅, 혹은 그 지방의 모든 땅, 혹은 인도 땅 전체인가? (…중략…) 나는 인도가 그들이 생각하는 것 전부를 포함하는 동시에 그 이상의 것이라는 것을 설명하기 위해 애썼다. 인도의 산, 강, 삼림, 광활한 농지 등 우리에게 식량을 주는 모든 땅은 매우 중요하다. 그러나 가장 먼저 생각해야 할 것은 인도의 사람이다. 그들이나 나 같은 사람, 즉 이 광대한 땅 어디에나 퍼져 있는 사람이다. 바라뜨 마따, 어머니 인도는 본질적으로 이 수많은 사람을 가리킨다. (…중략…) 이런 생각이 그들의 머릿속에 들어가자 그들의 눈은 마치 위대한 발견이라도 한 듯 빛났다.[95)]

네루는 바라뜨 마따와 "함께 있는 것", 그 존재 안에 있다는 문제 전체를 이른바 개념의 문제, 즉 사고의 문제로 생각했다. 그는 땅을 의미하는 다르티라는 말이 특수한 영국령 인도의 지리상 경계선으로 단순화될 수 없다는 사실을 꿰뚫어보았다. 그는 내용이 없는 개념을 발견하고 그것을 내셔널리즘 사상에 적합한 물질로 채우고자 했다. 그것

21 인도 서북부에 주로 사는 인도-아리안계 종족으로, 과거 인도에 침입한 이슬람교도들에게 격렬하게 저항했다.

은 호미 바바Homi K. Bhabha의 표현을 빌리자면 내셔널리즘의 교육적 계기였다.[96] 그러나 정신적 또는 경험적 진리를 포함하는 관념이 꼭 필요한 것이 아니라면, 그리고 농부가 사용한 바라뜨 마따라는 표현을 언어 자체에 침전된 실천으로 생각한다면, 우리는 거기서 농민 혹은 서발턴 내셔널리즘의 정통을 볼 수 있을 것이다. 바라뜨 마따의 존재 안에 산다는 그들의 실천은 출판자본주의가 정식 교육을 받은 내셔널리즘의 주체에게 가한 정신 훈련에 기반을 둔 것이 아니다. 또 그들은 국토를 어머니의 형상으로 경험해왔다고 주장하는 것도 아니었다. '인도'가 실제로 어머니였다. 왜냐하면 신문이나 소설에 등장하기 훨씬 오래 전부터 도르숀의 실천은 '수행적' 측면에서 농민 내셔널리즘의 중요한 요소였기 때문이다. 그것은 실천 자체로, 경험하는 주체의 문제를 뛰어넘은 것이다.

타고르나 와제드 알리 같은 엘리트 문학자들은 농민이 아니었다. 그들에게 내셔널리즘은 현상의 미적 경험과 분리될 수가 없었다. 그러나 역사의 리얼리즘에 저항하는 미적 계기는 정치적인 것이 구성될 때 어떤 것과도 바꿀 수 없는 이질혼효성을 만들어낸다. 이 이질혼효성은 도르숀 혹은 딧보드리쉬티 같은 실천들이 언급될 때 나타난다. 타고르 또는 와제드 알리의 작품 속 그와 같은 실천은 두 영역에서 이루어졌다. 그들 같은 작가가 내셔널리즘을 경험하고 상상하는 주체로서 글을 쓰는 한 그 실천들은 기묘한 충격으로 경험된다. 와제드 알리의 수필은 바로 이것을 보여주는 한 예이다. 또 도르숀의 실천은 그들의 어휘에서 반드시 경험을 의미하지는 않는 방식으로도 나타난다. 타고르가 어머니 벵골의 신성한 이미지를 보았다고 말하는 시(「오늘 이 사랑스러운 새벽에「Today in this lovely dawn」 외)에서 그것을 볼 수 있다. 거기서 타고르는 이미지를 표현하기 위해 우상숭배적인 단어 '뭇티'를 사용했다. 그것은 그의 언어 사용의 습관, 단순히 아비투스의 한 요소로 언어적 연상을 통한 것이다. 이러한 두 인식의 양식은 '상상력'이 주체중심적이기도 하고 주체가 없는 실천이기도 하다는 것을 보여준다. 이와 같은 의미에서 '상상력'은 내부에서 스피노자와 콜리지의 대립되는 정신이 둘 다 살아남아 투쟁하는 본질적으로 이질혼효적인 범주이다.

이 '상상력'이라는 범주의 본질적인 다원성은 결국 정치적인 것을 '하나' 혹은 전체를 구성하는 어떤 것으로 파악할 수 없음을 보여준다. 다시 한번 슈칸토 봇타챠리야의 시를 보자. 이 시는 표면상으로는 시를 매도하고 있다. "기아의 왕국에서 세계는 오직 산문적일 뿐." 기아로 상징되는 부정과 착취를 이 세상에서 제거하는 투쟁에 문학—여기서는 산문만 의미—을 정치적으로 제휴시키기 위해서 시는 추방되지 않으면 안 된다. 시의 위험성에 관한 슈칸토 봇타챠리야의 우려는 역사주의에 따른 것이다. 낭만주의는 무기력과 무관심을 불러일으키고 심지어 파시즘까지 초래하기 때문에 정치적인 것을 미화하는 것은 위험하다는 비판을 받았다. 그의 주장은 낭만주의에 대한 이런 비판의 주요 논점을 되풀이 한 것이다. 세계는 시각적인 오류를 전혀 허용하지 않는 산문을 통해 바른 각도에서 검토되어야 한다는 것이다. 그러나 만일 슈칸토 봇타챠리야의 주장이 산문의 형태로 제시되었다면, 즉 그가 거칠게 비난을 퍼부은 시의 특성을 자신의 글을 쓰는 실천으로 전혀 채용하지 않았다면 그의 비판이 얼마나 진부하고 맥 빠졌을지 상상해보자. 바꾸어 말해 시는 정치적인 것을 이해하는 데 어느 한쪽으로 치우치지 않았기 때문에 충분한 정치적 영향력을 가질 수 있다. 시만이 전달할 수 있는 정치적 책무를 끌어들이기 위해서, 정치적인 것은 현실주의적・산문적이어야 한다는 하나의 정의를 뒤집는다. 하나가 아닌 것으로 만듦으로써 정치적인 것에 힘을 부여한다. 이것이 바로 정치적인 것을 구성하는 이질혼효성이다. 타고르 내부의 내셔널리즘은 인도인들에게 내셔널리스트의 눈은 두 개의 근본적으로 서로 모순되는 시각을 가져야 한다고 제안하면서 바로 이 이질혼효성을 말하고 있다. 한쪽의 시각은 역사적 시간 안에 정치적인 것이 자리잡도록 하는 책임을 맡는다. 또 다른 쪽의 시각은 이와 달리 역사화되는 것에 저항하는 정치적인 것을 만들어낸다. 이렇게 정치적인 것을 구성하고 있는 이질혼효성은 '상상력'이라는 말의 역사 안에서 서로 싸우는 환원불가능한 복수성을 반영한다.

다른 시간, 근대*

피터 오스본 Peter Osborne**

시대구분과 문화변천에 관한 최근 연구들의 바탕에 깔린 두 가지 전제는 '근대modernity'에 대한 논의를 어렵게 만든다. 첫째, 별 의심없이 '근대'라는 용어를 유럽의 사회구조가 크게 변화한 시기, 즉 연대기적 시간으로 전제한다는 점이다. 그 시기가 정확하게 언제부터 언제까지인지는 크게 상관하지 않는다. 둘째, 이 시기에 유럽사회가 만들어낸 다양한 시간의식과, 시대구분 자체가 가진 시간성을 서로 별개로 간주한다는 점이다. 역사사회학은 '근대'를 경험적인 범주로 놓고, 그 '시

* 이 글의 원문은 "Modernity : A Different Time"(*The Politics of Time : Modernity and Avant-Garde*, Verso, 1995, 1장)으로 『近代日本の文化史 1－近代世界の形成』에 실린 것은 무라야마 토시카츠村山敏勝가 일역한 것이다. 원문과 일역을 함께 참고하여 한윤아, 이현희가 번역했다.

** 1958년생. 런던 킹스턴대학교 교수. 근대유럽철학 전공. 저널 『래디컬 필로소피*Radical Philosophy*』의 편집장이기도 하다.

대'의 범주 안에서 사회 발전에 따라 정치, 경제, 법률, 종교, 문화조직, 가족구조, 성관계, 개인의 심리구조 등의 다양한 영역이 어떻게 변화되었는가를 기록했다.[1] 그런데 이러한 다양한 영역의 시간성은 시대구분의 범주인 근대라는 표현이 가진 시간성과는 그다지 관계가 없다. 게다가 제2차 세계대전이 끝나고 식민지들이 독립하는 상황 속에서 근대화modernization의 개념은 사회학적 개념으로서 유럽과 북미를 넘어서 다른 지역에까지 널리 사용되기 시작했다. 근대화의 개념은 균질한 역사적 시간의 연속성을 전제로 한다. 이러한 연속성은 각각의 사회가 가진 시간의 질적 차이와는 관계없이 사회 발전을 추상적으로 비교 판단하게 만든다.

이와 같은 사고방식은 20세기 사회학의 바탕이 되었다. 그래서 사회학의 학문적 대상('근대' 사회)은 역사학이나 인류학, 혹은 저널리즘과는 다른 형태로 구성되었다. 그렇지만 경험주의적 객관성에 입각하여 "과거", "'다른' 문화", "현재"라는 세 측면과 연결을 유지할 수 있었다. 그러나 **'현재' 속에서 일어나는 변화**를 고려하면, 이러한 사고방식이 가진 문제가 명확히 드러난다. 이 변화를 기존의 사회구조 유형인 '전통'과 '근대' 사이의 발전론적 경향이 드러난 것으로 간주할 수도 있다. 그러나 역사 흐름의 근본적 개방성을 믿는다는 실천적 관점으로 현재를 본다면 문제가 달라진다. '근대'라는 사회학적 개념에 대한 반론은 크게 두 가지이다. 하나는 사회학이라는 학문이 형성된 시대에 등장한 마르크스주의가 가진 이론적 정치적 입장이다. 또 하나는 최근 이론적으로나 정치적으로 크게 확산되고 있지만 다소 듣기 불편한, 포스트모더니즘 사상이 가진 입장이다. 양쪽 모두 각각의 방식으로 '근대'

라는 사회학적 개념이 누려온 자기만족을 무너뜨렸다.[2)]

마르크스주의는 생산양식에 따라 역사를 '전통' 사회와 '근대' 사회로 구분한다. 생산양식이란 사회관계와 물질적 생산능력이 역사적으로 특정하게 조합된 것으로, "삶의 사회적, 정치적, 지적 측면을 포함한 전반적인 과정"[3)]을 지배한다. 마르크스주의 자체도 이 역사의 내부에 실천적으로 자리한다. 마르크스주의는 자본주의 생산양식에 내재하는 각각의 사회적 힘들을 분명하게 보여준다. 이후 자본주의라는 경제를 기반으로 하는 사회계급을 폐기함으로써 기존 사회의 계급 역학도 폐기시킨다(공산주의). 이러한 마르크스주의의 관점에는 근대라는 개념을 이해하는 매우 다른 두 가지 방식이 내재되어 있다. 첫째, '근대'는, 역사의 특정 시점에 나타난 가장 '진보한' 사회형식('지금'의 사회형식)을 가리키는 말이다. 진보의 판단 기준은 그 사회형식이 세계의 생산력 발전에 얼마만큼 기여했는가이다. 둘째, 마르크스주의는, 서로 다른 사회의 공통된 표면적 성질에만 주목하여 각 사회가 가진 내면의 중요한 차이를 은폐시키는 이데올로기적 용어로써 사회학적 개념의 '근대'를 이해한다.

전자의 경우 '근대'라는 말은 역사유물론의 발달사관 속에서 새로운 사회적 함의를 갖는다. 마르크스 자신도 이러한 맥락에서 산업자본주의를 개별적으로 말할 때 '근대'란 말을 종종 사용했다. 가령 '근대적 제조업'이라든가 '근대적 공업'처럼 말이다.[4)] 후자의 경우 문제가 더 심각하긴 하지만 둘 다 근본적인 문제를 내포하고 있는 것에는 변함이 없다. 후자의 문제는 마르크스주의의 역사유물론 발전사관으로 사회학적 '근대' 개념을 재정의한다는 것이, 역사적 시대구분이라는 시간성 개념을 바꿀 수 있는지, 혹은 단순히 새로운 역사적 내용을 근대에 부여하는 것뿐인지에 대한 것이다. 즉 유물사관의 발전론적 관점은 새로운 역사적 시간 개념을 포함하고 있는 것일까, 혹은 사회학처럼 역사적 시간의 균질성을 자명한 것으로 간주하여 생산양식 비교시 판단 기준으로 삼는 정도일까. 마르크스주의를 전자의 입장에서 바라보는 사람으로는 발터 벤야민Walter Benjamin, 장 폴 사르트르Jean-Paul Sartre, 루이 알튀세르Louis P. Althusser가 있고, 후자로 생각하는 사람으로는 지그프리트 크라카우어Siegfried Kracauer가 있다. 크라카우어는 마르크스가 오귀스트 콩트Auguste Comte처럼 "연대기의 마법을 아무 의심없이 믿었다"[5]고 말한다. 그러나 양쪽의 차이는 그리 크지 않다. 전자 입장의 사람들도 모두, 새로운 유물론 사상이 자기의식을 결여하고 있을 뿐 아니라, 마르크스주의 전통이 제2인터내셔널 시대에 널리 만연한 실천의식으로 후퇴하는 경향이 있다고 인정하기 때문이다. 사르트르가 말한 것처럼 "마르크스주의는 '진보'라는 부르주아 관념을 비판하고 파괴할 때에야 비로소 진정한 시간성을 엿볼 수 있다. (…중략…) 그러나 확실하게 말한 적은 없지만 진정한 시간성을 확보한 성과를 포기하고 마르크스주의 스스로를 위해 '진보'라는 말을 즐겨 사용했다".[6] 또한 벤야민, 사르트르, 알튀세르가 마르크스의 저작에 감춰진 '진정한 시간성'을 각자 독자적으로 발전시켰을 때, 그 내용은 마르크스주의의 시간성과 매우 달랐다.

포스트모더니즘 사상을 둘러싼 상황은 이와 매우 다르다. 포스트모더니즘도 근대라는 말을 문제 삼고 있지만 새로운 역사이론 안에 근대를 재위치시켜 근대에 새로운 내용을 부여하지도, 그 이데올로기의 기능을 문제 삼지도 않는다. 우선 근대로 규정되는 사회형식과는 전혀 다른, 급진적으로 변화한 사회가 있다고 가정한다. 그 사회를 '포스트모던'이라고 따로 불러야 할 정도로 차이가 크다고 주장한다.[7) '근대'라는 사회학적 개념에 대한 도전의 측면에서 보면 포스트모더니즘 사상은 마르크스주의보다 훨씬 강도가 약하다. 근대라는 말 자체에 이론적으로 반박하지 못할 뿐 아니라, 사실상 그것을 받아들여 단순히 시간적으로 부정하는 '포스트'의 논리를 통해, 연대기적 근대 속에서 자기를 규정한 것에 불과하기 때문이다. 포스트모더니즘 사상이 사회학을 위협한 짧은 시기가 지나가자, 포스트모더니즘은 덜 경험주의적이면서 겉으로만 새로울 뿐, 실은 고전사회학으로의 회귀한 것을 은폐시키는 좋은 장치가 되었다. '근대'가 '전통'이 되면 '포스트모던'은 근대의 위치에 놓이고 이는 근대라는 종래 사회학적 개념을 가진 시간구조가 새로운 영역에 재배치되는 것일 뿐이다. 동시에 이러한 용법들 사이의 미끄러짐은 흥미롭고 새로운 역설을 만들어낸다. '전통'이라는 단어가 '근대'의 여러 용법 사이를 넘나들면서, '포스트모더니티'는 변증법을 뛰어넘어 '탈전통화'의 산물임과 동시에 '재전통화'의 산물로 나타날 것이다.

그러나 포스트모더니즘과 사회학적 근대 개념의 내용과의 관계는 제쳐두고, '근대'라는 말의 의미가 특정한 현재의 지점에서 발생했음을 고려하면, 포스트모더니즘 사상이 전복적인 힘을 가지고 있음을 알 수 있다. 이론적으로 다듬어진 특정한 역사적 내용으로 근대를 말하기 전에, "현재 혹은 최근에 속하는", 혹은 "현 시대에 기원을 둔 것"이 근대라면,[8) 역설적으로 '포스트모더니티'는 새로운 근대를 가리키는 이름이 된다. 그것을 단순히 받아들이지 않고9) 이론적으로 고찰한다면, 고전사회학 안에서 두 용어의 개념은 모두 위기에 처하게 된다.10)

근대에는 그 말이 말하는 시간을 필연적으로 의미하게 되는 자기언급성이 있다. 그러나 현재 속에서 일어나는 변화가 문제가 될 때는, 내재한 자기언급성과 근대를 경험적 범주로 보는 역사사회학의 용법 사이에 긴장이 생긴다. 포스트모더니즘 사상은 그 긴장의 지점에서 구성된다. 이러한 의미에서 포스트모더니즘은 확실히 근대라는 문제틀의 일부이다. 그렇다고 포스트모던이라는 새로운 용어가 쓸데없다라는 말을 하려는 것은 아니다. 마샬 버만Marshall Berman은 포스트모더니티를 "모더니즘이 처한 막다른 난관을 극복하는 것이 아니라 되풀이하는 것에 불과하다"11)고 비난했다. 그러나 '포스트모던'의 용법이 '근대'의 틀 안에 머물러 있긴 하지만, 기존의 형식을 단지 반복하고 있는 것만은 아니다. 오히려 이 역설적인 성질을 통해서, 사회학의 일상적인 사회명목론[1]과 경험주의가 은폐하고 있는 모순으로 가득찬 구조에 주목하고 나아가 그것을 발전시킨다. 포스트모더니즘의 주장을 살펴보기 위해서는 지금까지 하지 못한 근대의 시간구조에 대한 반성이 반드시 필요하다. 앞서 마르크스주의 논의에서 언급되었던 문제가 여기서 새로운 방식으로 다시 등장한다. 그것은 포스트모던의 역설이 제기되는, 역사적 시대구분으로서 '근대'라는 말의 용법에서 문제가 되는 시간성이란 무엇인가. 좀 더 직접적으로 말하자면, '근대'란 **어떤 종류의 시간**을 말하는 것인가의 문제이다.

---

1 사회실재론에 반대되는 개념으로 사회유명론이라고도 한다. 사회에는 개인이 실재實在할 뿐이고 사회는 명목에 지나지 않으며, 개인은 사회보다 우위에 있다고 보는 사회이론.

이 질문에 답하기 위해 버만에 대한 페리 앤더슨Perry Anderson의 비판을 중심으로 이야기를 시작하고자 한다. 버만은 그의 혁신적인 책 『현대성의 경험*All That is Solid Melts into Air*』에서 근대의 개념을 현상학적으로 되살려 긍정적으로 평가했다.[12] 버만의 주장은 지금까지 나온 '근대' 이론 중 가장 매력적이다. 그에 대한 앤더슨의 비판은 부분적일 뿐 핵심을 비껴갔다고 나는 생각한다. 이는 근대의 영속하는 힘의 원천이자 가장 문제적인 부분을, 사회적, 정치적, 문화적으로 이질적인 변화 과정들과 연관된 역사의식을 추상화하여 균질한 것으로 만들어 버렸다는 점 때문이다. 버만의 책 『현대성의 경험』이 가진 장점은 근대를 현상학적이며 동시에 사회학적인 범주로 다룬 것이다. 그에 대해 앤더슨은 유물사관을 통해 역사적 시간 개념을 논하면서 근대라는 범주가 단순히 이데올로기적인 것 즉 오인된 표상의 형식이 아니냐는 질문을 제기한다.

이 글에서는 근대 개념에 대한 세 가지의 다른, 그러나 서로 연결되어 있는 사고방식을 논의하려고 한다. **시대구분의 범주로서 근대, 사회적 경험의 질적 차원으로서 근대, 그리고 (미완의) 기획으로서 근대**이다. 이 논의의 바탕이 된 것은 벤야민과 라인하르트 코젤렉Reinhart Koselleck이 말한 분명하면서도 모순된 역사적 시간성의 형식인 근대에 대한 관심이다. 여기에서 논하는 세 가지 근대는 각각 **과거, 현재, 미래**라는 각기 다른 시간적 차원으로 분리된다. 세 가지 근대를 이해하기 위한 핵심은 **'역사'의 시간화**라는 변증법 내에서 서로의 상호관계를 살피는 일일 것이다.

1. 경험으로서, 그리고 오인된 표상으로서의 근대—버만과 앤더슨

근대란 역동적이고 내재적으로 모순된 변화의 경험 즉 "끊임없는 해체와 재생의 소용돌이"[13]라는 버만의 설명은 유명하다. 이러한 버만의 설명에 따르면 근대는 인간의 가능성을 열어 줄 수도 있고, 막을 수도 있다. 이에 대해 여기서는 더 이상 자세히 설명하지 않겠지만, 앞으로 논의하려는 주제와 관련된 두 가지 사항은 짚고 넘어가고자 한다. 우선 버만 논의의 중심에 마르크스가 있음에도 불구하고(책의 제목을 『공산당 선언』에서 가져온 것에서도 알 수 있듯이), 그의 주장은 마르크스의 정치적 분석과 뚜렷한 거리를 두고 있다. 둘째로, 버만은 시대구분의 범주로서 '근대'가 가진 복잡성을 완전히 무시하고 있다. 마르크스는 자본축적 과정의 모순과 그 사회적 귀결을 폭로한, 근대 이론가로서만 상찬되는 것이 아니다. 마르크스는 '전형적인 근대적 **신념**'[14]의 전달자로 일컬어진다. 마르크스의 저작은 자본의 근대화 과정이 가진 파괴적 측면을 날카롭게 지적하는 분석력과 괴테의 장대한 비극 『파우스트』에 필적하는 해방의 잠재력이 가진 긍정성을 연결하여 보여준다. 확실히 마르크스의 저작은 여러 측면에서 『파우스트』의 도전에 대한 응답으로 읽힌다. 그러나 버만은 마르크스 기획의 변증법적 구조를 높이 평가하면서도 마르크스 논의의 핵심, 즉 특정 계급주체의 형성을 시대에 뒤떨어진 것으로 취급했다. 그러나 일반적인 서구 마르크스주의자들과는 대조적으로, 버만은 계급 문제로 인해 마르크스의 역사 과정에 대한 긍정성이 약화된다고 보지는 않았다. 오히려 특정 역사 계급주체에 대한 오류에도 불구하고 급진적으로 열릴 미래에 대한 무제한의 가능성이 있다면, 마르크스의 긍정성은 더욱 강화된다고 했다. 그렇지만 버만은 그러한 긍정성을 지적으로 정당화시킬 수 있는 중요한 요소를 무시했다.

버만은 통합적 분석의 일부가 되어야 할 요소를 간과했으며 시대구분의 문제 역시 무시했다. 버만의 책은, "우리가 가진 근대의 근원에 대한 감각"을 회복하여, 근대의 감각을 일신하고자 했다. 그럼에도 불구하고, 버만은 근대를 '일관된 전체'로 보는 관점에 의문을 제기하지 않고, '근대'를 시대구분의 범주를 가리키는 말로 사용하는 것으로 되돌아갔다. 근대의 첫 단계인 17세기 초부터 18세기 말까지의 시대는 400페이지 가까이 되는 책 속에서 단지 여섯 줄에 불과하다. 근대라는 시대구분을 너무나 자명한 것으로 간주하여, 그 첫 단계를 무시한 것이다.[15] 그 이유는 이 시대에 새롭게 출현한, 변화의 경험을 표현하는 대중적 어휘가 없었다는 것인데, 사실상 이러한 상태는 1790년대 혁명의 파도가 일어날 때까지 바뀌지 않았다. 버만이 혁명 이후의 시기를 중시하는 것은, 정도의 차이는 있지만 전 세계가 서로 비슷한 변화를 경험한 시기 — 자신의 현재 — 에 관심을 두었기 때문이다. 그러므로 버만의 논의는 자기시대의 경험을 만들어내고 있는 '변화(모더니즘)'에 대한 문화적 자의식에 집중하고 있다. 그러나 앤더슨의 지적처럼 버만의 시대적 규정은 중요한 이론적 문제를 내포하고 있다.

버만에 대한 앤더슨의 비판은 대체적으로 버만의 마르크스 해석에 집중되어 있다. 여기에는 네 가지 측면이 있는데, 첫째로, 버만은 마르크스가 말한 자본주의 근대화론을 일방적으로 해석하여, 명확한 구별

없이 무비판적인 역사적 시간의 개념으로 만들어버렸다. 둘째, 그 결과, 추상적이고 '영원한' 개념으로 근대가 받아들여졌고, 미학적 모더니즘의 역사적 특수성은 인지되지 못했다. 버만의 모더니즘은 사실상호 연결되어 있으면서도 각기 독립적인 운동들의 집합을 대충 모아 놓은 개념에 지나지 않고, 게다가 이 운동들은 이제 끝나버렸다. 셋째로, 무한한 자기발전이라는 버만의 모더니즘 존재론은 분명 마르크스로부터 유래했지만, 그 바탕에는 급진적 자유주의 이상이 있다. 그 둘의 공존은 유물론적 시각에서 볼 때 자기모순적이다. 마지막으로 근대를 영구혁명으로 간주하는 버만의 논의는, 특히 역사적 사건이 가진 시간적 특수성을 제거하여, 혁명의 개념으로부터 모든 시간적 정치적 결정성을 벗겨버렸다. 앤더슨은 가르치는 듯한 태도로 이렇게 결론내린다. "사회주의혁명의 책무는 근대를 확장하거나 완수하는 게 아니라 근대를 전복하는 것이다."[16)]

앤더슨의 논의에서 주목할 것은 그 자신이 '근대'의 두 가지 용법 사이에서 흔들리고 있다는 사실이다. 한편으로 역사 과정을 규정하고 분석하는 데에 결함이 많은 잘못된 범주로 근대를 취급한다. 그래서 그는 다른 용어를 사용하는 것이 더 나을 것이라고 생각한다. 다른 한편으로, 근대가 역사 현상을 가리키는 명칭으로 등장한다. 그러나 문제가 되는 것은 근대의 개념 규정이 아니라 그 이론적인 이해이다. 이 둘을 구분하기는 쉽지 않지만, 그 차이는 결정적이다. 앤더슨의 근대 개념은 이러한 점에서 애매하다. 그는 대체로 전자의 의미, 즉 근대 담론을 마르크스주의의 입장에서 비판한다. 그러나 그의 결론은 후자를 분명하게 전제하고 있다. 그에게 근대는 '확장', '완수', '전복'이 가능한 역사적 사실이다. 이렇게 결부시킨 것은 역사 경험 자체를 반영했기 때문이다. 즉, 그에게 근대는 문화적 자의식의 한 형식이자 역사적 시간을 살아온 경험으로서의 현실이다. 어느 정도 일방적이기는 하지만 역사 이해의 한 범주로서 이를 부정할 수만은 없다. 버만이 모순을 잉태한 해방의 가능성이라는 이름 아래 재생했던 것은 문화형식의 역사적 경험이다. 바꾸어 말하면 버만에게 근대란 지극히 근본적인 의미에서 역사의 주어진 조건이고 경험의 형식인 것이다. 한편 앤더슨에게 근대는 자본주의 시장의 리듬에 의해 생산·재생산된 경험의 양식이자 이데올로기 형식으로, 이는 특정한 의미, 제한된 의미, 그리고 매우 경멸적인 의미를 지닌 것에 지나지 않는다. 이것은 오인된 표상, 오인된 형식이다. 대신 마르크스주의는 생산양식의 변천에 기초한 역사발전론, 여러 계급의 융성과 쇠퇴, "이질적인 사건이나 시대가 갖는 제각각의 복잡한 차이의 시간성"17)을 제시한다. 이와 더불어 사회 의식의 환상을 조직적으로 만들어내지 않는 사회를 추구한다.

차이의 시간성 모델은 보다 구체적이어서 상당히 매력적이지만, 이를 근대 개념과 대립시키는 것은 문제가 있다. 왜냐하면 차이의 시간성 모델이 근대 개념 자체와 결부된 끊임없는 시간적 차이화 과정과 어떤 관계인지 분명치 않기 때문이다. 특히 마르크스가 말한 '사회혁명'이 가져오는 비연속성이 시대구분의 범주인 근대와 어떠한 관계인지 분명치 않다.18) 앤더슨의 의도는 자본주의 발전의 문화적 귀결을 복합적으로 분석함으로써 근대라는 범주 자체를 해석하려는 것이었다. 그러나 결과적으로 그 개념의 근원적 문제를 파악하지 못한 채, 오히려 버만의 실패(근대를 '근대화와 모더니즘의 변증법'으로 환원시킨 것)를 파악하는 데 그치고 말았다는 의구심이 생긴다. 앤더슨의 분석은 현재라는 순간을 특권화함으로써 '근대'의 시간적 문제를 수정한 것에 불과하다. 버만도 앤더슨도 역사적 시대구분의 범주로서 '근대'가 가진 논리를 독립해 다루지 않았기 때문에 불분명해지고 말았다.

버만은 근대를 시기적으로 나눌 때, ① 1500~1789년 ② 1789~1900년 ③ 1900년 이후라는 기존의 구분법을 그대로 사용한다. 그러면서 두 번째 시기를 복권시켜야 할 황금시대로 특권화했다.[19] 그러나 그는 근대 개념 자체가 역사의 시대구분을 위한 새로운 방법이 될 수 있음을 고려하지 않았다. 또한 시대범주로서 근대가 점유한 역사적 시간과 근대 자체에 내재한 것과의 관계도 고려하지 않았다. 버만은 모더니즘의 시간 논리를 사용하여 근대를 "인간을 근대화의 주체이자 대상으로 만드는 놀라울 정도로 다양한 사상과 전망"[20]으로 표현한 바 있다. 이러한 맥락에서 버만은 성찰없는 근대사회학의 전통에 머무르고 있다. 근대사회학은 근대사회에서 새로운 것이 무엇인지를 밝히고자 시도했으나 그 자체를 탐구하는 형식의 개념화도 시간의 조직화도 실패한 셈이다.[21] 왜냐하면 역사의 시대구분 범주인 근대에는 결정적으로 새로운 뭔가가 있기 때문이다. 다른 시대구분, 예를 들어 신화 시대, 기독교 시대, 왕조 시대 등과 달리, 근대는 오로지 시간적으로 결정된다. 그 시간적 결정요인은 매우 특정한 종류의 것이다. 테오도르 아도르노Theodor W. Adorno가 말한 것처럼 "근대는 연대기적 범주가 아니라 질적인 범주이다".[22] 포스트모더니즘은 이러한 결정요소의 논리를 인식하는 데 실패했다. 그래서 근대가 중세를 대체한 것처럼 '포스트모더니티'가 근대를 대체한다는 순진한 생각을 하게 된 것이다.[23]

특정한 시간성의 논리를 파악하기 위해, 독일어로 근대를 의미하는 '노이차이트Neuzeit'라는 말의 의미론적 역사를 재구성했던 코젤렉의 작업을 살펴보자. 이 독일어 단어는 1870년 이후에야 정착되었는데[24] 그 이전 단어의 역사를 고찰해보면, 역사의 시대구분 범주로서 근대가 근대화의 문제나 모더니즘의 개념과는 상대적으로 독립적이었음을 알 수 있다. 앤더슨은 근대를 근대화의 문제틀에 교묘하게 흡수해 버렸고, 버만은 모더니즘이라는 개념을 통해 사회적·정치적 특정성을 결여한 채 근대를 상찬했다.

2. '새 시대Neue Zeit'에서 '노이차이트Neuzeit'로
—코젤렉의 역사적 의미론

시대구분 용어로서 '노이차이트'의 독특함은 단어가 가리키고 있는 시대가 그 시대구분을 행하는 바로 그 시기라는 점에 있다. 이런 점에서는 독일어 'der Moderne', 프랑스어 'les temps modernes', 영어의 'the modern age'와 유사하다. 그런데 '노이차이트'는 이 단어들보다 훨씬 더 노골적으로 "오로지 새롭다는 성격을 가진 시간의 측면만을 가리킬 뿐, 시간의 역사 내용은 고사하고 시대적 특성을 전혀 드러내지 못한다".[25] 현재라는 역사적 의미가 이렇듯 추상화된 조건들은 아래의 다섯 단계로 발전했다.

① 끝난 것, 완수된 것, 역사적으로 지나간 것을 뜻하는 '어제'와 대립하는 말로서, '오늘'을 의미하는 modernus라는 말은 로마제국이 멸망한 5세기에 처음 등장했다. 그 이전 고대 비기독교 시대에는 '옛것과 새것'이 주기적으로 반복된다고 인식했는데, 이때부터 돌이킬 수 없는 과거와 단절된 '오늘'의 감각이 등장한다. modernus라는 말은 '최근'을 의미하는 modo에서 나왔다. 과거와 현재의 작가 중 누가 더 뛰어난지를 다투는 세대간 논쟁은 그리스-로마 고전(예를 들면 호라티우스와 오비디우스)에도 나타난다. 그러나 자크 르 고프Jacque Le Goff가 지적했던 것처럼 "그들은 새것novus과 옛것antiquus을 대비시키지 않았기 때문에 'modern'을 표현하는 단어가 없었다".[26] 이 시기에 출현한, 새것으로서의 '현재'라는 감각은 12세기 후반부터 르네상스 초기까지, 중세를 구분하는 고대인과 근대인 사이 논쟁의 기초가 되었다.

② 최초의 큰 의미 변화는 15세기 유럽에서 발달했던 새 시대 의식과 함께 등장했다. 이것은 세 가지 형태로 전개되었다. 우선, '아직 이름이 없는' 새 시대로 들어가는 문을 나타내는 개념인 '르네상스'나 '종교개혁'이라는 단어가 출현했다. 둘째로 이제 완전히 끝나려고 하는 바로 전 시대를 '중세'라고 불렀다. 마지막으로 고대 그리스·로마의 비기독교 문화를 뜻하는 '고대'라는 말이 정착되었다. 이 과정에서 르네상스시대에는 고대를 다른 모든 문화의 선행자로 여겼으며, 고대(고전)와 근대의 관계는 중세를 폄하함으로써 확립되었다. 여기서 근대는 고대가 아닌 중세와 대립하는 것이었고, 고대를 **모방하는** 한에서 중세보다 우월했다.

③ 세 번째 단계는 대략 16세기부터 17세기 말까지 이어진다. 새 시대

의식을 처음으로 나타낸 르네상스나 종교개혁 같은 새로운 개념은, 이제 완성된 역사적 시대를 가리키는 개념으로 바뀌었다. 따라서 중세 다음에 오는 새로운 시대를 나타낼 단어가 필요하게 되었다. 그리하여 새 시대neue Zeit라는 말이 사용되기 시작했는데, 원래는 중립적으로 연대기적 의미밖에 없었던 neue Zeit라는 단어에 이제 중세mittlere Zeiten와 비교하여 '새로운'이라는 의미가 부여되었다. 이때 새로움의 기준이 구체적이었던 건 아니다. 즉 이 시기 neue Zeit라는 말은, 뭔가 실질적인 의미가 있는 역사구분의 범주가 아니였다. 오히려 꾸준히 사용되고 있던 modernus라는 단어를 보더라도 시대구분 같은 것은 존재하지 않았음을 알 수 있다. 그렇지만 중세 기독교적 맥락에서 기원의 근원적 가치와 결부되지 않은 새로움은 신성모독으로 간주되었고, 그래서 neue라는 단어는 르 고프가 묘사한 것처럼 "성스러운 세례의 성격"27)을 갖게 되었다. 따라서 neue는 modernus보다 뚜렷한 함의를 가지고 있었던 것이다. 버만이 지적했듯이 성경에서는 하느님만이 "모든 것을 새롭게 한다".28) 또한 이 시대는 물론 훗날 '책들의 전쟁'[2]이라고 불리게 되는, 고대와 근대 사이 유명한 싸움의 시기이기도 했다. 고대의 권위가 교회의 권위를 대신한 것이 르네상스였다면, 이번에는 고대의 권위가 공격대상이 된 것이다.

④ 중립적 의미를 가진 neue Zeit라는 단어가, 새로운 시대라는 질적 관념으로 변화하여 "이전과는 완전히 다른 것으로 이전보다 뛰어나다"29)라는 의미를 획득한 시기는, 네 번째 단계인 계몽기에 이르러서이

2 조나단 스위프트Jonathan Swift의 『책들의 전쟁*Battle of the Books*』(1704)에서 유래한 말로, 고대 서적과 근대 서적이 서로 갑론을박을 펼치는 내용이다.

다. 미래를 어떻게 규정하는가에 따라 현재(및 가까운 과거)와 먼 과거의 관계가 변화한다. 새 시대는 단선적인 연대기적 시간의 연장일 뿐 아니라, 고대 정신의 단순한 재생을 넘어서 과거를 질적으로 초월한 것을 말한다. 미래의 개념에 대한 방향 전환은, 종말이 곧 다가온다는 기독교 종말론의 선동이 막을 내리고 과학의 발달 및 '새로운 세계'에 대한 의식이 커져, 사람들이 기대의 지평을 새롭게 넓힌 순간에 가능해졌다. 이 시점에 이르러 획기적 의미를 지닌 질적으로 새로운 추상적 시간성을 위한 개념적 공간이 성립된다. 새로움이 없다면 미래는 그저 한도 끝도 없는 텅빈 것이기 때문이다. 근대 시간성의 특징적인 구조는 **시간은 돌이킬 수 없다**는 기독교적인 개념과 그에 대응하는 영원의 개념에 대한 비판이 결합되어 생겨났다.[30] 이후 Neuzeit의 개념으로 정착한 '근대 Modernity'는 이러한 점에서 역사의 숭고함을 가리키는 단어가 되었다. (이는 최근에 '포스트모던'이 숭고의 개념을 재도용하려고 한다는 점에서 흥미롭다.) 정통성이라는 오래된 문제가 새롭고 특정한 역사적 형태를 취하게 된 것이다. 한스 블루멘베르그Hans Blumenberg가 말한 것처럼 "근대란 스스로를 하나의 시대로 인식한, 또한 다른 시대를 만들어낸 처음이자 유일한 시대였다". 정통성의 문제는, 근대가 가진 모순 다시 말해 "전통과 근본적으로 단절해야 한다는 의식과 완전히 새로운 출발은 불가능하다는 역사 현실 사이의 모순"[31]을 가지고 있다. '포스트모던'이라는 용어가 최근 주목받는 배경에는 이러한 정통성의 문제가 깔려 있다.

산업혁명과 프랑스혁명으로 역사 경험이 가속화되었던 18세기 말에 나타난 새로운 시대를 뜻하는 neue Zeit라는 말은 가장 새로운 시대인 neueste Zeit라는 단어로 새롭게 고안되었다. 이 단어는 개념의 질적 차원이 이전의 '중립적인' 용법에서 완전히 떨어져 나온 것을 의미한다. "중립적인 용법이 가진 애매함으로 인해 neue Zeit라는 단어에서 달성되지 못했던 측면이, neueste Zeit로 가능해졌다. 이는 단순히 과거를 회고적으로 재개념화한 것이 아니라, 새로운 시대를 여는 현재를 가리키는 개념이 되었다." 이와 유사하게 1800년 전후에 '혁명', '진보', '발전', '위기', '시대정신Zeitgeist', '새 시대epoch', '역사' 등의 용어 또한, 이전에는 존재하지 않았던 시간이라는 결정 요소를 갖게 된다.

> 시간은 더 이상 모든 역사가 일어나는 장이 아니다. 이제 시간은 역사적 성질을 획득했다. (…중략…) 역사는 더 이상 시간 안에서 일어난 것이 아니라, 시간을 통해 일어난다. 시간은 바로 그 자체로서 동적이고 역사적인 힘이 된다. 경험을 이렇게 형식화할 때는 새로운 역사 개념을 전제로 한다. 집합단수형 단어 '역사Geschichte'는 1780년경부터 주체와도 객체와도 결부되지 않고, 그 자체를 위한 그 자체의 역사로 간주되었다.[32]

이 시기에 역사적 용어의 시간적 구조가 질적으로 변형되었기 때문에, 완전한 의미의 '근대'는 여기에서 시작되었다고 할 수 있다. 근대는 더 이상 고대나 중세가 아닌, '전통'과 대립하는 것이 되었다.

⑤ 완전한 의미의 '가장 새로운 시대neueste Zeiten'는 시간성의 성질로 인해 열린 새로운 시대이다. 이는 19세기 후반부에 Neuzeit나 modernité의 개념으로 더욱 응축되고 일반화되었으며, 근대의 시간성을 구성하는 것으로 이해되었다. 최근 미학의 개념으로서 혹은 사회경험의 형식으로서 근대를 이야기할 때 샤를 보들레르Charles Baudelaire와 귀스타브 플로

베르Gustave Flaubert의 시간성, 그리고 게오르그 짐멜Georg Simmel과 발터 벤야민의 19세기 말 근대성 개념에 주목한다. 또한 '단지 새롭다는 사실'만을 반영한 근본적인 대상들이 가진 역사적 힘[33]에 주목한다. 새로움의 논리, 스타일, 미적 모더니즘은 "속물들의 근대에 대한 저항"임에도 불구하고 그것은 근대라는 같은 시간구조 속에 있다. 이는 '근대'를 미학화한 결과이다. 그럼으로써 근대는 역사의식과 사회경험의 일반적인 모델로 변형되었다.[34] 역사의식의 시대적 형식이 경험의 단기적인 형태로 일반화되는 과정에서 새로움은 "언제나 변함없는 것"으로서 변증법적으로 비로소 나타났다. 이는 니체의 영원회귀라는 철학적 교의와 마르크스의 상품생산이론이라는 경제학적 분석에 잘 드러나 있다.

⑥ 현재를 고찰하기 위해 여섯 번째 단계를 덧붙일 수 있다. 이 단계에서 새로움의 시간성이 가진 역설적이고 특유한 추상성이 문제시되는 동시에 지지를 받는다. 레이몬드 윌리엄즈Raymond Williams가 언급했듯이 제2차 세계대전 이후 "'근대'는 '지금now'이라는 의미에서 '방금 전just now' 혹은 '그때then'라는 의미로 바뀌었다". 즉 '근대'는 과거를 가리키는 말이 되었고, 이에 반해 현재는 '현대contemporary'라는 말로 바뀌었다.[35] '근대'는 시간 도식 안에서 분명한 시작과 끝이 있는 특정한 역사 시기이자 문화적 자의식의 황금시대를 가리키는 말로 고착되어 과거를 가리키는 보통 명사가 되었다. 고대인과 근대인의 싸움이 근대인과 현대인의 싸움으로 대치된 것이다.[36] "우리에게 남겨진 모든 것은 포스트모던이 될 수밖에 없다."[37] 그러나 포스트모던이 된다는 것은, 적어도 이러한 맥락에서는 단순히 근대가 지속되는 것, 시간과 함께 계속되는 것, 동-시간con-temporary이 되는 것이다. "포스트모던이란

무엇인가"라고 장 프랑수아 리오타르Jean François Lyotard는 질문한다. "그것은 분명 근대의 일부이다. 어떤 작업이 포스트모던한 것이라면 그것은 근대적인 것일 뿐이다. 포스트모더니즘은 (…중략…) 말기가 아닌 발생기의 모더니즘이며 그 상태가 지속된다."[38] 근대는 이미 일어났던 것이면서 동시에 계속 일어나고 있는 것이다. 영원히 새롭고, 새롭다는 점에서 항상 같다. 그런 의미에서 근대는 끝없는 이중화를 반복하는 재귀적 개념이다. '근대'와 '포스트모던'의 정체성은 시간의 형식적 결정요소의 가장 추상적인 단계로 나타난다.

코젤렉이 설명한 '노이차이트Neuzeit'의 전사前史는 19세기 말 유럽 대도시 근대성의 시간의식을 잘 보여준다. 그것은 '순간성transitoriness'[39]이라는, '일시적인 것'와 '우발적인 것'에 잠재된 핵심요소이다. 이는 유럽에서 긴 시간에 걸쳐 발달된 역사기술 형식이 사회적으로 구체화된 것이다. 생각해보면 놀라운 일도 아니다. 왜냐하면 그 기원이 모두 같기 때문이다. 그 기원이란 자본 축적의 시간성과 자본주의 사회의 형성으로 말미암은 사회적 정치적 결과이다. (후자는 결코 전자로 환원될 수 없다.) 그럼에도 불구하고 이러한 사실을 통해 모든 것을 삼켜버린 사회의식의 구조라는 형식적 외피로부터 거리를 둘 수 있다. 또한 친밀하고 긍정적인 문화적 표현(즉 모더니즘)에 드러나는 왜곡으로부터 벗어나, 사회의식 구조를 그 자체로 검토할 수 있다. 이렇게 되면 앤더슨이 대안으로 제시한 '복잡한 차이적 시간성' 즉, 알튀세르의 '역사적 시간' 개념[40]에서 유래한, '정세conjuncture'적인 엄밀한 분석으로 이어지는 시간성은 코젤렉이 말한 시간 패러다임의 변종으로 볼 수 있다. 동시에 근대가 서양의 개념이라는 사실, 그리고 유럽 식민주의의 역사와 깊이 연관되어 있다는 사실, 그래서 끊임없이 변해가는 공간적 관계에 따른 정치성에 속박되어 있다는 사실이 명확해진다. 쥘 미슐레Jules Michelet의 유명한 문구처럼, 역사에서 "제일 중요한 것은 지리geography이다".[41]

3. 근대의 성질–균질화, 차이화, 추상화

지금까지 고찰했던 것처럼 '근대'는 역사의 시대구분 범주로서 독특한 두 가지 역할을 한다. 우선 '근대'는 시대구분을 행하고 있는 그 시간과 동시대인 현재이다. 그런데 여기서 말하는 현재성은 다른 한편으로 질적으로 새롭고 자기초월적인 시간성을 지닌다. 또한 가장 가까운 과거에서조차 현재를 분리시키는 효과를 통해서 현재성은 결정된다. 근대가 매력적이면서도 문제적인 범주가 되는 것은 이러한 역설적인 이중성이 가진 변증법적 성격 때문이다. 이러한 이중성은 변화의 과정이라는 논리 구조를 구체적인 역사 결정요소들과 분리시켜 추상화함으로써 달성된다. 이 추상화는 가치(추상적인 노동시간)의 저장 수단인 화폐의 발전과 병행한다.[42] 이렇게 만들어진 시간의 틀은 다음의 세 가지 특징을 지닌다.

① 역사적(단순한 연대기적 역사와 대립하는 의미에서) 현재는 과거에 비해 높은 가치가 부여된다. 현재는 과거의 부정이며 초월이고, 역사를 전체로서 이해하고 시대구분을 하기 위한 근거가 된다. 코젤렉이 말하

는 것처럼, 역사는 '시간화'되었다. 전체화된 역사가 진행되면서 사건의 위상이 변화하고 그 사건의 정체성마저 변화한다.[43]

② 규정할 수 없는 미래가 열린다. 미래의 유일한 성질은 역사적 현재를 초월한다는 것이고, 지금 현재는 미래보다 격하된 과거가 된다.

③ 역사적 현재 그 자체는 폐기되는 경향을 보인다. 현재는 계속 변하는 과거와 아직 규정할 수 없는 미래 사이에서 끊임없이 이행하고 있는 소실점이기 때문이다. 다시 말하면 현재는 지속되며 영원한 것이다. '지금'이란 시간 '안의' 갈라진 틈이라기보다 시간 '그 자체의' 갈라진 틈이다.[44] "새로움이란 새로움에 대한 욕망이라는 점에서 불변한다." 그렇기 때문에 새로움의 변증법은 지속을 **억압한다고** 아도르노는 주장한다.[45] 근대는 영원한 이행이다.

'근대'는 객관적이고 고정된 지시대상을 갖지 않는다. "**근대에는 오직 주체뿐이고, 주체로 가득하다.**"[46] 주체란 이것을 언급하는 순간에 생겨나는 **차이화**, **동일시**, **투사**에 의한 역사적 자기규정행위의 산물로서, 현재의 의미를 구축하면서 연대기적 질서를 초월한다. 앙리 메쇼닉Henri Meschonnic의 말처럼, "매 순간 주체는 자신을 구성하는 가치를 객체에 투사한다. (…중략…) 주체가 변화할 때 객체도 변모한다".[47] 그러나 동시에 메쇼닉이 말했던 것과 **달리**, 객체 그 자체는 투사만으로 구성되지 않는다. 어떤 특정한 경우에 역사적으로 질문하는 것이 가능한 객체(실재하는, 객관적인 지시대상)는 역사적 정체성과 지식을 구성하는 변증법적 진행의 한 복판에서 거꾸로 주체를 구속하기도 한다.

앤더슨은 경험구조를 전면적으로 긍정하는 버만을 다음과 같은 점에서 비판했다. 우선 버만의 논의가 추상적인 균질화의 경향, 특히 발전을 '근본적으로 평면적인' 것으로 파악하고 그 지점에서 근대화가 발생한다고 본 것이다. 그러면 "어떤 국면 / 시대를 다른 국면 / 시대와 구별할 때, 단순히 옛것에서 새로운 것 또는 먼저냐 나중이냐 하는 연대순서로만 이해하게 된다. 따라서 범주 그 자체는 단 하나의 선 위에서 끊임없이 이동하며 시간의 흐름에 따라 새로운 것이 낡고, 가까운 것이 멀어져 가게 된다".[48] 균질화의 경향을 비판하는 앤더슨은 옳다. 버만은 해체와 갱신의 경험이라는 공통 구조에서 새로운 집합성의 형식을 확립하기 위한 정치적 힘의 잠재성을 모더니즘에서 찾았는데, 그러한 주장에 대한 앤더슨의 회의적인 관점 역시 틀린 것이 아니다. 그러나 앤더슨은 이에 대한 중요성을 과소평가했다. 근대 개념을 역사적 시간의 균질화로만 환원한 것은 그의 명백한 오류라 할 수 있다. 앤더슨의 오류는 균질화를 '단순히 옛것에서 새로운 것으로 이어지는 연대기적 순서'로 간주했다는 점이다.

문제는 여기서 출발한다. 첫 번째 문제는 근대라는 '시대'와 과거 '시대'를 구별함에 따른 '근대'라는 범주에 도입된 차이적 시간성에 대한 것이다. 즉 근대화 개념에 의해 이 차이성이 부정된다. 두 번째 문제는 근대 자체에 내재된 시간성에 차이가 있다는 것이다. 이 차이는 연대기적 시간과 역사적 시간 사이의 질적인 차이로 성립된다. ('다음'이 반드시 '새로운 것'은 아니다. '새로운 다음'이 결코 연대순의 '다음'이 아니기 때문이다. 다음의 기준 단위는 무엇일까 — 초일까? 아니면, 시간? 일? 월? 연도일까?) 세 번째 문제는 이와 관련되어, 새로움의 추상성이라는 것을 근대에 대한 경험적 이론에서 다루는 방식과 그 결과로 생겨난 기획으로서의 근대라는 발상에 관한 점이다. 마지막 문제는 앤더슨이, 근대를 정세적 분석에서 작동하는 시간성의 형식으로 본다는 점이며, 그럼으로써 근대의 시간구조에서 벗어날 수 있다고 기대한다는 점이다. 이러한 문제는 근대화의 개념을 충분히 차이화하지 않았기 때문에 발생하며, 이는 '균질적' 역사적 시간과 '차이적' 역사적 시간 사이의 단순 대립으로는 환원할 수 없다. 오히려 여기서 주목해야 할 점은 근대의 시간성을 구성하고 있는 균질화와 차이화의 변증법으로 생겨난 가능성과 함정이며, 이들이 개별 공간의 정치성과 어떻게 얽혀 있는가이다.

'근대'가 시간 경험의 새로운 형식에 관한 것이고 '포스트모더니즘'은 공간 관계의 혁명을 나타낸다고 한다면, 이는 너무나 단순하고 상투적이다. 시간과 공간의 차원은 떼려야 뗄 수 없을 정도로 얽혀있기 때문이다. 공간 경험의 변화는 시간 경험의 변화를 동반하고 시간 경험의 변화 또한 공간 경험의 변화를 동반한다. 근대 담론에서 지금까지 등한시되었던 공간 문제는 이제 연구 대상이 되고 있는데, 이것은 또 다른 이야기이다.[49] 실제로 벤야민이 지적했듯이 기독교 종말론부터 근대적인 역사 시간 개념으로의 이행은, 말하자면 "시간을 세속화시켜 공간화했다".[50] 이렇듯 근대 개념의 억압된 공간적 전제 안에서야 비로소 근대의 정치 논리가 등장한다. 사카이 나오키酒井直樹가 말했듯이 "하나의 선으로 진화하는 사건들을 역사라고 간주할 수 있는 조건은 (…중략…) 다른 역사, 다른 공간에서 공존한 시간성과 관계된다".[51] 근대는 서양의 관념이다. 그러나 옥타비오 파스Octavio Paz가 주장하듯이[52] 이제는 근대를 서양만의 개념으로 이해할 수 없다. "서양/비서양의 대립을 통해 서양의 통일성이 구축되었지만, 이러한 대립이 지리적인 면에서 근대에 대한 시각을 결정한다고 생각해야 할 근본적

이유는 없다. 우리는 너무나 오랫동안 서양이라는 존재를 모호하면서도 압도적인 실재로 당연시 했다."[53] 그러나 '서양'은 지리적이라기보다 지정학적인 범주이다. 근대의 역사적 속성이 지리적 속성으로 또 지리적 속성이 역사적 속성으로 번역된다면, 서양과 비서양의 공간적 관계는 이민, 관광, 커뮤니케이션 기술, 노동의 국제 분업 등에 의해 변질될 것이다. 새로운 사회적 주체가 '근대'를 말하는 장을 재정의함에 따라 서양과 비서양 모두에 '근대'가 새롭게 배치될 것이다. 서로 경합하는 복수의 근대성이 범람하는 것이라는 견해가 여기서 나타난다. '포스트콜로니얼 반근대'[54]나 흑인의 '근대에 대한 대항문화'[55] 등은 새로운 역사성에 대한 희망과 위협을 동시에 보여주고 있다.

시대구분의 범주로 '근대'를 바라보는 한, 즉 연대기적으로 규정된 하나의 시대가 다른 시대와 구분될 뿐만 아니라 역사적 시간이 질적으로 구분된다고 생각한다면, 현재의 시간이 가진 성질과 앞선 시간의 성질 사이에 차이가 설정되어야 한다. 이 차이가 18세기 후반 '진보'와 '발전'이라는 개념 성립의 기반이 되었으며, 이 두 개념이야말로 20세기 근대화 개념의 전제이다. **연대적으로는 같지만** 지역이 다르면 **다른 시대**가 나타난다는 사고방식은, 식민지 상황에서는 "코스모폴리탄적인 보편 역사"[56]의 기반이 되었다. 이러한 사고방식은 **최고**의 식민지 담론인 인류학에서 확립되어, 유럽 여러 나라에서 사회영역이나 실천에 쉽게 적용되었다. 그리고 이는 다시 차이화와 균질화의 변증법을 통해 전지구적으로 확대되었다.[57]

공시共時적인 비교를 통시通時적으로 나열하여 어떤 사람들의 현재를 다른 사람들의 미래로 간주하는 것은, 역사 전체의 발전 차원에서

'진보'를 규정하는 잣대를 만들어낸다는 의미이다. 그러한 의미에서 여러 지역의 역사가 근대화되고 있다. 실제로 이는 균질화이기도 하다. 그러나 이러한 균질화의 전제 조건은 먼저 차이를 인식하는 것이고, 그러한 차이를 다시 부정하는 것이다. 또한 이러한 부정의 과정과 균질화가 달성되기 위해서는 새롭게 균질화된 시간 속에서 또 다른 차이를 만들어 낼 수 있는 특정 기준이 도입되어야 한다. 따라서 '진보' 개념에 내용이 부여된다. 그렇기 때문에 근대의 시간성에 변화의 내적 원리가 담겨있지 않다는 앤더슨의 주장은 부분적으로만 옳다. 근대의 개념이 기본적인 이론 형식에서 이러한 원리를 마련하지 않았다는 점에서 그의 말은 타당하다. 그러나 단순히 연대기적 의미가 아닌 역사적인 '새로움'을 확정하는 방법이 있다면, 근대는 그러한 원리를 어딘가 다른 장소에서 발견해야 한다. 앤더슨은 이런 점을 인식하지 못했다. 이것이야 말로 이른바 '근대의 다양한 이론'(지금까지 말한 근대의 일반적 이론과는 구별되는 것)의 역할이다. 즉 근대라는 형식을 채울 수 있는 내용을 제공하고, 추상적 시간이라는 결정요소 이상의 무언가를 부여하는 것이다.

역사적으로 이 시점에 근대라는 개념의 지정학적 차원은 성숙되었고, 이 식민주의 담론을 통해 진보의 기준을 제공했다. 이는 애초 유럽 국민국가 역사에서, 그리고 이후 미국의 근대화 이론에서 나온 기준이다.58) 이 '진보'의 패러다임으로 근대화 개념이 기능하지 않는다면, 그것은 식민지 담론의 구축과 탈구축을 중심으로 한 포스트모더니즘을 이해하는 출발점이 될 것이다. 로버트 영Robert Young은 프레드릭 제임슨Fredric Jameson의 주장을 반박하며 다음과 같이 말했다. "포스트모더니즘 개념을 가장 잘 보여주는 것은, '후기' 자본주의라는 새로운 단계의 문화적 양상이 아니라, 유럽 문화가 더 이상 세계를 지배하는 중심이 아니라는 스스로의 인식"[59]이다. 이렇게 인류학(레비 스트로스Claude Lévi-Strauss가 말하는 '폭력의 딸')은 위기에 처했고, 근대화 개념의 진화론적 시간의식 또한 시련을 맞게 되었다.

인류학의 역할은 현재라는 시간 속에서 다른 사회들 간의 역사적 차이를 확립하는 것이었다. 요하네스 파비안Johannes Fabian은 인류학의 기본적 시간 전략이 '시공간적 거리두기distancing'와 '공재성coevalness의 부정'이라고 말한다.[60] 최근 이러한 공재성을 인식하는 비판적 인류학이 나타났고, 표상의 문제는 좁은 의미의 인식론('상대주의')에서, 표상 실천의 사회적 역할을 문제시하는 한층 더 정치적인 형태로 변화했다. 그러나 그것만으로 문제는 해결되지 않았고 실제로 해결이 불가능하다. 인류학은 끊임없는 교섭과 투쟁의 공간이다. 그러나 그러한 인류학(그들이 다루는 사회는 배제하고)을, 식민지 시대의 과거와 그들의 활동을 구별하기 위해서 '포스트모던'이라고 부르는 것은, 역사적 가치 규정과 투영의 시간구조가 '근대' 발화자의 저변에 계속해서 깔려 있음을 간과한 것이다. 또한 '차이'라는 말로 일반화시켜버리면 각각의 독특한 형식을 제대로 차이화할 수 없는 위험성이 생겨난다. 이렇게 획일적인 '차이'는, 과거가 아닌 미래를 봄으로써 대상과 시간적 거리를 두는 인류학의 문제를 재생산할 위험을 가진다. '미개인'이 과거의 표상이 되듯이, 비서양사회는 현재 속 미래 즉 순수한 '혼성성'의 표상이 된다. 포스트모던 민족학은 역전된 인류학이 될 위험이 있다.

로버트 영에 따르면, 이러한 문제에 대한 포스트구조주의의 이론적 입장은 포스트모더니즘과 달리 "'서양'이 자신의 외부 입장에서 비판하는 것이 아니라 서양을 탈구축하기 위해 자신의 타자성과 이중성을 이용한" 것이다. 나는 사카이 나오키와 마찬가지로 이러한 내재론을 받아들이고 여기에 보태 한 가지 더 수정하고자 한다. 이제는 '서양'이라는 관념을 단순히 지리적인 것으로만 생각할 수 없다. '비서양' 타자를 통해서 서양을 구축했을 때조차도 그러하다. 오히려 특정한 비서양 타자(가령 일본)에서만 발견되는 새로운 형식을 취한다면, '서양'에 대한 고찰은 탈구축에 의한 순수한 '포스트 비판적' 부정성에 머무를 필요가 없다. 이는 새로운 변증법적 사고, 근대 시간의식의 내적 발전에 바탕을 둔 사고방식을 발전시킬 수 있는 기회를 만들어 낸다. 이러한 점에서 포스트모더니즘 논쟁은 근대를 '다시 읽기' 위한 기회를 제공하는 것이 아니다. 다시 읽기 자체야말로 포스트모더니즘 논쟁의 본질이기 때문이다.[61]

서양에서 출발한 근대의 공간 관계가 식민지적 특성을 가지며 따라서 노골적인 정치적 효과를 생산한다는 논의와 더불어 역사적 시간의 형식으로 근대의 젠더 문제 역시 생각해야 한다. 줄리아 크리스테바 Julia Kristeva는 "여성의 주체성은 다양한 문명사 속에서 본질적으로 반복성과 영원성을 유지하는 특정한 척도 역할을 해왔다"고 말한다. 그리고 역사의 단선적 시간 속에서 여성은 상징적으로도 물질적으로도 배제되어 왔다고 덧붙였다.[62] 나아가 그녀는 여러 페미니즘 세대가 그에 관해 다양한 방법으로 이의를 제기했으나, 간혹 그렇지 않은 세대도 있었다고 지적했다. 그러면서 "현대 이데올로기로서 '여성'이라는 통일된 용어" 아래 잠재되어 있는 복수의 차이를 회복하고자 했다. 그러면서도 크리스테바는 계속해서 전통적이며 상징적인 통일성을 유지하는 방식으로 '여성'이라는 말을 사용하고 있다. 이러한 전략의 문제점은 근대(역사)라는 '남성의 시간'에 참여하고자 했던 '제1세대' 페미니즘의 요구가 가진 파괴적이고 상징적 의미를 파악하지 못한 것이다. '제1세대' 페미니즘의 이러한 요구는 이미 **확립된** 다른 시간이 여성의 경험 속에서 '나란히 공존'하고 있거나, '얽혀있을' 때만 받아들여졌다. 여성의 시간도 역사의 시간도, 나아가 '여성'도 '역사'도, 변화할 수밖에 없는 자연스러운 변용의 순간은 없었다는 따위의 말을 하는 것은 아니다. 여성의 시간을 역사의 시간과 대립시킨 크리스테바는 여성을 공간과 함께 묶었다. 이렇듯 그녀는 역사의 시간 개념을 지극히 특수한 단일 형식(단선적 또는 연대기적 시간)에 가둘 뿐만 아니라 앞서 언급한 역사의 시간과 공간의 단순한 대립을 비판 없이 재생산했다. 근대의 시간성이 젠더와 관련이 있긴 하지만, 크리스테바의 선구적 논문은 너무 도식적이며 젠더의 전통적 표상에 강하게 얽매여 있어서 단지 문제 제기에 그치고 말았다.

앤더슨의 논리에도 이와 비슷한 문제가 나타난다. 앤더슨은 근대의 시간성 안에는 쇠퇴라는 개념이 있을 수 없다고 불평했다.[63] 근대의 시간성에 대한 앤더슨의 이 같은 이해는 뜻밖이다. 실제로 근대에는 현재를 초월하고자하는 끊임없는 불안 때문에 쇠퇴의 개념이 끈질기게 따라다닌다. 앤더슨의 주장은 점점 더 강해지는 이러한 불안감을 억압하고 있다. 그는 시대구분이 시간적 지표로 쉽게 추상화된다는 이유로, 근대의 자기초월적 시간성과 연대기순의 공허한 균질성을 동일시했다. 그러나 이 둘이 밀접한 관련을 맺고는 있지만 원리적으로 동일하다고 볼 수는 없다. 연대기상 순서만으로는 역사적 진보를 잴 수 없기 때문이다. 근대화 이론은 의사擬似공간(지정학적 공간) 과 경제적 기준의 조합에 근거하고 있기 때문에 비판을 받았다. 그러나 시스템 전체에 적용될 수 없다는 점에서는 쇠퇴의 관념 역시 마찬가지다. 근대화 이론의 척도인 진보 / 쇠퇴는 다양한 차이성 위에 성립한다. 그러나 이러한 차이성들이 단 하나의 척도로 환원된다면, 근대의 차이를 미래에 끊임없이 투사함으로써 결코 재생될 수 없는 '완전한' 쇠퇴가 나타난다. (즉 '완전한' 쇠퇴는 시간적으로는 상대적이다.) 근대라는 시간구조에서 각각의 근대는 계속 확대되는 과거 속에서 자기 자신을 끊임없이 재확립해야한다. 역사적 시간이라는 가장 일반적인 형태로는 근대 개념 자체가 이러한 재확립되는 것(새로운 것)을 추상적인 의미로밖에 담지 못한다고 해도 그 현실성이 부정되는 것은 아니다. 오히려 이것은 쇠퇴에 관한 모든 '근대' 이론이 따를 수밖에 없는 개념틀이며, 이러한 점에서 쇠퇴 이론의 거울상인 진보의 이론과 다를 바 없다.[64)]

사회-역사적 의미에서 모든 근대 이론이 직면한 문제는 쇠퇴를 인식하지 못했다는 점이 아니다. 오히려 근대가 **옛것이 되어버린다**는 사실을 인식하지 못했다는 점이 문제가 된다. '포스트모던' 개념이 등장한 것도 이 문제를 해결하기 위해서였다. 포스트모던 개념은 근대의 시간 논리와 완벽하게 조화를 이루면서도 (세련된 형태를 띤) 독자적인 시간적 역설로 나타난다. 예를 들어 포스트모던 개념을 '영원한 현재'로 보는 것은 근대의 시간의식이 가진 자멸적인 성격을 지적한 것이다. (새로운 것이라는 사실은 '변하지 않으므로' '항상 같다'.) 그럼에도 불구하고 포스트모던 개념은 일견 수명이 다한 상투적인 말인 '**포스트**'를 이용해 새로움을 끌어내기 위한 안간힘을 쓰고 있다.[65] 그러나 그것은 인식구조만으로 시대를 구분할 수 있다는 익숙한 전제를 받아들여야만 가능한 것이다. 이러한 전제를 부정한다면 '포스트모더니티'는 다시 후퇴하여, 근대 개념의 구조에 대한 자의식에 지나지 않을 것이다. 포스트모더니티라는 순진한 개념은 '근대'의 역설과 '근대'의 아포리아에 대한 긍정적 자의식을 가지고 있다. 그러나 포스트모더니티는 그러한 사실을 인식하지 못하고 있다. 이는 의지적이면서도 능동적으로 망각하는 실로 니체적인 역사인식이다. 한편 포스트모더니티라는 재귀적 개념은 개념적으로 한층 높은 차원에서 '근대'의 역설과 '근대'의 아포리아를 다룬다. '포스트'라는 접두어는 특정한 역사적 국면에서 근대가 가진 자기초월적 성격을 확인시킨다. 그러나 그것으로는 변화의 성격을 구체적이며 역사적으로 분석하는 것을 대체할 수 없다. 이에 반해 실질적인 근대 이론들은 자신의 입장을 고수하고, 역사적 전제의 붕괴를 막고, 스스로를 **기획**할 수 있다.[66]

4. '근대'라는 기획–하버마스, 푸코 그리고 계몽

근대 개념은 식민지 침략이 구축한 지정학적 차이를 시간화함으로써 비로소 보편화되었다. 이후 근대와 다른 '시대'의 차이는 '진보', '근대화', '발전'이라는 하나의 직선적 시간구조 안에 배치되었다. 이러한 움직임에 이어 현재에 대한 새로운 종류의 보편화 담론이 생겨났다. 하버마스의 '근대철학적 담론'이 그것이다.[67] 경제 · 정치 · 종교 · 미학 · 사회학 등과 같은 근대 이론의 영역이, 지정학적으로 확정된 그리고, 각기 경험한 근대의 기준을 바탕으로 각각의 영역을 넘어 공간적으로 전체화시켰다면, 근대의 철학적 담론은 각각의 지적탐구를 하나의 실천적 규정 아래 통일시켰다. 이 철학적 담론은 모든 근대 개념이 가진 피할 수 없는 시간의 낡음에 대한 역설을 어떻게 다룰 것인가 하는 문제를 제기한다. 여기서는 계몽 개념, 더 구체적으로 말하자면 자율적 이성의 계몽 개념이 논쟁의 핵심이라 할 수 있다. 왜냐하면 계몽의 개념을 통해 근대를 새로운 역사적 시간구분이나 시간 형식이 아니라 실질적 세계사의 기획으로 파악할 수 있기 때문이다. 그리고 근대의 시간구조 속에는 이 대안적 기획을 수용할 여지가 있다. 이는 칸트의 「계몽이란 무엇인가」(1784)를 둘러싼 하버마스와 푸코의 관점의 차이에서 잘 드러난다.[68]

칸트의 글에 대해 하버마스와 푸코는 세 가지 점에서 일치한다. 첫 번째로 이 글이 근대에 대한 철학적 담론이라는 것이다. 즉 '현재성'을 철학적 사고의 대상으로 처음 채택하여 현재를 고대의 비교대상으로 보거나, 최후의 심판을 기다리는 시간으로 보지 않고 새로운 역사 개념의 지평 안에서 파악해야 하는 대상으로 보았다.[69] 두 번째로 이 글에서 칸트가 말하는 이성의 자율성 개념은 근본적으로 자기를 과거의 결정요소에서 절단하여 자기초월적 현재라는 시간의식에 내재시킨다는 의미이다. 이러한 의미에서 이 글은 근대에 속하는 철학적 담론이었다. 칸트가 말하는 이성은 역사나 전통에 기대지 않고 현재 안에서 자신에 대한 자신의 법칙을 만들어내야 하는 것이다. 하버마스가 말했듯이 근대는 이성적 성찰을 통해 "자신 안에서 규범성을 창조해내야 한다."[70] 이렇게 해서 계몽에 관한 칸트의 유명한 경구가 생겨났다. "과감히 알려고 하라Sapere aude!, 너 자신의 이성을 사용할 용기를 가져라Habe Mut, dich deines eigenen Verstandes zu bedienen!" 그리고 그는 정의 내리길, 계몽이란 "인간이 스스로 자초한 미성숙에서 벗어나는" 것이며 여기서 미성숙이란 "다른 사람의 지도 없이는 이성을 사용할 수 없는 무능력"이라고 말한다.[71] 이러한 측면에서 근대는 끝이 없는 과업이다. 마지막 세 번째로 유럽의 국민국가에서 '계몽'의 실천 역사는 자유와 마찬가지로 다양한 형태의 지배를 동반했다는 점이다. 게다가 그것은 계몽이 만들어낸 자율적 이성 개념 안에 내재한 모순과 떼려야 뗄 수 없다. 푸코는 그러한 모순으로 과학 기술적 합리성, 혁명의 운명, 식민주의 등을 언급한다. 한편 하버마스는 이성의 도구적이고 기능적인 형식을 사회에 적용하는데 관심을 두면서도, 식민지배의 형식과 탈식민적 지배 형식 대해서는 다루지 않았다. 그는 현대 유럽사회의 '생활세계' 안에서만 '식민지화'를 문제 삼았다.[72]

반면, 하버마스와 푸코는 계몽의 개념이 제기한 문제의 성격과 깊이, 그리고 역사적 현재와의 관계에 대한 분석에서 근본적인 차이를 나타낸다. 두 사람의 차이는 다음과 같다. 하버마스는 자율적 개인 이성과 자유로운 공공 이성이라는 보편적 원리를 되살려, 주관 중심의 이성 개념을 상호주관적 또는 의사소통적 이성으로 대치함으로써 억압적 함의를 피하고 계몽의 개념을 '완수'하고자 했다. 이에 비해 푸코는 계몽의 개념을 '철학적 에토스'라는 보다 넓은 의미에서만 사용했다. 그것은 요컨대 "자기시대에 대한 영원한 비판"의 태도[73]이며 이는 원래의 계몽적 비판 모델을 넘어서 역사적 사건으로서의 계몽에 대한 비판을 요구하는 태도이다. "두 세기가 지난 후 계몽이 다시 돌아왔다. 그러나 이번에는 서양이 자기의 현재 가능성과 자신이 계승할 수 있는 자유를 인식하기 위한 방법이 아니라, 서양의 한계와 그것이 남용해온 권력을 규명하는 방법으로 돌아온 것이다. **전제적 계몽으로서의 이성이** 추궁받는 것이다."[74] "계몽의 유산을 오랫동안 상처 없이 유지시키기를 바라는 사람"이야말로 "가장 측은한 배신자들"이라고 푸코는 주장한다. 왜냐하면 "보편적 사고의 역사성" 문제를 억압하고 있기 때문이다.[75] 즉 계몽의 유산을 붙들고 있는 것은 근대를 배신하는 것이라고도 할 수 있다. 니체 이후 계몽 이성에 대한 다른 논의가 존재한다는 사실은 근대가 계몽과 동일하다는 주장을 토대부터 무너뜨린다. 이는 푸코를 공격하는 하버마스 역시 마찬가지이다. 하버마스에 따르면 다른 시대로부터 자기초월적으로 단절된 근대의 시간성이 이성의 자율성이라는 이상에 묶여 있다면, 또 역사에 대한 푸코의 이의 제기가 이 관념에 대한 문제 제기라고 한다면, '배신자'는 그 누구도 아닌 푸코이다. 그는 푸코가 계몽이라는 이름 아래 '비이성적' 반反계몽을 파는 장사꾼이라고 말한다. 결국 하버마스와 푸코 모두 "시대착오는 근대의 피난처가 된다"[76]고 주장하는 셈이다.

그러나 이런 차원의 분석만으로는 문제가 정리되지 않는다. 반성적 규범성은 계몽 이성의 장점만 떼어내어 그것만 살려 낼 수 없다. 또 계몽 이성의 장점과 단점이 변증법적으로 얽혀있다고 해서 계몽 이성 전체를 부정할 수도 없다. 오히려 위의 논쟁은 하버마스와 버만의 생각을 반증하며, 근대가 기획이 아니라 형식에 지나지 않는다는 점을 입증한 셈이 되었다. 그들에 따르면 근대란 역사의식의 형식이자 추상적인 시간구조이며, 영원하면서도 언제나 사라져가는 현재의 입장에서 역사를 전체화하는 것이다. 그러므로 이 기본적 논리구조 안에서 근대는 경합하는 복수複數의 기획, 복수의 미래라는 가능성을 갖는다. 어떤 기획이 진정한 '근대'였는지는 시간만이 말해줄 것이다.

5. 차이적 시간과 정세적 분석—알튀세르와 '아날학파'

앤더슨은 근대 시간의식의 연속성을 지나치게 강조한 나머지 역사적 시간을 연대기적 시간으로 환원해버리는 오류를 범했다. 또한 버만과 마찬가지로 역사적 시간구조인 근대의 개념을, 그것을 긍정하는 문화적 자의식인 모더니즘과 혼동했다. 여기서 앤더슨이 근대를 대신할 개념으로 추천하는 정세적 분석을 위한 차이적 시간성과 '근대'의 관계를 명확히 해야 한다. 그러면 '근대'의 한계와 그 정당한 적용 범위를 더욱 확실하게 살펴볼 수 있다. 정세적 분석에 대한 앤더슨의 생각을 근본적으로 검토하기 위해서는 먼저 알튀세르에 관해 살펴봐야 할 것이다.

알튀세르의 연구 목적은 '일상적'(경험적) 관념과 헤겔의 역사주의 논리, 둘 다로부터 마르크스의 역사 개념을 분리시켜서 그 특수성을 명확히 하는 것이었다. 이는 "마르크스주의의 사회적 전체성 개념을 기반으로 마르크스주의의 역사적 시간 개념을 구축"하는 방법이다. 알튀세르에 따르면 사회 전체에 대한 다양한 개념들은 "그 사회 전체의 '발전'을 생각할 때 사고의 틀이 되는 역사 개념"의 비밀을 안에 담고 있다. 이렇게 알튀세르는 헤겔적 시간의 '균질적 연속성'과 '동시대성'을, 마르크스 역사적 시간 개념의 차이적 시간성과 대비시켰다. 이는 헤겔의 '표출적 전체성'과 자신이 '복잡한 구조적 통일'이라고 해석한 마르크스주의의 전체성의 차이를 바탕에 둔 것이다. 전체성의 구조에서 각 심급은 "특정한 양식에 따라 상호 분절적으로 결합하고, 최종적으로는 경제적 심급에 따라 결정된다".[77] 특히 이러한 분석은 '동시대성'에 대한 비판이 역사적 현재라는 범주에 대한 비판이며, 이는 역사를 하나의 전체로 바라보는 데 동반되는 대가라는 점에서 흥미롭다.

알튀세르는 역사적 현재라는 범주에 대해서 다음과 같이 말한다. "역사적 존재의 구조는 전체의 모든 요소들이 동시에 동일한 하나의 현재 속에서 공존하며, 따라서 동일한 하나의 현재 속에서 서로 동시대적"이다.[78] 한편 통일성 문제에 대해 알튀세르의 정세 개념을 따르면, 모든 심급들은 제각각 고유한 시간을 가지며 "상대적으로 자율적이고, 다른 차원의 '시간'에 의존하는 경우조차 상대적으로는 독립적이다". 이 고유한 역사들은, "자신의 고유한 리듬에 따라 새겨지고, 그 역사적 시간성과 새겨진 방법의 특수성이 규정되어야만 비로소 이해될 수 있다". 그러나 이러한 다양한 역사를 그 차이를 통해 파악하는 것만으로는 충분치 않다. 전체적인 통일성 안에서 "이 다른 시간들이 서로 조화를 이루기 위한 분절, 전치, 비틀기 등의 형태를 통해 리듬과 시간을 새기는 방법의 근본적인 차이 역시 고려해야만 한다".[79] 여기서부터 논의가 모호해진다. 알튀세르의 전체성에는 본질적인 통일성이 존재하지 않기 때문에 다양한 시간성이 공존하고 있다고 해도 그 틀이 되는 공통 시간은 존재할 수 없다. 특정 순간의 복잡한 전체성을 '본질'로 간주하는 것은 비논리적이다. 이것은 바로 차이의 역사적 시간이라는 관념이 폐기해야 마땅한 '연속적-균질적 시간'의 동시대성을 또다시 끌어내고 있기 때문이다.

우리들은 고유하고 다양한 현재로부터 전체를 파악하고, 따라서 상대적으로 여기서 파악되지 않는 다른 차원의 시간은 부재한다고 해석할 수밖에 없다. 물론 각 부분을 분리시켜 분석하고 그것들을 연결해서 전체를 정세적으로 분석할 수 있지만, 각 부분이 각각의 특정성에 입각해 '탈중심화된'(부정적인) 전체성을 가지고 있다면, 전체로서 발전이라는 개념은 사회 형성의 차원이든, 생산양식 또는 역사의 차원이든 원리적으로 배제된다는 점이 문제다. 차이적 시간성을 정세적으로 형식화한 알튀세르는 역사적 유물론의 분명한 원리인, 한 생산양식에서 다른 양식으로의 이행을 생각할 수 없게 되는 함정에 빠진다. 결국 이러한 이행은 다른 형태의 시간 집합 사이의 균열과 단절로밖에 생각할 수 없다. 이행의 시간은 존재하지 않는다.[80] 알튀세르의 문제를 이해하기 위해서는 그의 시간 개념과 그 바탕이 된 완전히 다른 두 가지 시간 개념을 비교해야 한다. 이 두 가지는 '아날학파'의 역사 기술과 레비 스트로스의 구조주의 인류학이다.

알튀세르는 뤼시앙 페브르Lucien Febvre, 에르네스트 라부르스Ernest Labrousse, 페르낭 브로델Fernand Braudel 등의 '역사가들'이 역사적 시간의 특정 구조를

'획기적인 방식으로' 묻기 시작했다고 말한다. 그러나 그는 이러한 역사가들의 작업에 크게 두 가지 문제점이 있다고 지적한다.

우선 첫 번째로 다음과 같이 이야기한다. "그들은 역사에 여러 다양한 시간, 장기, 중기, 단기의 시간이 **존재한다고 관찰했을** 뿐이다. 이 시간들의 간섭을 서로 간의 횡단에서 생겨나는 것으로 보는 것에 만족한다. 그들은 (…중략…) 이러한 다양성을 전체 구조에 대한 복수의 **변주**로만 파악할 뿐 서로 관계지으려 하지 않는다. 전체 구조야말로 변주의 생산을 직접적으로 지배한다."

두 번째로 그들은 "이러한 다양성을 **지속**이라는 관점에서 파악할 수 있는 변형태로 보고, 그것을 통상적인 시간이나 이데올로기적 연속성과 연결시키려고 한다"는 점이다. 그들은 "역사 개념을 근본적으로 묻지 않고 이데올로기적 시간 개념과 연관해 질문할 뿐이다"[81)]라고 평가했다. 이에 반해 알튀세르는 시간적 변주를 전체 구조로 환원하고자 했다. 다양한 시간을 정세적으로 분석하는 다른 시도들은 모두 일반적 헤겔주의로 후퇴해버린다.[82)]

아날학파는 다양한 시간을 다루는 데에 경험적으로 열려 있었다. **아날**학파의 고전적 선언인 브로델의 글 「역사학과 사회과학들－장기 지속Longue Durée」(1958)에는 다음과 같이 쓰여 있다. 다른 시간구조 간 상호작용은 "사회 현실의 다양한 시간과의 관계가 아니라 **역사가의 균일한 시간**과의 관계에서만 기록될 수 있고, 이것이 모든 현상을 파악하는 일반 기준이 되었다. 따라서 현실의 다양한 시간은 이들 현상을 분리해서 각각의 개별 기준이 될 뿐이다".[83)] 그러나 다르게 생각할 수는 없을까. 역설적이게도 알튀세르를 날카롭게 비판한 것은 앤더슨이다. 그는 연대기적 시간의 이데올로기적 지위와 이론적 완결성이라는 두 가지 점에서 알튀세르를 비판했다. 이 또한 공간 문제와 결부되어 있다.

> "역사적 시간 개념에 내용을 부여하기 위해서는, 역사적 시간을 사회 총체의 특정 형식으로 규정해야 한다"는 알튀세르의 말은 너무나도 그답다. 문제의 '사회 총체'는 '사회 구성'을 의미하며, 바꿔 말해서 역사 연구의 자연스러운 경계선을 만들고 있는 국가들의 집합체로 상정된다. 그러나 역사적 유물론이야말로 생산양식의 **국제적인** 성격을 무엇보다도 강조한다. 그는 개별 사회 구성의 다양한 시간을 그 사회의 지배적인 생산양식의 더 복잡한 일반사 안에 통합시켜야 한다고 주장한다.[84)]

실제로 마르크스도(아날학파도) 개별 생산양식의 역사가 계속되는 '전체' 역사로 통합되어야 한다고 주장했다. 예를 들어 브로델은 "역사란 가능한 모든 역사들의 총합"[85)]이라고 말했다. 게다가 역사연구가 현재의 입장에서 규정되기 때문에 현재의 특징인 미결정성이 역사기술을 규정한다. 논의가 완결되었다고 해도 당면한 문제만 정리된 것일 뿐, 연구의 진짜 목표는 미결인 채로 남아 있다. 연대기적 시간은 계속되는 역사 속에서 다양한 시간들의 관계를 측정하는 **기준**이 된다. 그러나 역사적 시간 그 자체로 연대기적 시간이 구성되는 것이 아니다. 알튀세르는 이 두 가지 차원을 혼동하고 있다.[86)] 앤더슨은 다음과 같이 말한다.

> '단일한 연대기적 시간'에 대한 알튀세르의 혹평은 '옳지 않다'. 왜냐하면 모든 역사의 매개로서 너무나도 당연한 시간의 존재(마치 날짜처럼 실제로 필수불가결

한)와, 그 시간이 역사 발전의 다양한 리듬을 하나로 정리하는 원리로서는 적절하지 않다는 점을 명확하게 구별하지 못했기 때문이다. 지역별 역사를 소환하는 연관된 시간이란 적어도 공허한 달력 날짜가 아니라 사회 전체의 모든 움직임이다.[87)]

그러나 앤더슨 또한 버만을 비판하면서 같은 오류를 범했는데, 이는 근대를 역사적 범주로서 이해하지 못했기 때문이다. 게다가 그는 아날학파가 아닌 알튀세르의 정세 개념을 계승했고, 그 과정에서 레닌과 레비 스트로스를 모두 받아들여 현재를 완전히 역사 밖으로 내몰았다. 알튀세르는 '사회 전체의 구조'를 통해 시간적 다양성을 규정함으로써 경험적 역사연구의 개방성을 닫아버렸다. 그러한 점에서 그는 아날학파보다 레비 스트로스에 가까웠다. 그는 아날학파를 비판한 것과 마찬가지로, 구조주의의 공시synchrony / 통시diachrony 모델에도 비판적이었는데, 기묘하게도 비판의 이유가 똑같았다. 공시성과 통시성의 구별이, "연속적, 균질적 또는 동시간적"이라는 역사적 시간 개념을 바탕으로 하기 때문이다.

공시란 동시대성 그 자체이다. 그리고 본질이자 그것을 규정하는 것으로서 동시에 존재하는 상태다. 현재는 본질적인 구조의 존재 그 자체이기 때문에 '본질의 단면' 속에서 구조로 파악하는 것이 가능하다. 그러므로 공시는 연속적-균질적 시간이라는 이데올로기적 개념을 전제로 한다. 이때 통시는 계속되는 시간적 연속성에서 현재의 발전에 지나지 않으며, 엄밀하게 말해 '역사'로 환원되는 '사건'(레비 스트로스 참조)은 단순히 시간의 연속 안에서 계속되는 우발적인 현재에 지나지 않는다. 따라서 통시는 1차적 개념인 공시와 마찬가지로, 헤겔적 시간 개

념, 즉 이데올로기적 시간 개념에 속해있다고 생각되는 두 가지 특징을 전제로 하고 있다.[88)]

이는 근본적으로 잘못된 비판이다. 공시성과 순간을 혼동하고 있기 때문이다. 공시성은 알튀세르의 구조 분석에서 오히려 '무시간no-time'에 대응한다. 알튀세르의 역사적 시간론은 아날학파와 구조주의를 함께 비판했는데 이러한 비판은 현실적이지 않다.

실제로 구조주의의 시간성에 대한 비판은 곧 알튀세르에 대한 비판이기도 하다. 이것을 가장 단적으로 보여주는 것이 요하네스 파비안이 행한 인류학의 '이시간주의異時間主義' 비판이다.

소쉬르가 공시성과 통시성을 분명하게 구별한 이래, 두 가지는 서로 다른 시간관계의 구별이 아니라(공시와 통시에 모두 '시時'라는 말이 들어가기 때문에 그렇게 생각할 수도 있지만) 시간 그 자체에 대한 구별이 되었다. 기호 시스템을 규정하고 분석하는 것은 '시간'의 개념, 나아가 과정, 발생, 출현, 생산 같은 '역사'와 분리될 수 없는 개념을 전부 배제하고 있다. **통시성은 시간의 존재양식이 아니라, 단지 기호시스템이 한 시스템에서 다음 시스템으로 이행하는 것에 지나지 않는다.** 엄밀히 말해 이행은 '시간'을 전제로 하지만 그것은 공시적 구성에도 통시적 구성에도 영향을 주지 않는 이질적인 상황일 뿐이다.[89)]

공시성은 동시간성이 아니라 비시간성이다. 다시 말해 분석적인 공간에서 연구대상에 내재된 시간성은 억압된다. 통시는 공시적 관계를 '순서대로' 나열하지만 알튀세르가 말하는 시간적 연속성을 구축할 수는 없다. 공시의 연속은 현재의 연속이 아니라 비시간적 상태의 연속에 지나지 않기 때문이다. 구조주의는 능동적으로 구성되는 현상학적 현재, 즉 지속되는 '지금'을 틀에서 배제한다. 알튀세르도 그러하다. 그 결과 그는 다양한 사회적 시간을 하나로 묶는 시간에 대한 관점을 잃어 버렸다. 정세라는 개념이 이러한 관점을 대신하고자 했지만 실제로 그렇게 되지 않았고, 애당초 무리였다.

아날학파 전통에서 '정세'라는 말은 독자적인 시간성을 보여주는데 사용된다. 말하자면 정세는 장기 지속의 상대적인 부동성과 '사건'의 잡다한 이야기 사이에 있다. 에르네스트 라부르스의 선구적 분석에 따르면 정세는 통계적 상관관계로 만들어진 다양한 순환의 주기성을 가리킨다.[90] 이에 반해 알튀세르의 '정세'는 어떤 특정 순간 '사회구성의 존재양식' 속에서 모든 사회적 시간의 통일을 가리키는 말로 일반화되었다. 이는 "현실의 역사적 현재"[91]이자 **정치**의 시간이다. 영문판 『자본론을 읽는다』에 딸린 용어집에는 '정세'라는 단어가 다음과 같이 실려 있다. "마르크스주의 정치학의 중심 개념(레닌의 '현재의 계기'를 참조). 정치적 전술이 적용된 순간에 모순의 중층적 결정상태, 여러 힘들의 균형상태를 가리킨다."[92] 그렇다면 '순간'의 시간성이란 무엇일까. 알튀세르의 논의에서는 그것이 연대기적으로 특정되지 않는다. 왜냐하면 '순간'이 연속체의 척도로 되돌려버리기 때문이다. 순간의 시간성은 다양한 다른 시간의 '공존재'로서 상대적으로 구축될 수밖에 없다. 그러나 이렇게 추상적으로 관계하는 공존재의 시간성은, 시간의 바깥으로 벗어나, 그것이 부정해야 할 공시라는 분석적인 공간으로 들어가 버린다. 결정적으로 알튀세르에게 없는 것은 공재성coevalness 개넘이다. 파비안은 공재성의 개념을 활용해 다른 시간의 공존재를 동시간적 현재로 환원하지도, 시간의 바깥으로 내보내지도 않을 수 있었다. 공재적인 시간은, 공간적 관계라는 사회적 차원에 의해 규정되는 방식으로 연대기적으로 함께 존재하고 나아가 복잡한 시간성을 낳는다.93)

알튀세르의 분석은 결점이 많지만 두 가지 점에서 시사하는 바가 크다. 먼저 그는 전체화된 하나의 시대범주로서 근대가 가진 한계를 지적했다. 그러한 전체화는 전 세계적으로 '지금' 공존재하고 있는 차이적 시간의 구체적 다양성으로부터 현재라는 시간을 기록하기 위한 단일한(어느 정도 내부적으로 복잡하지만) 차이성을 추상화하는 것이다. 그것은 역사를 전체로 생각할 때 피할 수 없는, 지불해야만 하는 대가이다. 역설적이게도 마르크스 역사 개념의 특수성에 중점을 둔 결과, 알튀세르는 이 전체화의 개념을 생각하지 못했다. 이것이 바로 역사적 시간에 대한 알튀세르의 작업이 주는 두 번째 교훈이다. **모든** 시간성의 '분절화, 전이, 비틀기'를 포함하는 정세 개념의 일반화는 어느 정도 공시성을 비판하면서도 역사적 시간의 외부에 머물 수밖에 없다.94) 전체화된 현재의 관념을 '본질적 단면'으로 환원하면 (항상 공간적으로 결정되는) '지금'의 어려움과 가능성이, 구체성이 없는 무시간적 '이론'으로 교체된다. 역사적 시간이라는 전체화한 개념이 부활하면서 정세의 개념이 작동하여 실천적 의미를 가지게 되는 것이다.

근대라는 범주는 이러한 부활을 가져온다. 자본주의와 마찬가지로 유럽 식민지주의와 세계 시장에서 탄생한 '근대'라는 역사의식 구조는 자본주의 자체의 발전에 앞장선다. 이것은 마르크스주의 경제학의 개념들에 대한 분석과는 다른 차원에서 작동한다. 그럼에도 불구하고 그들은 통합적으로 연결되어 있으며 그 형태는 시간과 함께 변화한다. (예를 들어 최근 커뮤니케이션 기술의 발달이 물건의 '유통시간'[95]을 극적으로 단축시켰고, 동시에 역사적 변화의 시간의식을 얼마나 강화시켰는지를 생각해보면 좋을 것이다.) 실제로 근대는 역사를 전체화하는 최우선의 세속적 범주이다. 그러나 이러한 필연적 작용이 다양한 차이성들을 균질화하고, 억압하고, 환원시키거나 망각시킨다면, 이론적으로 이러한 역사의 전체화를 정당화하는 것은 무엇인가. 그리고 역사를 전체화해야 한다면, 그 과정에서 잃어버리는 것에 대한 감각을 유지하기 위해선 어떻게 해야 하는가. 그렇다면 근본적으로 **역사적 시간**이란 도대체 무엇인가.

제2부 근대세계의 성립

새로운 '아시아 상상'의 역사적 조건

문학이라는 제도와 식민지주의

팽창하는 황국 · 개화하는 황국

'여자'의 규범과 일탈

새로운 '아시아 상상'의 역사적 조건*

왕 후이 汪暉**

역사적으로 봤을 때 '아시아'라는 개념은 아시아가 아니라 유럽에서 만들어진 것이다. 18~19세기 유럽의 계몽 운동과 식민지 확장은 새로운 지식체계 발전의 발판이 되었다. 이 시기에 역사언어학이나 인종이론, 근대지리학, 정치경제학, 국가론, 법철학, 종교학, 역사학 등이 자연과학과 함께 크게 발전했다. 이에 따라 새로운 세계의 그림이 그려졌다. 유럽이나 아시아라는 개념은 이러한 지식체계가 구축되는 과

* 이 글은 강현정이 번역했다.

** 1959년 장쑤성 양저우 출생. 난징대학에서 석사학위를, 베이징의 중국사회과학원에서 루쉰 연구로 박사학위를 받았다. 중국사회과학원 문학연구소, 하버드대학, 워싱턴대학, 홍콩 중문대학, 베를린 고등연구소, 볼로냐대학, 컬럼비아대학, 도쿄대학 등에서 연구원과 객원교수를 역임했다. 현재 칭화대학 중문학과 교수이자 인문사회과학고등연구소 소장. 저서로 『새로운 아시아를 상상한다』(창작과비평사, 2003), 『죽은 불 다시 살아나』(삼인, 2005), 『아시아는 세계다』(글항아리, 2011), 『탈정치시대의 정치』(돌베개, 2014) 등이 있다.

정에서 태어난 것이다. 몽테스키외나 아담 스미스, 헤겔, 마르크스 등 유럽 지식인들의 저작에서 아시아라는 개념은 유럽과의 비교 속에서 만들어져, 어떤 목적론에 따라 역사의 궤도 위에 올려진 것이다.[1)]

이렇게 유럽에서 만들어진 아시아라는 개념의 주요한 특징은 다음과 같다. 아시아는 유럽의 근대국가나 군주국가와는 대조적으로 다민족으로 이루어진 제국이고, 유럽의 근대 법률이나 정치체제와는 달리 정치전제주의이며, 유럽의 도시나 무역과는 대조적으로 유목을 하거나 농경 생활을 한다는 것이다. 유럽의 국민국가나 자본주의 시장의 확장은 세계사의 관점에서 더 나아간 단계 또는 최종 목적으로 간주되었기 때문에, 위에 기술한 아시아의 특징은 세계사의 시작점 혹은 낮은 단계에 속한 것으로 간주되었다. 이러한 맥락에서 '아시아'는 지리적 범주일 뿐 아니라 문명적인 형식이라고도 할 수 있다. 이때 '아시아'는 유럽의 국민국가와 대조적인 정치형태, 유럽 자본주의와 대립하는 사회형태, 역사가 없는 상태에서 역사로 이행하는 형태를 가리키는 말이다. 이러한 파생적인 아시아 담론은 유럽의 지식인이나 아시아의 혁명가·개혁가 및 역사학자들이 세계사나 아시아사회에 관해 기술할 때나 혁명 전략을 짤 때, 아시아의 과거나 미래를 그릴 때 기본 구조로 주어졌다. 19~20세기 동안 근대 유럽의 보편주의 역사 기술에 내재하고 있던 아시아 담론은 식민주의자와 혁명가들이 완전히 다른 지도를 그리기 위한 밑그림으로 기능했다. 여기에는 세 가지 중심 과제 및 중요한 개념이 있다. 바로 제국과 국민국가 그리고 자본주의이다. 19세기부터 오늘에 이르기까지 거의 모든 아시아 담론은 이 과제나 개념과의 연관성 속에서 진행되었다고 할 수 있다.

19세기 이후, 아시아의 혁명가나 지식인, 개혁운동가 및 많은 역사학자들은 '아시아'라는 유럽의 범주를 비판적으로 사용하려 했다. 아시아에서 벌어진 사회운동이나 근대화를 추진하는 과정에서, 그들은 아시아사회를 세계사와의 관계 속에서 파악하고, 거기서 새로운 역사적 계기를 발견하거나, '아시아 역사를 발견'함으로써 19세기 유럽사상의 보편주의나 목적론적 역사관을 벗어나려고 했다. 아시아라는 개념의 파생성에서 이탈하려는 노력은 결코 순조롭지 않았다. 여기에는 유럽의 식민주의 역사논리라는 함정이 항상 도사리고 있었기 때문이다. 다시 말해 위험성과 가능성이 병존하고 있었다. 이 글은 아시아라는 개념의 역사적 계보를 새롭게 그려봄으로써, 새로운 '아시아 상상'을 위한 역사적 자원 혹은 거울을 제공하고자 한다. 아시아라는 문제는 넓고 복잡한 영역에 걸친 문제이며, 누가 이 용어를 사용하더라도 한쪽으로 치우칠 위험성이 있다. 이 글에서 나는 제한된 측면이나마 먼저 아시아에 관한 논의를 전개하고자 한다. 이 논의는 나 개인의 지식의 한계를 드러내는 동시에, 아시아라는 문제의 풍부함을 명확하게 해 줄 것이다.

1. 사회주의, 민족자결권과 사회운동의 윤리

아시아라는 개념과 내셔널리즘의 관계를 논할 때는 두 가지 역사적 구분이 필요하다. 첫째, 식민주의적 내셔널리즘이나 제국주의적 내셔널리즘이 형성된 역사는 혁명(민족해방운동)적 내셔널리즘이 형성된 역사와 다르다는 것을 구분해야 한다. 둘째, 국가주의의 개혁 모델과 혁명의 개혁 모델을 구분해야 한다. 동아시아의 경우, 일본과 중국은 서로 다른 형태의 근대국가를 건설하였다. 일본은 유럽 국가주의의 정치 전통을 가진 제국주의적 내셔널리즘 모델에 가깝고, 중국은 혁명과 민족운동을 결부한 사회주의 국가형식에 따라 건국되었다. 이 두 모델은 역사적 차이는 있지만, 상호적으로 관계가 있으며 또한 상이한 부분도 있다. 예를 들어 둘은 서로 다른 방향에서, 내셔널리즘과 내셔널리즘 초극이라는 내재적 모순을 품고 있기 때문에, 각각 국민국가라는 상상과, 단일국가를 초월한 아시아라는 상상을 연결해 볼 수 있다. 일본의 '탈아입구脫亞入歐'론에 대해서는 많은 학자들이 이미 많은 논의를 전개했기 때문에 여기서는 혁명적 아시아라는 개념, 혹은 세계혁명적 아시아라는 개념에서 논의를 시작하고자 한다.

식민주의적인 세계 관계는 그것을 위한 기본 구조를 만드는 동시에, 그 반대파나 사회적 동원의 방식도 만들었다. 아시아의 혁명운동이나 아시아 모든 국가의 민족해방운동을 논하지 않고 근대 아시아 개념의 역사적 의미를 말할 수 없다. 또 아시아 여러 나라들의 건국 운동에서 중국혁명이나 러시아혁명의 영향을 빼고 동아시아, 동남아시아 민족운동의 역사적 특징을 말할 수도 없다. 사회주의 운동과 중국혁명의 발생, 그 성과와 비극을 고찰하지 않고 아시아 문제를 역사적으로 이해하는 것은 불가능하다.

사회주의는 부르주아 국민국가와 자본주의 경제 관계에 반대하는 사회운동으로서, 처음부터 국제적인 경향을 보였다. 사회주의 관점에서 보면, 국민국가라는 형식은 자본의 다국적 운동의 정치적 지주일 뿐 아니라, 반자본주의 투쟁을 국민국가의 범위 내로 제한하는 가장 효과적인 방식이다. 사회주의의 기본 목표는 자본주의에 대한 비판과 자발적 저항이기 때문에 '아시아'라는 개념이 내포하고 있는 특수한 의미에는 관심이 적다. 여기서 아시아는 자본주의 체제의 주변이자, 민족혁명을 통해서만 세계 자본주의 체제 혹은 반세계자본주의 체제를 향한 투쟁에 참가할 수 있는 지리적인 구역에 불과하다. 사회주의 운동에서 아시아를 발견하는 것은 이 지역 내부에서 언뜻 모순처럼 보이는 사회운동을 통해서 뿐이었다. 이 사회운동은 처음부터 유럽 자본주의에 대한 수용과 거절, 자신의 역사전통에 대한 비판과 포옹의 자세를 동시에 보여준다. 이러한 아시아지역 사회운동의 이중성을, 전통을 비판하면서 자본주의 발전의 길을 개척하는 것과 전통을 재해석하면서 자본주의 패권에 저항하는 자원을 발굴하는 것으로 정리할 수 있다. 주의해야 할 것은, 아시아의 사회운동은 최종적으로는 민족자결운동의 형식으로 나타났으며, 사회주의자(특히 레닌)의 민족자결론에 관한 이론은 1911년에 중국혁명[1]이 아시아 최초의 공화국을 창건한 후, 제1차 세계대전이 발발한 1914년에 형성되었다는 점이다. 레닌의 민족자결론은 중국혁명에 관한 자신의 논의와 이론적, 역사적으로 관련이 있다.

자유주의와 마찬가지로, 사회주의 운동과 내셔널리즘의 역사적 관계도 애매하다. 이 국제주의적 사회운동은, 최종적으로는 각 지역과

1 1911년 10월 10일, 청 왕조에 불만을 가진 혁명파 군인들이 호북성의 성도인 우창에서 무력봉기하여 청 왕조를 무너뜨린 신해혁명을 말한다. 이를 통해 쑨원을 임시 초대 대통령으로 하고 난징을 수도로 하는 중화민국이 수립되었다. 이는 아시아 최초의 공화국이었다.

국가의 민족해방운동으로 변했기 때문에, 그 운동 자체의 역사는 운동의 출발점에 대한 자기부정 혹은 지양을 포함하게 되었다. 1870년대에 러시아 청년사회주의자 게르만 로파틴German Lopatin을 만난 마르크스는 엥겔스에게 보내는 편지에서 이 우수한 청년을 칭찬하면서도 폴란드 문제에 대한 그의 쇼비니즘적 태도를 비판했다. 마르크스는 다음과 같이 단호하게 말했다. 지배민족에 속한 사회주의자는 공통의 결점이 있다. 바로 피지배민족에 대한 사회주의자의 의무를 이해하지 못한다는 것이다. 이것은 사회주의와 자유주의가 짊어진 역사적 무게가 매우 비슷하다는 것을 보여준다. 그것들은 직접 내셔널리즘의 방식으로 드러나거나 혹은 내셔널리즘 초극의 방식으로 드러날 수 있지만, 모두 내셔널리즘과 내재적인 역사관계를 가지고 있다. 마르크스, 엥겔스와 레닌은 약소국가의 독립을 지지하는 것이 서구와 러시아 민주파의 절대적 책무라 인식하고, 강대국의 내셔널리즘에 부정적인 태도를 보였다. 그 이유를 여기서 간략하게 설명하고자 한다. 우선 그들은 약소민족의 자결 요구는 항상 어느 정도의 민주적 요청을 포함하고 있으며, 사회주의자의 민족독립운동에 대한 지지는 주로 민주주의에 대한 지지라고 생각했다. 따라서 모든 민족의 분리독립권에 대한 사회주의자와 민주주의자의 승인은 모든 불평등, 특권, 특수적 지위의 해체에 대한 요청이라는 생각과 밀접하게 관련되어 있다(이런 의미에서 그들은 소수민족에 대한 다수민족의 어떠한 진압이나 정화정책도 결코 지지하지 않는다). 두 번째로, 민족자결권에 대한 사회주의자의 승인은 특정한 역사관을 전제로 하고 있다. 바로 자본주의는 사회주의로 나아가는 필수단계라는 것이다. 이는 자본주의가 역사상 존재했던 어떠한 정치・경제적 형식보다도 진보적 의미를 가졌으며, 민족자결과 민주주의에 대한 요청은 민족의 상상력을 해방하고, 자본주의 발전을 위한 가장 좋은 보증을 제공한다는 것을 승인한 것이다. 민족운동에 대한 초기 사회주의자들의 평가나 비판은 모든 불평등, 특권, 특수지위를 해체하라는 요구와 연결되었다. 민족자결권과 자본주의 발전의 관계에 대한 그들의 논점은 오늘날도 여전히 계발啓發적 의의를 가진다. 즉 사회주의자의 민족주의 운동에 대한 태도는 이 운동의 민족적, 종교적 성격에 의해서가 아니라, 국내적 / 국제적인 민주나 평등에 대한 운동에 기반을 두고 있는 것이다. 유럽사상의 측면에서 보면, 민족자결권과 강대국 내셔널리즘의 대립은 결국 서구의 국민국가와 제국의 대립에서 파생된 것이다.

왜 초기의 사회주의자들은 민족자결의 요청이 민주적 의미를 포함하고 있다고 생각했을까. 여기에는 더 기본적인 전제가 있다. 그것은 사회주의 운동이 자기확인을 할 역사적 기초와 관련된다. 민족자결권은 프롤레타리아가 새로운 연합을 구축할 때 필요한 경로인 것이다. 고용노동의 착취에 국경의 구별이 없다면, 프롤레타리아가 반착취 투쟁을 순조롭게 확장해 나가기 위해서는 내셔널리즘에서 벗어나, 다른 민족 내부의 부르주아들이 행하는 모든 패권 다툼에 대해 완전한 중립을 지켜야만 한다. 어떤 민족의 프롤레타리아가 '자自'민족 부르주아의 특권을 조금이라도 지지한다면 필시 다른 민족의 프롤레타리아의 불신을 낳아 노동자들의 국제적 단결은 약화되고 뿔뿔이 흩어져 부르주아만 박수를 칠 것이다. 따라서 사회주의자가 자결권이나 분리권을 승인하는 것은 내셔널리즘을 옹호하기 위해서가 아니라, 지배민족의 특권을 부정하기 위해서이다. 이런 의미에서 초기의 사회주의자들은 적어도 두 종류의 상이한 내셔널리즘이 존재한다고 생각했다. 즉 약소국가가 민족자결권을 요구하는 사회운동과, 국가특권을 가진 강대국의 쇼비니즘이다. 바꿔 말하면 민족자결운동에 대한 사회주의자의 지지는 무조건적이지 않다. 만약 민주적 요소가 포함되어 있지 않고, 계급관계를 무산시키는 데 도움이 되지 않는 내셔널리즘 운동이라면, 사회주의자는 새로운 국제주의를 불러들임으로써 부르주아적 국민국가의 독립 정책에 저항할 것이다. 마르크스가 꿈꾼 세계프롤레타리아 연합은 실현될 수 있는 역사적 기초를 가진 적이 한 번도 없다. 전후 자본주의 발전 속에서 노동자 계급조차 계급으로서의 존재가 심각한 의심을 받았다. 그렇다면 마르크스의 이러한 원칙은 여전히 의의가 있는가. 다른 지역과 다른 형식의 내셔널리즘이 내부의 억압이나 외부의 침략으로 변모했을 때, 세계 각지의 비판적 지식인 혹은 또 다른 사회집단은 새로운 국제주의의 원칙 아래 연대하여, 직면한 폭력과 반민주적 경향에 맞서야 한다. 이런 의미에서 이 원칙은 여전히 시사하는 바가 있다.

장기적 관점에서 봤을 때 레닌의 민족자결론의 가장 큰 결점은 그가 체계적인 민족공동통치이론을 거론하지 않았다는 것이다. 그는 다민족공동통치의 구조에서 민주, 평등 및 경제발전 문제를 고려하지 않았다. 유럽사상사의 맥락에서 보면 이는 필연적이다. 이론적 시각에서 민족자결권이라는 개념은 복잡한 민족상황을 가진 제국형태에 대한 일종의 부정이며, 따라서 이 개념은 제국과의 대립 속에서만 그 의미를 가진다. 역사적 시각에서 당시 레닌이 가장 관심을 가졌던 것은 우크라이나, 폴란드의 민족자결운동에 대한 러시아혁명가의 태도였지 러시아 내부의 다원적 민족관계 문제가 아니었다. 사회주의는 특정 민족의 국가 특권에 반대하며, 민족의 평등을 지지한다. 오늘날 이 원칙은 생각지도 못한 방식으로 그 의의와 더불어 문제점을 드러낸다. 제1차 세계대전 전야에 레닌은 프롤레타리아에게 대大러시아인의 특권에 반대하라고 호소하고, 이런 방향으로 모든 프로파간다를 진행했다. 레닌은 이렇게 말했다. "이러한 선전만이 러시아가 다수의 국민국가로 이루어진 경우에도 민족 간의 평화를 최대로 보장하고, 나아가 각각의 국민국가로 분리될 때에도 평화적으로(또한 프롤레타리아의 계급투쟁에 손해를 끼치지 않고) 분리할 수 있다."[2] 소련의 해체는 역사상 제국 해체와 같은 대규모 전쟁을 동반하지 않았고(체첸은 특수한 예외), 레닌이 예견한 대로 평화적으로 각각의 국민국가로 분리되었다. 이것은 레닌의 건국원칙 안에 민족자결권 구상이 내포되어 있었기 때문이다 . 이런 의미에서 소련의 해체를 사회주의적 민족자결권론과 그 실천의 실패로 보기보다, 오히려 그 역사의 성과로 보아야 한다. 그러나 이 역사의 성과에는 실패의 경험도 포함되어 있다. 소련의 사례에서 레닌의 민족자결에 관한 견해는 민족공동통치의 개념도 가지고 있다. 그러나 소련의 해체는 민족자결권론의 기초 위에 성립된 공동통치 모델의 실패이기도 하다. 소련은 민족자결을 전제로 하여 연방공화국이라는 정치체제와 다민족 통일국가를 형성했다. 이것은 소련 경계 내의 각 민족의 상황과 밀접한 관련이 있었다. 그러나 소련의 연방공화국 모델은 다민족 사회 내부의 민족 문제를 해결하지 못했고, 그 해체의 원인 중 하나는 이 모델이 민족자결론을 기초로 한 진정한 의미에서의 '공동통치' 모델을 형성하지 못했다는 것이다. 소련의 해체는 민족분열의 필연성보다는, 오히려 민족자결을 형식으로 하는 공동통치 모델의 내재적 모순을 보여준다. 소련은 다민족 사회의 민주, 평등 및 조화로운 발전을 이루지 못했다. 여러 민족이 섞여 있거나, 민족 경계가 모호한 사회에서는 순수한 형태의 자결권을 명확하게 정의하기 어렵다. 레닌은 자본주의론의 틀 안에서 복잡한 민족 구성을 가진 국가를 단순하게 '후진적 상태 혹은 예외상황'으로 간주했기 때문에, 더 복잡한 민족공동통치이론을 구축할 기회를 잃어버렸다(물론 사후해석이긴 하지만). 어려움은 명백하다. 다민족이 섞여 사는 지역에서 민족자결을 실행한다면, 그 논리적 결과는 민족정화일 수밖에 없다. 한편 우리는 오늘에 이르기까지 아직 민족자결권 외에 문화의 다양성을 보증하고 지배민족의 특권을 제한할 민주적 체제를 찾지 못했다. 레닌 시대에 민족자결권 사상은 강대국의 내셔널리즘에 대한 비판이라는, 중요한 진보적 의미가 있다. 따라서 오늘날 민족공동통치 개념은 새로운 유형의 민주이론을 발전시킬 필요가 있음을 의미한다. 즉 서로 다른 역사적 조건에서 민족융합이나 공존에 더 유리한 정치형식 — 유럽식 국민국가의 경험을 (부정하지 않고) 초월할 수 있는 민주형식 — 을 발전시켜야 할 필요가 있다. 이는 결코 민족자결권론에 대한 역사적 부정이 아니다.

20세기 역사 발전의 시각에서 레닌의 민족자결론을 이해할 때 우리는 두 가지 새로운 문제에 직면하게 된다. 첫째, 민족자결론은 당시 문화의 다원성이 아니라, 자본주의 발전의 정치형식이라는 문제에 중점을 두었다. '국가'라는 정치적 시각에서 문화의 다원성이나 복잡한 민족 상황은 그 자체로 극복해야 할 문제였다. 그러나 국민국가와 자본주의 발전의 관계는 주로 국민국가의 정치구조에 대한 자본주의 경제의 의존성에서 생겨나며, 이 정치구조에서 민족 상황은 중요하지 않다. 자본주의 경제 발전에 있어 다민족으로 구성된 대국모델이 민족상황이 단순한 소국모델보다 우수하다고 단언할 수는 없지만, 그 반대도 마찬가지다. 여기서 결정적 역할을 하는 것은 정치구조이지 민족상황이 아니다. 자본주의 경제에 필요한 것은 넓은 시장과 상대적으로 안정된 정치구조이므로 대국 혹은 지역연합이 소국에 비해 더욱 큰 발전 공간 및 사회의 자기보호능력을 제공할 수 있다. 유럽 연합, 아세안 및 그 외의 지역적 국가 연합은 바로 이것을 기초로 하며, 그중에서도 유럽 연합의 구상은 점점 더 슈퍼네이션 모델(통일된 시장, 의회, 행정협조기구와 군대)에 가까워진다.

두 번째로 레닌이 언급하지 않은 심각한 역설이 있다. 민족자결의 목적은 민족 특권을 제거하고, 자본주의 발전에 유리한 정치형식을 형성하는 데 있지만, 공업화를 위한 원시적 축적을 요구한다(세계 범위 안에서 혹은 지역 범위 안에서 식민관계를 재구축하지 않는 경우). 사회주의적 국민국가는 세계 자본주의의 기본 관계를 벗어나지 못하고, 그 국가형식은 자본주의를 발전시키고 세계 시장에 적응하기 위해 만들어진 것이다. 따라서 민족 문제에 관한 사회주의자의 제안은 일종의 윤리적 요청일 뿐 현실적인 과정이 아니다. 그 민족 평등이라는 원칙은 불완전한 형태로밖에 실천될 수 없다.[3)]

우리는 민족운동 안에 담긴 민주의 요소를 어떻게 이해해야 하는가. 국내적으로 봤을 때 민주적인 애국운동 대부분이 국내 사회운동의 특정 형식이며 그것이 반드시 민족자결의 요구로 나타나는 것은 아니다. 민족운동의 근본적인 내실은 계급특권(국제적 헤게모니를 포함)에 반대하는 민주적 요청이며, 운동의 주체는 다수민족의 일반 민중일 수도 있고 소수민족의 일반 민중일 수도 있기 때문이다. 사회주의자는 하층계급이 요청하는 민주적 애국운동이나 민족운동을 특권 계급의 내셔널리즘과 구분하려 한다. 이런 구분 없이 내셔널리즘에 대해 전체적인 비판을 한다면 민주주의를 추진할 힘을 잃을 수 있다. 국제적으로 봤을 때 식민지 민족해방운동은 다른 민족의 민주적 사회운동에 대해 깊은 공감을 표하며, 자신의 해방운동을 국제주의의 일부로 간주한다. 따라서 사회주의 시각에서 약소민족의 내셔널리즘과 민중의 내셔널리즘은 스스로의 전화轉化를 추진할 동력, 즉 국제주의를 향한 요구이자 약소민족의 해방을 요구하는 것으로 바뀔 동력을 포함한다. 오늘날 다국가적 자본주의의 특징은 이 전환을 위한 전제를 제공한다. 특권에 반대하고 평등을 추구하는 사회운동은 고립된 형태로는 최종 승리를 거머쥐지 못하고, 다국간多國間 영역 내에서만 비로소 완성될 수 있는 것이다. 따라서 새로운 사회운동은 세계적 패권에 대한 저항, 국내의 불평등 및 다른 사회의 평등에 대한 관심과 긴밀한 관계를 맺어야 한다.

그러나 민주주의 요소를 포함한 민족운동과, 민주주의와 완전히 대립되는 민족운동을 구별하는 것이 쉬운 일은 아니다. 내셔널리즘 또는 민족자결운동의 역사적 의미는 끊임없이 변한다. 오늘날 분리주의는 자본주의의 보장이나 발전의 기본조건과는 별로 관계가 없고, 오히려 문화적 권리에 대한 요청으로 보인다. 이런 종류의 새로운 내셔널리즘은 사실 지역 내부의 다른 사회 집단 간에 권력을 재분배하고자 하는 요구를 감추고 있다. 그것은 세계 패권 정치의 그늘에 가려져 있을 뿐 아니라 다원적 사회 내부에서 민주적 사회를 형성할 가능성을 파괴한다. 여러 민족이 섞여 사는 지역에서 사회운동의 기본 목표는 문화적 권리와 정치적 권리의 평등을 획득하는 데 있다. 찰스 테일러Charles Taylor 등 사회 이론가들이 논증한대로 이러한 평등을 요구하는 것은 개인의 자유나 국민국가 간의 관계에 대한 초기 자유주의 사고방식과는 다르다. 여기서 평등은 자유주의체제 범위에서 개인의 권리를 기초로 한 정치적 승인이 아니라 문화적 특수성을 승인하는 것이다. '승인의 정치'가 포함하는 권리 요구는 서양 민주정치체제에 내재한 곤란과 모순을 보여준다. 따라서 국민국가의 법률적 절차를 어떻게 조정하고, 이런 종류의 문화적 권리 요구에 어떻게 부응할 것인가가 오늘날 문화나 정치 논의에 있어 중요한 문제다.

현대의 사회관계에서 민족성의 문제는 정치문제의 투영이자, 오늘날의 정치 관계가 만들어낸 산물이다. 이 문제가 통일과 분열이라는 정치 모델 안에서 이해되는 것은 국민국가의 단일한 주권형식이 보다 탄력적이고 다원적인 공간을 가진 정치구조를 제공하지 않았기 때문이다. 오늘날 내셔널리즘 운동의 애매함은 어디서 비롯되는가. 첫째로 자본주의의 전지구적 일체화 추세와 경제에 대한 국민국가의 지배력 쇠퇴로, 국민국가가 자본주의 발전의 가장 좋은 형태라고 본 초기 사회주의자와 자유주의자들의 기본적 가설이 흔들리게 된 것이다. 두 번째로 설령 국민국가와 자본주의의 상호연관을 인정하더라도 오늘날의 이론가나 정치가들은 분리운동을 지지해야 할지 아닌지에 대해 확신이 없다. 과거 반세기 동안 좌우 이론가들은 역사결정론과 선형적 역사진화관에 결정적 타격을 주었다. 그들은 경제와 정치의 관계가 단순히 결정과 피결정의 관계라고는 더 이상 믿지 않는다. 현대 세계의 발전 과정에 의문을 가지면서도 우리는 왜 다른 사회를 구상하지 않고, 이렇게 파괴적인 자본주의에 유리한 정치형식을 고수하는 것일까. 셋째로 만약 초기 사회주의자들의 기본 가설, 즉 민족운동에 대한 지지가 민주주의에 대한 지지라는 가설을 받아들인다면, 우리는 개개의 민족운동에 대한 지지 여부의 전제조건으로 '민족'이 아니라 민주를 받아들여야 한다. 따라서 내셔널리즘 문제의 애매함은 민족에서 민주로 이행한다. 이때 민주는 국민국가 내부의 민주인가, 아니면 지역 혹은 세계 규모의 민주인가. 전지구화 시대에 이 양자를 명확하게 구분하는 것은 어렵다. 마지막으로 민족자결론은 좀 더 정교하고 풍부한 민족공동통치 모델을 제공하지 않았다. 현재 민족자결의 원칙을 극단으로 추진하는 것은 다원적 민족사회에 의한 통일적이고 유연한 정치구조를 형성할 가능성을 파괴해 버린다. 민족공동통치와 민주의 관계는 지금까지의 각종의 민주 이론이 앞으로 더 깊이 검토해야 할 중요한 문제다.

이러한 모든 문제는 사회주의자의 아시아론 속에 그 흔적을 남겼다.

2. 민주혁명의 논리와 '대아시아주의'

후쿠자와 유키치가 「탈아론脫亞論」을 발표하고 27년 후, 즉 중국 신해혁명이 발발하고 중화민국 임시정부가 성립된 직후 레닌은 「중국의 민주주의와 인민주의(나로드니키)中國の民主主義と民粹主義」(1912), 「아시아의 각성アジアの學生覺醒」, 「후진적 유럽과 선진적 아시아後進的ヨーロッパと先進的アジア」(1913) 등의 글을 연이어 발표했다. 그는 "현재 중국은 정치활동이 약동함에 따라 사회운동과 민주주의라는 높은 파도가 가열하게 추진되고 있다"고[4] 환호하면서 한편으로 "기술이 고도로 발달하고 문화도 풍부하며 헌법이 완비된 문명적 선진 유럽"은 부르주아 밑에서 "후진적이고 낡고 중세적인 모든 것들을 유지하고 있다"며[5] 독설을 퍼부었다. 레닌의 비판은 자신의 제국주의론과 프롤레타리아혁명 이론을 구성하는 하나의 요소였다. 즉 그는 자본주의가 제국주의 단계에 들어섬에 따라 세계 각지의 피압박 민족의 사회투쟁이 세계 프롤레타리아혁명으로 조직될 것이라 보았다. 이렇게 유럽혁명과 아시아혁명을 서로 관련짓는 방식은 마르크스가 1853년 『뉴욕 데일리 트리뷴*The New York Daily Tribune*』에 기고한 「중국혁명과 유럽혁명中國革命とヨーロッパ革命」으로까지 거슬러 올라 갈 수 있다. 레닌과 후쿠자와 유키치의 결론은 상반되지만, 그들은 하나의 기본적인 인식을 공유한다. 아시아의 근대는 유럽 근대의 산물이기 때문에 아시아의 지위나 운명과 상관없이 아시아의 근대적 의미는 선진 유럽과의 관계 속에서만 파악된다는 것이다. 예를 들어 레닌은 러시아를 아시아로 간주했는데, 이것

은 지리학적 입장에서가 아니라, 자본주의 발전 정도 및 러시아의 역사 발전 과정이라는 측면에서 내린 정의였다. 레닌은 「중국의 민주주의와 인민주의」라는 글에서 다음과 같이 주장했다. "러시아는 많은 면에서 의심할 여지없이 아시아의 한 국가이다. 심지어 가장 야만적이고 가장 중세적이며 가장 후진적이고 부끄러운 아시아 국가다."[6] 레닌은 중국혁명에 깊이 공감했지만, 문제가 아시아혁명에서 러시아사회의 내부 혁명으로 옮겨졌을 때 '서구파'적인 입장을 취했다. 19~20세기의 러시아 지식인들은 러시아 정신을 동양과 서양, 아시아와 유럽이라는 두 세력의 격전과 충돌로 보았다. 위의 인용문에서 아시아는 야만, 중세, 후진 등의 개념과 연결되고 따라서 러시아혁명은 강한 아시아적 성격 즉 '야만적', '중세적', '후진적' 사회관계에 대한 혁명이자 글로벌한 의의를 가진다. 1917년 10월혁명은 1차 세계대전을 배경으로 발생했고 중국혁명에 커다란 영향을 미쳤다. 그러나 다음 두 가지 사실을 주지해야 한다. 첫째, 10월혁명은 신해혁명 이후에 발생했으며 여기서 주창된 일국사회주의는 아시아혁명(중국 신해혁명)에 대한 응전이었다고 할 수 있다. 레닌의 민족자결권이나 제국주의 시대 후진국들의 혁명에 대한 그의 해석은 모두 1911년 신해혁명 이후에 정립되었으며, 중국혁명에 대한 이론적인 분석과 관련이 있다. 둘째, 러시아혁명은 유럽에 큰 충격을 주었고 지속적으로 영향을 미쳤다. 또한 이 사건은 러시아와 유럽을 분할하는 역사적 계기였다고도 할 수 있다. 그러나 레닌의 혁명론에서 아시아에 대한 서술은 아담 스미스나 헤겔의 그것과 근본적인 차이가 없다. 그들은 자본주의의 역사를, 오래된 오리엔트에서 근대 유럽으로 전환하는 과정, 생산방식에 있어

농경이나 수렵에서 상공업으로 전환하는 필연적인 발전으로 그려낸다. 그러나 레닌에게 세계 역사의 구조는 이중의 의미가 있다. 첫째, 세계자본주의와 그에 따라 촉발된 1905년 러시아혁명은, 장기간 정체되고 역사가 없다고 여겨졌던 아시아를 환기시키는 기본적 동력이었다.7) 둘째, 중국혁명은 세계사에서 가장 선구적인 힘을 보여주었으며 사회주의자들에게 제국주의 세계체제를 탈출하기 위한 분명한 출구를 제시했다. 러시아의 지식인들과 혁명가들 사이에 일어난 슬라브파[2]와 서구파의 지속적인 논쟁은 아시아에 대한 담론 배후에 숨겨진 두 개의 역사적 동력을 특수한 측면에서 보여준다.8)

세계사라는 수사 속에서 아시아의 이런 특수한 지위는 아시아 근대를 향한 혁명의 임무나 방향에 대한 사회주의자의 이해에 큰 영향을 미쳤다. 레닌은 중국혁명가가 자본주의를 초월하는 민주주의적·사회주의적 강령을 제시했을 때 그것을 지나치게 공상적이라 비판하고, 오히려 인민주의(나로드니키)에 가깝다고 지적했다. 레닌은 "아시아의 부르주아가 역사상 진보적인 생산 방식에 종사하지만 그 사회의 주요한 대표이자 사회적 중추는 농민"이라고 말했다. 따라서 우선 유럽처럼 부르주아혁명을 완성한 후에야 사회주의를 논할 수 있다. 레닌은 역사변증법을 구사하여 쑨원의 토지혁명에 대한 강령을 '반혁명'적이라 단언했다. 쑨원의 강령은 역사의 단계와 괴리되어 있고 심지어 그것을 초월했다는 것이다. 그러나 한편으로 중국사회의 '아시아'적 성격 때문에 이 '반혁명의 강령'이 진정으로 자본주의 임무를 완성했다고 지적했다. "인민주의(나로드니키)는 농업 속의 '자본주의'와 '투쟁'하

2 고대 러시아 역사에 유래를 둔 가치와 제도를 바탕으로 러시아가 발전해야 한다는 사상.

기 위해, 반대로 농업 속의 자본주의를 빠르게 발전시키는 토지 강령을 실행하게 된다."[9] 아시아에 대한 이러한 이해가 레닌과 그 동료들의 혁명 임무와 방향을 결정했다는 것은 분명하다. 레닌의 아시아관의 전제는 무엇인가. 그것은 헤겔의 세계사관에서 아시아에 대한 특수한 규정(중세적, 야만적, 역사가 없는 아시아)에 자본주의와 혁명의 논리를 더한 것이다. 헤겔에 혁명을 더한 이러한 아시아 개념은 고대(봉건), 중세(자본주의), 근대(프롤레타리아혁명 혹은 사회주의)라는 역사 발전 모델을 내포하고 있다. 나아가 이것은 자본주의 시대 다른 지역의 역사를 이해하기 위한 시대 구분과 단계론적인 구조를 제공했다.

유럽 자본주의 팽창은 그 정치적 요청과 동시에 저항세력들을 만들어냈다. 식민주의와 혁명은 이 과정을 보여주는 두 가지 역사적 표현이라 할 수 있다. 위에서 말한 이중의 아시아관은 각기 다른 측면에서 아시아 개념과 자본주의의 역사적 관계를 보여준다. 따라서 자본주의 문제를 생략하고 아시아 문제를 논할 수 없다. 주목할 것은 식민주의와 혁명은 현대 세계에서 명백히 다른 다자주의多者主義 혹은 국제주의의 동력이자 양자 모두 국민국가 체제가 팽창할 수 있는 전제를 제공했다는 점이다. 물론 혁명운동과 식민주의 사이의 중대하고도 심각한 차이나 대립은 있다. 다만, 이 상반된 방향의 두 가지 운동 모두 자본주의의 제약을 받았기 때문에 국민국가라는 정치형식에서 이탈할 수 없었다는 것이다. 왜 국제주의와 사회주의를 목표로 한 혁명이 모두 국민국가라는 역사 형식을 필요로 했는가. 레닌은 다음과 같이 말한다. "국민국가는 자본주의의 '일반적 상태'이며, 민족 상황이 복잡한 나라는 후진적 상태 혹은 예외적 상황이다. (…중략…) 이것은 물론 국민국가가 부르주아와의 관계 속에서 민족착취와 민족 압박을 배제할 수 있다는 뜻이 아니다. 이는 마르크스주의자가 국민국가 건설을 향한 의지를 발생시키는 강력한 경제적 요소들을 무시해선 안 된다는 것을 의미할 뿐이다. 즉 역사적, 경제적 관점에서 볼 때 마르크스주의자의 강령에서 소위 '민족자결'은 국가의 독립 및 국민국가의 창건이라는 정치적 자결 외에 다른 의미를 갖지 않는다." 따라서 레닌이 "아시아의 각성"이라고 했을 때 그의 관심사는 사회주의 문제가 아니라, 자본주의 발전을 위한 정치적 전제 즉 국민국가 체제를 어떻게 창조할 것인가의 문제였다. 여기서 '국민국가'와 '민족상황이 복잡한 나라'(제국)는 대립한다. 즉 '국민국가'는 자본주의의 '일반 상태'인데 반해, 제국은 국민국가의 대립면이다. 민족자결이란 '정치적 자결'이다. 이는 단순한 정치적 동일시를 넘어 정치적 의미에서 자결을 실행하고 그에 따라 정치적 민족 혹은 국민국가의 정치 구조라는 자본주의 경제발전을 위한 정치적 조건을 형성할 것을 의미한다. "자본주의는 아시아를 각성시킨다. 자본주의는 그것이 이르는 곳마다 민족운동을 촉발하고 이 운동들은 국민국가 형성을 향한다. 이러한 국가야말로 자본주의 발전을 위한 가장 좋은 조건을 보증한다."[10] 레닌은 여기서 내셔널리즘과 자본주의의 내재적 관계를 명확히 지적하고 있다. 즉 민족운동을 촉발하는 것은 혁명도 아시아의 특수한 문명도 아닌 바로 자본주의의 발전이다.

이러한 레닌의 말은 중국 근대의 내셔널리즘과 아시아 문제의 관계를 이해하는 기본적인 단초를 제공한다. 쑨원은 1924년에 일본 고베에서 '대아시아주의大アジア主義'라는 유명한 연설을 했다.[11] 그는 여기서 아시아를 둘로 구분했는데, 하나는 "완전히 독립한 국가가 없"고 "가장

오래된 문명의 발상지"인 아시아이고, 다른 하나는 이제 곧 부흥할 아시아였다. 전자의 아시아 개념이 레닌이 말한 '민족상황이 복잡한 나라'와 내재적 관계를 갖는다면, 아시아 부흥의 기점 혹은 부흥한 아시아는 무엇인가. 쑨원은 이 기점을 일본으로 본다. 일본은 30년 전에 일부 불평등 조약을 폐지하고 아시아 최초의 독립국가가 되었기 때문이다. 즉 이 기점은 일본이라기보다 오히려 국민국가를 가리킨다. 쑨원은 러일전쟁의 발발과 일본의 승리에 환호했다. "러시아에 대한 일본의 승리는 최근 몇백 년 동안 없었던, 유럽에 대한 아시아 민족 최초의 승리였습니다. (…중략…) 아시아의 모든 민족은 매우 기뻐하며, 대단히 큰 희망을 품게 되었습니다." 여기서 희망이란 어떤 희망인가. 그것은 "아시아의 모든 민족은 유럽을 쳐부술 생각을 가지고, 나아가 독립운동을 일으켰습니다. (…중략…) 아시아 민족이 독립에 대한 큰 희망을 품게 된 것입니다".[12] 여기서 쑨원은 "아시아의 모든 민족"이라는 미묘한 개념을 사용한다. 이때 아시아는 단순히 가장 오래된 문명의 발상지일 뿐 아니라 독립한 국민국가로 이루어진 아시아이며, 유교문화권에 속한 동아시아일 뿐 아니라 다원적 문화를 가진 아시아이다. "아시아 민족"의 전체성은 주권국가라는 독립성을 기초로 성립한다. "아시아의 모든 민족"은 민족 독립운동의 산물이지 유럽 국민국가의 졸렬한 모방이 아니다. 쑨원의 이러한 생각은 강고했다. 그에게 아시아는 고유의 문화와 원리 즉 유럽 국민국가의 '패도 문화'와 구별되는 '왕도 문화'를 가진 것이었다. 그가 강연에 '대아시아주의'라고 이름 붙인 것은 아시아 개념과 '왕도' 개념을 연결시켰기 때문이다. 그의 강연을 제국주의 아시아관과 비교해 보면 그의 아시아 개념이 유교주의 아시아 개념이 아니라는 사실이 분명해진다. 그에게 아시아는 동질적인 문화를 핵심으로 하는 것이 아니라, 평등한 국민국가로 이루어진 것이다. 이 아시아 개념에 따르면 아시아라는 내재적 통일성은 유교나 어떤 단일한 문화가 아니라, 어떤 종류의 정치문화 즉 다양한 종교, 신앙, 민족, 사회를 포함한 정치문화이다. 그는 이 정치문화의 범주에서 중국이나 일본뿐 아니라 인도, 페르시아, 아프가니스탄, 아라비아, 터키, 부탄, 네팔까지 언급하면서 중화제국의 조공관계를 설명했다. 문화의 이질성은 이 아시아 개념의 주요한 하나의 특징으로, 민족의 범주는 이러한 이질성을 내포한 아시아 개념의 운반차가 되었다. 쑨원에게 문화의 이질성은 국민국가의 내부 통일 및 외부로부터의 간섭을 거절하기 위한 역사적 근거를 제공했다.[13]

우리는 쑨원의 강연에서 중화제국과 그 주변국들의 관계에 대한 노스탤지어나 인종주의 논리를 쉽게 발견할 수 있다. 그러나 쑨원은 인종주의자도 아니고 제국주의자도 아니다. 가령, 중화민국 초기에 네팔과의 조공관계에 대한 언급처럼 그가 제국의 조공 모델을 말한 것은 주변 지역에 대한 중국의 패권을 확인하기 위해서가 아니라, '왕도'의 필요성을 논증하기 위해서다. 여기서 '왕도'는 일종의 규범적 서술이다. 그가 제시한 '오족협화'의 민족공동통치 이론이 사실 일종의 내셔널리즘 이론이듯, 역사 속의 조공관계가 모두 '왕도' 정신의 표현이라고는 할 수 없다. 그러나 '왕도'든 '조공'이든 이는 모두 예의라는 형식으로 전개된 권력균형 및 권력지배 관계이다. 그러나 '대아시아주의'라는 맥락에서, 일종의 규범적 서술로 제시된 쑨원의 '왕도' 논리는 식민주의의 '패도' 논리와는 대립한다. 쑨원은 조공 모델이 문화, 민족 및 종교적 다원성을 서로 인정하며, 근대 국가는 그 안에서 제국주의적 정치를 초월하는 문화적 자원을 발견할 수 있다고 믿었다. 그가 중국에 대한 네팔의 조공을 언급한 것은 대大 중화의 옛 꿈을 한 번 더 이루기 위해서가 아니라, 이 관계에 상호인정 및 상호존중의 평등관계가 포함되어 있다고 확신했기 때문이다. 그의 서술에서 조공모델은 단일한 등급으로 이루어진 질서도 무역 체제도 아니다. 쑨원이 동남아시아 각국의 민족해방운동이나 독립운동을 지지했던 것은 이러한 정치문화를 배경으로 한다. 가령 그는 1898~1900년 필리핀혁명에[3] 적극적으로 참여하여 두 차례에 걸쳐 필리핀혁명가들에게 무기를 보냈는데, 이는 필리핀혁명이 중국혁명의 성공을 촉진할 것이라 굳게 믿었기 때문이다. 그가 기대한 것은 제국문화 속의 다원주의와 국민국가의 새로운 형태를 결합시켜, 제국주의의 식민주의 정치 및 근대 국민국가의 문화 동질화 경향을 저지하는 것이었다. 그가 우리에게 제시한 아시아는 동쪽으로 일본에서 서쪽으로 터키까지, 그리고 힌두교·불교·이슬람교·유교 및 그 외의 문화가 어우러진 국민국가였다. "우리가 대아시아주의를 말하고, 아시아 민족의 지위를 회복하려면, 오직 인의도덕을 기초로 하여 각지의 민족을 연합하고, 아시아의 모든 민족이 상당한 세력을 가져야만 합니다."14) 이 '왕도문화'는 "피압박 민족의 불평등을 드러내기 위한 것"이고, "패도문화를 거역"하는 것이며, "모든 민중의 평등과 해방을 추구하는 문화입니다".15) 쑨원은 내셔널리즘과 종족관념의 관계를 명확히 파악했다. 또 내셔널리즘의 저항 논리에는 그것의 반대 논리, 즉 압박과 강권의 논리도 포함되어 있음을 알았다. 따라서

3 스페인 지배에 대한 필리핀의 독립운동을 말한다.

그는 종족관념에 호소하여 민족 독립을 위한 정당성을 제공하면서 동시에 '대아시아주의'라는 명제를 제시했다. 인도네시아 및 다른 동남아시아 여러 나라의 민족혁명운동들은 쑨원의 내셔널리즘 사상과 중국혁명에 큰 영향을 받았다. 무엇보다 그들 대부분이 쑨원의 사상과 혁명의 민족주의적 성격을 강조했지만 그 사회주의적 특징은 다소 소홀히 했다. '대아시아주의'나 '범아시아주의'라는 명제는 근대 일본의 '대동아주의'에 대한 반론이며, 문화적 다원주의의 한 형태로서 고도로 동질화된 '동아시아'라는 개념에 대한 강한 비판이었다. 쑨원은 주최 측인 일본에 대해서 강연 마지막에 다음과 같이 말했다. "일본 민족은 구미의 패도문화를 받아들였지만 다른 측면 즉 아시아 왕도문화의 본질도 가지고 있습니다. 그러므로 앞으로 일본이 세계 문화 속에서 서양 패도의 개가 될 것인가 혹은 동양 왕도의 수호자가 될 것인가에 대해 일본 국민은 심사숙고해야만 합니다."[16] 따라서 '대아시아주의'는 국민국가를 초월하는 내셔널리즘이며, 종족・문화・종교 및 신앙의 단일성을 초월하는 다원적 내셔널리즘이다. 이 개념에는 일종의 자기탈피적 메커니즘과 논리가 있다. 이것은 식민주의 패도문화에 대한 저항을 전제로 한다.

'대아시아주의'와 국제주의의 밀접한 관계는 바로 이 논리 위에 성립한다. 쑨원은 종족주의 관념을 이용해 아시아를 정의하는 동시에 현실적인 지배관계를 도입하여 그것을 또 다른, 좀 더 근본적인 기준으로 삼았다. 즉 전자를 따라 러시아인을 유럽인으로 정의하면서도 후자를 따라 러시아의 새로운 해방운동을 '대아시아주의' 동맹으로 간주한 것이다. 그는 다음과 같이 말했다.

현재 유럽에는 유럽의 모든 백인들에게 배척당하는 새로운 나라가 있습니다. 유럽은 그들을 독사 맹수, 비인간으로 여겨 근접하는 것조차 꺼려하고 있습니다. 심지어 아시아에도 그렇게 생각하는 사람들이 꽤 있습니다. 그 나라가 어디인가 하면 바로 러시아입니다. 러시아는 지금 유럽의 백인에게서 떨어져 나오려 하는데 왜 그런 상태에 있을까. 그것은 러시아가 패도가 아닌 왕도를 주장하고, 공리강권公理强勸이 아닌 인의도덕을 설파하기 때문입니다. 또 공도公道를 강력히 주장하고, 소수가 다수를 압박하는 것에 찬성하지 않기 때문입니다. 러시아의 새로운 문화는 우리 동양의 오래된 문화와 매우 부합하는 것으로 그들은 동양과 손을 잡고 서양에서 분가하려는 것입니다.17)

러시아의 '새로운 문화'란 10월혁명 이후의 사회주의를 가리킨다. 이것은 서구에서는 '세계의 반역'으로 간주되었으며, 중국에서는 아시아혁명의 동맹으로 간주되었다. '대아시아주의'는 이에 호응한 '문화의 반역'이며, 피압박민족의 '민중해방운동'이었다. 이것이 최종적으로 달성한 것이 비록 자본주의라는 역사적 사명이라 할지라도 그것은 태생적으로 사회주의적인 경향을 띈다. 즉 '대아시아주의'는 이러한 배경 속에서 부르주아 국민국가의 창건을 목적으로 한 민족운동이 내건 기치이자 국민국가를 초월한 것이었다. 이것이 쑨원과 그 혁명운동이 대표하는, 반식민적이고 반강권적이며 사회의 공정과 평등을 주장하는 사회주의적인 아시아다.

앞에서 설명했듯이 19~20세기의 아시아 개념에는 두 가지 다른 의미가 포함되어 있다. 하나는 일본제국주의의 식민주의 계획을 대표로 하는 아시아주의이고, 다른 하나는 피압박민족의 민족자결 요구이다.

이러한 두 가지 함의는 아시아 내셔널리즘의 두 가지 형태와 관련이 있다. 하나는 민족의 정치적 자결에 대한 요구이며, 다른 하나는 '문화'적 자결을 지키고 정치적 '자결'에 반대하는 것이다. 전자는 약소국가나 식민지 민족해방운동으로 나타났으며, 후자는 유교주의 범주 내에서 기획된 일본제국주의 대동아식민지권으로 나타났다. 다민족으로 구성된 중국은 청왕조로부터 광활한 영토를 가진 다민족제국의 정치적 영역을 계승했다. 근대 국가로 전환하는 과정에서 현대 중국의 창시자는 정치적 자결을 요구할 뿐 아니라, 문화주의 혹은 다원적 문화의 시각에서 다민족 국가의 통일도 유지해야만 했다. 그러나 중국의 민족자결운동을 구성하는 기본적인 측면은 여전히 정치구조와 사회혁명의 합리성이었다. 쑨원의 소위 대외적으로 민족자결을 실시하고 대내적으로 민족평등을 실시한다는 원칙은 중국 근대 내셔널리즘의 기본방식을 구축했다. 이것은 정치적 자결과 문화적 자결을 상호융합한 공동통치 모델이며, 전통적인 제국관계를 국민국가의 범주로 취합한 정치형태이다. 따라서 이 방식은 내셔널리즘의 기본적 논리를 벗어나지 못했다.

아시아 문제를 새롭게 제기하려고 시도하는 비판적 지식인들은 민주주의나 평등을 획득하는 과정에서 약소국가의 내셔널리즘이 큰 의의가 있다는 사실과, 글로벌리즘에 저항할 필요성을 인식했다. 그러나 그들은 내셔널리즘을 통해 세계 자본주의나 정치적 군사적 패권에 저항하는 것이 국민국가의 통치자에게 이용당하고, 결국엔 세계 자본주의의 패권 형성에 기여할 수 있다는 것도 우려했다. 이러한 맥락에서 일부 지식인들은 유동적인 범주를 가진 아시아 개념을 대안으로 생각했다. 이는 종래의 아시아주의와는 매우 다른 아시아를 상상하는 것이다. 아시아 문제를 새롭게 제기하는 동력은 다음과 같은 물음에 있다. 오늘날 격렬하고 파괴적인 다국적 자본주의 움직임 속에서 국민국가라는 "자본주의 발전의 가장 좋은 조건"은 도전받을 것인가? 그리고 과연 새로운 경제 체제에 적절한 정치형식이 있는가? 아시아 개념과 국민국가에 대한 회의가 겹쳐질 때 국민국가를 초월하려는 아시아 개념은 부분적으로 국민국가 이전의 문화적 시각과 겹쳐진다. 다시 말해 양자는 서로 다른 민족이나 지역, 정치상황에 의해 형성된 문화적 차이를 허용하고, 서로 다른 민족들이 보다 광범위한 정치경제 구조 속에서 공존하는 상태를 강조한다. 그러나 새로운 아시아를 상상하는 것은 제국의 시각을 복기하는 것이 아니며, 결코 그래서도 안 된다. "새로운 아시아주의"라는 애매한 표현은 그것이 국민국가, 특히 민족해방운동의 역사적 성과에 대한 일종의 보충, 수정, 비판 및 확대 해석이지 기본적으로 국민국가에 대한 부정은 아니다. 신자유주의 시장 기획과 국민국가 담론에 대한 이중 비판으로 '새로운 아시아를 상상'할 수 있다면, 이 역사적 자원과 현실적 기반은 어디에 있을까.

3. 다양한 역사서술 속의 아시아와 동아시아 문명권

19세기 이후 아시아 여러 나라들의 민족자결운동에 따라 아시아에 대한 담론은 문명론에서 지역론으로 전환됐다. 이는 유럽 중심 '세계사' 구조에서 진정한 세계사 구조로 전환하기 위해 반드시 거쳐야 하는 과정이다. 지역론이 중시하는 것은 지역 내부의 역사 변화, 상호작용 관계, 문화의 다양성 및 역사 활동의 주체다. 지역론 모델이 취하는 역사 서술 방식은 헤겔의 '역사철학'과는 다르다. 구체적 역사 관계에 대한 서술은 '아시아에는 역사가 없다'고 한 유럽의 주장에 반론을 제기했다. 그러나 아시아라는 개념 자체가 유럽에서 나왔다는 사실은 모든 현대 역사 서술에 걸림돌이 되었다. 아시아라는 개념은 원래부터 애매할 뿐 아니라 목적론적인 특징을 띠기 때문에, 아시아 역사를 탐색하는 노력도 결국 선험적인 역사 모델의 내부로 흡수되어 버린다. 즉 아시아 개념은 아시아가 스스로의 '근대'를 가지고 있는가, 혹은 내재적 힘에 의해 '근대'라는 목적론적 특성을 가질 수 있는가 하는 문제와 언제나 밀접하게 결부된다.[18] 후쿠자와 유키치나 레닌, 중국 근대 사상가들 대부분은 이에 대해 각각 다른 이유에서이긴 하지만 부정적이었다. 그러나 최근 20년 동안 학계의 분위기에는 미묘한 변화가 일어났다. 많은 역사학자들은 아시아사회의 내부에서 아시아 '근대'의 다원적 동력을 발견하려 했다. 중국 학계에서 이러한 변화는 주로 '지역사' 연구로 나타나는데, 이는 중국사회의 내재적 조건 및 근대로의 전환을 촉진하는 요소들을 중시한다. 그러나 일본 학계나 한국학자들의 경우, 중화제국의 주변지역이라는 시각에서 일본을 이해하고, 조선사회 내부의 근대적 전환, 특히 내셔널리즘과 국민국가 프로젝트의 동력을 이해하려 한다. 주변이라는 입장에서 봤을 때, 일본과 조선의 민족 독립운동은 중화제국의 조공관계에서 이탈하는 과정으로 정의되기 때문에 이러한 시각에서 구축된 아시아관은 중화제국의 세계체제와 밀접한 관계를 가진다. 중국 중심의 역사적 시각에서 보자면, 중국의 전환은 주로 내부 동력에 의한 사회전환이며 식민주의나 자본주의 같은 외부 조건들은 촉매 역할을 했을 뿐이다. 따라서 중국이 근대로 전환한 것은 유럽의 국민국가가 제국에서 분리되는 모델 즉 민족독립의 형식이 아니라, 혁명의 형식으로 제국의 사회편성에 대한 근대적 프로젝트를 실시하고 급격한 개조를 진행한 것이다. 제국의 혁명과 개조라는 시각에서 확립된 아시아관은 후진적인 동시에 선진적이고, 봉건적인 동시에 혁명적이라는 이중성이 있다. 즉 제국으로서의 중국은 후진적이며, 신흥 국가로서는 선진적이다. 또 민족관계가 애매한 제국으로서의 중국은 봉건적이며, 민족자결을 요구하는 나라로서는 혁명적이다. 사실상 레닌이 사용한 후진적 · 야만적이라는 말은 사실 고대 아시아 제국을 가리키며, 그가 제창한 민족자결권은 이 고대 제국의 구조에서 벗어나는 것을 의미한다. 레닌이 말한 소위 선진적 · 혁명적이라는 것은 바로 제국 시대에서 탈피한 국가형태가 아니었을까.

이런 의미에서 아시아라는 공간 개념은 시간축 위에 성립하며 이는 현대 역사학이 유럽중심주의일 수밖에 없는 이유를 잘 보여준다. 중국 문제를 연구하는 역사학자든 중국 문제에 관심을 가진 마르크스주의자든 이 점에서는 마찬가지이다. 제2차 세계대전 이후 중국 역사 연구는 두 갈래의 흐름으로 형성되었다. 하나는 1930년대에 시작된 중국 사회의 성격에 대한 논쟁과 관련된 것으로, 중국 대륙의 마르크스주의 역사학자들을 대표로 하는 사회역사학파이다. 이들은 생산양식의 변화와 사회형태의 관계에 대해 연구하고 나아가 유럽 역사와의 병행

관계 속에서 중국 역사의 진화 모델을 그리고자 한다. 다른 하나는 전후에 형성된 페어뱅크J. K. Fairbank학파로, 이들은 '도전-응전' 이론을 내세웠다. 이 학파는 중국의 근대적 변화를 유럽 자본주의의 도전에 대한 중화제국의 응전으로 간주한다. 전자는 혁명적 역사 서술의 연장이며 후자는 '탈아입구'의 복각판이라 할 수 있다. 1970년대 이래 이 두 학파 내부에 변혁의 요청이 나타났다. 그들의 유럽 중심주의와 목적론적인 시간관념에 반해, 중국사회 내부의 변혁 동력과 문화의 독자성을 발굴하는 데 주력하는 학자들이 많아진 것이다. 미국의 중국 연구와 일부 중국인 학자들 가운데 '내부발전론'이라고 부를만한 움직임이 나타났다. 이것은 페어뱅크의 도전-응전 이론과는 큰 차이가 있다. 그 이전의 중국 학자들은 중국이 외부의 도전을 받는 과정에서 겪은 변화를 연구대상으로 삼았다면, 1970~80년대 활약했던 역사학자들은 오히려 중국사회 내부의 근대적 요소 및 그 발전 가능성을 발견하는 데 더 의욕적이었다. 이런 과정에서 '내재적 발전론'과 '로컬 지식'이 호응한 결과 '지역사'의 시각에서 근대로 전환의 동인을 찾으려는 대대적인 시도가 있었다.

내부발전론이나 지역사 중심의 흐름은 중국 연구에 뿌리를 내렸을 뿐 아니라, 그밖에 다른 지역의 역사 연구에도 응용되었다. 그러나 각각의 역사적 조건이 다르기 때문에 표현형태도 달라졌다. 예를 들면 중국 연구자는 연해와 내륙, 중앙과 지방의 상호작용에 주목하고, 명대·청대 사회 내부의 역학 속에서 중국이 근대로 전환하는 내재적 동인을 분석한다. 그러나 일본이나 한국의 역사학자들은 오히려 자국과 중화제국과의 관계에 더 많은 관심을 기울인다. 그들에게 지역사로의 지향은 일본이나 조선의 사회관계 내부로 돌아가는 것뿐 아니라 아시아 지역, 특히 동아시아 지역의 상호작용 관계로 되돌아가는 것을 의미한다. 그러나 '내부 발전'은 그냥 단순하게 유럽중심적 시각에서 국민국가로서의 일본 혹은 조선의 역사로 돌아가는 것을 의미하지 않는다. 왜냐하면 일본이나 조선의 근대적 발전은 그 과정에서 중국과의 무역 및 문화적 관계에서도 이익을 얻었고, 중화제국과의 조공관계에서 벗어나는 원심적 경향에서도 이익을 얻었기 때문이다. 따라서 국민국가를 넘어서는 아시아적 관점은 한편으로는 전통적 제국의 시각과 중첩되며, 다른 한편으로는 개별 국민국가의 지위에 대한 역사적 긍정이기도 하다. 이러한 지향은 국민국가 관계가 아니라 전통적 제국시대의 중심 / 주변 관계를 역사 운동의 축으로 삼는다는 점에서 민족주의 역사학과 다르다. 근대 국민국가 건설은 유럽 식민주의에 대한 응전이었다고 할 수 있다. 중국 내부의 지역관계(연해와 내륙)는 중요할 수 있으나 그것이 중국, 일본, 조선 및 그 외 아시아 나라들을 포함한 아시아사회 내부에서의 상호관계까지 대체할 수는 없다. 이러한 아시아관은 전통적 제국과 국민국가라는 두 종류의 관점을 합침으로써 일본이나 조선의 내셔널리즘 발생 조건을 고찰하고, 조공무역, 유교주의, 한자 문화나 정치적 속국 관계를 '아시아' 혹은 동아시아 지역이 근대로 전환하는 전제로 간주한다. 여기서 아시아 지역의 근대적 내셔널리즘 및 근대화 프로젝트가 유럽 식민주의의 산물이 아니라 아시아사회 내부의 중심 / 주변 관계의 결과라는 것은 명확하다. 이 '아시아주의' 시각이 아주 새로운 것은 분명 아니다. 우리는 일본 제국시대의 역사학, 마르크스주의 사학파 및 '도전-응전' 이론에서도 그러한 요소들을 발견할 수 있다. 그러나 동시에 우리가 인식해야 할 것이 있다. 페르낭 브로델의 무역이론이나 월러스타인의 '세계체제론' 및 오늘날 식민주의 연구의 영향 아래서 이 아시아주의의 내부적 시각은 이미 교통사交通史의 지향, 다원적 문화관, 내셔널리즘 초극이라는 배경과 밀접한 연관이 있다는 사실이다. 이러한 역사적 맥락 속에서 식민주의와 혁명적 역사 서술은 아시아 개념의 모든 의미들을 포괄하는가? 글로벌리즘과 내셔널리즘이 병존하는 오늘날, 글로벌리즘과도 다르고 내셔널리즘과도 다른 관념으로서 아시아 개념은 여전히 다른 가능성을 가질 수 있는가?

식민주의와 제국주의 전쟁이라는 배경에서 아시아 지식인들은 기본적으로는 동/서 혹은 동양/서양이라는 이원론 속에서 역사를 해석했으며, 이 이데올로기적인 가정은 역사에 대한 사람들의 관점에도 큰 영향을 미쳤다. 유럽 중심주의를 거부하는 학자들은 근대 이전의 세계를 복수의 독립적인 문명으로 이해하며, 그중에서도 가장 급진적인 방식은 근대 이후의 역사에도 여전히 '문명권'의 궤적이 포함되어 있다고 보는 것이다. 전전에서 전후까지 약간의 차이는 있지만 일본의 많은 역사학자들은 '독립적인 동아시아 세계'라는 개념을 받아들였고, 중국이나 일본의 역사를 이 속에 편입시켰다. 가령 니시지마 사다오西嶋定生는 '동아시아 세계'를 자기완결적인 문화권으로 보았으며 이 문화권 속에서 각기 다른 문화들이 독자적이면서 상호관련된 역사구조를 갖추었다고 인식했다. 구체적으로 이 '동아시아 세계'는 중국을 중심으로 주변에는 조선, 일본, 베트남, 몽골 고원, 티베트 고원 중부, 하서주랑河西走廊[4] 동부의 모든 지역을 포함한다. 그러나 이 역사적 세계의 경계는 유동적이며 고정된 것이 아니다. 이 중 일부 지역 가령 티베트 고원, 중앙아시아 지역, 동남아시아 지역은 중국의 주변 지역이긴 해도 '동아시아 세계'의 성격을 갖추고 있지 않기 때문에 다른 역사세계에 속한다. 이 '동아시아 세계'는 한자문화, 유교, 율령제, 불교라는 4가지 특징을 포함한다.[19] 이처럼 동아시아라는 시각은 명백히 문화적인 배타성을 가지고 있다.

'동아시아 이데올로기'와 근대 일본제국주의 국가정책의 관계는 매우 밀접하며 오늘날까지도 본질적으로 정리되지 않았다. 이 이데올로기의 특징은 중국 중심의 동아시아 체계 속에 일본을 집어넣는 것이다. 이 노력은 두 가지 전제를 포함한다. 첫째, 일본과 아시아의 내재적 관계를 재구축할 것. 둘째, 이 관계를 바탕으로 해양 국가로서의 일본의 특수한 지위를 확립할 것. 즉 중국대륙 중심의 아시아 관계를 일본 주도의 '대동아 공영권'으로 새롭게 확립하는 것이다. 일본의 특수한 지위는 해양 이론을 배경으로 성립된 것으로, 일본은 유럽 자본주의의 해양 확장에서 직접적으로 대륙에 비해 우월적 지위를 획득했다. '아시아 유기체론'은 자명한 명제가 아니라 이러한 두 가지 전제를 바탕으로 성립한다. 마에다 나오노리前田直典의 설명에 따르면 일본 학자들의 전통적 견해에서 일본은 동아시아 세계에 포함되지 않았다. '아시아 유기체론'은 분명히 새로운 현상이자 새로운 이론적 구축이었다.

> 일반적인 인식 속에서, 근대 이전 그러니까 아직 세계 각지의 역사에 공통성이 없었을 때, 중국은 하나의 세계였으며 인도 역시 하나의 세계였다. 문화사의 각도

4 황하강의 서쪽 지역을 일컫는다.

에서 보면 중화세계를 만주, 조선, 안남(베트남) 등을 포함한 동아시아 세계로 볼 수 있다. 이 세계에 일본을 포함시키는 것은 조금 이상하지만 우리도 일찍이 이 가능성을 고려한 적이 있다. 그러나 이것은 어디까지나 문화사의 측면에서이다. 조선이나 만주 같은 사회의 내부 발전이 중국과의 관련성 혹은 평행성이 있는지 없는지에 대해 우리는 거의 알지 못하며, 일본에 대해서는 더더욱 그렇다. 유럽의 경우, 우리는 영국 사회가 유럽 대륙과 함께 발달했으며 서로 관계가 있다는 것을 안다. 그러나 동아시아의 경우, 특히 일본과 중국 사이에 이와 비슷한 상황이 있는지 어떤지는 근대사의 영역을 제외하면 아직까지도 명확히 해석되지 않았고 심지어 문제조차 되지 않았다. 고대에서부터 중세, 근세에 이르기까지 일본의 발전은 그 사회의 기초 구조가 대륙과는 완전히 동떨어진 것이라고 여겼다.[20)]

일본을 이렇게 아시아의 범주에서 제외시키는 방식은, 개항 전 일본의 독특한 역사 상황 및 그 후에 생겨난 일본특수론과 밀접한 관계가 있다. 이러한 시각에서 '탈아론'을 보면 그 역사적 의미를 좀 더 잘 설명할 수 있다. 아시아 의식은 탈아 의식을 통해서만 확립될 수 있다. 즉 아시아에 속한다는 감각은 아시아에서 벗어나고자 하는 결심에서 생겨나는 것이다.

이런 관점에서 아시아 조공체계에 관한 하마시타 다케시浜下武志의 연구는 '탈아론'에 대한 비판이자 특수론에 대한 반론으로 볼 수 있다. 하마시타는 경제사 분야에서 조공체계를 통해 중국 중심의 동아시아 세계체제를 새롭게 확증하고, 일본-중국 관계를 포함한 아시아 내부의 역사적 관계를 확인했다. 이와 동시에 하마시타는 이런 세계체제의 기본적 규칙이 반드시 수정되어야 한다고 지적하는데, 그 기본적 방향은 해양 중심의 서양 무역 체계와는 다른 새로운 동아시아 체제의 확립이다. 일본은 가장 이른 시기에 평등 무역의 조약체계를 가지고 조공무역 체제에 도전한 해양 국가라는 특수한 지위에 놓여있었다. 그의 연구는 J. K. 페어뱅크의 조공체계론에 영향을 받았지만 그 방향은 완전히 다르다. 하마시타는 중국이 근대세계체제로 진입할 때 조공체계가 방해가 된다는 것을 부정할 뿐 아니라, 조공체계를 '아시아(동아시아)' 개념의 기초로 간주한다. 그의 연구는 지역적 관계나 대상의 내재적 구조에 주목한 종래 논의들의 특징을 계승하지만, 체제적인 측면에서 브로델이나 월러스타인의 이론 속에 존재하는 유럽중심주의에 도전하고자 했다. 그의 시각과 반세기 전 교토학파의 일부 문제의식을 비교하면, 둘 다 동아시아 민족 내부의 동력을 강조하고 있지만, 하마시타는 결코 미야자키 이치사다宮崎市定처럼 고대 동아시아 세계에 유럽식의 '국민주의(내셔널리즘)'가 존재했다고는 생각하지 않았다. 동아시아는 스스로의 내재적 전체성을 가진 역사세계이기 때문이다.[21] 쑨거孫歌는 아시아 문제를 다루면서 하마시타의 연구를 다음과 같이 평했다. 하마시타는 경제 활동을 중심으로 한 유럽 세계체제와는 다른 아시아 무역 체계를 그림으로써 "한 가지 중요한 사실을 보여준다. 즉 전환기의 근대 동아시아에 서양적 의미의 국민국가는 존재하지 않았으며, 그 고유한 지역적 역사는 국가를 초월한 조공체계라는 네트워크에 의해 구성되었고 그 내재적 활력 역시 이러한 조공관계에 자극받았다. 나아가 일본의 탈아와 근대화도 조공관계라는 역사적 제약하에서 발생한 것이다. 그것은 목적이 아니라 단지 조공국이라는 자신의 위치를 벗어나기 위한 수단이었다". 이러한 관점에서 "아시아는 유사 이래 처음으로 내재적 메커니즘을 가진 유기적 전체로 그려졌다. 중화문명을 중심으로 하는 조공 네트워크를 통해 동아시아, 동남아시아, 남아시아 및 서아시아는 조공 혹은 무역이라는 다양한 형태로 질서 있는 지역을 구성했으며, 유럽 근대와는 매우 다른 내재적 논리를 갖추었다. 말하자면 '국민국가' 체제에 대응하는 '중심-주변'이라는 지역 메커니즘과 이에 상응하는 조공-책봉 관계가 그것이다".[22] 예를 들면, 아편전쟁 이후에도 중국 중심의 조공 네트워크는 자본주의 세계 질서에 의해 바로 무너지지 않았다. 따라서 '세계체제로서의 아시아'가 근대에도 여전히 존재했다고 해석할 수 있다. 하마시타의 주장은 매우 계시적이다. 그는 아시아 세계의 내재적 관계를 발견했을 뿐 아니라, 이를 단서로 현대 세계의 전망을 그리고, 나아가 주변의 시점에서 중국 정사의 대륙 중심주의와 왕조 정통주의를 제시했다. 이것은 일본과 아시아의 역사적 관계를 인정하지 않는 특수론자들에 대한 강력한 비판이다. 또한 그의 주장은 중국 내부적 시각으로 중국을 보는 데 익숙해져 있는 중국 학자들에게 주변에서 중국 역사를 관찰하는 시각을 제공했다.

동아시아의 전체성이라는 '사실'은 '동아시아'라는 범주를 전제로 구축된 것이다. 하마시타 다케시는 조공관계를 통해 아시아 전체를 파악하려고 했다. 그는 다음과 같이 개괄한다. "조공국은 자국의 국왕에 대한 중국의 승인 또는 책봉을 받는다. 또 국왕이 바뀔 때, 축하나 사은이라는 기회를 이용하여 중국에 가서 알현한다. 이렇게 조공국은 중앙정권에 종속되어 다양한 활동을 하는데, 이는 중국과의 관계를 유지하는 기본적인 형태이다." 하마시타의 구분에 따르면 조공관계

속의 종속관계에는 각각 다른 수준이 있으며, 다음과 같이 여섯 개의 유형으로 구분된다. ① 지방 관리들의 조공, ② 속박관계의 조공(명조시대의 여진 및 그 동북부, 청조시대의 티베트나 신장 등), ③ 가장 관계가 가까운 조공국(조선이나 베트남)의 조공, ④ 이중관계에 있는 조공국(류큐 등)의 조공, ⑤ 주변부에 위치한 조공국(샴)의 조공, ⑥ 조공국으로 간주할 수 있지만 실상 통상국에 속하는 유형(러시아나 유럽 여러 나라들)의 조공 등.[23] 그러나 하마시타 다케시의 논의는 조공관계의 무역적 측면, 특히 동아시아와 겹치는 곳의 해양 무역 관계에 치우쳐 있다.

나는 다음의 다섯 가지 보충적인 논의를 통해 조공관계를 중심으로 형성된 아시아의 '근대적 계기'에 대한 이해를 넓히고자 한다. 이는 하마시타 다케시의 관점에 대한 반론이 아니다. 하마시타는 이 중 일부의 요소에 대해서는 명확하게 인식하고 있었다. 다음의 보충적인 논의는 하마시타의 논의에 대한 일종의 평형이자 확장이라 할 수 있다. 우선 서구식 국민국가는 서구에서 발생한 것이지만 유럽 국민국가의 기본요소가 다른 지역에는 없다는 뜻은 아니다. 여기서 우리는 유럽 사상 속에서 구축된 제국과 국민국가라는 이원론에서 벗어나야만 한다. 일찍이 17세기에 청나라는 조약의 형태로 일부 지역, 예를 들면 청과 러시아에 명확한 경계를 정하고, 변경에 군대를 상주시켰으며, 관세와 무역 체제를 설정했다. 또 행정관할 범위 내의 거주민에 대한 주권을 행사하고 유럽 국가와 조공 / 조약 관계를 수립했다. 이러한 요소들은 모두 현대의 사회 이론에서 국민국가의 특징으로 간주되는 것들이다. 이런 의미에서 청은 민족상황이 복잡한 제국이면서 동시에 국가 제도가 고도로 발달한 정치적 실체라고 할 수 있다. 만약 유럽 역사의 경험을 그대로 받아들여 국가와 제국, 조약과 조공을 단순한 대립 관계로 이해한다면 중국 근대 내셔널리즘의 기본 특징을 이해할 수 없다. 조공체계와 국가체제는 모종의 복합 관계에 있기 때문에 조공관계를 단순히 등급화된 중심-주변의 관계로 볼 수 없다. 예를 들어 러시아와 청은 조공관계를 맺고 있었지만 둘 다 자신을 상대보다 낮은 관계에 놓지 않았다. 만약 양자 간에 조공관계가 존재했다면, 양자는 상대를 조공국으로 간주했을 것이다. 조공관계의 등급화된 예의체계에는 형식이나 정도는 다르지만 대등원칙이 포함되어 있다. 이 점은 중앙아시아와 중국과의 관계에 관한 연구들 속에서 이미 다루어졌다.[24] 한편, 유럽 조약체계의 형식적 평등은 그 체제의 실질적 불평등을 은폐할 수 없다. 아편전쟁 이후, 서양 열강은 불평등 조약의 조인을 중국에 압박하기 위해 중국이 형식적으로는 평등한 합법적 주체라는 것을 승인했다. 이것은 유럽 국제법 체제 또는 조약체계가 세계에 확장되어 간 과정에서 항상 이용되었던 수단이다. 따라서 조공과 조약, 제국과 국민국가라는 이원론을 전제로 양자 관계의 역전을 통해 유럽 중심주의에 반론을 행하는 것은 아시아 내부 역사 관계의 복잡성을 단순화할 위험이 있다.

둘째로, 하마시타는 조공무역 네트워크를 통해 아시아의 '전체성'을 그림으로써 아시아 내부의 경제적 상호작용을 중심으로 역사 서술을 하고, 유럽 중심주의에 반론을 제기한다. 그러나 이러한 서술은 유럽 자본주의 담론에 내재한 경제주의 논리 및 해양이론의 구조에 호응하는 것이며, 조공관계에 내포된 정치, 문화, 예의 등의 내용을 축소시킨다. 조공체계를 통해 구성된 '바다의 동아시아'라는 견해 속에서 아시아 내륙의 역사 관계 및 변화는 명백하게 종속적, 주변적 지위로 위치지어진다. 하마시타는 유럽 중심주의의 반대항으로 자신의 아시아론을 형성했다. 그의 서술은 무역, 백은白銀의 유통 같은 측면에 집중되어 있으며, 중국과 동아시아 및 동남아시아의 역사 관계, 즉 해양 관계를 통해 형성된 무역 교류에 중점을 두었다. 이후 아시아 문제를 다루는 하마시타의 논의에서 해양이론은 일종의 근대성 이론으로 점점 더 중심적 지위를 차지한다. 여기서 그는 근대의 조약체계와 마찬가지로 정치 · 경제 관계를 다루었는데 바로 이 때문에 동아시아와 동남아시아를 중심으로 하는 '내재적 전체성을 가진 역사세계'는 지역관계, 특히 무역 관계 형성의 중요성이 부각된다. 그러나 이 이론은 조공체계에서 오랜 기간 지배적 지위를 차지하고 있던 대륙 내의 관계(중원과 중앙아시아 · 서아시아 · 남아시아 및 러시아와의 관계)에 대해서는 깊게 다루지 못하며, 해양무역권의 형성과 대륙 내부의 동력 관계는 거의 언급하지 않고, 이미 아시아 내부에 침투해 있던 '서구'의 존재에 대해서도 명확한 묘사를 하지 못했다.

중국사의 관점에서 보면 중국의 서북 · 동북 지역과 중원의 관계는 중국의 사회체제나 인구 구조 및 생산 양식을 변화시킨 좀 더 근본적인 동인이다. 소위 '해양시대'에도 내륙관계는 매우 중요한 역할을 하고 있었다. 1857년 마르크스는 해양패권국가에 대한 중국의 태도를 논할 때 다음의 현상을 고찰했다. 서양 국가가 무력으로 중국 무역을 확장했을 때 러시아는 큰 노력을 들이지 않고도 어떤 참전국보다도 많은 이득을 얻었다. 그 이유는 러시아가 중국과 해상무역을 하지 않고도 캬흐타[5] 지역을 중심으로 내륙 무역을 독점할 수 있었기 때문이다.

1852년 한 해에만 화물 매매의 총액이 1,500만 달러에 달했지만, 화물의 가격도 그렇게 높지 않았다. 이렇게 내륙 무역이 증가함으로써 요새 혹은 정기 시장에 불과했던 캬흐타는 꽤 규모 있는 도시 혹은 변경의 수도라고 할 만큼 발전하였고, 약 1,500킬로미터 떨어진 베이징까지 정기적인 우편교통을 확립했다.[25] 마르크스는 「중국과 영국의 조약」, 「새로운 대중對中전쟁」에서, 또 엥겔스는 「극동에서 러시아의 성공」 등의 글에서 연해에서의 중국과 영국, 중국과 프랑스의 충돌이 러시아가 내륙에서 헤이룽강黑龍江 유역의 대규모 지역과 이익을 획득할 수 있는 조건을 마련했다는 것을 언급하고, 러시아는 아시아 최강국이 되어 "아시아 대륙에서 영국을 압도할 것"이라 예언했다.[26] 또 영국 미디어는 영국 정부가 중영中英 조약의 내용을 공표할 때 러시아가 중국·아프가니스탄 및 중앙아시아의 기타 지역에서 얻은 막대한 이익을 숨겼다고 비판했다. 따라서 아시아의 대륙 시대와 해양 시대의 관계, 아시아의 내재적 전체성과 아시아의 문화적 다양성 및 역사 관계의 다양성을 어떻게 이해할 것인지는 여전히 과제로 남아있다. 즉 동아시아 중심의 아시아관과 유교주의 아시아관을 엮는 것만으로는 아시아대륙이나 중국 내부의 종교·민족·문화·제도의 다양성을 해석하기 어렵다. 조공관계는 단순한 경제관계가 아니며, 여기에는 다른 문화나 종교를 가진 사회집단 사이에 형성된 의례와 정치적 관계가 포함되어 있다. 그러므로 조공관계의 다중적 의미를 좀 더 깊이 분석하고, 이 다중성 속에서 근대 자본주의와 중첩되거나 충돌하는 요소를 발견할 필요가 있다.

5 러시아와 몽골 국경 사이에 접해 있는 도시.

세 번째로, '중심-주변'이라는 구조는 서양과 접촉하기 이전 시대의 지역관계를 설명하는 데에는 적절했지만, 전통적 제국 체제와 달리 근대 자본주의 세계에서는 '중심-주변' 구조가 끊임없이 변한다. 따라서 중국을 중심으로 한 '중심-주변' 구조는 19세기 이후 아시아 내부에서 발생한 권력관계의 변화를 보여주지 못한다. 유럽의 산업혁명, 해양 군사기술의 발전, 유럽 국민국가 체계의 형성으로 전통적인 대륙-해양 관계는 구조적으로 큰 변화를 맞이했다. 유럽 식민주의는 해양 군사와 장거리 무역, 국제적 노동 분업을 통해 전통적인 역사 관계를 바꾸어 놓았다. 즉 대륙 내부의 역사적 관계나 사회관계를 낮게 평가하고, 대륙을 해양 패권과 해상 루트를 통해 결합된 경제관계에 종속시킨 것이다. 이런 의미에서 '중심-주변'이라는 구조를 19세기, 20세기까지 그대로 연장하여 아시아 대륙 내부의 권력관계를 서술한다면, 일부 전통적인 '주변' 범주가 새로운 세계체제 속에서 중심적 지위를 차지한다는 사실을 덮어버리게 된다. 이 '중심-주변'의 구조로는 근대 아시아에서 일본의 역사적 역할을 서술할 수 없다. 또한 어째서 이 '주변'(일본, 한국, 홍콩, 타이완, 싱가폴)이 잇따라 19, 20세기 아시아 자본주의의 중심 혹은 준중심 지역이 되었고, 반대로 중국·인도·중앙아시아 등의 대륙 지역은 장기간에 걸쳐 그야말로 '주변'(중국 경제의 발흥은 어디까지나 최근의 사건이다)이 되었는지 설명할 수 없다. 이 전통적인 '중심-주변' 구조를 가지고 조선반도에서 일어난 청과 일본의 충돌이나, 청일전쟁을 해석하면 19세기 아시아 지역에서 발생한 권력관계의 중대한 변화를 놓치게 된다. 일찍이 1930년대에 미야자키 이치사다는 경제사의 관점에서 중국 역사에 대해, 고대부터 중세까지는 내륙 중심의 시대이고 송대부터 근세까지는 운하 중심의 시대이며, 청조 말기 이후는 해양 중심의 시대라고 구분했다. 특히 해양 중심의 시대는 유럽의 영향하에 발생한 새로운 상황이라고 보았다.27) 청조는 대규모 시장을 가지고 있었음에도 불구하고, 자본주의 생산과 금융의 중심적 지위를 점하지 못했다. 이런 의미에서 전통적인 '중심-주변' 구조를 '대륙-해양'의 변동이라는 역사적 관계로 파악할 때 비로소 19세기 이후 아시아 지역에서 발생한 '중심-주변' 관계의 지속적 변화 및 그 역사적 추동을 유효하게 설명할 수 있다.

네 번째로, 만약 중국 역사 속의 조공관계와 근대의 조약관계가 결코 대립했던 범주가 아니라고 한다면, 유럽의 여러 나라들 역시 국경을 넘어 무역·정치·군사관계를 전개함과 동시에 아시아와는 다른 형태의 조공관계를 포함한 국가 관계를 확립했다고 할 수 있을 것이다. 가령 러시아·포루투갈·스페인·네덜란드·영국 등의 국가와 청조의 관계는 조공관계이면서 동시에 외교 관계 혹은 조약 관계이다. 하마시타 다케시는 조공의 유형으로 이른바 개항관계나 대외무역관계에 가장 가깝다고 여겨지는 '통상유형'을 지목한다. 그러나 조공권 내부에도 이른바 조공-답사答賜의 관계가 있으며 답사는 조공 받은 만큼 혹은 더 많이 준다는 점에서, 조공관계는 경제무역적 성격과 의례적 성격을 모두 갖추고 있다. 이 경우 의례적 형식에 있는 불평등과 실질적인 대등관계, 조공관계의 의례적 성격과 조공무역의 실질적 내용은 겹쳐진다. 영국과 인도 혹은 영국과 북미 간의 무역 관계 역시 중국의 조공모델과 차이는 있으나 일종의 조공관계라 할 수 있다. 청조와 유럽, 특히 청조와 영국의 차이는 제국과 국민국가, 조공체계와 조약체제라는 범주로 해석하기 어렵다. 아편전쟁 이후 위원魏源[6] 같은 지식인은 이미 무역의 영역에서 중국과 영국의 주요한 차이가 조공체계와 조약체제에 있지 않다는 것을 알고 있었다. 중국은 조공품으로 자신들의 경제를 지탱하고 있지 않았기 때문에, 대외무역과 제국의 군사 혹은 정치관계를 직접적으로 관련시킬 필요가 없었다. 이에 비해 영국 본토의 경제는 북미, 인도, 다른 식민지와의 무역 관계 혹은 조공품에 크게 의존하고 있었기 때문에, 영국 경제는 국가체제와 무역 관계를 직접적으로 이어주는 내재적 동력이 있었다. 따라서 중국 상인의 해외무역이 일종의 '제국 없는 무역'이었다고 한다면, 영국 상인은 일종의 조직적이고 병상兵商 연합적이며 국가의 보호 아래서 무역을 했다고 할 수 있다.[28] 이런 관점에서 아시아의 '중심-주변' 메커니즘과 유럽의 '국민국가' 메커니즘의 중층적이고도 이질적인 관계를 어떻게 파악할 수 있을지는 신중히 고려해야 할 문제다.

다섯 번째, '조공체계'로 동아시아나 동남아시아의 역사적 관계를 논의할 때는 '조공체계'라는 범주의 한계와 변화에 특히 주의해야 한다. 19세기 초 중국의 개인 해외무역 네트워크는 공식적인 조공체계에서 개인 무역 체계로 성공적으로 전환한 결과지만 이것은 장기간에 걸친 역사적 상호관계의 결과라고도 할 수 있다. 후바오치앙許寶强은 박사논문에서 다음과 같이 썼다. "16세기 초 유럽인이 동아시아에 도

6 1794~1857. 중국 청조 후기의 사상가. 처음에는 송학풍의 학문을 닦았고, 후에 춘추공양학을 익혀 금문학파의 대표자가 되었다. 아편전쟁과 태평천국의 난이 태동되는 긴박한 사회 정세에서도 의욕적으로 정치적 이론을 제창하였으며, 특히 서구열강의 압력에 대처하는 방안을 강구하였다. 특히 그가 저술한 『해국도지海国図志』는 우리나라의 개화사상가들에게도 많은 영향을 주었다.

착했을 때 그들은 공식적인 조공체계와 연계하여 무역의 발전을 촉진시키려고 했다. 그러나 그들은 시간이 지날수록 자신들이 중국의 광대한 개인 해외무역 네트워크에 의존하고 있다는 것을 알아채고 의식적으로 이러한 종류의 네트워크 발전을 재촉했다. 특히 19세기 초 이후에도 중국을 중심으로 한 공식적인 조공체계는 여전히 실현되지 않았고 공적 규제 등 역시 환상일 뿐이었다. 중국은 제국주의 열강의 끊임없는 패권과 침략에 직면해 있었기 때문이다. 따라서 동아시아 지역을 내재적 관련의 역사 체계 속으로 통합시키는 것은 공식적인 조공체계가 아니라 개인의 중국 해외무역 네트워크였다고 할 수 있다."[29] 조공무역이 아닌 개인의 해외무역(밀무역 포함)이 동아시아와 동남아시아를 연결하는 무역 네트워크를 구축하긴 했지만, 이 역시 대륙 내부의 동력을 빼고 말할 수 있는 것은 아니다. 즉 남방에 대한 북방의 끊이지 않는 공격으로 남방 인구는 해상으로 나아갔고 이는 해상무역발전을 촉진시켰다. 특히 이 과정은 명대와 청대 사이에 현저하게 나타났다. 아편전쟁 이후 종래의 조공 네트워크는 여전히 그 역할을 하고 있었지만 실질적 내용은 분명히 크게 변했으며, 그 동력은 유럽·아시아 및 아시아 내부의 상호작용에서 유래한 것이었다. 베버가 말했듯이 "우리 역사학자들은 경제적 권력 투쟁에서 승리한 진영을 따르는 경향이 강하다. 여기에는 한 가지 중대한 문제가 무시된다. 바로 경제적 권력과 민족의 정치 지도권이 항상 일치하지는 않는다는 사실이다".[30] 조공무역 네트워크에서 왕조국가는 진정한 의미에서 무역 그 자체를 조정했다고 할 수 없다. 따라서 동남아시아 시장의 발전은 조공무역의 결과라기보다 오히려 조공체계를 타파한 결과이며,

밀수나 무력으로 유지된 물자의 홍정이나 유럽 여러 나라들의 무역 독점은 18~19세기 동남아시아 무역 형식의 기본적 특징이었다.

일본의 아시아론은 자주성을 추구하는 과정에서 생겨났으며, 이 특수한 시각은 우리가 일본의 아시아 상상을 이해하는 데 중요한 의의가 있다. 상대적으로 봤을 때 중국의 아이덴티티 문제에서 '아시아'는 일찍이 한 번도 중요한 범주가 된 적이 없다. 레닌과 쑨원도 분명히 말했듯이 중국의 아이덴티티 문제는 많은 경우 사회혁명의 범주 속에서 확립된 것이며, 이 범주 또한 일종의 글로벌한 자본주의 관계 속에서 만들어졌다. 위에 서술한 일본의 동아시아관은 해양 시대에 대한 응전이다. 즉 그것은 한편으로는 국민국가를 기본 단위로 형성된 무역과 정치관계를 적극적으로 평가하고, 다른 한편으로 해양 동력의 각도에서 전통적 조공관계를 다시 파악하여 일본과 아시아의 관계를 새롭게 구축하려 한 것이다. 이 해양중심론의 시각에서 중요한 문제는 광대한 대륙과 중화제국의 복잡한 정치구조 및 그 내부의 상호관계가 아니라, 주변(일본)과 중심(중국)의 관계 모델이다. 일본 내셔널리즘과 에크리튀르[7]의 관계를 다룬 논문에서 가라타니 고진은 일본 내셔널리즘의 맹아는 주로 일본어에 한자를 차용하는 문화운동으로 처음 나타났다고 논했다. 18세기 일본 국학자의 음성중심주의는 중국의 '문화' 지배에 반대하는 정치투쟁, 혹은 무사도에 대한 부르주아적 비판이 포함되어 있었다. 왜냐하면 중국 철학은 도쿠가와 막부의 공적 이데올로기였기 때문이다.31) 일본의 문화 내셔널리즘이 '서양'과 아무런 관계가 없다

7 데리다Jacques Derrida가 1967년 『그라마톨로지』에서 형이상학을 탈구축하는 중요한 계기로 사용한 용어. 프랑스어로는 '쓰여진 것', '문자'를 의미하는 일반명사이다.

고 한다면 중화제국의 지배에서 벗어나는 것은 일본 근대 국가 형성의 역사적 동력이 된다. 가라타니 고진은 하마시타 다케시의 유기체적 아시아 개념과는 완전히 다른 입장에서 일본의 특수성을 강조하는 것에 반대한다. 그러나 가라타니 고진은 일본 내셔널리즘을 지역 내부의 사건으로 해석하고, 하마시타 역시 중국 중심의 무역 네트워크 속에서 근대 일본의 활동논리를 보여주고자 했다. 두 사람의 연구는 어떤 부분에서 겹치는데, 그 핵심은 근대 일본과 서양, 일본과 아시아 대륙의 역사관계를 새롭게 정의하려는 데 있다. 이들의 연구는 각각의 측면에서 주권국가의 관념, 시장체제, 근대의 법률체계, 문화교육제도 및 그에 상응하는 지식의 계보가 특정한 사회적 기반이나 조건 위에서 성립된 것이며, 단순히 유럽 문명에 자극받은 결과가 아니라는 것을 보여준다. 유럽에 대한 이 비판은 전체로서의 아시아관을 구축하기 위한 전제를 제공했지만, 오랜 시간 아시아의 내륙관계를 지배해 왔던 동력이나 정치형식들은 별로 중요시하지 않았다. 이것은 분명 근대 일본의 역사의식 및 역사적 시각과 밀접한 관계가 있다.

하나의 분석 범주로서 아시아 개념은 여러 지역 간의 경제무역 활동을 연구하는 학자들에게 좀 더 쉽게 받아들여지는 것처럼 보인다. 그렇다면 사상사와 문화사의 영역에서는 어떨까? 미조구치 유조溝口雄三는 명대 주자학이 근세에 동쪽으로 전파된 상황을 설명하고, 그것을 단서로 삼아 중국, 일본, 조선사회의 변화를 고찰했다. 그는 '중국 중심'의 서술이나 이 서술의 배후에 잠재된 중국 대 서양 모델에서 탈피하여 문화 전파와 그에 상응하는 정치지리적 관념(동아시아/유교문화권)을 서술의 기반으로 삼고자 했다. 페르낭 브로델처럼 미조구치 유조는 '장기 지속long span'이라는 역사방법을 채택했고, 지역 간의 교류관계(경제 · 정치 · 문화)에 근거하여 '아시아 근대'의 발생을 해석하였다. 그러나 브로델이나 특히 월러스틴의 '세계체제' 모델과 달리, 미조구치 유조는 '아시아 근대'의 발생을 유럽 중심의 세계체제가 확장된 결과로 파악하지 않았다. 그는 이 과정이 주로 중국을 중심으로 한 아시아 교류체계 속에서 발전했다고 주장한다. 미조구치 유조는 주자학 전파를 단서로 근세 동아시아의 문화적 특징을 묘사했는데, 이는 다른 학자들이 경제사의 각도에서 아시아 지역의 중심과 주변 관계를 묘사한 것과는 대조적이다. 그의 입장에서 보면 동아시아 지역의 변화들은 동아시아 문화의 전파 과정과 내재적 관계를 가지고 있기 때문에, 이 지역의 근대화 과정은 유럽의 근대화 과정과 구별되는 '문화적 원리성'을 갖추고 있다. 이것은 어떤 의미에서는 니시지마 사다오의 관점에 대한 응전이기도 하다. 예를 들어 그는 10세기의 송, 14세기 조선, 17세기 에도시대를 각각의 사회가 '근세'로 진입한 시작점으로 본다. 중국(송)의 경우 "귀족성이 붕괴하고, 역사의 흐름이 과거 시험을 치른 관료들에 의한 실력 장악의 시대로 전환하는 과정 속에서 주자학이 형성되었다. 주자학은 한편으로는 합리주의적 우주관이나 세계관을 가지고 있지만, 다른 한편으로는 법제보다도 덕제德制의 정치원리를 주장한다. 그리고 그 기반에는 향촌의 지주제가 있었다"고 설명한다.[32] 또한 조선과 에도시대의 경우 귀족제의 붕괴와 평민사회로의 이행을 거치면서 과거시험을 통해 관료를 뽑거나, 새로운 농민계급 및 무사계급을 형성하였고, 각각의 역사적 조건하에서 도덕 교화 중심의 질서를 구축했다. 그에 따르면 이러한 사회 변화를 촉진한 중요한 요소가 바로 주자학의 전파이다. 따라서 미조구치 유조는 주자학이 "근세에 적응했던 근세의 유교"라고 단언했다.33) 이것은 근대 중국이 주자학을 탈피한다는 역사적 관점과 정반대다.

미조구치 유조는 주자학의 전파라는 관점에서 동아시아의 역사변화를 고찰함으로써 지역 간 연구 속의 유럽 중심주의와 방법론상의 경제주의를 수정했다. 여기서 우리는 미조구치 유조의 서술과 일본 근대역사학에서 '동아시아 문명권' 개념의 관계를 확인할 수 있다. 미조구치 유조의 서술을, 지역 간 교류 관계를 통해 자본주의 동력을 이해하는 브로델이나 월러스틴과 비교해 보면, 두 가지 지점에서 달라진 부분을 확인할 수 있다. 첫째로 중국과 그 외 아시아 여러 나라의 내부 전환은 반드시 유럽 세력과 조우한 결과라 할 수 없으며, 주자학의 전파와 같은 아시아 지역 내부의 문화교류와 조공무역 관계, 중앙제국과 주변지역의 분화 경향 등의 모든 요소가 아시아 내셔널리즘 발흥의 내재적 동력을 부여했다는 점이다. 그러나 여기서 도출되는 미조구치 유조의 좀 더 큰 도전은 다음과 같다. 고대로부터 발전해 온 아시아 무역이 유럽 자본주의 발달을 촉진했듯이, 현대의 세계체제 역시 긴 역사과정 속에서 여러 세계체제가 상호충돌한 결과라는 점이다. 둘째로 장거리 무역이론은 문화의 전파 및 그 사회 변화에 대한 영향에 주목하지 않고 경제주의 경향을 강하게 띤다는 점이다. '세계체제' 이론은 세계체제의 정치구조로서 국민국가의 의의를 두드러지게 했지만 문화의 의의는 중시하지 않았다. 바로 이런 점에서 미조구치 유조의 관점은 우리가 주목할 필요가 있다. 그의 연구는 단일사회의 내부변화에서 아시아 지역 내부(주로 동아시아)의 상호작용관계로 관점을 바꾸었고, 중국의 근대적 변혁은 그 윤리적 세계와 밀접한 관계가 있는 것으로 보았다. 따라서 첫째, 아시아의 '근대'는 그 자신의 가치를 포함하고 있다. 둘째, 아시아 개념은 일종의 윤리적 관념 혹은 문화와 내재적 관계를 가지고 있다. 이 연구는 세계체제 이론에 내포된 유럽 중심주의에 대한 도전이라 할 수 있다.

근세 동아시아에 대한 미조구치 유조의 서술은 간략하고 개요적인 것으로, 그의 과감한 묘사에 상응하는 실증적인 연구는 아직 행해지지 않았다. 이 서술의 중요성은 '아시아 체제'의 문화 모델을 확립할 가능성을 발견했다기보다 오히려 동아시아 지역의 문화 전파 관계를 단서로 중국과 아시아의 '근대'에 대한 이해를 제공했다는 데 있다. 미조구치 유조의 시각에서 보면 사회 구조의 변화는 단기간에 확정되는 것이 아니며, 일찍이 근대 이전인 16~17세기에 이미 커다란 전환기를 경험했다.34) 이러한 관점은 그 자체로 새로운 것은 아니다. 중국 마르크스주의 역사학은 항상 명·청 사회변화에 주목했는데, 가령 토지제(명대의 일조편법[8]이나 청대의 개명법), 도시의 수공업, 시장, 사상의 변화(지방자치, 권리의식 및 자아의 관점)가 역사전환의 일환으로 중요했음을 인식하고 있었다. 이런 의미에서 미조구치 유조의 연구는 다른 중국 학자들처럼 내부발전론적 경향을 띤다. 가령 그는 주자학과 양명학을 현대사상의 기원으로 고찰하며, '향약鄕約'이나 토지제도와 밀접히 관련된 사상의

---

8 명나라 후기부터 청나라 초기까지 중국에서 시행된 세역稅役 제도. 세역의 화폐수입 확보와 징세사무의 간소화를 위해 잡다한 항목으로 나누어져 있던 전부田賦와 요역을 각각 하나로 정비해서 납세자의 토지 소유 면적과 성년 남자의 수丁口數에 따라 결정된 세액을 은으로 일괄 납부하게 하였다. 이러한 방법은 특히 1560~1570년경에 먼저 강남江南 지역을 중심으로 시행되고 점차 화중華中·화북華北 지역으로 보급되어 일조편법이라 불려졌다.

전파가 동아시아 지역 전체의 변화를 가져오는 데 일조했다고 파악한다. 미조구치 유조의 연구에서 특이한 점은 조공무역에 관한 하마시타 다케시의 연구를 채택하여 아시아 '근대'를 이해하는 데 장거리 무역과 여러 지역 간의 문화 전파를 중요한 계기로 본다는 것이다. 마르크스학파가 사회 내부의 생산관계의 변화를 사회변화의 중요한 동인이라고 인식했다면, 미조구치 유조는 근대성의 발생을 파악하는 데 교환과 유통(경제와 문화의 교환과 유통을 포함)을 좀 더 중시했다. 장기적인 역사적 시점에서 보면 이러한 측면들은 서로 영향을 미치며 상호침투하기 때문에 단일한 관점으로 사회의 변천이나 그 동력을 해석하기 어렵다. 분명한 것은 일본의 '근세' 개념 및 그 독특한 아시아관이 없었다면 미조구치 유조의 서술은 성립하지 않는다는 사실이다. 많은 사람들의 생각과 달리 미조구치 유조는 주자학을 근대와 전혀 관계가 없는 것으로 보지 않고, 또 주자학의 쇠퇴를 근대의 발생 조건으로 간주하지도 않았다. 그는 '근세' 개념과 아시아 개념을 밀접히 관련지음으로써 주자학 및 그 사회사상을 근대를 향한 교두보로 간주했다.[35] 미조구치 유조는 송대 이후 중국사상 속에서 특히 '천리天理'와 '공 / 사'라는 범주의 의미에 주목하고 이 두 가지 개념을 송대부터 청대까지 사상사와 사회사를 관통하는 개념으로 고찰한다. 나아가 미조구치 유조는 쑨원의 민생주의와 사회주의혁명의 토지제도 같은 중국 근대혁명에 대한 명제와 16~17세기의 토지제도론 · 군주론 및 그 가치관 간에 내재적 연속성이 있다고 지적했다. 만약 우리가 '공'이나 '천리'를 역사 지속의 형식으로뿐 아니라 실질적 내용으로도 간주한다면 전통사회와 근대사회를 구성하는 제도상의 관련과 차이를 생각해야만 한다.

미조구치 유조는 쑨원의 사상 특히 삼민주의의 평등주의적 특징을 전통적 '공'의 관념 위에 성립된 것으로 생각하고 일종의 연속적 역사 해석을 확립하였다. 즉 황종희黃宗羲[9]의 토지제도론부터 쑨원의 민생주의, 마오쩌둥의 인민공사제人民公社制까지 하나의 줄기로 보는 것이다. 그러나 이러한 역사적 유사 현상은 과연 일종의 '원리'(가령 천과 공의 관념)가 관통한 것인가? 아니면 국가 / 지방, 지주 / 농민의 관계가 끊임없이 변화한 결과인가? 만약 이것이 일종의 원리가 관통한 것이라 한다면 우리는 어떻게 성리학에 대한 현대사상의 비판을 이해하고, 부단히 변화하는 평등주의의 사회적 내용을 이해해야 하는가.[36] '천리'의 세계관과 '공'의 관념에 포함된 평등 의식은 역사적 변화를 지나왔기 때문에 관념적인 측면만으로는 설명할 수 없다. 즉 천리 개념에 내포된 평등 의식이 애초에 귀족계급의 해체나 그에 대한 비판 의지를 반영했다면 나중에는 황권의 과도한 팽창에 대한 지주・향사鄉士들의 반대와 관련되었다. 이러한 평등주의는 일종의 '문화원리'라기보다 오히려 그 내용을 보아 정치권력과 토지, 노동력의 재분배를 매개로 하는 계급제도의 재편문제로 간주할 수 있다. 이렇게 할 때 비로소 우리는 다음의 역설을 이해할 수 있다. 즉 '천리' 관념은 계급제에 반대하는 평등주의 이데올로기인 동시에 계급구조를 유지하기 위한 이데올로기가 되기도 한다. 근대혁명의 평등주의와 '천리' 관념의 평등주의는 상호적인 동시에 충돌한다. 바로 이 역설을 통해 우리는 아주 심각

9 1610~1695. 명조 만력万曆 38년에서 청조 강희康熙 34년까지 명말청초의 동란기를 살았던 학자・사상가이다. 강희제의 회유책에 따른 한족 명사에 대한 부름에도 응하지 않았으나, 제자 만사동万斯同과 아들을 명사관明史館에 보내 『명사明史』 편찬에는 협력했다. 스승 유종주劉宗周의 학통을 이은 양명학陽明学 우파의 대학자로서 절동浙東학파의 중심인물이 되었다.

한 역사현상을 볼 수 있다. 즉 왕권 반대를 목적으로 한 혁명이 최종적으로는 향신분권鄕紳分權을 특징으로 하는 지주제를 지향하게 되었다는 것이다. 여기서 미조구치 유조의 '근세관'이 가진 문제점이 드러난다. 이 '근세관'은 한편으로 귀족/평민과 같은 이분법 위에 성립되었으며, 특수한 역사진보의식의 산물이다. 그러나 다른 한편으로 이 '근세관'은 평등주의의 '공' 관념이 계급구조나 신분제도의 재건과정에서 달성한 역할, 천리·인욕人慾 등의 개념과 새로운 질서재편의 복잡한 관계를 끊임없이 추궁하였고,37) 이런 종류의 진보관을 해체하는 내용을 가지고 있다. 따라서 더욱 긴급한 문제는 '공' 관념이 새로운 사회체제의 정당성을 논증하는 데 어떻게 조직되었는가 하는 것이다.

미조구치 유조의 사상사 연구에서 가장 뛰어난 부분은 그가 천天/리理, 공公/사私 같은 문제를 중국 사상연구의 핵심으로 파악했다는 점이다. 이 두 그룹의 범주는 사상과 사회 양측면을 연결하기 때문에 그것의 핵심 관념은 이미 고정보편의 철학적 개념으로만 볼 수 없다. 만약 미조구치 유조가 송이나 명 시대의 완전히 다른 사상 속에서 '리理' 개념의 연속성을 발견하고 이지李贄[10]의 반역적 사상에 어떻게 일관된 '리理' 관념이 포함되어 있었는지 해석했다면 이런 단절과 연속의 변증법은 우리가 현대사상의 발생을 이해하는 데에도 유익한 발견을 제공할 것이다. 사상사의 관점에서 볼 때 이런 관념과 그 변화는 우리

10 1527~1602. 인간성을 옹호한 진주학파秦州学派의 일원으로, 도학자적인 기풍을 싫어하고 불교나 도교에도 가까이하며, 머리를 깎고 승려 모습을 하는 등의 태도로 유학자들을 비판했다. 남녀평등론도 주장한 바 있는데, 이런 일련의 반유교적인 주장 때문에 자주 정부당국의 박해를 받았다. 끝내 장문달張問達의 탄핵을 받고 투옥되어 옥중에서 자살했다. 무시무정是非無定, 만인평등, 동심설童心說을 주장했다. 저서로 『분서焚書』 6권과 『속분서續焚書』 5권, 『장서藏書』 68권, 『속장서續藏書』 27권, 『명등도고록明灯道古錄』 등이 있다.

가 역사적 상황 속으로 들어가는 독특한 통로가 되었다. 바로 이러한 의미에서 천리 개념과 현대적 공리公理의 관계는 연구할 가치가 있으며, 그것은 현대사상의 발전을 이해하는 특수한 통로가 될 수 있다고 생각한다. 현대사상의 발전은 다양하게 상호교차하는 역사적 관계 속에서 전개되었다. 그러므로 가장 중요한 것은 사상변동의 유일하고 최종적인 동인을 발견하는 것이 아니라 사상지향의 다중성, 다양한 사상요소의 조직 방식, 그 내재적 모순과 실천의 어려움을 발견하는 것이다. 미조구치 유조의 '공' 관념에 대한 연구는 오늘날에도 여전히 유효하다고 여겨지는 평등의 가치를 역사 속에서 발굴하기 위해 힘쓴 작업이라 할 수 있다. 그렇다면 이 가치는 어떻게 내셔널리즘의 맥락에서 나아가 광범위한 평등주의로 바뀌는가. 또 이 새로운 평등주의의 사회적 기반은 무엇인가. 이에 대해 미조구치 유조는 명확한 해답을 제시하지 않았다. 그의 서술 구조에서 '천天'을 중심으로 한 유교주의적 세계관은 중국을 중심으로 한 아시아 원리로 간주된다. 앞서 서술했듯이 '전체로서의 아시아'는 사실상 동아시아를 가리키며 중국의 유교문화를 내용으로 삼는 아시아와 조공 네트워크(특히 해양조공 네트워크)로 묶인 아시아 복합체를 가리킨다. '전체로서의 동아시아'라는 관점에서 아시아 중심지역과 중국의 역사 형성에 중요한 역할을 달성한 대륙관계(중국과 중앙아시아, 서아시아, 북아시아를 잇는 무역·이주·잡거雜居·종교전파·문화 교류·전쟁 등)는 분명히 중심적 지위를 차지하고 있지 않다. 그러나 미조구치 유조의 논의에서 한 가지 가능성을 발견할 수 있다. 그것은 19세기 유럽사상이 기반을 두었던 제국-국민국가라는 이원론으로 이것은 어떤 기본적 전제 위에 성립한다. 즉 미조구치 유조는 중국이라는 범주를 '아시아'라는 개념 속에 융합시키지 않았다. 미조구치 유조의 아시아에 대한 이해는 언급한 유럽 저자들처럼 제국이나 정치적 전제주의, 농경문명이라는 범주를 가지고 중국을 자기부정적 목적론이라는 역사관의 구조에 가두지 않고, 중국 역사에 대한 긍정적 이해 위에 올려놓는다.

4. 상호작용하는 역사세계 속의 아시아

만약 '아시아'를 일종의 문화적 원리성을 띤 범주로 간주한다면, 유럽 · 아시아 간의 사회발전은 통약불가능하게 된다. 그렇다면 이 통약불가능성과 역사적 요소의 유사성을 어떤 관계로 해석할 수 있을까. 아시아의 독자성을 과도하게 강조하면 필연적으로 아시아 근대의 발생을 유럽 역사가 팽창한 결과로 간주하게 되고 결국 '아시아'의 문화적 다원론의 의의를 부정하게 된다. 사실상 앞서 서술한 유교주의 아시아관은 중국 역사 내부의 민족 다원성이나 문화적 다원성에 대해 설명하지 못하는 부분이 있다. 이러한 어려움 속에서 1940년대 이후 이러한 문제에 대해 고민한 아시아 학자들의 해답을 되짚어 보고자 한다.

1930년부터 시작된 중국사회의 성격에 관한 대대적인 논의는 중국 고대사회와 근대사회의 역사에 관한 연구를 촉진했다. 그 영향으로 일본 학자들은 아시아의 고대, 중세, 근세의 문제를 논의하고, 중국 학자들은 명·청 시대의 자본주의를 연구하기 시작했다. 이들의 연구는 최근 20년간 미국의 중국 연구가 페어뱅크의 '도전-응전' 모델에서 탈피하여 '중국에서 역사를 발견'하기 위한 중요한 학술적 토대를 마련하였다. 중국의 1930년대 사회사 논쟁을 배경으로 일본의 중국역사학회는 동아시아 역사를 재해석하고 아시아를 고대, 중세, 근세의 시간적 서열과 결부시켰다. 나이토 코난內藤湖南은 「당송시대관의 개괄概括的唐宋時代觀」 및 그 밖의 저서에서 상고, 중고, 근세라는 개념으로 중국의 역사를 서술하고, "당송은 과도기이며 근세는 송대부터 시작되었다"는 유명한 관점을 제시했다.[38] 그는 중국의 중세(과도기는 후한後漢부터 서진西晉까지이고, 중세는 비로소 5호16국五胡十六國부터이다)를 "외부 종족의 자각 세력이 반동적으로 중국 내부로 진입"하면서부터라고 했는데,[39] 이는 분명 유럽 근대사의 내셔널리즘론에서 영향을 받은 것이다. 이 관점에 대해 우쓰노미야 기요요시宇都宮清吉는 1947년 5월 『동광東光』 2호 「동양 중세사의 영역」에서 나이토의 논의가 한족과 이민족의 관계에만 한정되고 "내실 있는 발전"에 주목하지 않았다고 비판했다. "내실 있는 발전"이라는 시각에서 그는 중국 역사 발전에서 내실의 차이가 있고, 이는 "진과 한은 정치적인 한편 중세는 자립적"이라는 것을 의미한다고 지적하였다. 나아가 호족이 사회경제에서 자립자존적이었다는 특징을 거론하며 그것을 "자립적 국가건설"이라고 불렀다. 이 관점은 궈모뤄郭沫若의 농노제시대에 대한 관점과 유사하다. 우쓰노미야는 고대, 중세, 근세의 시대구분법은 유럽 역사의 특질에 따른 것이며 중국 역사와는 무관하다고 지적하는 한편 위에 언급한 차이를 고대와 중세의 본질적 차이로 규정한다. 그리고 이에 근거하여 근대 이전의 동양 역사는 이미 "근대화의 선구"였고 "발전 중이던 근대 서양세계라는 거대한 파도에 삼켜진 것 뿐"이라고 결론지었다.[40)] 이런 의미에서 그의 역사관은 유럽 역사가 제공한 특수한 역사의식을 벗어난 적이 한 번도 없다고 볼 수 있다. 그전부터 학자들이 지적했듯이 우쓰노미야가 말한 고대의 '자립적 존재'는 일찍이 전국시대에 등장했으며, 오히려 수당隋唐시대에 중세 호족의 자립자존성은 약해져 있었다. 우쓰노미야는 수당의 자립성을 증명하기 위해 전과 다른 관리등용 시험제도와 양세법兩稅法[11]을 제시했다. 그러나 두 가지는 모두 나이토 코난이 말한 근세 현상의 단서이지, 교토학파가 논하는 중세적인 특성은 아니었다. 우쓰노미야는 "'자급자족의 장원경제'로 이 시대를 묘사했지만 (…중략…) 그러나 이것은 오히려 사람들에게 그가 서구의 중세를 염두에 두었다는 인상을 주고 말았다".[41)]

유럽사의 개념을 거부하는 것은 자기역사로 돌아가려는 노력의 하나이지만, 이것은 동시에 또 다른 역사본질주의를 낳고 결국 이원론의 구조에 빠질 가능성이 있다. 나의 견해로는 목적론으로 역사를 취급하지 않고, 또 모든 지역의 역사 발전이 동일한 궤적을 갖는다고 간단히 치부하지 않는다면 중국 역사의 혁명적 변화를 유럽사의 개념으로 설명하는 것을 받아들일 수도 있다. 중국 역사는 고립되었거나 아주 천천히 변하는 역사가 아니기 때문이다. 역사적으로 교류관계는

---

11 수당시대에 완성된 조용조법租庸調法은 균전제에 의해서 보증된 자급자족적인 소농경제에 대응한 것이었다. 그러나 당나라 중기에 이르러 상품경제와 대토지 소유자가 발전하여, 농민층은 유산자와 무산자로 분해되는 등 급격히 사회가 변화하였다. 따라서 이런 사회구조의 변화에 적용될 수 없게 된 조용조법을 폐지해서 신설한 것이 양세법이다.

종종 제도, 습속, 문화에서 중요한 개혁과 변화를 촉진한다. 더 중요한 것은, 오늘날의 학자들이 일본, 조선 등의 내셔널리즘과 중국 중심의 아시아 '세계체제'의 관계를 분석할 때, 종종 무의식적으로 근대국가 단위를 서술의 기본 범주로 삼고, 무역이나 문화, 노동 분업의 발전이 언제나 정치적 경계를 초월한다는 것을 잊어버린다는 사실이다. 통일된 정치적 실체로서 중국의 형성은 물론 주변의 관계와 관련되어 있다. 그러나 이 '주변'의 실체는 결코 '국가'에 한정되지 않는다. 오늘날 '주변' 개념은 어느 사이엔가 중심에 놓인 중국을 중층성이 결여된 전체로 구축하였다. 오웰 라티모어O. Lattimore는 『중국의 변경中國の辺境』이라는 책에서 만리장성을 '중심'으로 정치나 민족을 초월한 '아시아 대륙'을 묘사했는데, 그것은 중국 역사에서 중심과 주변의 관계를 이해하기 위한 매우 다른 시각을 제공한다. "이른바 '중심' 개념은 만리장성 양쪽에 농업과 유목이라는 두 가지 사회적 실체가 양립하고, 만리장성 주변 지역을 중심으로 두 사회적 실체의 지속적 접촉을 통해 상호 관계가 형성된다. 이 관계들은 각 사회의 중심부로 전해진다. 이 중심 개념의 확립은 남방농업사회를 바탕으로 하는 기존 입장을 수정하고" 변경이나 그 부락 형성의 역사를 다시 볼 수 있도록 한다. "중국은 경작농업에 유리한 사회 환경에서 일찍이 한족의 선조와 동족이었던 일부 '후진적' 부족을 쫓아내고 초원사회의 확립을 재촉했다." 초원사회와 남방농업사회는 동시에 발전하였으며 양자 사이의 지역에 점차 '변경형태'가 나타났다.[42] 만리장성 중심의 중국 역사 서술과 황하 중심의 서술, 송대 이후 운하-강남 중심의 서술은 선명한 대조를 이룬다. 이러한 변화는 각 시대의 중심의 이동 외에 역사 변화, 특히 역사

변화의 동력을 고찰하는 입장과도 관련이 많다.

천인커陳寅恪의 연구는 이와 서로 호응하는데, 그는 제도의 형성과 주변 관계 연구에 집중하며 역사적 정통의식이 좀 더 강하다. 「수당제도의 연원을 간략하게 논하다隋唐制度史淵源略論稿」에서 그는 '중고中古'라는 개념을 그대로 사용하여 수·당을 '중고시대 가장 번성한 세력'으로 평가한다. 이는 분명 고대, 중고, 근대라는 역사 구분 방식이 중국 역사 내부에서 발생했다는 제도적 변화에 대한 고찰이다. 그러나 나이토 코난, 미야자키 이치사다 등의 일본 학자와 비교했을 때 천인커는 단선적인 역사(가령 고대, 중세, 근세)에서 '중고' 개념의 위치를 강조하기보다 오히려 공간적, 지역적 상호작용을 강조한다. 그러니까 그는 수·당이 "문물제도를 널리 전파하여 북쪽으로는 고비사막, 남쪽으로는 국경의 변방, 동쪽으로는 일본, 서쪽으로는 중앙아시아까지 영향을 미쳤는데, 그 연원이나 흐름의 변화를 논한 전문서가 별로 없다는 것은 중국 역사학자로서 유감"이라고 말한다. 따라서 수·당 제도에 대한 그의 논의는 북위北魏·북제北齊, 양梁·진陳 및 서위西魏·북주北周 세 연원에 이르며, 그의 시야는 넓은 지역까지 아우르고 있다.[43] 분명 천인커의 관점에서 중요한 것은 일본 학자들이 관심을 두는 해상무역이나 '동아문명권'이 아니라 서북지역이다. 「당대정치사 논고唐代政治史述論稿」의 서문에서 천인커는 『주자어류朱子語類[12] 116—역대류歷代類 3』에서 "당의 원류는 오랑캐에 있기 때문에, 풍기가 흐트러져도 이상히 여기지 않았다"[44]는 말을 인용하여 당나라 시대의 습속을 북방

12 중국 남송의 주자학자 여정덕黎靖德이 펴낸 유가서. 주자와 그 문인門人 사이의 문답을 집대성한 책으로 총 140권이다.

민족과 연관지어 설명했다. 그는 주자의 말을 인용하여 그 도덕적 의미나 윤리적 내용보다 당의 역사에서 '종족과 문화'의 문제에 초점을 맞추었다. 여기서 '중고'에 대한 그의 이해가 중원中原과 주변 지역의 관계와 매우 밀접하다는 것을 알 수 있다. 「당대의 번장과 부병唐代の藩將と府兵」[13]에서 천인커는 이러한 관점에서 번장과 부병제[14]의 변천을 고찰하고, 당대 번진藩鎭[15](예를 들면 설숭薛嵩, 전승사田承嗣 같은)은 "실제로는 한족이지만 번장과 다르지 않았고, 그 군대 역시 어떤 종족이 모여 있든 모두 오랑캐 무리 같았다"는 결론을 내린다.[45] 따라서 그는 구양수歐陽脩[16]가 오대五代[17]를 논한 것에 대해 "천성, 인륜, 정의情誼, 예법의 범위에만 한정되어 있고, 오대의 의아제義兒制를 모른다. 가령 후당後唐의 의아군義兒軍은 실제로는 오랑캐의 습속에서 나온 것이며, 당대의 번장과 동일한 연원을 가지고 있다. 도덕의 관점에서만 논하고, 역사적 사건을 언급하지 않는 것은 매우 불충분하다"고 비판했다. 나아가 천인커는 중원과 주변지역의 관계를 당대의 사회제도 변화의 중요한

13 번장 : 당나라가 군사력 강화를 위해 포로들이나 이민족을 용병으로 고용하여 이들을 번국군藩国軍이라 불렀고, 이민족 출신의 장수들을 번장藩将이라 하였다. 부병 : 중국 당나라 때, 20~55세의 농민을 불러 모아 이들을 훈련시켜, 도성이나 변경의 경비를 맡아보게 하던 군사.

14 병농일치의 병제.

15 중국 당나라 때의 절도사節度使. 북방 민족의 침입을 막기 위하여 변경의 요지에 둔 군단의 사령관.

16 중국 송나라의 정치가 겸 문인. 한림원학사翰林院学士 등의 관직을 거쳐 태자소사太子少師가 되었다. 송나라 초기의 미문조美文調 시문인 서곤체西崑体를 개혁하고, 당나라의 한유를 모범으로 하는 시문을 지었다. 당송8대가唐宋八大家의 한 사람이었으며, 후배들에게 많은 영향을 주었다. 주요 저서에는 『구양문충공집』 등이 있다.

17 오대십국시대五代十国時代(907년~960년). 중국 역사에서 당나라가 멸망한 907년부터, 송나라가 건립된 960년까지, 황하 유역을 중심으로 화북을 통치했던 5개의 왕조(오대)와 화중・화남과 화북의 일부를 지배했던 여러 지방정권(십국)이 흥망을 거듭한 정치적 격변기를 가리킨다. 오대십국의 오대는 후량, 후당, 후진, 후한, 후주를 뜻하며, 십국은 오월, 민, 형남, 초, 오, 남당, 남한, 북한, 전촉, 후촉을 가리킨다.

동력이자 원천으로 간주한다.

여기서 주자학의 정통 관념은 어떻게 사회 변화를 고찰하는 수단이 되었는가. 그 이유 중 하나는 근대 내셔널리즘의 발흥이 고대 역사 고찰을 위한 계시적 의미를 제공했다는 데 있다. 일본 학자들은 주자학이 일본에 미친 영향을 논할 때, 그것이 "한족 국민주의 이데올로기이며", 막부 말 메이지 유신 때 일본의 외교에 파문을 일으켰다고 지적한다.[46]

이러한 주장은 주자학과 근대 아시아 내셔널리즘의 관계를 이해하기 위한 역사적 단서를 제공했다. 주자의 사상은 한족과 북방민족(요遼, 금金)의 장기간에 걸친 충돌 속에서 발생했으며, 외부의 적을 물리치려는 강한 의식을 가지고 있다. 천인커 역시 내셔널리즘과 문화적 아이덴티티가 시대의 중요한 과제가 되었을 때 역사 연구를 시작했다. 천인커의 역사학 연구는 위魏·진晋부터 명·청까지 다방면에 걸쳐있지만, 『등광명의 송사직관지 고증서鄧廣銘宋史職官志考證序』(1943) 등의 논문을 제외하면, 송대의 역사에 관한 체계적인 연구가 없다. 왕수이자오王水照의 연구에 따르면 천인커는 송의 문화를 '화하민족문화華夏民族文化'[18]의 집대성이자 미래 문화 발전의 나침반으로 간주하는데 그중 가장 중요한 내용 중 하나가 선비의 절개와 민족 아이덴티티이다.[47] 민족 문제는 천인커의 중고사 연구에서 중요한 연결고리일 뿐 아니라 송학宋學이 부흥하는 정치문화적 배경까지 보여준다. 즉 천리를 중심으로 한 도덕 계보와 현실 제도 및 그 평가체계 사이에는 강한 긴장관

18 중국을 부르는 다른 명칭. 전설에 의하면, 한족이 삶의 터로 자리 잡기 시작한 지역은 화산華山과 하수夏水인데, 화산은 숭산嵩山, 하수는 한수漢水로 여기며, 여기에서 화하華夏, 중화中華라는 이름이 비롯되었다.

계가 존재한다는 것이다. 이런 특수한 관점 때문에 우리는 아마 천인커의 '중고사' 연구와 그 방법론을 감히 '아시아의 중국사'라고 개괄할 수 있을 것이다. 이 구조 안에서 그의 연구는 제도적 측면에 무게를 두며, 여기에는 '국가'와 그 제도에 대한 관심이 포함되어 있다.

천인커의 지역적 관점과 '중고' 개념은 바로 전후 일본 학술계의 '동양의 근세'에 관한 논의와 상호참조할 수 있다. 여기서 두 가지 점에 주의해야 한다. 첫째, 천인커의 태도는 매우 절제되어 있어 중국사를 중심으로 한 그의 서술은 아시아 대륙을 하나의 문화 체제 또는 유기적 전체로 그리고 있지 않다. 오히려 그는 전쟁, 무역, 문화의 전파에 착안해 다양하고 이질적인 제도와 문화 요소의 충돌, 어긋남, 전환의 과정으로 그린다. 이런 의미에서 그의 중국관 또는 아시아관은 전체주의적이지 않다고 할 수 있다. 그는 미야자키 이치사다처럼 자본주의 같은 개념으로 중국 역사를 서술하거나, 중고 시대의 민족 관계와 제도의 연혁을 내셔널리즘의 구조로 파악하려고 하지 않았다. 미야자키 이치사다는 수 · 당 · 오대 시기의 교통과 무역의 변화를 분석하여 "송대 사회에는 자본주의 경향이 현저했으며, 이것은 중세 사회와의 뚜렷한 차이를 보여주는 것"이라고 단언했다. "오대 뒤를 이은 송의 통일은 정치적 통일인 동시에 경제적으로도 국내 시장을 재통일한 것이었다. (…중략…) 오대 각국의 수도는 정치적 중심 도시로서의 의의는 잃었지만 상업도시로 살아남았다. 특히 당대 이후 운하를 따라 발생한 상업 도시는 점점 발전하여 부를 축적했고, 그것을 바탕으로 근세 문화를 발달시켰다. 이것은 필연적으로 송대 사회를 자본주의 지배하에 두는 경향으로 기울게 했다."[48] 미야자키 이치사다는 유럽에서 만들어진 다양한 범주를 과감하게 사용했다. 그의 당・송 특히 송대에 관한 고찰은 '자본주의'와 국민국가라는 관점에서 이루어졌다. 따라서 동아시아 자신의 역사를 발견하기 위한 시도는 또 다른 지식에서 유럽중심주의로 이끌릴 위험이 있다. 이 논리에 따르면 준準국민국가의 특징을 갖춘 군현제 제국인 송, 명은 초기 중국 근대성의 상징을 이루었다고 할 수 있다. 그렇다면 우리는 어떻게 유라시아 대륙을 잇는 과정에서 원元 제국의 역할을 이해하고, 어떻게 근대 중국의 국경, 제도, 인구의 기본적인 틀을 주조한 만청滿淸 제국과 '근대'의 관계를 이해할 수 있을까.

둘째, 천인커의 역사 관점을 일본 학자의 '동양' 혹은 '동아'라는 개념과 비교해 보면 오히려 중앙아시아와 서아시아가 더욱 중요해진다. 왜냐하면 그것들은 이미 이른 시기부터 중국 제도나 문화 내부에 침투하여 유기적 부분이 되었기 때문이다. 미야자키 이치사다는 한편으로는 오대 시기의 전쟁과 그것이 민족의식이나 국가제도의 형성에서 달성한 역할을 중시하지만 다른 한편으로는 운하 주변 혹은 운하가 해양과 내륙을 연결하는 기능을 미증유의 형태라고 평가한다. 그의 서술에서도 해양중심론의 그림자를 엿볼 수 있다. 천인커의 논의는 위・진과 수・당 시대에 집중되어 있다. 특히 수・당의 제도, 풍속, 종교, 문화의 전파, 언어의 침투에 관한 연구에서는 아시아 대륙 내부의 상호작용 관계와 그것이 중국 역사 형성에서 행한 역할을 강조하고 있다. 청조 말, 내셔널리즘의 파도 속에서 등장한 이러한 대륙중심주의와 그 독특한 문화 다원론은 해양중심론과의 대치 속에서 비로소 충분히 이해할 수 있다.

미야자키 이치사다는 '교통'을 통해 각 지역의 역사를 연결하고 그러한 관점에서 '송대 자본주의', '동양의 근세', '국민주의'(내셔널리즘)를 해석하려 했다. 이 방법에는 사실 역사 연구에서 보편주의와 특수주의 논쟁을 초월할 가능성이 포함되어 있다. 미야자키 이치사다의 연구는 어떤 측면에서 뒤에 언급할 안드레 군더 프랑크Andre Gunder Frank의 관점에 가깝다. 그들은 근대 이전에도 세계는 상호관련된 하나의 세계였으며, 각 문명의 독자성을 이미 완성된 자립적 세계의 근거로 볼 수 없다는 인식을 공유한다. 이것은 사람들이 좀 더 쉽게 받아들이는 어떤 종류의 관점에 대한 부정이기도 하다. 요컨대 그 관점은 근대 이전의 인류 세계는 수많은 상호독립적인 역사세계로 이루어져 있으며 그 세계들의 역사적 궤적은 공통성이 전혀 없다는 사고방식이다. 미야자키 이치사다가 보기에 송대에 발생한 '근세'의 변화 방향은 수·당·오대 이래 경제나 정치, 교육 제도의 내재적 변화뿐 아니라 특히 오대의 '국민국가 충돌'이나 '동양 근세의 국민주의'와도 관련이 있다. 「동양근세의 국민주의」에서 미야자키 이치사다는 진·한, 수·당부터 송·원·명·청 시대의 민족관계를 분석했다. 그는 북송과 남송 시기의 중원과 남북지역에는 '국민주의의 약동'과 조공관계를 초월한 민족관계(예를 들면 요·송 전쟁과 '양국간의 평화국교', 송·금 전쟁)가 발생했을 뿐 아니라, 대월국(안남安南),[19] 대리국(탄족撣族)[20] 같이 "명목상 중국

19 왕조 시대의 베트남 국호이다. 예로부터 베트 족이라 자칭하였고, 10세기에 중국으로부터 독립한 베트남은, 처음에는 딩 왕조가 국호를 대구월이라 칭하였지만 리 왕조의 성종에 이르러 새로이 국호를 정하여 대월이라고 일컬었다. 중국은 리 왕조 제6대 영종을 처음으로 안남 국왕에 봉하고, 그 뒤 역대 여러 왕조가 이를 답습하였기 때문에 중국에서는 베트남을 안남국이라고 불렀다.

20 938년 중국의 윈난雲南 지방에서 단사평段思平이 세운 나라로서 22대에 걸쳐 300여 년 동안

의 조공국이지만" 사실상 "독립된 민족국가"도 출현했다고 고찰한다. 이런 의미에서 아시아 내셔널리즘은 서양 역사와 나란히 발전해 왔다. 이 과정은 원대元代에 이르러 일시 중단되었지만 그 이후 명대에 '한족을 중심으로 하는 국민주의'를 자극했다. 동일한 역사의 문맥 속에서 청왕조의 부흥은 만주족 국민주의가 약동한 결과로 간주되었다. 만주족은 원래 명조와 대등하게 외교할 목적이었으나 전쟁을 치르면서 중원을 정복할 만큼 세력이 커졌다(이 서술에 포함된 '주변'에 대한 관점은 일본과 중국 관계에 대한 후대 학자들의 서술을 상기시킨다). 그는 근세 동양의 대통일 국면은 바로 동양 근세의 '국민주의'의 결과라고 생각한다.[49)]

아시아의 '근대' 문제는 결국 아시아와 유럽 식민주의, 아시아와 근대 자본주의의 관계를 명확히 해야만 볼 수 있다. 그러나 전근대세계 역시 오늘날의 세계처럼 하나의 세계(여러 개의 역사세계가 아니라)체제밖에 없었다고 한다면, 혹은 여러 개의 역사세계 사이에 밀접한 관계가 있었다고 한다면, 유럽 근대 자본주의에 의한 아시아 재창조의 전제에 대해 논할 때 유럽 자본주의의 발생과 아시아의 관계를 다루어야만 한다. 앞서 서술했듯이 일찍이 1940년대부터 미야자키 이치사다는 광범한 교통관계를 통해 '송대의 자본주의 발생'을 검토하고 "송대 이후 근세사의 발전은 오늘날에 이르러 동양근세사의 발전을 가지고 서양근세사를 검토하는 시대가 되었다"고 믿어 의심치 않았다.[50)] 중국사 분야에서 그가 묘사한 중국 내외 교통의 세계사적 의의는 세계체제이론을 지역사 연구에 접목하기 위한 선례를 열었다는 것이다. 그는 다음과 같이 묻는다. 유럽인이 선호한 인도 향료는 어떻게 그들의

지속되었지만 1253년 몽골 쿠빌라이의 침략으로 멸망하였다(938~1253).

용기를 자극하고 해상으로 나아가게 했는가. 중국차를 매우 좋아하는 북방 유목민은 어떻게 연합하여 중국을 위협하게 됐는가. 게다가 대운하 개척사에 대해 논할 때 미야자키는 다음을 강조한다. 대운하를 중국 입장에서만 보지 않고, 그것이 중국 내에 교통을 촉진함과 동시에 아시아를 횡단하는 남북 해륙의 양대 간선을 동쪽 끝까지 연결했다는 사실을 주목하자는 것이다. 이때 중국은 더 이상 동서 교통의 종점인 막다른 골목이 아니라 세계순환교통로의 고리가 된다. 이런 의미에서 운하 개척은 세계사적 의의를 가진 대사업이었다.[51] 만약 운하 개통이나 무역 노선의 연장, 도시의 선택(가령 오대와 송대 이후 중국은 교통이 불편한 장안과 낙양을 버리고, 교통과 상업이 편리한 개봉으로 수도를 옮겼다) 같은 중국 내부의 중대한 사건이 그 시대의 세계 교통과 무역에 영향을 미쳤다면, 우리는 근대 중국의 변화를 그저 '내부'에서만 논의할 수는 없을 것이다.

미야자키 이치사다와 미조구치 유조 등에 따르면 아시아 근대를 구성하는 정치, 경제, 문화적 특징은 10~11세기부터 이미 형성되었으며, 이것은 유럽보다 3~4세기나 빠른 것이다. 그렇다면 이 두 세계의 역사 발전은 병행적인가 아니면 상호관련적인가. 몽골 제국의 확장에 따라 동서 2대 문명은 이른 시기부터 이미 밀접한 연계가 있었으며 미야자키 이치사다는 이를 근거로 동양 르네상스가 서양 르네상스에 영향을 크게 미쳤으리라 상상했다. 그는 회화를 예로 들어 몽골 대정복에 의해 중국의 회화가 서아시아 이슬람세계로 수입된 과정, 그리고 그것이 어떻게 페르시아를 점령한 몽골 이르 칸국의 세밀화 발전을 가져왔는지 연구했다. 이런 종류의 회화가 전성기에 달했을 때, 이탈리아 르네상스 회화의 제1기가 나타났고, 그 후 서아시아 티무르 왕조의 세밀화가 전성기에 달한 후 이탈리아 르네상스 회화의 제2기가 곧바로 다시 출현하였다. 이렇게 "서아시아 미술과 이탈리아 회화 간에는 분명 문화적 파동의 인과관계가 있다고 생각할 수 있다". 미야자키 이치사다의 대담한 서술을 확증할 수 있는가 하는 것은 전문가의 연구에 맡기더라도, 그의 통찰력 있는 관찰은 몽골 팽창에 따라 발생한 유럽과 아시아 간의 밀접한 관계를 분명히 보여주고 있다. 18세기 유럽 산업혁명과 프랑스를 중심으로 한 정치혁명에 대해 논할 때 그는 동양 특히 중국은 산업혁명에 시장과 원료를 공급했을 뿐 아니라 프랑스혁명의 인도주의를 위한 자양분을 제공했다고 생각했다. 따라서 그는 다음과 같이 결론 내린다.

> 만약 유럽 역사만 있었다면 유럽 산업혁명은 발생할 수 없었을 것이다. 이것은 단순한 기계의 문제가 아니라 사회 전체 구조의 문제이기 때문이다. 산업혁명 발생 배경에는 부르주아 육성과 동양 무역에서 얻은 자본 축적이 반드시 필요한 조건이었다. 기계를 돌리는 데는 동력뿐 아니라 목화 원료도 필요하며 제품 판매를 위한 시장도 필수이다. 여기서 원료와 시장을 제공한 것이 사실은 동양이었다. 동양과의 교류가 없었다면 분명 산업혁명은 발생할 수 없었을 것이다.[52]

위와 같은 미야자키 이치사다의 관점은 안드레 군더 프랑크의 최근 저작과 호응하는 부분이 이 있다. 이 관점에서 아시아와 유럽은 13~14세기부터 이미 밀접하게 연결되어 있었다. 따라서 근대 발생을 이해할 때는 적어도 한 가지 내재적 관련을 가진 세계체제라는 가설에서 출발해야만 한다. 교통은 단순히 두 세계를 연결할 뿐 아니라, 미야자키 이치사다가 말했듯이 양 끝을 벨트로 연결한 톱니바퀴처럼 한쪽이 움직이면 다른 한쪽도 동시에 움직이는 것이다. 프랑크는 다음과 같이 지적한다. 1400년 이후 유럽 자본주의는 세계 경제와 인구 조건을 배경으로 점차 부흥했지만, 이 과정은 1800년 전후 동방의 쇠락과 바로 일치한다. 유럽 입장에서 볼 때 이 세계 경제 속에서 아시아 시장의 상업과 제도의 메커니즘은 매우 특수하고 유효했다. 아시아가 쇠퇴하기 시작한 바로 그때부터 서방 국가는 세계 경제 수출입 메커니즘을 통해 신흥 산업경제를 발전시켰다. 이러한 의미에서 유럽 근대 자본주의는 유럽사회 내부 생산관계가 변화한 결과이자 동시에 아시아와의 관계 속에서 탄생한 것이라 할 수 있다.[53] 따라서 프랑크와 미야자키는 유럽 근대사에 관한 하나의 공통된 관점을 얻었다. 르네상스 이후의 유럽사는 일반적으로 근세사라 불리지만, 산업혁명을 전후로 유럽에 중요한 차이가 발생했다는 것이다. 그러나 두 연구는 모두 다소 불명확한 부분이 있다. 미야자키 이치사다의 연구는 주로 중국사라는 범주에 국한되어 있으며, 아시아와 유럽의 교류 관계에 관한 논의는 표면적이다. 또 프랑크의 연구는 경제주의와 무역에 치우쳐 있고 유럽사회 내부의 역사적 동력과 자본주의 관계에 대한 설득력 있는 해설이 없다. 기본적인 측면에서 볼 때 그들의 역사 서술 속에서 근대의 척도는 모두 해양중심론의 색채가 짙다.

유럽 자본주의와 아시아 관계를 논하는 것은 아시아를 근대 자본주의의 기원으로 간주하는 것도, 유럽사회 내부의 역사 조건이나 기술혁명, 계급 관계, 문화적 가치가 유럽 자본주의 발생 과정에서 행한 역

할을 부정하는 것도 아니다. 여기서 중요한 사실은 세계를 하나의 상호관련된, 즉 상호작용하는 세계로 보는 것이다. 하마시타 다케시는 아시아의 내재적 전체성을 강조하는 동시에 서양 자본주의 경제사가 근대 중국의 금융·무역, 정치제도 형성 및 전환과정에서 수행한 특수한 역할도 인식한다. 하마시타 다케시는 「자본주의 식민지 체제의 형성과 아시아―19세기 중반 영국 은행 자본의 중국 침투 과정資本主義植民地体制とアジア―十九世紀後50年代イギリス銀行資本の對中浸入過程」에서 19세기 중반 중국의 금융·무역에 대해 연구했다. 그는 자본주의 열강이 아시아 특히 중국 금융에 침투한 것이 미국, 호주의 황금 발견에 따른 국제금융 시장의 확대 과정과 밀접한 관계가 있다고 지적했다. 금융의 측면에서 보면 중국의 근대 경제사는 런던을 중심으로 세계 전체가 일원화 되는 국제결산구조에 중국 경제가 편입되는 과정으로 볼 수 있다. 이런 의미에서 아시아의 '근대'는 경제적인 면에서 유럽 중심의 세계 근대사로 점차 편입되는 과정이며, 따라서 금융의 지배-종속 관계를 보이는 특징이 있다.[54] 중국 반半식민지 체제의 특징은 이 과정을 빼고 이해할 수 없다. 가령 상업이 발달하면서 송대 이후의 재정에서는 토지에 양세兩稅[21]를 부과하는 것 외에 상품에도 세금을 물어(그중 염세鹽稅는 줄곧 주요 항목이었다), 상인에게 걷은 세액이 국가 세수에서 차지하는 비율이 점점 커졌다. 그러나 청조 말 해외 무역이 발전하면서 새로운 관세 수입이 크게 증가했다. 청조 말 통계에 따르면 중앙 호부戶部의 연간 수입 중 관세 비율은 72%인데 비해 염세는 13%에 불과했다.[55] 이와 유사한 논리에 따르면, 아시아 근대의 발생은 자신의 독자

21 여름과 가을 두 차례만 세금을 징수하는 제도.

적인 역사뿐 아니라 상호작용하는 역사 속에서 이해해야만 한다. 이런 상호작용하는 관계는 두 세계에 서로 영향을 미칠 뿐 아니라 중국사회 내부의 변화들로도 나타난다. 이런 의미에서 오늘날 '전지구화'라고 불리는 현상은 사회의 외재적 사건이 아니라 사회 내부의 다양한 관계 속에서 생겨났다고 볼 수 있다.

수동적이든 능동적이든 중국사회의 변화와 주변 지역의 관계는 근대세계체제에 대한 우리의 이해를 풍성하게 해준다. 이 세계체제는 더 이상 단순히 유럽 중심의 자본주의 체제가 작동하는 과정이 아니다. 이것은 다층적 역사세계들이 상호적으로 연관 맺고 투쟁하며 침투하고 창조해 온 과정이다. 아시아 지역의 내셔널리즘 역시 이미 단순히 유럽 국민국가 모델을 복제한 것이 아니라 지역 내부의 상호작용을 통해 발전한 것이다.[56] 이것은 '도전 / 응전' 모델과 '내부발전론'이 간과했던 부분이다. 흥미로운 사실은 역사학자들이 아시아의 관점을 글로벌한 관계로 확장할 때, 가장 먼저 '근대'라는 문제를 하나의 단일한 사회 문제가 아니라 여러 지역과 문명이 상호작용한 결과로 인식한다는 것이다. 이런 의미에서 '아시아' 관념의 유효성은 오히려 약화된다. 왜냐하면 이 '아시아' 관념은 하나의 자족적 실체도, 자족적 관계도 아니기 때문이다. 그것은 단선적으로 발전하는 세계사의 기점도 종점도 아니다. 오히려 이렇게 '아시아'가 기점도 종점도 아니고, 자족적 주체나 종속적 객체도 아닐 때 '세계사'를 재구축할 계기를 이룬다고 할 수 있다. 만약 '아시아' 관념의 오류를 수정할 필요가 있다면 우리는 먼저 '유럽' 관념부터 재검토해야 한다. 레닌의 말을 빌리자면 선진 유럽은 어디서부터 발생했고 후진적 아시아는 어떤 역사 관계의 결과인가. 사회 내부의 역사 관계는 중요하다. 그러나 오랜 역사 속에서 부단히 변화해 온 지역 간 상호작용 관계가 사회 내부 변화에 미친 영향에 대해서는 어떻게 평가할 것인가. 만약 아시아 담론을 유럽 역사 발전 내부에서 유럽이라는 개념을 재구축하는 동력으로 이해하지 않은 채, 자명한 유럽 개념을 배경으로 '아시아'라는 개념을 구축한다면, 아시아 담론은 계속 애매모호할 수밖에 없다. 보편주의나 특수주의, 교류를 중시하는 역사관은 제각각 그 나름의 힘을 가지고 있지만 동시에 방법론적 한계도 있다. 이 관념들의 이데올로기적 의의와 그 배경 조건은 더욱 복잡하고 검토할 가치가 큰 과제이다.

문학이라는 제도와 식민지주의[*]

가우리 비스와나탄 Gauri Viswanathan[**]

결국 시인들의 노래에 넋을 잃고 듣는 자들이 옛이야기에 매혹당했던 자들의 땅을 차지해버렸다.

—『아시아 저널*Asiatic Journal*』(1831), 통권32호, 142면

* 이 글의 원문은 "「역사의 교훈Lessons of History」"(『정복의 가면*Masks of Conquest : Literary Study and British Rule in India*』, Columbia, 1989; Oxford, 1998, 5장)으로 『近代日本の文化史 1－近代世界の形成』에 실린 것은 모토하시 테츠야本橋哲也가 일역한 것이다. 원문과 일역을 함께 참고하여 김연숙이 번역했다.

** 1950년 콜카타 출생, 현재 미국 컬럼비아대학 교수이며, 19세기 영국과 식민지 문화 연구, 학문의 역사, 지성사, 교육, 종교에 대한 연구를 주로 하고 있다. 『정복의 가면』 외에 그녀가 책임 편집한 에드워드 사이드Edward Said의 인터뷰 모음집 『권력, 정치, 문화*Power, Politics, and Culture : Interviews with Edward W. Said*』(2001; 최영석 역, 마티, 2012)가 널리 알려져 있다.

1. 들어가며

문학연구의 방향이 오래된 수사학의 전통으로부터 국민적인 과거에 포함된 문화유산에 대한 연구로 바뀐 것은 분명 새로운 현상이다. 그 최초의 예는 1848년 알렉산더 존 스콧Alexander John Scott의 유니버시티 칼리지 런던의 교수취임 공개강의에서였다. 그것은 문학연구가 한 시대의 문화현상이자 사회를 반영하는 것이라고 대학에서 공식적으로 표명한 최초의 사례였다. 이후 1852년에 이르러 유니버시티 칼리지 런던에서 영문학English literature의 역사적 연구가 확립되었다. 1875년에는 문학과 역사의 연합이 제도적으로 나타나면서, 영문학과 역사가 하나로 통합된 강좌가 등장했다. 영문학English이라는 학문영역이 언어와 문학 사이를 오가는 불분명한 것이었지만, 그해 영어학English language이라는 강좌가 따로 만들어지자, 영문학English이라는 학문영역은 점점 더 모호해지고 혼란스러운 것이 되었다.

순문학의 수사학적 전통으로부터 문학의 역사적 연구로의 전환. 그것은 르네상스의 언어 개념을 몰아내고 "발화 상황을 주목하지 않고, 오로지 비언어적인 요인에서 결정되는 언어논리만 중시한다"[1]는 변화로 설명할 수 있다. 그에 따라 오래된 수사학적 전통이 사라지고, 문학 장르에 대한 연구는 점차 문학사로 향하게 되었다. 현재를 중시하고 텍스트맥락에 중점을 두는 형식적 문학연구방법은 인간의 정신이나 사회에 선험구조가 있다고 전제하고, 그러한 사회적 맥락이야말로 지식의 주요한 촉매 역할을 한다고 여겼다. 여기에서 선택된 것은 현재를 향한 지적탐구라기보다는 과거로부터 확립된 용법, 역사적 전례, 사회적 인습이라는 권위에 기반을 둔 연구였다. 이에 따라 문학교육의 목적은 다음과 같이 이중적인 것으로 이해되었다. 첫째, 용법이나 전례, 인습이 특히 강하게 나타나는 문화적 · 시대적 계기에 대한 역사의식의 양성. 둘째, 역사적 계기를 진실, 일관성, 그리고 가치를 예증하는 것으로 재인식하는 것.

팔머D. J. Palmer는 "사회에 대한 이런 새로운 역사적 · 유기적 의식"을 산업혁명과 그에 따른 교양문화의 쇠퇴에 대한 낭만파의 반동과 관련시키고, 영문학 연구English studies 내에서 질서나 연속성, 이론적 순서sequence, 윤리적 목표를 강조하는 내부적 변화가 나타났다고 말한다. 따라서 "그것은 고전 연구에 새로운 활기를 불어넣었을 뿐만 아니라, 사무엘 테일러 콜리지Samuel Taylor Coleridge[1]의 사회철학처럼 현재를 과거와 결부시키는 사고방식의 직접적 조건이 되었다".[2)]

이처럼 영문학 연구 내부의 변화는 내적 논리와 일관성을 가지고 있었다. 그런데 현재로부터 과거로, 수사학으로부터 역사로 바뀐 어떤 종류의 변화를 일으키고 요청했던 외부 조건이 무엇인지에 대해서는 이상하게도 별로 이야기된 바가 없다. 그것이 어째서 문학과 역사를 연합시키는 원인이라는 것인지는 더욱더 불명확하다. 도대체 어떻게 '비언어적인 요인'(아무리 보아도 애매한 말이지만)에 의해 '언어 논리'가 결정된다는 것일까. 이러한 전개를 문학의 수사학적 연구에서 문화적 표현으로서의 양식style에 대한 평가로 이행한 것으로, 즉 언어 개념이

1 1772~1834. 영국의 시인 · 비평가. 워즈워스Wordsworth와 함께 『서정 민요집』을 발간하였고, 「늙은 선원」, 「쿠블라 칸Kubla Khan」 등을 발표했다.

확장되었다는 측면으로만 설명하려는 것은, 영문학 연구의 발전에 관한 논의를 형식차원의 변화로만 한정하는 것이다.

이러한 변화를 학문영역의 재편으로 생각하기 위해서는 영토에 대한 지배와 권력을 확장하려했던 정치적 맥락, 즉 문학과 역사의 합병이 최초로 진지하게 검토되고, 연구와 비평의 원리로서 활발하게 장려되었던 맥락을 고려하지 않고서는 불가능하다. 이 글의 주제는 아니지만 19세기 영문학연구가 형성될 때 서양이 이질적인 문화와 문학형식을 만나면서 받은 영향을 역사적으로 살펴 볼 필요가 있다. 결과적으로 문학의 새로운 기능이 형성되는 과정에서 영국의 식민지 지배가 한 역할은 지금까지 경시되어왔다. 단, 그 영문학 연구가 문학적 평가의 기준인 영국의 지적 · 문화적 · 사회적 전통의 통합을 위협한다고 여겨진 경우를 제외하고.[3)]

이런 분야의 연구를 수행해나가는 데에는 한 가지 문제가 있다. 그것은 이질적인 문화 · 사회와의 대면과 문학적 가치를 재정의하는 것 사이의 관계가 선뜻 경험적으로 와닿지 않기 때문에, 논리적인 것과 역사적인 것을 혼동한다는 사실이다. 결국 영문학 연구와 식민지주의의 관계를 이해하려는 시도에는 그 관계를 최우선적인 결정요인으로 주장할 위험이 따르는 것이다. 그런 결정 요인에서 결론을 이끌어낸다면 영문학 연구와 식민지주의의 관계가 역사적이라는 사실을 무시할 우려가 있다. 영문학 연구와 식민지주의와의 관계는 상호 인과관계라는 결정 요인에 기인한 것이 아니다. 그 두 가지가 공모관계에 놓인 상황이 너무나 특수해서, 차후 행동이나 방침에 미세한 효과를 가져왔기에 영문학 연구의 역사도 식민지 확장의 연구도 그 자체만으로는 불완전할 수밖에 없다. 따라서 자신과 다른 문화, 다른 사람들을 만난 영국인들의 반응 속에서 영문학과 식민지주의가 각자 상호지원했던 역할을 언급해야만 비로소 이해가능하다.

2. 문학을 역사화하다

영국령 인도에서 문학을 사회와 문화에 대한 표현으로 읽는 방식은 불투명하고 복잡하게 얽힌 역사를 가지고 있다. 그 역사는 초창기 영국파Anglicist와 오리엔트파Orientalist의 논쟁까지 거슬러 올라간다. 그 논쟁으로부터 '진실이란 오류의 발견이다'라는 재정의도 생겨났다. 오류를 통해서 진실에 도달한다는 변증법적 사고는 문화의 상대화를 촉구했고, 이때 문학연구는 지적 실천으로 장려되었다. 영문학 연구도 동양의 전통과 직접 변증법적으로 교섭하는 가운데 스스로 확립되었다. 그것은 인도 사회와 문화에 대해 그 모순이나 일탈도 포함한 전체를 비평 대상으로 삼음으로써 최종적으로는 교육적인 실천으로 이어졌다. 인도를 지배했던 영국인들은 행정관이었지, 문예비평가가 아니었다. 그들은 인도의 다양한 현실을 다루어야 했기 때문에 일반적으로 문학이 논의되는 전통적 틀을 확장시켜서 법, 종교, 통치 체제, 사회조직으로 대표되는 인도의 다른 측면까지 포함하도록 한 것은 결코 놀랄만한 일이 아니다.

문학에 대한 역사적 접근의 문을 우연히 열어젖힌 것은 워렌 헤이스팅스Warren Hastings[2]였다. 그는 벵골 총독으로 있던 1784년, 찰스 윌킨스Charles Wilkins[3]로부터 그가 번역한 『바가바드 기타*Bhagavad Gita*』[4] 한 권을 선물받은 것을 계기로, 그것을 사람들에게 보급시키려 했다. 워렌 헤이스팅스는 수세기에 걸친 연구와 모방으로 신성하게 쌓아올려진 그리스나 로마의 고전적 모델과는 구조·양식·내용이 완전히 다른 이 서사시를 서양의 문학계와 조화시키고자 고심했다. 그는 서양 문학자들에게 고전 비평이라는 '불후의 기준'을 잠시 미뤄두고, 이런 이질적인 작품도 받아들이자고 최선을 다해 설득했다.

> 나처럼 문학과 무관한 사람이 비평에 대해 입을 열어도 된다면 다음과 같은 말을 하고 싶습니다. 이런 문학작품의 장점을 평가하기 위해서는 유럽의 고대·근대 문학으로부터 이끌어낸 법칙에 의지하지 말아야 하며, 또 우리들의 생활양식에 어울리는 의견이나 행동기준에 들어맞는 감정·관습을 참고하지 말아야 합니다. 또한 우리들의 종교나 윤리적 의무처럼 명백한 가치에 눈을 돌리지 않는 것도 필

2 1732~1818. 영국의 인도 식민지 행정관. 1773년 초대 벵골 총독이 되어 식민지 행정의 개혁을 단행함과 동시에 마라타전쟁, 마이소르전쟁 등으로 영토를 확대하여 영국의 인도 지배의 기틀을 다졌다.

3 1749~1836. 영국의 동양학자로 서양인의 관점에서 새로운 학문으로 산스크리트학을 최초로 수립했다. 인도 초대 총독인 헤이스팅스의 명령에 따라 베나레스(현재의 바라나시)에서 푼디츠(인도의 지식층)들과 공부했고, 1785년에 산스크리트어로 쓰인, 위대한 힌두 서사시 『바가바드 기타*Bhagavad Gita*』를 영어로 번역했다.

4 인도 고대의 서사시 『마하바라타』의 일부를 이루는 종교·철학적 교훈시편. 줄여서 『기타*Gita*』라고도 한다. 『베다』, 『우파니샤드』와 함께 힌두교 3대 경전의 하나로 손꼽힌다. 왕권을 차지하기 위해 골육상잔을 일삼는 현실에 회의를 품은 고대 인도국 왕자 아르주나가 스승인 크리슈나에게 고뇌를 털어놓으면서 나눈 대화를 묶은 것으로 모두 7백구의 시로 이뤄져 있다. 바가바드 기타는 산스크리트어로 '거룩한 자의 노래'란 뜻이다.

요하다고 말하고 싶습니다. 내가 그것들을 제외하는 편이 좋다고 생각하는 이유는, 오랜 세월 동안 우리와 관계없었던 사회 시스템에 속해있는 언어, 감정, 관습, 도덕 등에는 그러한 법칙이나 가치관이 절대로 적용되지 않기 때문입니다. (…중략…) 나는 현명한 독자 여러분이 이 서사시를 대하실 때에는 애매함, 불합리, 야만적인 관습, 윤리감각의 일탈을 받아들여 주실 것을 간곡히 바랍니다. 그렇게 생각한다면 분명, 그 기대에 대한 실망을 상쇄할 만한 장점을 얻게 될 것입니다.[4)]

헤이스팅스의 의도는 『바가바드 기타』를 서양문학과 비교하지 말고 읽도록 하는 것이었다. 이런 그의 주장에 대해 비평가들은 "오랜 세월 동안 우리와 관계없었던 사회 시스템"이라는 부분에 주목하기 시작했다. 나아가 그들에게 그런 사회의 원리를 경험적으로 이끌어내도록 촉구하는 효과를 낳았다.

제임스 밀James Mill[5]과 같은 비평가들은 경험적 방식으로 예술의 기준을 설정했다. 그들은 예술의 내재적인 본질보다는 예술작품의 검증이 가능한 사회적 · 종교적 실천의 측면에서 작품에 접근했고, 이에 따른 유용성의 원리를 작품평가의 결정적 근거로 삼게 된 것이다.[5)] 제임스 밀은 자신의 역사주의적 독해이론을 실제 비평에 적용하기 위

5 1773~1836. 스코틀랜드 출신으로 잉글랜드에서 활동한 영국의 계몽주의자, 공리주의 철학자, 정치학자, 경제학자, 역사학자, 동인도회사의 간부로서, 존 스튜어트 밀의 부친이다. 1817~1819년 영국의 인도 정책을 논한 저서 『영국령 인도의 역사*History of British India*』를 발표하고 동인도 회사의 요직을 얻었다. 그러나 이 책은 인도 땅에 발 한번 디뎌보지도 않고 힌두어를 전혀 모르는 상태에서 영어로 된 문헌만을 기초로 집필되었다. 예컨대 아라비아 숫자와 십진법이 고대 인도에서 발명되었다든지, 아리아바타(Aryabhata, 476~550)가 땅이 둥글고 주위에 별이 있다는 생각을 했었다는 등의 기록을 서양문명이 전파된 다음에 날조된 이야기로 일축했다. 이 때문에 이 책은 서구중심주의에 입각한 제국주의 이론가의 전형적인 사례로 간주되며 비판을 받는다. 한편 그는 벤담Bentham과 친교가 있어, 그의 공리주의를 계승하였고 경제학에 있어서는 리카도의 설을 계승하고, 멜서스Malthus와는 대립되었다.

해서 윌리엄 존스William Jones[6]를 공격했다. 인도문학에 대해 찬사를 보낸 윌리엄 존스는 인도문학을 서양문학보다 더 긍정적이라고 평가했다. 이에 대해 제임스 밀은 형식적으로만 판단한, 순진한 반응이라고 신랄하게 일축했다. 존스는 칼리다사Kalidasa[7]를 인도의 셰익스피어라고 부르며, 희곡 『샤쿤탈라Sacontala』를 직접 번역했다. 그러나 밀도 그 희곡의 서정성을 문제 삼은 것은 아니었으며, 심지어 『샤쿤탈라』를 목가시牧歌詩[8]의 완벽한 예라고 마지못해 인정하기도 했다. 밀이 주로 비판한 것은 존스의 다음과 같은 믿음, 즉 "예절과 세련미, 시와 웅변에 대한 사랑, 고귀한 미덕의 실천"[6)]이라는 목가시의 특징이 완벽한 사회를 보여주는 표시라는 신념에 대한 것이었다. 밀에 따르면 이는 전적으로 비평의식이 없는 것이며, 이야말로 존스가 그 당시 만연했던 악랄한 사회현실에 대해 의식을 흐리게 하는 문학 장르의 유혹에 취해버렸다는 증거다. 밀은 존스를 역사의식이 없는 독자의 좋은 예

6 1746~1794. 영국 최초의 산스크리트 연구 및 인도학의 창시자·법률가. 옥스퍼드대학교를 졸업하고, 1783~1794년 콜카타 고등법원 판사로 인도에 체재, '벵골 아시아 협회'를 창립하고 그 회장이 되었다(1784). 산스크리트와 그리스어·라틴어의 유사성을 지적하고, 인도 유럽 비교언어학상으로 '인도 유럽모어母語'의 가설假說을 세웠고, 또한 베다문학, 고전 산스크리트 문학, 비교 신화학, 인도 고대법전 등을 번역하였다. 특히 칼리다사의 희곡 『샤쿤탈라 아씨의 반지*Abhijñā-masākuntalam*』(1789, 번역서명은 『샤쿤탈라*Sacontala*』)는 유럽에 소개된 최초의 산스크리트 문학작품으로서 많은 영향을 끼쳤다. 만년에는 『마누법전*Institutes of Manu*』(1794)을 번역하고, 『인도 고대법의 적요*Digest of Hindu Law*』(1800)를 발표하다가 완성하지 못하고 죽었다.

7 4~5세기에 걸쳐 활약한 인도의 시인. 인도문학사상 최대의 작가로 인도의 셰익스피어라 일컬어진다. 섬세한 감각과 유려한 필치로 불멸의 걸작을 남겼고 고전 산스크리트 문학의 완성도를 올렸다는 평가를 받는다. 『샤쿤탈라 아씨의 반지』, 『비크라모르바시야』 외 많은 작품을 남겼다.

8 전원시田園詩의 하나로서, 평화롭고 소박한 시골 생활과 전원의 흥취를 노래하는 서정시를 가리킨다. 흔히 목동들을 주인공이나 화자로 삼아 목가牧歌, Pastoral라는 명칭이 사용되었는데, 대체로 신화의 황금시대를 동경하고 이상적인 자연 속에서의 평화로운 생활을 찬미하는 내용이다.

로 들면서, 역사주의적 해석만이 목가시의 의미를 해명할 수 있다는 것을 보여주고자 했다. 즉 목가시란 국가 성립 초기에 국가에 의해 발생된 문학형식이고, 이 단계에서는 개인이 아직까지도 전제 정부의 압제에 눌려 있기 때문에 모든 사회 비평은 경박한 로맨스에 대한 탐닉으로 향하게 된다. 물론 밀이 정말로 말하고 싶었던 것은, 정부가 사람들에게 책임을 지우면 지울수록 사람들은 국가의 일에 전념하게 되기 때문에, 순수한 창작이나 시로부터는 영향을 받지 않게 된다는 사실이다.

결국 제임스 밀은 인도 희곡이 가진 서정성과 감상성을 자기탐닉적인 사회의 증표로 간주하고, 그러한 작품 자체가 전제적인 국가의 산물이라고 해석했다. 따라서 정부는 예술이론과 문명이론을 동시에 발전시키면서, 개인의 에너지가 공공선公共善을 향해 작동하도록 방향을 바꿀 책임이 있다고 주장했다. 고대 전제국가에서 개인은 우선적으로 자기만족을 위해 노력하고, 만족을 얻는 것을 삶의 가치로 삼는다. 따라서 개인의 모든 행위나 생산물, 예술조차도 더 높은 선이나 의무를 인식하는 능력의 결여로 비추어진다.

『샤쿤탈라』가 찬미하는 미신, 과도한 신앙, 자의적인 의지 등의 사회적 가치는 밀의 주장을 뒷받침하는 것처럼 보인다. 밀은 예술에 나타난 과장을 사회의 법이나 조직에 일관성이 없다는 사실을 반영한 결과로 보았다. 과장된 예술은 그런 사회에서 나타나고, 또한 그런 사회를 위해 만들어진다고 해석한 것이다. 밀은 "세련된" 인민의 개념과는 어울리지 않는 사회적 행동의 예로 『샤쿤탈라』의 남자주인공과 여자주인공이 숲에서 치르는 결혼식을 든다. 제임스 밀에 따르면 그것은 "두 사람의 연인이 애욕의 욕망에 빠져 결합하는 종류의 결혼"[7)]이다. 덧붙여 이 희곡의 중심이 되는, 힌두 사회의 또 다른 관습인, 브라만에게 전통적으로 부여되는 존경과 숭배도 그 예로 거론한다. 여주인공이 비극에 처하게 된 것은, 한 브라만이 자신에게 경의를 표하지 않았다는 이유로 그녀에게 저주를 걸었기 때문이다. 극의 내용을 살펴보면, 저항해야하는 악의 힘으로 브라만을 묘사하기는커녕 플롯을 비틀기 위해 그 저주를 사용했을 뿐이다. 따라서 "어떻게 봐도 그런 목적으로 브라만의 저주문을 사용한 것을 플롯적인 장치라고 칭찬할 수는 없다".[8)] 결국 산스크리트문학의 서사 전략은 그저 유치한 상상력을 반영한 것일 뿐만 아니라, 아주 사악한 의도까지 감추고 있다. 그런 전략은 인도인의 '퇴폐'의 근원이 되는 행위에 대한 반성을 의도적으로 방해하기 때문이다.

기묘하게도 한 세기 반 후, 클로드 레비 스트로스Claude Levi Strauss[9] 역시 신화와 문화 연구에서 밀과 같은 방식의 독해를 보여준다. 밀이 인도 희곡의 서사 구조를 힌두사회의 신념과 행동을 영구화하는 것으로 해석했던 것과 거의 똑같은 방식으로 레비스트로스도 신화의 구조를 코드화된 메시지로 읽어내고, 그것을 통해 문화가 개별 구성원들에게 신념과 행동의 모델을 제공한다고 고찰했다.[9)] 신화의 메시지를 풀어

9 1908~2009. 벨기에의 구조주의 인류학자. 브뤼셀에서 태어나 프랑스에서 성장했다. 1936년부터 저술을 시작해서 16권에 이르는 저서와 100편이 넘는 논문을 발표했다. 특히 『친족의 기본 구조』, 『슬픈 열대』, 『구조인류학』, 『야생의 사고』, 『신화의 윤리』 등 인류학에 커다란 영향을 끼친 저작을 남겼다. 레비 스트로스는 소쉬르의 이론을 야콥슨이란 스승을 통해 받아들이고 인류학에 알맞게 변형 및 적용시켜 사회과학에 구조주의를 들여왔다. 구조주의의 패러다임을 정립하는 데 중요한 역할을 담당했으며, 인류학에 언어학적 모델을 도입한 업적을 남겼다.

내고, 그것에 형태를 부여하는 원천을 탐구하기 위해서는, 먼저 비판적 관찰자가 그 형태를 해체해서 신화를 비서사적 양식으로 재구성할 필요가 있다. 레비 스트로스는 바로 이런 작업을 통해 사회시스템에 내재하는 모순이 드러난다고 믿었다.

레비 스트로스는 신화의 힘을 매개라는 개념으로 설명한다. 그것은 영국인이 인도문학을 윤리적인 이유 때문에 인정하지 않는 현상을 설명하는 데에도 유효하다. 본질적으로 매개란 이야기나 전설을 사용해서 해결하는 것이며, 그에 따라 윤리관념 내의 자기모순이 해소된다. 예를 들어 어떤 사회의 근친상간 행위는, 신탁의 예언과 신의 개입에 의해 오이디푸스 신화 안에 매개되어 있다. 마찬가지로 『샤쿤탈라』에도 비슷한 매개 사례가 다수 있다. 그 하나가 앞에서 말했던, 브라만의 저주가 추악한 사회현실에서 종교적 신비와 경외를 불러일으키는 서사장치로 형태를 바꾼 부분이다. 그밖에 독자가 두샨타Dushyanta 왕[10]을 향해 기대하는 태도와 관련해 다음과 같은 예가 있다. 두샨타 왕은 새로운 아내로 샤쿤탈라를 맞이하겠다고 약속하지만, 그 약속을 지키지 않을 뿐만 아니라 자신의 아이와 함께 왕궁으로 찾아온 그녀를 거부한다. 또 다른 서사 장치인 잃어버린 반지가 없었다면, 두샨타의 무자비함은 왕족이 여성을 다루는 아주 정확한 표상으로 동시대의 관객에게 보여졌을 것이다. 하지만 그것은 칼리다사처럼 궁정 극작가가 자신에게 닥칠 위험을 각오해야만 담아낼 수 있는 주제였다. 그 때문에

10 두샨타 또는 두샨트는 고전 인도 문헌과 신화의 위대한 왕이었다. 그는 샤쿤탈라의 남편으로 바라타의 아버지로 알려져 있다. 인도 고대 서사시 『마하바라타』와 칼리다사의 희극 『샤쿤탈라』의 주요 인물로 등장한다. 역사학자들은 두샨타를 인도의 최초의 인도-아리안 왕으로 해석한다.

잃어버린 반지가 이야기에 도입된 것이다. 두샨타는 브라만의 저주 때문에 반지를 잃어버리자 샤쿤탈라 자체를 망각할 운명에 빠진다. 두샨타는 반지를 찾고 난 후, 기억을 되찾고 샤쿤탈라를 거부했다는 것을 깊이 후회하며 괴로워한다. 하지만 이렇게 개인의 죄가 의식된 순간은 오래 지속되지 않고, 행동과 개인적 책임 사이를 매개하는 것은 결국에는 외부의 개입이라는 사실을 시사한다. 샤쿤탈라가 두샨타에게 설명하는 말에 따르면, 지금까지 자신이 불행했던 이유는, 왕 때문도 아니고, 브라만의 저주 때문도 아니고, 전생에 지은 자신의 업보 때문이라는 것이다.

또한 매개라는 개념은 『라마야나*Ramayana*』[11]나 『마하바라타*Mahabharata*』[12]와 같은 인도 서사시가 문제가 많은 작품으로 간주되어, 영국 지배하에 있는 인도의 학교나 대학에서 교재로 쉽게 채택되지 않았는지를 설명하는 데에도 유용하다. 이들 두 서사시가 가지고 있는 모순은 아마도 크샤트리아ksatriya(카스트의 두 번째 계급, 군인・통치계급)의 영웅찬가

11 B. C. 2세기경에 쓰인 것으로 추정되는 고대 인도의 대서사시. 7편, 2만 4,000시절詩節로 이루어져 있으며, 『마하바라타』와 더불어 세계 최장편의 서사시로 알려져 있다. 작품의 내용은 코살라국의 왕자인 라마의 파란만장한 무용담을 주제로 삼고 있으며, 정절의 화신이라 할 왕자비 시타의 기구한 수난, 동생 바라타의 지극한 효성, 원왕猿王 하누마트의 활약, 악귀 라바나의 포악 등을 엮어서 일대 서사시편으로 완성해 놓았다. 기교적으로 매우 세련된 문체로 이후 발달한 미문체美文体 작품의 모범이 되었다.

12 인도 고대의 산스크리트 대서사시. '바라타족의 전쟁을 읊은 대사시大史詩'란 뜻으로 오랜 세월에 걸쳐 구전되어 오는 사이에 정리・수정・증보를 거쳐 4세기경에 지금의 형태를 갖추게 된 것으로 여겨진다. 18편 10만 송頌의 시구詩句와 부록 『하리바니사*Harivanisa*』 1편 10만 6,000송으로 구성되었다. 바라타족에 속한 쿠르족과 반두족의 불화로 18일간의 큰 싸움이 벌어져 반두족이 승리하는 이야기로, 사이사이에 신화・전설・종교・철학・도덕・법제・사회제도 등에 관한 삽화가 많이 들어 있다. 그중 특히 유명한 것은 아름다운 연애와 기구한 운명을 다룬 「날라 왕王 이야기」, 정숙한 아내를 그린 「사비트리 이야기」 등으로 이 삽화들은 후세의 사상과 문학뿐만 아니라 인도 국민의 정신생활에 크게 영향을 끼쳤고, 동남아시아의 인형극・그림자 연극에도 자주 채택되었다.

에서 기원한 작품에 브라만의 독해를 덧씌운 결과라고 설명할 수 있다. 바로 그런 예로 『마하바라타』의 여주인공 드라우빠디Draupadi의 일처다부를 들 수 있다. 일처다부 관습은 분명히 브라만 시대 이전에 있었던 것으로, 브라만이 지배한 이후까지 계속되었다고는 볼 수 없다. 하지만 그 이후의 판본에서 일처다부가 남아있는 것에 대해, 영국인 연구자는 브라만이 서사시를 신들의 진실이라고 정당화하기 위해 사건을 알레고리로 만든 결과라고 설명한다. 일반적인 경우라면 윤리적인 혐오감을 느낄 만한, 드라우빠디와 다섯 명의 남자와의 결혼도 그것을 여신 락슈미Lakshmi와 그의 연인 비슈누Vishnu의 결합, 즉 다섯 명의 빤다바스Pandavas 형제들로 현현한 비슈누 신과 결합한 것이라고 간주하는 브라만적인 해석으로 매개되어 있다.

역설적이게도 영국인 연구자들은 인도문학이 이루어낸, 이런 도덕화라는 내적 과정 — 알레고리를 사용해서, 받아들이기 어려운 사회적 관습에 좀 더 깊은 의의를 부여하는 것 — 에 가장 큰 불협화음을 느꼈다. 그런 문학 특유의 방법을 현실의 관습보다도 훨씬 받아들이기 어려워했다. 왜냐하면 바람직하지 않은 사회적 행위도 역사적인 사실로 해석한다면, 특정한 시간이나 장소에 한정하는 것이 가능하기 때문이다. 결국 현실의 관습이 문학을 통해서 추상적인 보편적 원칙으로 변형되어지고, 그것은 행위behavior나 행동action에 훨씬 큰 영향력을 미친다고 생각했다. 일단 알레고리로 만들어지면, 이러한 사회적 관습은 어떤 종류의 신성함을 부여받고, 독자는 도덕적인 행위와 부도덕한 행위를 구별할 수 없게 된다. 인도인의 불충분한 예절감각은 그들 고유의 전통을 따르는 텍스트가 직접적인 원인이며, 그러한 전통이 예절과 외설의 구별을 모호하게 만든다.10) 도덕관념은 역사의식의 발달과 깊이 관련되어 있고, 역사의식만이 독자에게 사실과 전설을 구별하게끔 만들어 줄 것이다. 만약 "야비한 상징적 형식이나 신비적 알레고리가 신성한 등장인물을 만들어내고, 그러한 인물을 통해서 과거의 사건이 기록된다"11)는 것이 진실이라면, 그러한 형식을 해체하고, 그 기호가 쉽게 해석될 수 있는 다른 형식으로 재구성하는 일이 반드시 필요하다.

따라서 기호를 정확하게 해석하는 것은 실용적인 기능을 뛰어넘어 윤리적으로 중요한 의미가 있다. 이 두 서사시의 역사적 기초에 관해 유럽인이 행했던, 엄청난 양의 연구는 대부분 그것들을 이해하기 쉽게 만들고, 탈 브라만화하려는 욕망에서 비롯되었다. 이러한 연구에 종사했던 역사가로 제임스 휠러James Talboys Wheeler가 있다. 그는 마드라스Madras[13]의 프레지던시 칼리지에서 가르친 적이 있으며, 1862년 정부의 차관보가 되었다. 그는 『라마야나』나 『마하바라타』에서 아주 명백하게 의식적으로 전설과 사실을 분리시켜서 인도의 과거를 재구축한 연구자였다. 그는 인도문학으로부터 인도역사를 이야기하면서, 특히 알레고리를 제거하고, 사회 관습 그 자체에 초점을 맞추었다. "모든 전설과 전통은, 인도의 다른 민족들의 종교 규칙이나 용법을 브라만의 사상에 합치시키기 위해서 조직적으로 브라만화되어 왔다. 이러한 브라만적 접목이나 과도한 부분을 떼어내고 보면, 오랜 힌두문명에 대한 커다란 예증으로 전설과 전통이 드러날 것이다."12) 인도의 학교와 대학의 문학 교

13 인도 타밀나두주州의 주도州都, 원래 마드라스라는 도시 이름을 영국 식민지 시절 영국인들이 첸나이Chennai로 바꾸었고, 이후 첸나이 / 마드라스 두 이름을 같이 쓰다가, 1996년 첸나이로 이름을 바꾸었다. 벵골만에 면한 항구도시로 남부 인도 최대의 도시이자 정치 · 경제 · 문화의 중심지이다.

과 과정 일부였던, 영국인들이 쓴 수많은 역사책도 근본적으로 분석적인 성격을 띠었으며, 휠러가 의도했던 것과 똑같은 기능을 수행했다는 사실은 의심의 여지가 없다. 학교교육에서 사용된 인도역사 교과서로는 머시먼John Clark Marshman의 『벵골 역사*History of Bengal*』와 『인도 역사*History of India*』, 머레이John Murray의 『인도의 역사, 제임스 밀과 그 외 저자의 작품을 중심으로*History of India, with Reading form Mill and Other Authors*』, 헨리 모리스Henry Morris의 『인도 역사*History of India*』 등이 있다.[13] 영국인 비평가들은, 인도의 청소년들에게 역사의식이 없다면 그들은 형식이라는 압제에서 풀려날 수 없다고 강조했다. 역사교과서와 토착문학을 병용하는 교육은 그러한 형식을 타파하려는 노력의 일환이었다. 이러한 병용은 대조적인 양식의 서술을 공부시킴으로써, 계승되어온 구조나 신화를 분해하는 데에 필요한 분석적 정신을 기를 수단을 제공한다. 산스크리트 문학의 천재들이 브라만적 개념에 맞추기 위해 다양한 요소를 종합하여 조화시켜 나갔다면, 영국이 지배하는 시대의 역사 교육은 그 조화를 깨트리고, 각각의 요소에 의미심장한 시선을 보내는데 주력했다. 역사는 신화를 비문학적 양식으로 재구성한 것으로 변형되었고, 그에 따라 힌두사회의 모순도 겉으로 드러나게 될 것이라고 보았다.

덧붙여서 1870년대와 1880년대에 인도의 민족주의가 주장한 방법 중 하나는, 영국인들에게 부도덕하다고 비난받았던 전설을 알레고리적으로 다시 읽는 것이었다. 오리엔트파가 만든 연구문헌에서 영국파 사람들이 힌두예술의 관능적 이미지라고 공격했던 것을 인도정신의 표상으로 전환시켰던 발상이 그런 독해의 토대가 되었다.

내 주변을 둘러볼 때마다, 나는 힌두신화의 드넓은 광야에서 알레고리로 감싼 경외를 발견한다. 그리고 어디를 보더라도 모든 이야기에 도덕이 녹아있다. 나 자신의 판단력을 신뢰하는 한, 그것은 세계가 지금껏 만들어왔던 것 중에서 가장 완성된 도덕적 알레고리의 시스템이다. (…중략…) 우리들은 바가바드 기타 Bhagavad Gita로부터 그것이 단순한 이미지가 아니라 사람들이 숭배하는 눈에 보이지 않는 정신이라는 것을 충분히 알 수 있다.[14)]

예를 들어 신지론자神智論者[14]인 민족주의 지도자 애니 베전트Annie Besant[15]는 오리엔트파의 선각자에게 힌트를 얻어, 목욕하는 처녀들의 옷을 훔친 라다 크리슈나Lord Krishna[16](「바람둥이 신」)의 이야기를, 벌거벗은 영혼

14 신지학神智学을 주창하는 사람들. 신지학이란, 신비적인 직관에 의해 신과 합일하는 것에서 그 본질을 인식하려고 하는 종교적 신비주의를 말한다. 신新플라톤학파, 뵈메 등의 입장이 그것이고, 또 불교나 힌두교의 영향을 받아 인간이 윤회를 거듭하면서 죄를 씻고 신과 합일한다는 생각도 이에 속한다. 19세기 말 이래 미국, 영국 등의 여러 나라에 '신지학회 theosophic society'가 만들어져 있다.

15 1847~1933. 영국의 여성 사회개혁가로 맬서스 인구론을 선전, 신맬서스주의자로 유명해졌다. 인도의 정치운동에 등장하여 B. G. 틸라크 등과 인도의 자치운동을 추진하였다. 그 뒤 간디 등과 의견이 대립되어 정치운동 일선에서 물러섰다.

16 힌두교에서 최고신이자 비슈누 신의 여덟 번째 화신. 500년부터 1500년 사이 성행했던 박티(신을 향한 헌신과 사랑) 운동의 중심대상이 되었으며, 산스크리트어로는 '모든 것을 매료시키는 분', '검은색'이라는 뜻이다. 크리슈나는 아수데바와 데바키의 아들로 태어나, 폭군 캄사의 탄압을 피해 유목 집안에서 길러졌다. 어릴 때부터 기적적인 강한 힘을 발휘하여 독룡毒竜 카리야를 퇴치하기도 하고, 고바로다나 산을 들어올려 폭풍으로부터 고피牧人들과 소를 지키기도 하고, 화염을 빨아들여 소를 구하기도 하였다. 또 피리의 명수로서 아름다운 고피들과 같이 춤추기를 좋아하였다. 장성하여 고향으로 돌아와 캄사를 물리치고 새 땅으로 가서 왕국을 세웠는데, 이후 왕실 내부의 분쟁이 일어나 크리슈나의 직계 가족들이 희생되었다. 실망한 크리슈나가 숲속에 들어갔는데 사슴으로 오해한 사냥꾼의 오발시誤発矢를 맞고 세상을 떠났다. 본문에 나오는 '바람둥이 신' 이야기는 12세기 인도 시인 자야데바Jayadeva가 지은 산스크리트 서사시 『기타고빈다*Gita govinda*』 — 비슈누 신神의 화신인 양치기 소년 크리슈나와 양치기 소녀 라다와의 사랑 — 의 내용이다. 『기타고빈다』는 고전 산스크리트문학의 마지막을 장식하는 화려한 걸작으로, 신비적으로 해석되어, 비슈누(크리슈나) 숭배자 사이에서도 높이 평가되어왔다.

이 신에게 접근하는 알레고리로 읽어낸다.15) 이러한 독해는 대중적인 힌두 의식意識의 연속성을 깨트리려는 영국의 협소한 역사주의에 대한 의식적인 저항이다. 그것은 직접적이면서도 특수한 것을 넘어서려는 능력, 보편성과 무시간성에 대한 호소를 통해 사회의 다양한 요소를 통합시키려는 능력에서 비롯된다.

그러나 간디Gandhi는 애니 베전트보다 더 먼 과거로 거슬러 올라가 영국인들이 만들어낸 표상 그 자체를 문제 삼는다. 그는 유럽인들이 힌두관습이나 관행에 있는 심층적인 의미를 찾아내, 그것을 외설스러운 것과 결부시키려한다고 주장했다.

> 서양의 방문자들은 이제껏 우리들에게 자연스럽게 스며들어있었던 수많은 관행을 외설스럽다고 지적했다. 나는 어느 선교사가 쓴 책을 보고 시바링검Shivalingam (힌두의 남근상징물)이 뭔가 추잡한 의미를 가지고 있다는 것을 처음으로 알았다. 지금까지 나는 시바링검을 보더라도 형태에서나 연상되는 것에서나 외설스러움을 느낄 수 없었다. 오리사Orissa[17]의 사원이 외설스러운 이미지로 더럽혀져 있다고 알게끔 해준 것도 바로 그 선교사의 책이었다. 푸리Puri[18]에 갔을 때, 나는 그런 식으로 생각하려고 노력해야만 그렇게 볼 수 있었다. 나는 사원에 모인 수많은 사람들이 아무도 그것을 외설로 생각하지 않고 있다는 것을 알고 있었다.16)

간디의 관찰에서 중요한 점은 사실을 전설로부터 분리하겠다는 명

17 인도 동부에 있는 주州.
18 인도 동부 벵골만에 있는 항구 도시. 크리슈나Krishna의 사원이 있으며 힌두교도의 순례 중심지이다.

분으로 영국인이 항상 전설을 사실과 결부시켜 읽어낸다는 것이다. 게다가 모든 기호가 반드시 의미를 가졌다고 상정하기 때문에, 현실에서는 역설적으로 알레고리화될 수밖에 없지만, 힌두문화에서 반드시 그것이 들어맞지는 않는다는 사실이다. 영국인의 알레고리 이해와는 다른 힌두의 사고방식을 보자면, 어떤 기호는 다른 기호를 시사하고, 그것은 또 다른 기호를 시사한다. 이런 과정은 끝없이 이어지는데, 그것이 의미라는 행위 그 자체를 초월하는 것은 아니다. 모든 현상은 어떤 단일한 존재의 다양한 표명이고 그 단일한 존재만이 의미가 있지만 그것을 아는 것은 불가능하다는 힌두의 믿음과 완벽하게 합치하고 있다.

그렇지만 영국인의 논의에 따르면, 인도인의 정신적 유치함을 증명하는 데 인도인들이 형식이라는 외부층을 꿰뚫는 볼 수 없다는 것만큼 명백한 증거는 없었다. 그런 주장을 끌고 나가서, 인도인이 의미를 이해하지 못하는 것은 기호가 어떤 구체적 현실을 담고 있지 않기 때문이 아니라, 그러한 기호의 이면에 구체적 현실이 존재하는 것, 그 현실 자체가 기호의 원인인 동시에 설명이라는 것을 이해하는 두뇌를 인도인이 결여하고 있기 때문이라는 것이다. 의미를 밖으로 끌어내 밝히는 것, 그러한 행위가 문학교육이라는 영국인이 가진 이데올로기의 중요한 측면이다. 그것은 제임스 밀James Mill이 행했던 종류의 비판적 해석에 따른 것이다.

3. 인도인 교화라는 '사명'

문학연구를 역사와 결부시켜 다시 생각하자면, 모든 방면에서 기독교적인 사고의 추정이나 논리를 역전시켜야 하며, 최소한 일련의 새로운 용어를 만들어내야만 한다. 그러한 역전의 하나로 인간의 본성을 어떻게 파악하는가라는 문제가 있다. 기독교 교의에 따라 인간을 원래 타락한 존재, 원죄를 짊어진 존재로 본다면, 기독교 원리에 기반을 둔 교육목적은 개개인을 태어난 그대로의 짐승과 같은 자연상태로부터 궁극적으로는 약속받은, 정신적으로 선한 존재로 끌어올리는데 있다. 인간을 짐승과 구별하는 요소는 무엇이든 이런 재탄생의 수단이 된다. 라이오널 고스먼Lionel Gossman은 상징 시스템의 활용만큼 인간을 짐승과 구별짓는 것은 없다고 지적한다. 이런 발상에서 보자면, 언어와 문학은 과학기술보다 훨씬 중요하다.[17)] 문학교육을 중시하는 영국의 초기 논의도 인간의 원초적 타락을 전제로 하고, 그로부터 파생하는 이항대립에 따라 학문・언어・문학에 의해 만들어진 '교화된' 자기와 죄, 자만심, 졸렬함에 갇혀있는 '타고 난 그대로의' 자기를 엄격하게 구별하고 있다. 교육의 실용주의적 원칙에 대한 교회의 공격은 문학을 통해 이상적 자기로 나아가는 기독교적인 발전을 강조한 것이었다. 이는, 훗날 킹스칼리지 런던King's College London의 학장이 되는 휴 제임스 로즈Hugh James Rose 신부가 1826년 캠브리지Cambridge대학 졸업식에서 행했던 연설에서 잘 드러나 있다. "(문학은) 지성의 교화를 부분적으로 하는 것이 아니라 동시에 취향을 바로잡고, 올바른 판단력을 갖도록 하고, 원래의 자기보다도 뛰어나고 현명한 인간이 되도록 이끌어주고, 이성을 훈련시켜 탐구할 만한 사물에 대해 신의 뜻에 따라 결정되어진 경계를 알 수 있도록 해줍니다."[18](강조는 필자) 로즈의 연설은 독자와 문학텍스트 사이의 격차를 상정하고 있다. 즉 독자의 결함은 졸렬하고 타락한 인간 본성의 결과라고 이해되는 한편으로, 문학텍스트는 결함을 가지고 태어난 개인을 도덕적인 존재로 이끄는 뛰어난 매개역할을 하도록 지정되어 있다.

인간의 열등한 자기와 숭고한 자질과의 이항대립을 전제로 한 문학의 기능설정은 널리 퍼져 있었다. 그런 구별이 통상적으로 이루어지던 기독교 선교사의 문학 교과 과정이 아니더라도 이런 예는 쉽게 찾아볼 수 있다. 흥미롭게도 아담 스미스Adam Smith[19]의 문학 이해에서도 똑같은 맥락이 나온다. 그는 문학의 효용을 방임된 개인주의가 만들어내는 조야한 물질주의의 악영향을 방지하는 것에 두었다. 정부가 설립한 학교이든, 교회가 설립한 학교이든 스미스의 『도덕감정론*Theory of moral Sentiments*』(1759)은 19세기 내내 인도 교육과정에서 가장 핵심적인 교재였다. 예를 들면 1919년 캘거타대학 위탁보고서는 이 책을 학습과정의 하나로 들고 있다. 아담 스미스는 영어 산문작품을 통해 인간의 사회적 · 도덕적인 교화가 가능하다고 생각했던 초창기 사상가 중 한 사람이다.[19] 특히

19 1723~1790. 스코틀랜드 출신의 정치경제학자이자 윤리철학자이다. 그는 『도덕감정론』에서 이기심에 기초해서 행동하는 사람들이 현실생활 속에서 어떻게 서로 조정하며 질서를 유지해 나가는가를 공감sympathy이라는 개념으로 설명하고, 일상생활의 계약이나 규칙 등 형식적인 정의만 지키면 사회는 사람들의 자유로운 행위를 통해 적절하게 유지된다고 주장했다. 이러한 이기적인 개인이 자연스럽게 만들어내는 질서는 그대로 『국부론*An Inquiry into the Nature and Causes of the Wealth of Nations*』의 세계로 이어져, 자본주의와 자유무역에 대한 이론적 기초를 제공했다.

그는 방임된 자본주의에 내재한 위험, 특히 도덕적으로 퇴폐한 개인주의 개념에 잠재된 위험을 교화시켜야 한다고 경고했다. 다만 그의 제안이 실제로 채용되기까지에는 백 년 이상의 시간이 필요했다.

아담 스미스는 『도덕감정론』에서 자기평가와 자기계몽의 과정을 촉구하고 이끌어갈 광범위한 교육 프로그램의 필요를 주장했다. 이 책은 선과 덕을 갖춘 지식인을 위한 교육을 만들어야한다는 논의로 읽힌다. 스미스는 우선 인간의 본성에 내재한 원칙에 주목하고, 그에 따라 인간은 타인의 사고방식이나 행동에 반응하는 것이 가능하며, 이를 공평한 관찰자라고 부른다. 자기감정을 생각하는 대로 이끌어나갈 수 있는 인간은 지적 미덕의 모범이라고 했다. 예를 들어 "좋은 취향을 가진 인간"은 "아름다움과 추함의 지극히 미세한 차이도 구별할 수 있는 사람" 또는 "아주 복잡한 비례문제를 쉽게 설명할 수 있는 경험 풍부한 수학자"와 같은 인간이다.[20]

아담 스미스는 이와 같은 '타자' 감각, 이러한 학식의 모범을 통해 인간은 지적 미덕의 존재를 깨닫게 된다고 믿었다. 그의 말에 따르면, 인간의 내면에 존재하는 공평한 관찰자는 "공감을 통해 주인 감각 안으로 밀고 들어와서" "대상을 동일한 감각으로 바라본다".[21] 스미스는 만약 우리들이 진정으로 지적 미덕을 달성하고자 한다면, 먼저 해야 할 일이 자기 자신 안에 공평한 관찰자를 기르고, 그러한 감각의 맥락에 자신을 위치짓는 능력을 키우는 것이라고 주장한다. 그리고 문학 교육은 이러한 공평한 관찰자의 성장을 결정짓는 발전구조를 제공한다고 말했다. 또한 그는 다음과 같이 서술한다. 문학을 통해서 "우리들은 공정하고 공평한 관찰자가 보고 있는 것처럼 상상하고, 자기 자신의 행동을 검증하려 한다. 만약 자신을 그런 관찰자의 위치에 두고, 거기에 영향을 주는 모든 열정이나 동기에 몰입한다면, 우리들은 상상 속의 공명정대한 재판관이 승인하는 것에 공감하면서 그에 따라 자신도 그것에 동의한다. 만약 그렇지 않다면, 이번에는 그 재판관이 허가하지 않는 것에 동의하고, 그에 따라 자기행동을 비난할 것이다".[22]

아담 스미스의 공평한 관찰자라는 개념은 문학교육의 근거 안에 내재된 것으로 분열된 자기의식을 전제로 한다. 프로테스탄트 전통 아래에 있었던 스미스는 다음과 같이 썼다. "나는 자기 자신의 행동을 검증하고자, 그것에 대한 판결을 내리려 할 때 (…중략…) 그것을 시인하든 비난하든 어느 한쪽을 선택해야 하는 경우, 나는 내가 두 사람이 되는 것같은 느낌을 분명하게 받았다. 검찰관이자 재판관인 내가 또 하나의 나이면서, 그 행동을 검증받고 판단받아야 할 인간과는 또 다른 인물을 대표하고 있다."[23] 최초의 나는 '관찰자'라는 반쪽의 나이고, 두 번째 나는 그 행동을 "관찰자의 영향 아래에서 그것에 대한 의견을 내는" 인간이다.[24] 이러한 사고방식에서 개인은 본래의 나로부터 분리되고, 인간은 자기 자신을 타자 즉 공평한 나의 시각에서 비판적으로 관찰할 수 있는 존재가 된다.

그런데 역사를 강조하는 방식은 기묘하게도 프로테스탄트 교의와는 달리 의외로 인간 본성의 개념을 보강하는데 가까운 발상이어서, 그것은 자연(열등)과 정신(우등)이라는 이항대립을 부정한다. 이는 결국 인도인에게 내재한 선善은 긍정하지만, 그것이 부패한 전제주의 정치사회체제 때문에 실현되지 못했다고 주장하는 방식이다. 서양인이 동양인의 특성을 비판할 때 자주 쓰는 방식을 뒤집듯이 유럽인과 아시아인의 기본적인 차이는 특성의 차이가 아니라 정치체제의 차이에서 비롯된다는 것이다. 이처럼 전례 없이 동양과 서양의 기질의 통합을 인정하는 사고방식에 따라 인도인을 평가해보자면, 그들은 모든 미덕에 대한 능력을 이상적으로 가지고 있고 "본래 타고난 현명함과 탁월한 이해력, 확실한 지성, 현명한 이성과 능란한 표현력을" 가지고 있다.[25] 그러나 인도인이 그런 능력을 유럽인만큼 실현하지 못하는 이유는 동양사회가 전제정치를 선호하기 때문이다. 바로 전제정치는 국가 내부의 관료조직을 무력화시키고, 사람들을 타락하게 만드는 습관으로 몰고 가서 "인간의 개선시키고자 하는 천성에 의해서 의도된 모든 원칙"[26]을 마비시키기 때문이다.

한편 유럽 고대 봉건제를 같은 식으로 평가해보면, 유럽 고대봉건제는 동양에는 없는 반전제주의적 원칙에 의해서 작동되는 사회였다. "그들의 정부형태, 정치가들의 지혜, 영웅이나 애국자들의 빛나는 행동, 시인들의 업적, 철학자들의 원리", 그것들이 모두 영국학교의 문학교육 안에 훌륭하게 짜여 있고, 지적능력을 강화하고, 자극시켜서 좀 더 높은 단계에 도달하게 만든다.[27] 영국청년이 정치체제에 대해 배우고자 할 때 그리스·로마의 역사·문학만큼 더 뛰어난 교사는 없다. 그것들은 열성, 영웅적 행동, 고귀한 정열의 극치로서, 청년들을 유혹할 만한 주제를 충분히 가지고 있다. 고상한 정치적 질서를 낳는 관습이나 행동을 촉구하는 유럽의 영웅적 작품과는 대조적으로 인도의 이야기는 탐닉과 사치를 권장할 뿐이다. 이 두 가지 대조는, 예술이 고결한 모험이나 탐구를 찬미하면 할수록 사람들을 행동과 미덕으로 이끌고, 결국 그런 가치에 어울리는 정치형태를 선택하게 된다는 영국인들의 신념을 강조하는 것이다. 여기에 영향을 미치는 것은 일종의 순환 논법에 의해 정의하는 방식이다. 만약 상상력이 날뛰는 작동을 방어하기 위한 필요조건이 힘이라면, 상상력이 정치적 조직을 확립하는 데 도움이 되기 위해서는 그것이 좀 더 강화되어야 비로소 상상력은 윤리적인 가치를 획득한다. 유럽인들은 인도의 주민과는 달리 "그런 상상력이라는 사치품을, 자신들의 정신을 약하게 하고 여성화하는 수단으로 변화시키는 것이 아니라 행동에 호소해서 고귀한 기획을 이끌어낼 자극으로 사용한다".[28)]

인도인의 교육을 논하는 영국인 지배자 측의 논리에 따르면, 읽기의 '올바른' 동기는 사회의 재구성에 매우 중요하다. 즐기기 위해서 읽는다는 전통 때문에 동양인들은 자신들의 문학에서 사회악을 찬미하는 폐해를 인식하지 못한다. 또 그 문학의 화려한 수사나 풍부한 이미지로 인해 줄거리나 주제를 다른 곳으로 끌고 가버리기도 한다.[29)] 한편으로 유럽인이 책을 읽는 동기는 그와 달리 세계에 대해 행동하기 위한 것이었다. 서양과 동양이라는 서로 다른 사회에서 발달해온 예술형태를 얼핏 보기만 해도 이런 기본적인 차이는 명백하다. 동양의 문학에서는 아직까지도 관능적인 쾌락으로 가득한 연애 이야기가 지배적인 데 반해, 서양의 문학은 그것을 완전히 넘어서 "휴식을 모르는 야망"이라는 유럽적 전통이 문학표현을 항상 부추기고 있다. 문학에 넘쳐흐르는 용맹한 정신이 마음을 가득 채우고, 고상한 사상으로 이끌 뿐만 아니라, 시인들이 기록한 투쟁은 유럽인에게 행동과 야망을 촉구하고, 최종적으로는 정복하도록 하는 영감의 원천이 된다. 이리하여 『아시아 저널*Asiatic Journal*』의 필자가 솔직하게 썼던 것처럼 "결국 시인들의 노래에 넋을 잃고 듣는 자들이 옛이야기에 매혹당했던 자들의 땅을 차지해버렸다"고도 말할 만하다.30)

이런 비평가의 의견과 함께 콜카타의 '공교육협의회' 구성원들은 사회가 정치적으로 계몽될수록 법은 문학형식과 조화를 이루면서, 문학형식 안에 반영되리라 기대했다. 그런 발상을 가장 강력하게 주장한 사람이 찰스 트레빌리안Charles Trevelyan[20]이다. 그는 문학에서 문학의 기준을 높이는 것이야말로 인도인의 마음에 '법'을 확립시키는 첫걸음이라고 주장했다. 트레빌리안은 영문학이 미와 지성과 윤리를 융합했으며, 사물의 구성규칙을 지적으로 해석함으로써 인간의 마음이 국가의 최고법률들 혹은 행동을 규정짓고 이끄는 윤리원칙을 인간의 마음이 이해하고 인정하도록 이끄는 수단이라고 주장했다.

트레빌리안에 따르면 동양문학의 커다란 해악은 거기서 묘사되는 법률이 자의적으로 사용되고 있다는 점이며, 그래서 문학작품의 구성규칙도 마찬가지로 제멋대로라고 말한다. 그는 애당초 개인에게 반성하고 이해할 기회를 허락하지 않기 때문에, 동양의 문학이 인간의 행위에 확고한 기반을 부여하지 못하고, 인간은 자의적으로 행동할 수밖에 없다고 본다. 또 그에게 영문학 연구의 문화적 힘은, "행동에 앞선 지식과 사상"과 지성과 기독교적 윤리가 함께 작용해서 인간을 공적 존재로 형성시키는데 있다. 식민지인들에게 한 시대의 문화 표현으로서의 문학 읽기를 권함으로써, 이러한 역사적 사고법은 인도인에게 토착 사회조직의 모순을 깨닫게 하고 동시에 서양사회의 질서와

20 1807~1886. 영국 공무원으로 식민지 행정관 역임. 청년시절 인도 콜카타 식민정부에서 일했고, 1850년대 후반부터는 고위급 공무원으로 활동했다.

정의의 원칙을 인식하도록 만든다는 이중의 목적에 기여했다.

인도에는 서양과 비교하여 감탄할 만한 역사나 문학이 없기 때문에 인도 청년은 영원히 비하적 상태라는, 동정받을 만한 운명에 놓여 있다. 그러나 이 비하는 그들 자신의 성격에 내재하고 있는 것이 아니라 전제정치의 결과다. 그러므로 만약 인도인들이 자신이 열등한 원인을 깨닫게 된다면 스스로 전제적 조직의 속박으로부터 벗어나려 할 것이다. 찰스 트레빌리안은 아랍인을 부정적 예로 사용해 인도인에게 다음과 같이 경고한다. 아랍인들은 "자신들의 토착 언어의 풍부함에 지나치게 교만한 나머지 외국어를 배우는 것을 경멸했다. 만약 그들이 그리스・로마문학을 가까이 했다면, 자신들이 받드는 칼리프가 배신자이고, 자신들이 믿는 예언자가 거짓말쟁이라고 의심할 수 있었을 텐데"[31] 마찬가지로 트레빌리안은 문학연구를 통한 지적 능력의 자각을 전제주의에 대한 의식의 각성과 연결시킨다. "사라센Saracen 청년들을 군대 막사에서 대학으로 옮긴다면, 그들의 칼도 그다지 두렵지 않을 것이다. 충직한 병사들도 대학에서는 책을 읽고 성찰했을테니까."[32] 잠자는 인도의 청년을 전제적인 과거로부터 깨워 일으키고, 자신의 토착 정치사회의 악에 대해 눈을 뜨게 만들고 그에 따라 역사적 훈련은 좀 더 심화되고, 좀 더 세련되고, 좀 더 고상한 동기를 획득해서 인도의 학생을 본래의 선한 상태로 회복한다는 교육의 목적이 되살아났다.

이런 사고방식에 따라 정부의 개입은 당연히 정당화되었다. 그러나 여기에서 인상깊은 것은 영국인의 교육목적이 인도인을 유럽적 모범에 따르게 만들어서, 그들이 가진 인도인으로서의 정체성을 버리는(그런 결과로 기독교적 교육이 시도하는 것처럼, 토착의 '열등한' 상태로부터 인도 청년을 구해낸다) 것은 아니라는 점이 몇 번이나 강조되고 있다는 사실이다. 오히려 영국 주도의 문학교육이 플라톤적인 의미로, 식민지 사람들에게 자신의 내재된 성격의 기억을 각성시키는 것, 그리고 그러한 내재된 성격이 플라톤적인 의미로, 동양사회의 봉건적 성격에서 부패되어 버렸다는 것을 깨닫게 한다. 이런 보편적인 이야기는 일찍이 선교사 때문에 대본을 다시 쓴 것이다. 거기에서 영국정부는 인도인이 자발적으로 사랑을 표현해야 마땅한 이상적인 공화국으로 포장되어 있다. 그리하여 영국의 지배자들은 플라톤이 말한 수호자Guardian[21]의 지위를 획득한다. 원죄를 가진 타락한 인간이라는 기독교적 설명을 그렇게 세속적으로 다시 씀으로써, 본래의 자기는 부패 이전의 원초적 정치 질서와 동일화된다. 이런 영국적 시나리오에 따르면, 영국인이 촉매로써 개입하는 것에 의해서 특히 법과 사회조직의 면에서 교육받은 인도인은 진실한 자신으로 되돌아가게 되고, 기독교 선교사의 교육계획이 시사하는 것처럼 (원래 타락해있던) 자기로부터 분리되어 외부에 초월해있는 이상으로 향하게 되는 것은 아니다.

이러한 논리에 따르면, 영국이 인도를 위해 대리하는 선善은 인도의 청년을 교육할 때 유일하게 유효한 내용이 된다. 그러나 존 머독John Murdoch[22]이 깨달았던 것처럼 그러한 선을 인식하기 위해서는 — 그것은

21 플라톤은 이상적인 국가를 구성하는 계급을 통치자ruler, 수호자guardian, 생산자producer 등 세 가지로 나눈다. 통치자는 국가를 지키고 다스리는 사람들이고, 수호자는 통치자를 지지하고 보조하는 군인이나 관리를 가리킨다. 생산자는 통치자와 수호자에게 복종해야 하는 계급으로 농민, 수공업자, 상인 등 일반 시민을 가리킨다.

22 1819~1904. 19세기 인도와 실론섬에 선교를 위해 파견되어서 총독부 관리 역임했다. 실론섬 캔디Kandy의 교장으로 근무하면서 식민지 학교교육과정에 관심을 가지고, 다양한 교과과정을 개발했고, 정치・종교・사회적인 다양한 자원에 대한 저술을 남겼다.

교과 과정 선정에 중대한 영향을 미치는 것이었는데 — 인도의 학생들에게 비교에 의한 판별이 가능할 만큼의 왕성한 지적 능력을 요구한다. 머독은 마드라스 총독부 관리로, 다른 과목과 비교해서 현지의 문학을 얼마큼 중시해야하는지를 심사하는 자문을 담당하고 있었다. 그는 자신이 만난 많은 인도인 대중이 보인 영국지배에 대한 반감에 대해 당황했다. 또한 그는 그 이전 전제 정부에 대해서 대중이 반감을 보였다는 기록이 없다는 것도 의아해했다. 머독은 인도 현지어로 된 문학을 계속 연구했다. 그는 후에 인도교육국의 장관이 된 윌리엄 헌터William Hunter[23]가 편집했던 『임페리얼 리뷰*Imperial Review*』에 다음과 같은 글을 기고했다. 현지인들이 그 이전의 전제적 지배에 어째서 관용적이었는지를 영국인이 이해하지 못하는 것은 다음과 같은 이유 때문이라는 것이다.

> 우리들이 지배하고 있는, 요즘 세대의 사람들에게는 이런 비교를 할 수단이 없다는 사실을 그들이 간과하고 있기 때문이다. 오늘날의 인도인 대부분은 우리들 이외에는 정치에 대한 경험이 없고, 지식의 결여를 메꿀 만한 역사적 정보를 아무것도 가지고 있지 않다. (…중략…) (여기서 머독은 영국 관리가 어떻게 반응해야 할지를 검증한다－인용자 주) 역사를 속이고, 일방적인 견해만을 제시하려는 욕구는 모두 거절당할 수밖에 없었다. 우리 영국의 정권보다 이전에 있었던 여러 지배왕조의 충분한 가치를 마땅히 인정해야만 한다. 그러나 동시에 우리들에게도 어느정도의 결점은 있지만, 우리들의 존재가 인도에 은혜를 베푼 것은 확실히 해둘 필요가 있다. 『인도사』가 그러한 것을 가르치는데 최적의 도구가 될 것이며, 또한 이 책은 일반인들이 읽어도 어느 정도 도움이 될 것이다.[33)]

23 1755~1812. 인도 총독부 관리로 인도교육부 장관 역임. 최초로 힌두어로 성경을 번역했다.

그러나 존 머독이 계속해서 인식하고 있었던 것처럼, 단순한 비교만으로는 불충분하고 인도 청년이 열망하도록 기대되는 영국적 이상을 끊임없이 보강해나갈 필요가 있었다. 머독은 어설픈 계몽의 정치적 위험을 종교적인 용어로 설명한 후에, 결론적으로 안정된 정부의 장점을 교육하는 것은 하나의 선택이 아니라 공적인 의무라고 말한다.

> 소년의 손에 그리스와 로마의 역사서를 쥐어주고, 자신의 나라를 국내의 전제정치나 외국의 지배로부터 해방시켰던 고대 애국자들의 모범을 그들이 찬양하게 하라. 우리들이 그들에게 부여한 지식은 그들이 자신의 종교나 사상에 대해 자연스럽게 생각했던 존경을 파괴하는 것이다. 그 대신에 좀 더 신성하고 좀 더 순수한 것만을 심어 주자. 그렇게 한다면 감사하는 마음이 없는 불성실, 종교적 믿음을 결여한 이기적인 거짓 애국심, 존엄과는 거리가 먼 문학작품의 방종 등을 가져오는 식으로 우리를 실망시키는 결과가 나타날 수 없을 것이다.[34)]

1882년 인도 교육국은 존 머독이 말했던 문제를 받아들여서, 영국적인 규범을 긍정하는 것과 인도의 자기존엄을 유지하는 것 사이에서 어떻게 적당한 균형을 맞출 수 있는지를 논의했다. 그러나 머독이 인도의 학교나 대학에 어울리는 교재로 추천한 헨리 모리스Henry Morris의 『인도사*History of India*』에는 부정적인 의견이 많았고, 그 책은 과장되게 "반국민주의적이며, 결국은 영국의 권력을 증폭하고, 인도 사람이나 관습에 대한 경멸을 주조로 하고 있다"는 논란이 일어났다.[35)] 모리스의 『인도사』는 윌리엄 헌터William Hunter의 『인도 사람들*Indian People*』로 대체되었다. 그 책이 영국정부에 대한 충성을 촉구하기에 좀 더 적합하다고 보았기 때문이다. 왜냐하면 거기에서는 인도의 학생들에게 자신들이 강대한 영국에 의무를 짊어지는 국가의 일원일 뿐이라고 생각하도록 억누르지도 않고, 인도인으로서의 국민적 성격을 빼앗긴 존재라고 생각하게끔 하지도 않는다고 여겨졌기 때문이었다.[36)]

그래서 영문학교육은 외부 문화를 토착 사회에 강제한다는 인상을 벗어나기 위해 노력하면서, 스스로를 정교하게 재정의함으로써 정통성을 얻어나갔다. 역사의식은 인도인에게 자기 자신과 접촉하는 기회를 제공했고, 토착의 전제정치로 물들여졌던 비하로부터 자신의 본질과 정체성을 회복하는 수단이 되었다. 이렇게 해서 영문학교육은 자신의 문화·배경·전통으로부터 인도인들을 분리해버리려는 것이 아니라, 인도 청년이 본질적인 자기를 회복하고, 그에 따라 자신을 서양문명의 노정에 끼워넣기 위해 필요하다는 이미지를 획득했다.

4. 시험과 영문학교육의 정통성 정립

문학를 가르친 다음에는 시험은 어떻게 볼 것인가. 이 문제는 제임스 밀이 중요하게 생각했던 역사성을 강조하는 비판적 읽기와 같은 맥락에 놓여있다. 어떤 시험문제를 낼 것인가라는 내용에 관한 고민은, 학생들에게 역사적 사례에 입각하여 지적인 비교와 분석 예증을 요구한다는 측면에서 아주 특이하거나 혁신적인 것은 아니다. 그러나 구문 독해, 문법, 직접적인 해설을 강조하는 영국본토의 시험문제 유형과 비교해보면 완전히 독특하다. D. J. 팔머가 영국에서 영문학 연구 역사에 관한 책에서 서술했던 것처럼 본토에서 영문학 수강생에게 부과하는 시험문제는 교리문답 같은 형태로 네 분야로 구성되어 있었다. 그것은 영어의 역사, 영작문의 원리와 실행, 고전작가에 대한 영어 번역, 수사학이었다. 영문학 교과 과정에서 언어・문체・수사학을 강조한 그 자체가 시험에도 반영되었다. 예를 들어 셰익스피어에 관한 문제는 늘 나오지만, 그것은 다음과 같이 문법적 오류를 지적하는 것이었다. "'break'라는 불규칙 동사의 원형과 활용형을 제시하고, 다음 문장에서 문법적 오류를 찾으세요. 'I have broke with her father, and his good will obtained나는 그녀의 아버지와 관계는 깨어져버렸지만, 그 호의는 얻었다' — 셰익스피어." 일반적으로 영국의 시험문제는 문체와 어구의 상응을 검토하도록 한 짧은 기술식으로, 사실에 근거한 답을 요구하는 것이 대다수였다. 예를 들자면 다음과 같다. "영어 산문에서 처음으로 두각을 나타낸 작가는 누구인가? 그의 문체의 특징을 쓰고, 그것이 어떤 점에서 클레어랜든Lord Clarendon 경의 문체와 다른지를 서술하세요." "관용표현의 번역은 어떤 때에 완벽하다고 말할 수 있는가?" "어째서 D는 완벽한 문자인가?"[37]

이와는 대조적으로 인도의 교과 과정에 따른 시험은 문법 등의 형식적인 측면을 그정도로 중요하게 여기지도 않았고, 특정한 텍스트에 대해서 직접적인 해설을 요구하는 일도 거의 없었다. 또한 단일한 텍스트에 대한 질문으로 한정하지 않고, 지식이나 사회의 역사에 관한 폭넓은 시야에 바탕을 두고, 문화와 사회의 표현인 문학을 전체적인 관점에서 비평하도록 요구했다. 인도의 시험문제가 비평적 이해없이 기계적으로 암기 시험을 보면서 영국학교나 대학교의 에세이 주제 쪽으로 나아가도록 허용하는 위험성에 대한 경고가 지속적으로 이어졌다. 예를 들어 장학사Inspector of Schools였던 호지슨 프랫Hodgson Pratt은 1856~1857년까지의 벵골 공교육보고서를 통해 다음과 같이 강하게 문제를 제기한다.

> Greeschunder Chuckerbutt가 "셰익스피어가 어떤 상황에서 그리스 신화의 정확한 지식을 제시할 수 있었을까"라거나 "'신비극神秘劇'은 '도덕극'과 그 구성이 어떻게 다른가" 따위의 문제를 도대체 왜 알아야 한다는 것일까? 한편 하수시설이 제대로 갖추어지지 않은 집에 사는 위험, 미성년 자녀를 결혼시키는 비정함, 혹은 화학에 대한 무지로 밭을 황폐하게 만드는, 무분별한 행동이 얼마나 부적절한 일인가를 아는 것은 아주 중요한 일이다. 나아가 자신의 몸과 주위의 모든 것을 지배하고 있는 법의 아름다움과 숭고함을 이해하는 것도 정신적으로 아주 중요하다. 혹 가능하다면 진심으로 자연신학의 위대한 사실과 결론을 자각하는 것도.[38]

인도의 교과 과정이 좀 더 강조해왔던 것은 학생들 자신의 사회가 고집해왔던 모순된 가치관에 대해 스스로 비판적으로 판단할 수 있게 만드는 것이다. 학생이 써야하는 에세이의 주제는 이미 답을 규정해놓은 질문으로 만들어져 있는 경우도 많다. 교회가 경영하는 학교에서는 정부 계열의 학교보다도 훨씬 더 직접적이고 노골적인 질문을 내놓는다. 예를 들면 다음과 같다. "카스트제도의 단점과 그 폐지의 장점에 대해서", "힌두 경전의 허위를 나타내는 내면적 표시에 대해서", "힌두교의 물리적 오류에 대해서", "도덕적인 측면에서 바라본 기독교와 힌두교의 대조", "힌두 카스트제도의 법이 정치경제의 원칙에 반하는 점에 대해 예를 들어 논하라", "신약성서의 고대성의 증거와 그것이 기독교의 진실이라는 일반적 논의에 미치는 영향에 대해서", "기독교의 장점과 힌두교의 단점에 대해서", "야만스러운 상태는 인간의 본래 상태인지 아닌지라는 문제에 대해서", "갠지스 강둑에 병자를 방치하는 것에 대해서", "인도에서 나타나는 기독교에 대한 반감의 원인에 대해서", "영국헌법의 역사에 대해서", "이슬람교 시대의 벵골 역사에 대해서", "15세기 대항해시대의 발견이 유럽국가에 미친 영향에 대해서" 등등.[39)]

정부 계열의 학교에서는 종교에 대한 직접적인 언급은 안했지만, 인도 청년에게 영국지배의 장점을 의식시키려는 점에서는 마찬가지인 질문이 대다수였다. 예를 들어 "증기교통기관에 의한 유럽과의 새로운 교류가 인도에 미친 영향", "영국과의 관계에서 인도가 상업, 재산의 안전, 지식의 확충 측면에서 얻은 이익", "인도에서 영어 보급으로 인한 지식의 확산" 등.[40)]

물론 학생이 이런 질문에 답한 내용을 가지고, 그것이 그런 문제에 대한 그들 본연의 반응을 보여주는 것이라고 생각하기는 어렵다. 제도화된 교육에서는 본질적으로 진급이나 포상 등을 위해 타인과 경쟁해야하는 압력이 가해질 수밖에 없다. 따라서 학생의 답안을 그들이 개인적으로 느낀 지적 반응이라고 단순하게 해석할 수는 없다. 아래에서 거론한 학생 답안의 사례도 영국지배자의 이데올로기교육이 성공했는지 실패했는지를 증명하는 것은 아니다. 그것은 오히려 학생들이 교육 내용에 대한 바람직한 대답이라고 여겨서 내면화한 결과와 교육목적 사이에 어느 정도의 유사성이 있는지를 보여준다.

1843년 콜카타의 힌두 칼리지Hindu College의 학생이었던 라지나라인 보스Rajnarain Bose는 같은 반 친구들과 함께 베이컨Bacon의 다음 구절에 대해 설명하라는 문제를 받았다.

그는, 인간의 정신에는 자연스럽게 길러지면서 담론과 원리에 의해 강화되는 애정이 있는데, 그것이 활동에 도움이 되는 지식으로 향하도록 만드는 진정한 길을 왜곡하고 있다고 생각했다.

이것은 잘못된 판단이다. 그것은 특수상황과 경험에 너무나 정통해진 감각에 지배당하고, 물질에 속박당하고, 또한 조사하기 힘들고, 성찰하기에도 비천하고, 지키기에도 가혹하고, 실행하기에도 제한이 있고, 수적으로 제시하는 것도 무한한 것같고, 예술의 광영과는 아무런 관련이 없는 수많은 경험과 인간정신의 감퇴라고 여겨지기 때문이다.

이러한 의견, 정신상태는 플라톤학파에 의해서 많은 신뢰를 얻고 강조되어 왔다. 플라톤에 따르자면, 특수한 것은 단순히 정보를 준다기 보다는 개념을 되살리거나 정신의 능력을 확장시킨다. 그리고 그는 그런 철학을 미신과 혼합해서 절대로 감각에 중요함을 두지 않으며, 인간 내면의 이해력에 과도한 신뢰를 보내지도 않는다. 또한 아리스토텔레스학파의 철학자도 일단 감각을 중시하면서도 플라톤보다 더욱 이런 실제의 효용은 부정한다.

우리들은 아리스토텔레스의 후계자인 학자들을 전적으로 역사에 무지하고, 기지wit만을 신뢰하는 무리라고 생각하고 있다. 플라톤은 추론과 특수한 것에 대한 견해에서 탐구의 모범을 보여주고 있지만, 그것은 마치 힘이 없거나 성과를 얻기 어렵다는 듯한 왜곡된 방식이다. 결국 플라톤은 인간의 정신이 충족되었다고 상정하는 것이 얼마나 근거없는 일인지를 잘 이해하고 있는 것이다.[41]

이 구절 다음에 이와 관련된 문제가 몇 가지 나와 있는데, 그중 하나는 다음과 같다. "여기에서 학자들이 '전적으로 역사에 무지'하다고 말하고 있는 것은 어떤 의미인가?" 보스Rajnarain Bose의 답은 중세 유럽 학자들과 인도의 고전학자들을 특별히 비교하지 않는다. 하지만 그의 답은 역사적 과거를 명확하게 기술하는 것과 그것을 일반화시켜서 현재에 적용하려는 태도 사이에서 놓여있으며, 그 때문에 중세 유럽과 인도의 현재를 동일시할 만한 여지가 생겨난다.

아리스토텔레스의 후계자들은 역사, 즉 물리적인 성질의 역사에 전적으로 무지했다. 그들은 신학적 · 형이상학적 탐구에 빠져 있었고, 그러한 탐구를 최대한 주도하고 노력했던 자들이 자연과학의 지식이나 검증에 많은 관심을 기울였으리라고 기대하기는 어렵다. 그들의 정신은 오로지 "기지wit에 의존"해서, 결국 위에서 말한 신학이나 형이상학이라는 문제로 논쟁과 논란을 벌이는데 열중할 따름이다. 중세시대에 신학논쟁은 지식인의 주요한 임무였다. 경쟁상대의 대학을 논쟁으로 절묘하게 놀래키고 당황스럽게 만들어버린다면, 그 대학은 승리를 거두었다고 공인받고, 그 명성은 외국까지 알려지게 된다. 형이상학의 논쟁에서 승리한 집단에게는 상품이 주어졌다. 이런 유혹은 학생의 정신에 큰 영향을 미쳤다. 따라서 그들은 신학과 형이상학 공부에 모든 관심과 시간을 바쳐서 성 아우구스티누스St. Augustine나 토마스 아퀴나스Thomas Aquinas, 둔스 스코투스Duns Scotus[24]의 방대한 서적을 연구하는데 심혈을 기울였다. 이 글에서 베이컨이 쓰는 '역사'라는

24 1266~1308. 스코틀랜드 출신으로 프란체스코 수도회에 속하며 중세 스콜라 철학의 대표자 중 한사람이다. 토마스 아퀴나스를 원칙적으로 반대한 사람 중의 하나이자 가장 신랄한 비평가이기도 하다. 그는 당시에 새롭게 일어난 자연 연구의 영향을 받아 수학적 엄밀성, 명증성을 학문의 이상으로 보고 토마스주의를 비판하면서 사상을 확립하였다.

용어의 의미는 인간의 지적능력과 지식을 구별하는 것으로, 그의 『학문의 진보』 제2권의 논의와도 상통한다. 그 책에서 베이컨은 시민의 역사와 자연의 역사를 구분한다. (…중략…) 플라톤은 만약 인간의 정신이 완전히 충족되어있다면 그 너머에 있는 대상도 판단할 수 있지만, 또 다른 한편으로 우리는 그렇게 할 수단이 없다는 것을 인정해야만 한다는 것을 잘 보여주고 있다. 왜냐하면 특수한 것에 대한 추론과 관점이 미치는 데까지 인간은 확신을 갖고 탐구와 성찰을 행할 수 있었기 때문이다.[42]

덧붙여 말하면 베이컨은 정부계열이나 교회계열의 학교 할 것 없이 폭넓게 읽혔던 텍스트였다. 문학교육을 받은 인도 학생들에게 베이컨의 중요성은 대단했다. 따라서 대학 신입생이 고등학교 교과 과정의 필수였던 베이컨의 책 외에는 아는 게 없다는 사실도 결코 신기한 일이 아니었다. 베이컨을 산스크리트어로 번역했던 저명한 산스크리트 학자인 제임스 발렌타인James Ballantyne의 경우, 다음과 같은 경험을 전해준다. 그는 자신의 브라만 학생들이 영어의 알파벳을 배우고 나면, 곧바로 그들에게 영국에서 보통 사용하는 초급 철자법교본이 아니라, 베이컨의 『신기관*Novum Organon*』를 주었다고 한다.[43] 인도문학에는 실험과학이나 자연과학이 빠져 있다는 비판적 견해를 고려한다면, 베이컨을 선택하는 일은 아주 적절하다. 『콜카타 기독교인 관찰자*Calcutta Christian Observer*』의 필자 중 하나는, 힌두 철학자들이 현상에 대해 엄격하게 분석하려는 의지가 있는 실험적 탐구자라기보다는 시인이라고 비난하면서 힌두교도를 지능이 떨어지는 신비주의자라고 배척한다. 그들은 "많은 것을 깊이 생각하기는 하지만, 자연물이 시사하는 사실을 탐구하기보다는 상상의 환영을 추구하는 것에 푹 빠져 있다"고 비난한다.[44] 힌두 정신의 이러한 측면에 대해서 인도의 사회개량가 람모훈 로이Rammohun Roy[25] 만큼 비판적인 사람도 없었다. 그는 베이컨적인 지성에 따라 "베이컨의 시대 이전에 유럽에 있었던 것과 비슷한" 산스크리트학교의 설립에 반대하고, 그것은 "지식의 소유자에게도 사회에게도 대부분 실제로는 쓸모없는 문법적 미묘함이나 형이상학으로 젊은이의 머리를 가득 채울" 뿐이라고 주장했다.[45]

영국의 입장에서 보자면 인도에서 베이컨의 의미는 철학이 자연을 지배해서 그로부터 쓸모 있는 물질적 이익을 만들어낸다는 것이다. 그러한 지배를 통해서 철학은 인류에 봉사한다는 실리를 확보하고, 진실의 탐구와 함께 인간 고뇌의 경감과 인간 행복의 증가를 자신의 사명으로 삼는다. 인도에서 이런 사실에 대한 의미는 분명하다. 힌두 철학의 정신이 키워온 것은 '금욕적인 벌거벗은 수행자', 즉 모든 사물은 환상이라며 인간의 물질적 행복의 진보를 가로막는 신비주의적 궤변가뿐이라고 비판하는 주장과 결부되어 있다.[46]

물질적 발전에 관한 베이컨 사상에 대한 관심은 인도 학생이 써서 제출한 에세이에 자주 등장한다. 콜카타의 후글리 칼리지Hooghly College

25 1774~1833. 근대 인도의 사회운동가. 벵골의 부유한 브라만 가家에서 탄생해서 당시 지식인층의 관례에 따라 페르시아 · 아라비아 두 언어를 공부하는 중에 이슬람의 영향을 받았다. 1804~1814년, 동인도회사에 근무하여 영어를 습득해서 부를 축적했으며 1815년 콜카타에 정주, 아트미야 사바를 결성해서 종교 · 사회개혁운동을 개시했다. 힌두교의 우상숭배를 비판, 베단타학파의 유일무형의 신을 창도하고, 고대 인도의 철학서 우파니샤드를 영어와 벵골어로 번역했다. 한편 성전에 뒷받침되지 않는 과부 순사(사티)를 비판, 19세기 사회개혁운동의 원형을 만들었다. 국제정세에 정통해 근대 사상의 보급에 노력한 그는 영어 교육을 중시해서 앵글로 힌두 스쿨을 설립(1823)하고, 벵골어와 페르시아어 신문을 창간하는 등 교육, 저널리즘 분야에서도 선구자였다.

의 학생 다스Nobinchunder Dass에게 주어진 주제는 "증기교통기관에 의한 유럽과의 새로운 교류가 인도에 미친 영향"이었다. 그의 에세이는 인도에서 영국의 존재를 로마의 영국 정복에 비유하면서 진보의 신화를 보편화했다. 그 결과, 그의 에세이는 도덕적 열의를 가지고 제국주의를 옹호하는 것이 되어버렸다.

> 다른 국민과의 교류만큼 사회의 진보, 관습의 세속화, 인간 문명의 향상을 가져오는 것은 없다. 그것은 한 나라의 결핍을 다른 나라의 잉여로 보충함으로써 상업을 촉진한다. 타국과의 교류에 의해 한 나라의 지식이 완전히 공통의 자산이 되고, 아득히 먼 지역에서 발견되었거나 발명된 것이 모든 곳에 전해진다. 즉 교통은 대륙, 섬, 대양, 높은 산들에 의해 가로막힌 지구를 하나의 총체로 만들어서 모든 인류를 한 가족으로 만든다.
>
> 로마인은 그리스인들과 교류하여 학예와 기술을 향상시킬 수 있었다. 그리스의 철학은 로마의 조야한 군대식 관습을 부드럽고 세련되게 만들었다. 또 로마인이 아시아나 유럽과의 길을 여는 것이 불행하게도 여의치 않게 되었을 때 그들의 위안이 되었던 것도 그리스철학이었다. 당시 야만과 무지 때문에 전제정치와 압박 아래에서 신음하던 유럽대륙의 사람들은 아시아인들로부터 사회생활과 행복의 바탕이 되는 더 우수한 문명을 받아들였다. 그러나 아시아의 광영과 우월의 시대는 짧았고, 그것이 종언을 고한 이후 문명은 역방향으로 바뀌었다. 이전에 문명은 아시아에서 유럽으로 흘러갔지만, 이제 그것은 유례없는 활력과 속도로 유럽에서 아시아로 흐르고 있다.
>
> 유럽이 현재 아시아에 쏟아붓고 있는 은혜는 수없이 많고 또한 유용하다. 고대에서도 근대에서도 유럽은 철학과 문명의 권좌를 지켜왔지만, 고대에는 안전한

교통기관이 없었기 때문에 그 문명은 발상지에만 한정되어 있었다. 그러나 이제 그 장애는 없어졌고, 각국의 환경에 완전히 새로운 변화가 일어나기 시작했다. 이제 유럽 혹은 세계 도처에서 만들어진 것이 전 세계로 유통되고 있다.

아시아에서의 현재 위치로 볼 때, 유럽의 여러 나라 가운데 영국은 인도와 가장 가까우며, 특히 인도의 개량에 힘을 다하고 있는 나라이다. 영국은 인도와 교역을 행할 뿐만 아니라 토착민에게 학예, 과학, 역사, 정치경제를 열심히 교육시키고 있다. 그리고 사실상 토착민들의 이해력을 높이고 그 상태를 개선하고 자원을 증대시키기 위해 여러 가지를 행하고 있다. (…중략…)

우리들에게 영국인은 마치 영국인에게 로마인과 같은 존재이며, 근대라는 시대의 산물이다. 그들은 로마인보다도 더 많은 자원과 권력을 장악하고 있고, 우리들은 더 많은 이익을 이끌어 내고 있다. 증기기관의 사용에 따른 교통수단은 영국인이 우리 나라를 신중하면서도 현명하게 지배하는 것을 가능하게 했다. 영국인들은 자신들이 시작했던 빛나는 사업을 절대 포기하지 않고, 토착민들의 정신과 환경을 개선해서 그 자신의 명예와 지배 아래의 신민臣民을 위해서 인도의 재생자로서 완전할 때까지 결음을 멈추지 않을 것이다.[47]

이 에세이의 서술 내용은 그 자체가 개인적 신념을 드러내는 것인지 아닌지와는 관계없이, 필자인 학생에게 영국적 교육의 목적이 얼마나 깊이 내면화되어 있는지를 여실히 보여주는 사례임에 분명하다. 이 문제는 대단히 중요하다. 왜냐하면 이것은 서양과의 교류 통로가 없다면 인도의 진보는 확신할 수 없다는 견해가 지배자로부터 피지배자에게 성공리에 이행되었음을 보여주고 있기 때문이다. 그리고 그러한 이행을 가능하게 하는 지적 전략은, 상업적인 발전과 문화・지식을 결합하는 것이 호혜적인 공생 관계를 기르는 것임을 알게끔 만들어 주었다. 다스Nobinchunder Dass에 따르면 만약 상업이나 영토적 확장 혹은 국가 간의 교류가 없으면 지식은 얼어붙어 버린다. 지식을 재산이라는 물질로 분류하는 것, 즉 지식을 소유하고 이용하고 수용하고 분배하고 재분배하는 것에 의해서 상업적 확장이 정당화된다. "유럽 혹은 세계의 도처에서 만들어진 것이 전 세계로 유통되고 있다."

여기에서 나타나는 피지배자의 지배자와의 동일화는 정말 완벽하고, 자신의 분열된 자기의식의 합일화도 너무나 분명하다. 그 때문에 다스는 동포인 인도인에게 거리를 두고, 멸시까지 섞어서 "토착민"이라고 부른다. 개선해야 하는 것은 '그들의' 이해력이고, 바로 잡아야 할 것은 '그들의' 상황과 '그들의' 자원이다. 다스에게서 아담 스미스가 말한 공평한 관찰자의 최적의 고향을 발견할 수 있다. "우리들에게 영국인은 마치 영국인에게 로마인과 같은 그런 존재이다." 이 한 문장은 이런 확신을 만들어낸 역사교육의 정점을 보여주고, Macaulayean의 꿈을 현실로 만들어주고 있다.

또 다른 예로 콜카타 총회학교General Assemly Institution의 학생이었던 마헨드라 랄 바삭Mahendra Lal Basak의 에세이를 살펴보자. 그는 인도 청년들이 퇴폐적인 토착사회에서 부패한 자기 자신 속에 있는 본성을 자각해야 한다는 플라톤학파적인 사업을 스스로에게 부과했다. 그의 에세이도 다스와 비슷하게 보편화된 서사를 빈번하게 사용한다.

> 그러나 아아! 어찌된 일인가! 아아! 우리들의 동포는 아직껏 잠들어 있다. 아직껏 죽음의 잠만 자고 있다. 깨어나라, 인도의 아들들, 일어나라, 떠오르는 선한 태

양의 광휘를 보라! 아름다움이 제군의 주변에, 삶이 제군 앞에 있다. 왜, 무엇 때문에 죽음의 잠에 빠져 있는가? 그리고 그 아름다움을 들이마신 우리들이 — 우리들이야말로 우리 불쌍한 동포를 깨워야 하지 않겠는가? 무슨 일이 일어나도 우리들에게는 의무가, 잠자는 인도의 잠을 깨울 행복한 의무가 있다.[48)]

마헨드라는, 영국을 자신의 동포가 진실한 자기를 실현하기 위한 이상적인 공화국이라고 파악했다. 그는 영국인의 개입이라는 촉매, 특히 법과 사회조직에 개입하는 것을 통해서 동포인 인도인들이 진실한 자기로 복귀할 수 있다고 진심으로 믿고 있었다.

마헨드라나 다스와 같은 학생의 에세이에서 발견되는 것은 영문학 연구가 정통성의 수단으로서 교묘하게 재정의된 결과이다. 역사적인 정신을 가진 젊은이를 양성한다는 목적을 가진 영국의 교육은, 인도 학생에게 자신이 새롭게 만나야 할 위치를 설정해두고, 토착의 전제주의 때문에 퇴폐해버린 그들의 진짜 본질과 정체성을 회복시키고자 한다. 인도학생을 그들 자신의 문화 · 배경 · 전통으로부터 단절시켜버리는 것이 아니라 그들에게 본래의 자기를 회복하게 하는 것. 영문학은 수사학이라기보다는 역사의 일부가 되고자 했다. 그런 교육을 통해 인도인 자신에게 본질적인 합일의 기회를 제공하고, 문명인의 발전과정에 그들을 다시 끼워넣고자 했다. 동시에 그러한 교육으로 "허위의 사고"를 제거함으로써 영국정부야말로 국가의 번영과 정의를 추진하는 정당한 정부라고 인지시키는 길을 열었다.[49)]

팽창하는 황국 · 개화하는 황국*

하가 쇼지羽賀祥二**

1. 들어가며

18세기 말부터 19세기 초 일본의 도쿠가와 막부德川幕府 사회는 외부로부터 심각한 위기를 맞게 되었다. 그것은 두 차례에 걸친 러시아 사절의 방일, 에조치蝦夷地[1]에서 일어난 러일분쟁, 그리고 나폴레옹전쟁의 여파로 인한 페톤Pheton호 사건[2] 등으로부터 비롯된 위기였다. 더구나 포경선

* 이 글은 남효진이 번역했다.

** 1953년생. 나고야대학 교수. 저서 『19세기 일본의 지역사회와 역사의식19世紀日本の地域社会と歴史意識』(1998), 『기록과 기억의 비교문화사記録と記憶の比較文化史』(공저, 2005).

1 일본 에도시대에 아이누인들이 사는 곳을 가리킨 말. 오시마渡島반도를 제외한 홋카이도, 사할린, 지시마 열도를 포함한다.

같은 외국 선박들까지 일본열도 해역에 출몰하고 있었다. 세계사의 큰 변화가 도쿠가와 사회에 직접적으로 영향을 미치게 된 것이다. 특히 히타치常陸의 오쓰시하마大津浜와 사쓰마薩摩의 다카라지마宝島에 이국인異國人이 상륙한 사건은 당시 일본 지배층에게 큰 충격을 주었다. 이런 사건들은 연안 항로에서 일본인이 이국선이나 이국인과 접촉할 가능성이 점점 커지고 있음을 보여주었다. 1825년(분세이文政 8) 도쿠가와 막부는 '이국선격퇴령異國船打拂令'[3]을 내려 외국 선박은 무력으로 쫓아버리고 항해하는 일본인들에게는 이국인과의 접촉을 피하도록 명했다.

이러한 상황 속에서 일본인들은 자연스럽게 세계정세 및 그 변화에 깊은 관심을 갖게 되었다. 그러면서 아시아를 제외한 지구상의 모든 나라들이 서구의 식민지가 되어버렸다는, 그중에서도 러시아와 영국 두 나라가 '전지구적 권력地球之權'을 움켜지고 있다는 인식을 기본적으로 갖게 되었다. 요컨대 인의仁義・육상陸上의 나라인 러시아와 지략智略・해상海上의 나라인 영국의 대결, 그리고 이 두 나라에 의한 식민지화의 진행이라는 세계정세를 인식하게 된 것이다(渡辺崋山, 『외국사정서外國事情書』). 이러한 세계사의 전개에 대한 관심은 지리학geography이라는 신학문을 통해 채워졌다. 지리학을 통해 얻은 지식을 흡수하면서 세계정세의 추이와 세계이미지, 나아가서는 천체인 지구의 이미지가 형성되어 갔다.

당시 일본인들은 만국에 관한 정확한 지리 정보를 획득하고 아시아

---

2 1808년 일본 나가사키 항에 영국 군함이 침입한 사건. 일본과 영국 양쪽 모두 아무런 피해도 입지 않고 이 사건은 무마되었다. 그러나 이후 영국 선박이 계속 출몰하게 되자 도쿠가와 막부는 1825년 '이국선격퇴령'을 내렸다.

3 일본 도쿠가와 막부가 1825년에 내린 외국 선박 추방령으로, 일본 연안에 접근하는 외국 선박은 보는 즉시 포격하여 내쫓고 상륙한 외국인은 감금하도록 했다. 1842년에 폐지되었다.

의 한 나라인 '황국'의 지리적 위치를 명확하게 하고자 했다. 그러는 한편으로는 자신의 나라·자신의 영지·자신의 가문의 역사 요컨대 자기를 낳고 성립시킨 역사를 강하게 자각하게 되었다. 이런 '황국'의 위치에 관한 지리와 역사 지식이 교차하고 축적되는 지점에서 2백년간 지속된 쇄국체제에 대한 비판이 생겨났고 한발 더 나아가 상상 속에서 비대화하고 팽창된 국가이미지가 부상했다. 구체적인 예로 와타나베 카잔渡辺崋山[4]이 막부 외교를 비판하고, 와타나베 카잔과 가까웠던 농정학자 사토 노부히로佐藤信淵[5]가 공상적 제국주의론을 제기한 것을 들 수 있다. 외적 국가의 팽창성은 국가의 역사적 연원을 인식함으로써 가능해진다. 외적 국가란 다른 국가나 지역과의 관계성으로 확인되는 국가의 측면이다. 그러한 팽창성과 내적 국가의 역사적 소급성이 맞물리면서 '황국'이라는 국가상이 만들어졌다.

또 에도 막부 말기와 메이지유신 시기에 활동했던 게사쿠戯作[6] 작가 가나가키 로분仮名垣魯文은 지리학을 가장 먼저 받아들일 수 있었던 위치에서 그 지식을 빌려, 개화를 향해 나아가는 '황국'의 모습을 보여주었다. 그는 개화된 선진 국가 영국으로 가는 야지키타弥次喜多의 여행을 그린 게샤쿠와 대중지리서를 통해 세계에 대한 이미지를 독자에게 제공했다. 그리고 가나가키 로분은 메이지유신 정부의 국민교화 정책에

4 1793~1841. 일본 에도시대 후기 미카와노쿠니三河国 다하라田原번의 무사로 난학과 그림에 조예가 깊었다. 1839년 모리슨호 사건에 대한 도쿠카와 막부의 대외정책을 비판한 일로 투옥되었다(만사의 옥蛮社の獄). 1841년 자신과 막부의 갈등이 다하라번에 누가 될 것을 염려하여 할복자살하였다.

5 1769~1850. 일본 에도시대 후기의 절대주의적 사상가, 농정학자. 만주, 조선, 타이완, 필리핀 및 남양군도 등의 영유를 주장하였기 때문에 대동아공영권 사상의 아버지로 보는 견해도 있다.

6 일본 에도시대에 유행했던 가벼운 심심풀이용 읽을거리.

협력하여 '황국'의 역사와 국가적 도덕원리('3조교칙三條敎則')[7]를 민중에게 전했다. 와타나베 카잔이나 사토 노부히로와 입장은 다르지만 가나가키 로분 역시 지리학과 역사학이 교차하는 지점에 분명히 서 있었다. 그들의 활동을 조금씩 더듬어 보면서 19세기 말 일본에 나타난 역사와 지리에 관한 문제들의 일단, 즉 과거를 향한 소급과 바깥 세계 확장에 따라 만들어진 새로운 국가사회상을 밝혀보고자 한다.

2. 외적 세계와 부富

1) 오시오 헤이하치로大塩平八郎를 둘러싼 풍문

1836년(덴보天保 7)에 "유례없는 기근으로 인해 굶어죽은 시체들이 거리에 나뒹구"1)는 심각한 상황이 벌어졌다. 에도에서는 10월 하순부터 공적 구제시설이 설립되어 굶주린 사람들을 구제했다. 그런데 다음 해 1837년(덴보 8) 2월 19일에 오사카마치부교大坂町奉行[8]의 하급무사였던 오시오 헤이하치로가 반란을 일으켰다. 그가 쳐들어와서 에도를 불태우

7 메이지유신 초기 일본 문부성이 국체론에 입각한 국민교화를 위해 내린 것으로 그 내용은 다음과 같다. ① 경신애국敬信愛国의 취지를 명심할 것, ② 천리인도天理人道를 분명히 할 것, ③ 천황을 받들어 조정의 뜻을 준수할 것. 동국대 불교문화연구원 편, 『동아시아불교, 근대와의 만남』, 동국대 출판부, 2008, 332면 참조.

8 일본 에도시대 오사카 도시지역의 행정과 사법을 담당하는 관직.

고 다 때려 부술 것이라는 소문이 에도에 퍼지면서 한바탕 소란이 일어났다.[2] 이 사건은 그해 4월 2일 도쿠가와 이에나리徳川家齋에서 도쿠가와 이에요시德川家慶로 쇼군將軍이 바뀌는 시대의 역동 속에서 벌어졌다. 쇼군 계승 의식이 거의 끝나갈 무렵인 4월 10일 당시 막부에서 국정을 총괄하던 미즈노 타다쿠니水野忠邦는 행방불명된 오시오 일당의 수색을 명했다. 쇼군가의 가독家督상속 직후 막부가 제일 처음 착수한 일이 오시오 사건 뒤처리였던 것이다.

기근 대책에 골몰하던 미카와노쿠니水河國 다하라田原번의 가신 와타나베 카잔은 이즈伊豆 니라야마韮山의 관리 에가와 히데타쓰江川英龍에게 보낸 편지에서 "보슈房州9에 나도는 풍문에 따르면 마무라間村에 사는 사람이 고기 잡으러 나갔다가 그 미국 배 안에 오시오가 있는 걸 봤다더라"며 미국 배에 탄 오시오를 봤다는 소문을 전한다.[3] 그 소문은 쇼헤이코昌平黌10에 다니는 학생이 현지에서 듣고 농정학자인 사토 노부히로에게 말한 것을 노부히로가 와타나베 카잔에게 전한 것이다. 와타나베 카잔과 사토 노부히로는 1830년대 초부터 서로 교류가 있었는데 1837년 당시 노부히로는 다하라 영내를 돌면서 농업을 지도하고 있었다.[4] 카잔의 편지에 나오는 '그 미국 배'는 그해 6월 우라가浦賀 앞바다에 나타났다가 쫓겨난 모리슨 호를 말한다.[5]

오시오 헤이하치로가 자살한 것이 아니라 이국선을 타고 해외로 도망쳤다는 소문은 히젠肥前 히라도平戶번의 번주 마쓰우라 세이잔松浦靜山의 수필 『갑자야화甲子夜話』에도 나온다. 1837년 8월 말 시모쓰케노쿠니

9 일본 도카이도東海道 지방에 속하는 아와노쿠니安房国의 별칭. 현재는 지바현의 일부가 되었음.
10 1790년에 건립된 에도 막부 직할의 교학기관.

下野國 구로바네黑羽번의 번주인 오제키 가쓰노사이大關括囊齋는 세이잔을 방문해 "오사카의 역적 오시오가 실은 죽지 않고 불이 났을 때 배를 타고 청국으로 도망갔다"며 오사카 거리가 화재로 혼란스러운 틈을 타 도망쳤다는 풍문을 전했다.[6] 이 풍문에 따르면 쓰시마 앞바다나 남해 해상에서 오시오 일당이 탄 배를 만났는데, 오시오가 "내가 본국에 다시 돌아온다면 외국의 일을 결코 등한시 하지 않겠다"라고 말하며 대외문제에 경종을 울렸다고 한다. 또 사쿠라佐倉번의 번주인 홋타 마사요시堀田正睦는 와타나베 카잔과 친한 유학자 마쓰자키 코도松崎慊堂에게 오시오 헤이하치로가 다케시마竹島로 도망치려는 게 아니냐는 말을 했다고 한다.[7] 바로 그 무렵 다케시마를 통한 밀무역이 발각되어 엄중한 도항금지령이 내려졌던 일이 이런 소문을 낳았으리라 추측된다.

오시오 헤이하치로의 도주 행방에 관한 소문이 무성할 무렵 막부 내부에서는 바깥 세계와 관련해 또 하나의 커다란 움직임이 있었다. 쇼군 도쿠가와 이에요시 초기 정치의 일환으로 1837년 12월 하구라 게키羽倉外記는 이즈 7도를 순찰하라는 명을 받았다.[8] 하구라 게키는 이즈 7도를 돌아보는 데 그쳤으나 바깥 세계에 대한 사람들의 관심은 남쪽에 있는 무인도의 존재를 알게 되면서 더욱 커졌다. 『갑자야화』에도 무인도에 표류한 이야기가 몇 편 실려 있다. 이즈 앞바다에 있는 '메쓰포우섬' 이야기도 그중 하나다.[9] 그 섬은 초시銚子에 있는 한 어촌의 어부들이 이십몇 년 전에 함께 이주한 섬으로 "일본에 연공을 내지 않는데다가 해마다 벼농사도 잘 되어 먹는 데 부족함이 없고 밭에 무명이나 마를 키워 입는 것도 족하고 물고기나 새 또한 아주 많다. 초목이 우거지고 좋은 곳에 집을 지어 처자식을 부양한다"며 풍족하고 안정된 생활을 하고 있다는 이야기이다. 이 섬이 근세에 '무인도'라고 공칭되던 오가사와라小笠原섬을 뜻하는 것인지 여부는 확실하지 않다.10) 마쓰우라 세이잔은 인도에 관한 정보를 수집하였으며 하구라 게키가 이즈 7도를 돌아보고 쓴 기록인 『남항록南帆錄』의 편집에도 관여했다. 이로부터 바깥 세계에 대한 당시 지식인의 강한 관심을 엿볼 수 있다.11)

와타나베 카잔은 하구라 게키가 이즈 7도를 돌아볼 때 동행하고 싶어 하였는데 하치조지마八丈島, 무인도 등에는 함께 가기도 하였다. 그는 "여러 해 전부터, 좋아하는 학문 쌓는 일을 서로 격려하며 불후지공을 세우고 싶다"고 번 정부에게 청원했다.12) 이런 바람이 후에 만사蛮社의 옥[11]이라 불리는 큰 사건이 벌어지는 계기가 된다. 막부가 와타나베 카잔을 구금한 사건, 즉 만사의 옥은 그가 무인도로 도항할 계획을 세웠다는 참소를 받아 벌어진 것이다.13) 막부는 와타나베 카잔을 심문하여 '무인도'로부터 루손, 나아가 샌드위치섬,[12] '하타리카'로 건너가 외국인과 교역하려고 계획했다는 혐의를 입증하려 했다.14) 그리고 사쓰마번 시마즈 가문의 가신으로 와타나베 카잔과 교류가 있었던 고바야시 덴지로小林專次郎처럼 오스트레일리아 개척을 꿈꾼 인물도 있었다.15) 뒤에 다시 말하겠지만 사토 노부히로도 남양南洋 진출의 거점으로 무인도 개발을 구상하였다. '무인도' 나아가서는 남양으로 공상이 확장되면서 무인도는 미개척의 땅, 해외로 세력을 확장시키기 위한 근거지, 가능성을 숨기고 있는 장으로 상상되었다.

11 반샤노고쿠. 일본 에도 막부 말기인 1839년 5월에 일어난 언론탄압사건. 다카노 초에이高野長英, 와타나베 카잔 등이 모리슨호 사건과 도쿠가와 막부의 쇄국정책을 비판한 혐의로 투옥되었다.

12 하와이를 뜻한다.

2) 교역이 가져다준 부

다케시마[13] 밀무역은 덴포 시기 무인도를 둘러싼 큰 사건 가운데 하나이다. 다케시마는 오시오 헤이하치로가 도망쳤다고 소문났던 바로 그곳이다. 1836년(덴포 7) 6월 마쓰다이라松平 가문 영지에 사는 하치에몬八右衛門(이와미노쿠니石見國[14] 하마다浜田번의 운송선 위탁매매인 아이즈야 세이스케會津屋淸助의 아들)[15]이라는 인물이 오사카마치부교에서 지샤부교寺社奉行[16]로 넘겨졌다.16) 하치에몬은 하마다번의 묵인 아래 일본도 같은 무기들을 어선에 싣고 나가 다케시마에서 이국인과 교역했다는 혐의를 받았다. 구금된 사람 가운데에는 하마다와 에도의 상인, 쇼도시마小豆島의 뱃사람 외에 하마다 마쓰다이라 가의 가신까지 포함되어있었다. 『갑자야화』에도 이 도항・밀무역 사건에 관한 풍설들이 실려 있는 것에서 알 수 있듯이,17) 다케시마 밀무역 사건은 세간의 관심을 크게 끌었다.

교역에 관한 흥미로운 소문은 에도의 정보통이라고 불리던 후지오카야藤岡屋가 쓴 일기에도 실려 있다. 그 내용은 교역에 종사하는 상인들이 엄청난 부를 축적했다는 것이다. 〈표〉는 덴포 시기(1830~1844)에 적발된 상인 3명의 자산을 보여주는데, 셋 다 상상을 초월한다. 자산 내용이 거의 비슷한 다카다야와 시마다야는 중국과의 쌀 교역으로 부를 축적한, 큰 배를 많이 소유한 호상들이다. 시마다야는 1833년(덴포 4)

---

13 울릉도를 뜻한다. 지금은 일본에서 다케시마라고 하면 독도를 뜻하지만 당시엔 울릉도를 다케시마竹島라고 부르고, 독도는 마쓰시마松島라고 불렀다.

14 현재 시마네현 하마다시.

15 지금까지는 아이즈야 하치에몬으로 알려졌으나 최근에는 하마다 시 문화재심의위원인 모리 카즈오森須和男가 주장한 이마즈야今津屋 하치에몬이라는 설이 점차 힘을 얻고 있다.

16 무로마치 시대에서 에도시대에 걸쳐 무가 정권의 종교행정을 담당했던 기관 중 하나.

〈표〉 몰수처분을 받은 호상豪商의 재산

	다카다야 큐베에 高田屋久兵衛	시마다야 분조 島田屋文蔵	기야 토에몬 木屋藤右衛門
쌀(중국배로 실어보낸 양)	9억 8,100여 석	19억 8,000여 석	
쌀	39억 1만여 석	39억 1만여 석	210만 7,000석
금	1,820만 8,500량	827만 8,000여 량	187만 8,525량
창고	307개소	370개소	
대선大船	450척	454척, 선주 980여 명	
가옥	폭 97간(약 115m) 깊이 207간(약 245m)	폭 197간(약 233m) 깊이 270간(약 319m)	
고용인 수	1,100여 명		

8월부터 다케시마에 도항하여 부를 쌓았으며 1836년 8월 5일에 막부의 조사를 받았다고 되어있다.[18] 다카다야의 소문도 1833년 8월의 기사[19]인 것을 보아 소문의 시작은 다케시마 밀무역 사건일 가능성이 있다. 또 1842년(덴포 13) 3월 11일의 기사는 '가슈加州 기야 토에몬木屋藤右衛門 처형 사건'에 대한 것이다.[20] 가가노구니加賀國 아와가사키栗ヶ崎의 기야 토에몬과 기야 토조木屋藤藏 그리고 고용인인 사지에몬佐次右衛門이 외국과의 교역을 이유로 책형에 처해졌다는 내용이다. 그들이 축적한 가산 또한 상상을 뛰어넘는 엄청난 규모였다.

어째서 상상을 초월하는 엄청난 재산을 가진 호상이 재산을 몰수당했다는 이런 소문들이 유포되었던 것일까?[21] 그 배경으로 밀무역이 문제시되던 역사적 사실을 고려하지 않을 수 없다. 덴포 시기에 사쓰마의 밀무역 문제가 표면화되면서 막부가 그 대책에 본격적으로 나선 일이 있었다.[22] 『갑자야화』에도 사쓰마번의 밀무역에 대한 소문이 적혀있다.[23] 최근 사쓰마번이 류큐를 거쳐 들여온 청나라 물품을 나가사키에서 팔아 큰 이익을 보았으며, 매해 200척 가량의 사쓰마 배가 이 밀무역을 위해 에치고越後를 드나든다는 것이다. 홋코쿠北國 지방에서 행해지는 이런 밀무역을 막지 못한 탓에 막부의 나가사키 무역이 해마다 쇠퇴하고 있으며 최근에는 3만 량 넘게 부족하다고 한다. 사쓰마 이외에도 중국으로 건너가는 일본 배들이 많았다. 마쓰우라 세이잔은 현해탄을 지나 쓰시마・조선으로 가는 일본배로 여겨지는 배들을 보았다는 가신의 이야기를 적었다. 나아가 "청나라 자푸乍浦 등지에는 우리 일본에서 온 배들이 정박해있는 것을 흔히 볼 수 있다"라며, 청나라에 표류했다가 송환된 일본인의 이야기를 실었다.

이런 밀무역 사건이나 그에 관한 소문을 통해 바깥 세계와의 접촉이나 교역이 가져오는 막대한 부에 대한 세간의 관심을 엿볼 수 있다. 그로부터 상상을 초월하는 부를 낳는 풍요로운 세계로서 바깥 세계가 그려졌다.

3. 레자노프와 모리슨

1) 내항한 '모리슨'에 대한 대응

'페리'는 1853년 '가에이嘉永 계축癸丑'이라는 연호와 함께 도쿠가와 막부가 해체되는 바로 그 시점에 등장한 미국 해군 제독의 이름이다. 그런데 이 '페리' 이전에 도쿠가와 막부 사회에 군사적 위협을 가하여 바깥 세계에 눈뜨도록 한 인물이 두 사람 있었다. 바로 대일 러시아 사절 '레자노프'와 미국 배 '모리슨'(원래는 미국 배의 이름인데 당시는 영국인 선장의 이름으로 잘못 알려짐)이다.

1838년(덴포 9) 3월 15일 네덜란드 상관商館[17]의 책임자 니먼은 쇼군이 된 지 얼마 안 된 도쿠가와 이에요시를 알현했다. 그리고 7월에 니먼의 뒤를 이어 일본에 부임한 상관 책임자는 영국 배 모리슨 호가 다음해 봄 일본인 표류자 7명을 송환하고 통상을 요구하기 위해 우라가浦賀에 기항할 것이라는 정보를 전했다.[24] 그 시점에 모리슨 호는 이미 우라가 앞바다에 나타나 있었다. 막부는 당시 국정을 총괄하던 미즈노 타다쿠니의 지휘 아래 예고된 모리슨 호의 내항에 대한 대응책을 협의했다.[25] 그리고 1825년(분세이 8)에 내린 '이국선격퇴령異國船打拂令'에 따라 단호하게 격퇴한다는 방침을 재확인했다. 막부 지도층은 "신의를 주장하면서 표류민을 미끼로 이익을 취한다"는 이국의 교섭 스타일에 강한 위화감을 보이고 이런 "간적奸賊"에 대해 "접대의 예"를 갖출 필요가 없다고 단정했다. 이 협의에서는 1807년(분카文化 4) 에조치에 내항했던 러시아 배에 대한 대응을 선례로 삼았다. 이에 대해서는 뒤에서 다시 이야기하겠다.

네덜란드 상관 책임자의 정보와 그에 대한 막부의 대응은 다양한 억측과 반응을 불러일으켰다. 이즈의 섬들을 둘러 봤던 하구라 게키

17 에도시대에 설치된 네덜란드 동인도회사의 일본 진출 기관. 1609년 일본이 네덜란드와 국교를 맺으면서 히라도平戶에 설치되었다가 1641년 나가사키長崎 항구의 인공섬 데지마出島로 이전했다. 1860년부터 상관이 총영사관을 겸하게 되었고 그 책임자는 총영사가 되었다.

는 영국 배가 사가미相模와 아와노 해상에 나타나면 이즈 7도로 가 격퇴하겠다는 취지의 건의를 했다고 한다.[26] 마쓰자키 코도가 와타나베 카잔의 투옥에 대해 "영국諳厄利亞 일로 인해 모함당했다"라고 말했듯이, 모리슨호 사건은 '만사의 옥'의 도화선이 되었다.[27] 와타나베 카잔이 '무인도'를 탐색하고 싶어 한 것은 사실이다. 그것이 하구라 게키의 하치조지마 순시, 모리슨 호의 충격 등과 엮이면서 그런 음모의 소문을 낳았던 것이다. 그 배경에는 도쿠가와 막부의 외교에 대한 와타나베 카잔의 비판이 있었다. 레자노프가 나가사키에 와 통상을 요구했을 때와는 차원이 다르다는 인식을 와타나베 카잔도, 만사의 옥으로 함께 갇힌 다카노 초에이高野長英도 공유하고 있었다. 이것은 외교와 막부 정치의 양상이 밀접하게 관련되어 있다는 시각에서 정치문제가 되었다. 모리슨호 사건이 체제의 위기라는 차원에서 문제로 인식되기 시작한 것이다.

알 수 없는 뭔가가 일본 열도에 커다란 그림자를 드리우기 시작하였고, 그것이 재난을 가져올지도 모른다는 공포를 낳고, 그 재앙이 점차 나타나고 있다는 의심이 정치스캔들과 소문을 만들어냈다. 와타나베 카잔, 다카노 초에이 등의 투옥 사건은 "천주교切支丹 난학蘭學 유행 사태"이라는 제목이 붙었다.[28] '반란자' 오시오 헤이하치로와 미국의 관계에 대한 소문이 돌고, 와타나베 카잔 등은 '천주교'와 결부되었다. 오시오 헤이하치로도 천주교 신자인 것 아니냐는 소문까지 있었다.[29] 나아가 아편전쟁에 대한 정보가 전해진 탓인지 그 후 밀무역에 관한 풍문은 완전히 다른 요소, 요컨대 적과 관계를 맺는 자는 침략의 끄나풀이라는 소문까지 만들어 냈다.[30]

2) 19세기 초 러일'전쟁'

1739년(겐분元文 4) 5월 러시아 배가 일본 근해에 처음 모습을 나타냈다는 기록이 있는데[31] 18세기 중엽 이후에는 에조치에 빈번하게 출몰했다. 러시아는 강대하고 풍요로운 제국이라는 이미지로 비추어졌다.[32] 1804년 10월 8일(분카 원년 9월 6일) 대일 특사 레자노프를 태운 나데쥬다호(선장 크루젠슈테른)가 나가사키 만에 닻을 내렸다. 1805년(분카 2) 3월 7일 막부는 레자노프에게 통교 거절을 내용으로 하는 교유서教諭書를 읽어준 후 그냥 돌아가도록 했다.[33] 그 내용은, 통상・통신하고 있는 4개국과의 교류는 '교역의 이익'을 위한 것이 아니고, 이국과 통교하지 않는 것이 역대의 법이니 경계를 지킬 것을 강조하면서 해외의 무용지물과 일본 국내 유용한 물품의 불균등한 교환은 국익을 해친다는 것, 교역에 따른 이익 분쟁이 일본의 도덕원리와 맞지 않는다고 주장하였다.

레자노프는 나가사키에 오래 머물렀으나 소기의 목적을 달성하지 못한 채 러시아로 돌아갈 수밖에 없었다. 그 후 북방은 두 나라의 분쟁지가 되어 얼마 동안 긴박한 정세에 놓이게 되었다. 도쿠가와 막부는 북방대책을 위해 1807년(분카 4) 3월 마쓰다이라 영지와 에조치 서쪽 지역을 직할령으로 삼고 홋타 마사아쓰堀田正敦 등에게 순시를 명했다. 그 직후인 6월 10일 에도에 하코다테부교箱館奉行의 하부토 마사야스羽太正養로부터 러시아인이 이투르프Iturup섬[18]을 습격했다는 보고가 들어왔

18 쿠릴 열도(일본명 지시마千島 열도) 남부에 속한 섬. 러시아와 일본이 서로 영유권을 주장하고 있으며, 현재는 러시아의 실효 지배 아래 있다.

다.[34] 4월에는 이투르프섬의 나이호와 샤너 두 곳에 있던 초소가 습격당해 그곳을 지키던 사람 중에 사상자가 발생하였는데, 7월 초 이 사건이 에도까지 전해지게 되었다.[35] 그때 초소를 지키다 러시아인에게 잡혀갔던 사람이 돌아와 러시아인들은 통상을 원한다는 것, 천 석급과 삼백 석급 배 두 척에 60명 정도가 타고 왔는데 이미 러시아로 돌아갔다고 말했다는 소문이 퍼졌다. 이 사건으로 에도 전체가 동요하고 사람들은 술렁였다. 『호헤이연표奉平年表』는 "에도부가 술렁거리면서 사람들은 만나기만하면 그 이야기를 한다"고 썼다.[36] 그리고 "에도 거리거리 대장간마다 조잡한 갑옷을 벼리고 헌옷 파는 집마다 갑옷 위에 입는 겉옷을 걸어놓았다. 이런 것들을 보자니 세상이 어쩐지 뒤숭숭하고 그 일과 관계가 없는데도 마음이 편치 않다"라며 러시아와의 분쟁이 초래한 혼란과 불안을 전하고 있다.

그 후 몇 번인가에 걸쳐 러시아 측이 일본 측 병영을 습격하여 러일 양쪽이 각각 골로닌Golovnin과 다카다야 카베에高田屋嘉兵衛를 구속하는 사건이 일어났다. 이 분쟁은 1813년(분카 10) 골로닌과 다카다야 카베에를 교환함으로써 수습되었다. 이런 러시아와 일본의 잇따른 충돌 사건들을 당시 네덜란드상관의 책임자로 있던 헨드릭 되프Hendrik Doeff는 '전쟁 상태'로 간주했다.[37] 이런 인식은 네덜란드 본국이 영국에게 점령당했기 때문에 영국과 동맹 관계인 러시아는 네덜란드와 전쟁 상태라는 긴박한 서구 정세를 배경으로 한다. 1799년부터 1817년에 걸친 나폴레옹전쟁의 여파가 그대로 동아시아와 일본까지 미친 것이다.

이런 19세기 초의 러일분쟁이 1813년(분카 10)에 일단락된 데 대해 『호헤이연표』는 "이로부터 에조 지시마千島 바깥까지도 오랫동안 잠

잠했다"[38]라고 썼다. 여기에서 러시아의 무력 공격을 물리치고 지시마를 비롯해 에조치 전체가 평화 상태를 회복한 것, 요컨대 러시아와의 '전쟁'에 승리했다는 인식을 볼 수 있다. 소란의 소용돌이 속에서도 에도 사회는 러시아와의 '전쟁'에서 승리할 것이라고 믿었다. 이에 관한, "일본은 개국 이래 다른 나라에게 진 적이 없는 나라다"라는 『후지오카야일기藤岡屋日記』의 표현에서도 당시 분위기를 엿볼 수 있다.[39]

이런 '전쟁'의 와중에 도쿠가와 막부는 러시아 배에 대한 격퇴를 명령했다. 그리고 1825년(분세이 8) 2월 18일 막부는 영국 배의 일본 근해 접근, 나아가 히타치常陸나 사쓰마 영지에 영국 선원이 상륙한 사건에 대처하기 위해 '이국선격퇴령'을 내렸다. 이 '이국선격퇴령'를 내림과 동시에 막부는 일본 내 운송선, 어선이 해상에서 이국선과 접촉하는 것을 엄하게 금하고 이국선과 만나지 않도록 주의하라고 명했다.[40] 그리고 접촉이 발각되었을 때에는 엄중하게 처벌하였다. 1837년(덴포 8)의 다케시마 도항 사건은 바로 이런 막부의 명령을 어긴 것이었다.

1853년(가에이嘉永 6) 10월에 도쿠가와 막부가 편찬한 외교문서집 『통항일람通航一覽』은 1566년(에이로쿠永祿 9)에 미카와노쿠니三河國 가타하마片浜에 베트남安南 배가 왔을 때부터 1825년(분세이 8)의 '이국선격퇴령'까지 외교 사료를 지방 별로 편찬한 것이다. 막부는 1825년의 '이국선격퇴령'이 이국선에 대한 조치를 완전히 바꾸었다고 보았다. 그 범례를 보면 서구의 행동에 대해 강하게 비판하는 태도를 볼 수 있다.[41] 그에 따르면 일본은 중국・조선・류큐 같은 아시아 나라들과는 풍토・인정人情이 비슷하지만 서양과는 다르다. 그 이질성은 '이利'와 '속임詭'이라는 말로 상징되었다. '이利'의 목적은 기독교의 포교이며, '속임'은 통상을 겉으로 내세운 국토 침략의 욕망이다. 특히 『통항일람』의 편찬 책임자였던 하야시 아키라林韑는 일본 즉 황국은 지구에서 가장 적정한 위치에 있다고 주장했다. 왜냐면 물산이 풍부하고 기후도 온화하며 상하 질서를 유지하는 도덕성도 있다고 인식했기 때문이다. 따라서 외부로부터 교역과 도덕을 취할 필요가 없다. 바로 여기에 '쇄국'의 논리가 있다.42) 통상거절론은 경제적·도덕적으로 자립·자족하는 일본사회관으로부터 나온 것이다.

19세기 초 '이국선격퇴령' 체제의 고수와 경제적·도덕적 우위성을 근거로 한 '쇄국' 관념의 강화가 일본 국내에서는 '공무일화公武一和'[19]의 체제로 나타났다. 관념적 차원에서는 쇼군 가를 정점으로 한 국가가 더욱 더 비대해져서 장식화裝飾化한 단계를 맞이하였다. 1813년(분카 10) 이후 막부가 시행한 의례에서 그것을 볼 수 있다. 1815년 도쇼구東照宮[20] 200주기, 『막부와 조정의 연중행사幕朝年中行事』의 편찬, 1816년 4월 2일 내대신 도쿠가와 이에나리家齊의 우대신右大臣 전임轉任·다이나곤大納言 도쿠가와 이에요시의 우대장右大將 겸임 의식, 1822년(분세이 5) 3월 1일 우대신 도쿠가와 이에나리의 좌대신 전임·다이나곤 도쿠가와 이에요시의 내대신 전임 의식이 바로 그 예이다. 그리고 1827년(분세이 10) 3월 18일에 있었던 쇼군 도쿠가와 이에나리의 태정대신 임관이라는 전대미문의 사건은 그 종착점이라 할 수 있다.[21] 그는 "교토로 올라

19 일본 도쿠가와 막부 말기에 전통적 권위인 조정公과 무가정권인 막부 및 번들을 일원화하여 막번체제의 재편과 강화를 꾀한 정책.

20 도쿠가와 막부를 연 도쿠가와 이에야스에게 제사지내는 신사.

21 도쿠가와 막부는 쇼군을 비롯해 무사가 서임되는 관위와 관직을 조정의 관리 통제에서 벗어난 독자적인 신분질서제도로 일원화하였다. 무사로서 조정의 대신이 되는 것은 쇼군뿐이며 그것도 우대신에 머물렀다. 도쿠가와 막부에서 태정대신에 오른 사람은 도쿠가와 이

가지도 않은 채 태정대신이 된 첫 번째 무장武將"이라는 평을 받았다.[43] 임관 조서에는 도쿠가와 이에나리가 문무를 겸비하였으며 사해四海의 태평을 가져왔다고 공적이 적혀있다. 세이다이쇼군征夷大將軍으로서 러시아와의 '전쟁'에 승리한 것이 태정대신으로 승격된 이유였다. 그런 의미에서 이 태정대신 임관은 1825년(분세이 8)의 '이국선격퇴령'과 관계가 깊다. 레자노프가 내항했을 때 막부는 조정에 그 일을 알렸다.[44] 이것은 나가사키에 있는 네덜란드 상관의 책임자도 알고 있는 사실이었다.[45] 이런 대외정책에서 공무일화 체제가 막부의례의 장식화와 자족적이면서도 질서 잡힌 도쿠가와 정치사회의 이미지로 나타났던 것이다.

4. 공상적 제국주의

분세이文政 시기(1818~1830) '공무일화' 체제와 '이국선격퇴령-양이攘夷' 체제의 자족적이며 질서화·장식화한 국가 이미지 반대쪽에서는 강렬하면서도 팽창주의적인 국가 구상이 움트고 있었다. 이런 공상적 제국주의를 구상한 인물은 바로 와타나베 카잔과 가까웠던 사토 노부

에야스德川家康, 도쿠가와 히데타다德川秀忠, 도쿠가와 이에나리德川家斉 세 명뿐이다. 도쿠가와 이에야스와 이에타다의 경우는 도요토미 정권에서 고위 관위에 올랐던 다른 다이묘들과 형평성을 맞추기 위해서였다. 따라서 도쿠가와 이에나리가 태정대신에 오른 것은 전대미문의 사건이라 할 수 있다.

히로였다. 아와阿波 하치스가蜂須賀 집안의 중신인 슈도 코레토라集堂惟寅가 1807년(분카 4)에 있었던 러시아와의 분쟁에 관해 의견을 묻자, 사토 노부히로는 그에 대한 답으로 『서양열국사략西洋列國史略』(분카 5년 12월)을 저술했다.[46] 이 책에는 『방해책防海策』이라는 제목의 대외 경세론이 부록으로 달려있다.

『방해책』에서 사토 노부히로는 국가를 유지하기 위한 두 가지 주요 의무, 즉 "자애를 깊게 하고 신의를 두텁게 하는" 것과 "바다건너 외국과 통상하는" 것에 관해 논했다. 그는 통상 교역으로 국가의 이익을 키우지 않으면 인민에게 자애를 깊게 하고 신의를 두텁게 하는 정치를 수행할 수 없다고 부국富國의 중요성을 강조했다. 교역이야말로 국가의 존립과 발전의 생명선이라는 주장은 사토 노부히로가 과거 5백 년간 전개된 세계사를 논한 『교부초겐槊侮儲言』(1841)에도 상세하게 나와 있다.[47] 그는 무사와 서민은 통상에 종사함으로써 우수하고 용감해질 수 있으며 무사와 서민의 기풍도 개선될 수 있다고 말했다. 또 배를 타고 나가 다른 나라와 교역하지 않는 나라는 방비도 약하고 나라 안도 궁핍하여 설령 해안에 많은 대포를 갖추고 많은 군사가 수비하더라도 적이 공격해오면 바로 붕괴한다고 주장했다. 거기에는 19세기 초 자족적인 국가에 대한 통렬한 비판이 담겨 있다.

일본이 취해야 할 국책의 준거가 된 나라는 영국이었다. 당시 영국은 부국강병으로 속국도 많고 그 위력이 세계를 흔들고 있었다. 그러나 영국은 지리적으로 그다지 좋은 위치는 아니다. 일본에 비해 위도도 높고 토지도 협소하고 기후도 한랭하고 물산의 풍요로움도 일본에 비할 바가 아니다. 영국이 부강한 이유는 통상밖에 없다. 섬나라인 일본은 항해 통상도 훨씬 편리하고 물산도 풍요롭기 때문에 영국보다 더 큰 부국이 될 수 있다고 사토 노부히로는 말하였다. 이런 부국강병 국가로서 영국의 이미지가 이후 되풀이하여 재생산 되었다.

러시아와 영국에 대항하기 위해 사토 노부히로는 팽창주의적 침략 구상을 세웠다(이하 『방해책』에 따른다). 그 구체적 내용은 북방 거점의 형성과 남방으로의 진출이다. 튼튼한 선박을 건조해 "천문, 지리 측량 등의 학문을 이해하고 기물器物들을 정교하게 만들고 방비를 엄중히 하고, 만리대해를 항해"하여 청국, 안남(베트남), 섬라暹羅(태국) 등에 사절을 보내 "화친을 맺고 이후 일본 및 에조국의 산물을 수송하고 그 외 다른 나라들은 물품의 경중을 고려하여 서로 통상할지 여부를 정함으로써 교역의 이익을 취한다", 나아가 "에조치를 더욱 더 개발하고 캄차카반도를 공격하여 먼저 취한 다음 러시아가 설치한 곳의 병사는 포로로 잡고 이쪽에서 변경 수비병을 보내 성곽을 구축하여 일본 영지로 삼아야 한다"고 제안했다.

사토 노부히로는 특히 아시아와 아메리카 두 대륙에 낀 '태평양의 목젖' 캄차카를 전략적 요충지로 보았다. 그는 캄차카, 오호츠크가 18세기 초 표트르 대제의 동방경략에 따라 개발되긴 했지만 거기에 주둔하는 러시아 수비병이 많지 않으므로 공략하기 쉽다고 말했다. 러시아 본국과의 교통이 아직 정비되어있지 않을 때 그곳을 점령해야 한다는 것이다. 이는 전 세계를 하나로 만들어 자기 손에 넣기 위해 병탄을 꾀하고, 언제나 다른 나라의 틈을 엿보는 서양인의 침략주의와 식민지주의에 대항하기 위한 방책이었다. 캄차카, 오호츠크를 동북경략의 근본으로 삼고, 그곳에서 배를 출항시켜 가까운 여러 나라와 북아메리카의 여러 지역을 개척하거나 화친교역하거나 무력으로 복종시킨다. 그 후 일본에서 수령, 군졸, 교도사教導師를 파견하여 그 땅을 다스리고 그곳의 물산을 일본으로 가져와 청, 섬라, 인도 등과 교역함으로써 큰 이익을 얻는다는 것이 사토 노부히로의 구상이었다.

> 그 방어의 수단은 다음과 같다. 우선 이즈 7도에서 배를 출항시켜 남해의 무인도들을 개발한다. 하치조지마八丈島처럼 땅은 좁고 사람은 많은 곳에서 사람들을 옮겨 차례차례 그 땅을 개간하면서 신전新田 농경을 일으킨다. 다음 이런 무인도에서 배를 띄워 남양의 필리핀 섬들을 개척한다. 그리고 그 땅의 산물을 전부 모아 청국, 안남, 섬라 등과 교역하고, 점점 더 많은 섬들을 경략하고 류큐국과 앞뒤에서 호응하여 제압한다. 배를 보내 루손, 말레이시아 두 나라를 불시에 공격해서 취한다. 이 두 나라는 더운 기후라서 물산이 아주 풍부하니 그것을 모두 모아 여러 나라들과 교역하고 이 두 나라에는 군대를 두고 방비를 엄히 하여 지킨다. 이 두 나라를 남쪽을 도모하는 기초로 삼고 그 땅에서 배를 내어 자바瓜哇, 보루네오渤泥를 비롯해 여러 지역을 경영하고, (…중략…) 요충지에 군사를 두고 남양에 무위를 떨친다면 영국인들이 창궐하더라도 감히 동양을 엿볼 수 없을 것이다.

이런 계략을 진행시킨다면, 부국강병을 실현하고 교역을 확대한 후 전 세계를 일본 손안에 넣을 수 있다는 것이다. 그리고 아시아의 강국인 청국의 강대함도 두려워하지 않는 데 머물지 않고 아시아의 맹주 나아가서는 전 세계의 맹주가 된다는 구상이었다. 황당무계한 이야기라고 할 수도 있다. 와타나베 카잔에 따르면 북쪽은 러시아가, 서쪽은 영국이 지구의 패권을 장악하고 있고, 또 네덜란드 상관 책임자의 말대로라면 영국과 러시아가 동맹을 맺어 세계를 지배하고 있다. 이런 두 강대국에 대항해 통상을 축으로 하는 부강한 국가를 구축한다는 이미지는 근대 일본 국가전략론의 원형이라 할 수 있다. 와타나베 카잔은 자족自足적 국가론은 아무런 전략이 없으며 '이국선격퇴령'은 기독교금지 정책에 묶여있는, 시대에 뒤처진 것이라고 주장했다. 와타나베 카잔이 사토 노부히로의 공상적 제국주의에 관해 알고 있었는지 여부는 알 수 없다. 그러나 와타나베 카잔의 바깥세계에 관한 관심과 접촉에 대한 희망은 자족적 국가론의 대극에 위치한 사토 노부히로의 장대한 구상과 조금이나마 접점을 갖지 않았을까.

공상적인 세계 재배치 전략, 팽창된 사고는 세계의 중심이 되는 일본에 대한 역사 인식을 공유하고 그것을 표현하는 신학神學을 내포한다. 사토 노부히로의 사상은 정복의 대상이 되는 세계의 생성에 관한 신학을 가지고 있었다. 물론 그것은 히라타 아쓰타네平田篤胤[22] 신학의 영향을 받은 것이다.[48] 사토 노부히로는 『서양열국사략』의 서두에 서양의 태고적 신인 '케니프'가 입에서 알을 내놓았는데 그 알이 커지면서 천지, 일월, 성운, 산, 바다 등 세계가 생겨났다는 설에 관해 썼다.[49] 이런 서양의 조물주에 대항하는 의미에서 사토 노부히토는 '산령신産靈神'인 무스비노카미가 천지조화를 일으켜 만물을 만들어내고 그것을 생장시킨 근원적인 신이라는 산령신설[50]을 주장한 것으로 보인다. 그것은 기독교와 대치하기위해 국토영역을 표시하기 위한 신[51]에 머무르지 않고 국가 창출의 근원까지 더듬어 올라가는 신학으로 제기되었다.

22 1776~1843. 일본 에도시대 후기의 국학자, 신도가, 사상가, 의사.

5. 만국을 손안에 넣는 것–지리학과 계지학計誌學

세계에 관한 일본인의 지적 욕구는 아라이 하쿠세키新井白石의 『채람이언采覽異言』에 처음으로 나타났다. 그리고 19세기에 들어 아오치 린소青地林宗는 『여지지략輿地誌略』에서 세계 각국과 각 지역을 총체적으로 소개했다. 사토 노부히로는 지리 인식의 중요성을 강하게 주장했다. 난학에서 지리학은 주요한 기둥 중 하나였다. 또 앞서 인용했던 『통항일람』은 도쿠가와 막부의 외교문서를 지역별 연대별로 배열한 자료집인 동시에 세계 여러 나라 지리에 관한 기본지식도 담고 있었다. 도쿠가와 막부 말기의 일본은 반세기에 걸친 세계 지리와 역사 지식의 집적을 바탕으로 국가의 외교정책을 구상했다. 한편 그런 지식들이 전파되면서 막부의 정책도 비판을 받게 되었다.

『통항일람』이 인용한 「탄영여화嘆詠余話」(19세기 초, 저자불명)를 보면, 세계 지리를 아는 것은 국가의 중요사항이니 네덜란드가 가져온 '천지학天地學'[23]에 관한 「세계지리상세도설世界地理精細の図説」을 번역하고 외국 상황을 연구할 조사국을 설치할 것을 건의하고 있다.52) 이는 "외국은 중국 / 중국인만, 이국선은 중국배만 인정"하고 이국은 전부 '오랑캐蠻夷'라며 멸시하는 안이한 자세를 비판한 것이다. 또 서구 국가들의 '지혜롭고 정교'한 학문, 기술, 군사를 적극적으로 도입할 것을 촉구했다. 나아가 지리 연구가 기존 세계관의 전환을 촉진시킨다고 주장했

23 cosmography. 천지의 구조에 관한 학문.

다. 지리학이 정치나 외교의 양상을 변용시키는 지식으로서 큰 의미를 갖기 시작하였음을, 바꾸어 말해 극히 정치성을 띤 학문으로서 등장했다는 것을 보여준다.

와타나베 카잔은 『재고 서양사정서再稿西洋事情書』에서 '궁리학窮理學'이라는 학문을 소개하며 "지구를 상세하게 알고 천지사방天地四方을 설명하고 풍속을 살피고 정도政度를 분명하게 하는" 것이 목적이라고 설명했다.[53] 이 학문을 알면 "손안의 물건을 보듯이" 모든 사물을 분명하게 알 수 있다고 말했다. 이런 '궁리학'은 지지地誌라는 학문도 포함하고 있었다. 와타나베 카잔은 『격설혹문鴃舌或問』(1838) 서두에서 지지서地誌書에 관해 이렇게 설명했다.[54] 지지地誌에는 비스퀸더wiskunde(네덜란드어로 수학) '성학가星學家', 나튀르퀸더natuurkunde(물리학) '원리元理', 스타트퀸더staatkunde(정치학) '지지地志' 세 영역이 있다. "비스퀸더는 천문을 연구하는 학문인 추보학推步學, 즉 하늘을 주로 다룬다. 나튀르퀸더는 자연 사물의 이치이고, 지지地志에서는 주로 땅을 다룬다. 스타트퀸더는 인정, 풍속, 정치, 연혁 등 주로 사람을 다룬다"라며 세 영역의 내용을 언급하고 있다. 그리고 독일과 네덜란드의 지리학 책을 소개하면서 1830년대에 지리학의 주요한 저서들이 저술되었다고 덧붙였다. 와타나베 카잔이 이해하기에 지지학 즉 지리학은 서구에서 당대에 급속도로 발전하고 있는 학문이었다.

지리학이라는 학문이 세 영역으로 이루어져 있다는 견해는 이후 각종 지리서의 서두에서 반드시 언급되는 기본 사항이 되었다. 『백학연환百學連環』(Encyclopedia)은 일본에서는 처음으로 학문(그 목적은 이론적 실험적인 방법으로 사물을 근본적으로 알고 진리를 밝혀, "만물의 뜻을 깨달아 모든 일을 이루고開物成務, 백성의 생활을 넉넉히 하고 그 사용하는 것을 편리하게 하는 것厚生利用")의 모든 부문이 각기 가지고 있는 학문 영역과 학문 상호 관련성을 총체적으로 논한 책이다. 이를 쓴 니시 아마네西周도 와타나베 카잔처럼 지리학을 셋으로 구분하여 소개했다. 그는 수리지리학Mathematical Geography, 자연지리학Physical Geography, 정치지리학Political Geography으로 나누었다. 수리지리학은 지구의 운행, 계절 변화, 기후대, 경위선經緯線 등에 관해, 자연지리학은 바다와 육지, 하천, 반도, 해협, 동식물, 지질 등에 관해 연구하는 학문이다. 그리고 정치지리학은 "나라들의 경계와 정체政体를 주로 논하면서 그 외 풍속, 인종, 종교, 문화, 인구, 질병, 산업, 농작물, 군비軍備, 무역, 수출, 수입, 재정, 기타 연혁 등을 자세히 논한다"고 했다.[55] 특히 정치지리학은 다른 지리서에서는 '방제邦制지리학', '인문지리학', '정치지학' 등으로 불렸는데 그것은 각국의 위치, 정체, 풍속, 직업, 종교, 언어 등을 파악하고 당시 상황에 맞춰 인민의 개화 정도, 즉 개화-반개화-야만으로 사회의 발전단계를 밝히는 학문이었다.

니시 아마네는 정사학政事學과 연관되면서도 동시에 지리학에 접근하는 학문으로 '계지학Statistics'을 논하였다.[56] 계지計誌는 "현재의 일에 대해 폭넓게 기록하는 것"으로 역사가 날줄이라면 계지는 씨줄이라고 했다. 지리학과 다른 점은 지리학이 자연이나 사람처럼 지상의 형태가 있는 것들을 기술하는 데 반해 계지학은 그것들을 수치로 나타낸다는 것이다. 즉 수치로 세계 여러 나라의 정황을 인식한다. 계지학은 '정표학政表學'이라고도 '국세학國勢學'이라고도 불렸는데 훗날 '통계학'이라는 번역어로 정착되었다.[57]

『만국정표万國政表』(プ・ア・デ・ヨング, 岡本約博卿 역, 1860)는 국가명, 면적,

정강政綱, 군주, 인구, 정비政費, 병력, 재정 등을 간단한 수치와 함께 게재하였다. 『서양 각국의 전곡출납표西洋各國錢穀出納票』(Martin, 小幡篤次郎 역, 1869)는 26개국의 세출입, 병력, 인구, 무역액 등을 일람표 형식으로 소개하였다. 후쿠자와 유키치福澤諭吉의 『손 안의 만국일람掌中万國一覽』(1869년 초봄)은 세계 각 대륙의 넓이, 인구, 그리고 각 나라별 토지, 인구, 무역액, 병력 등을 간편하게 참조할 수 있는 책자로 편집한 것이다. 이후 이와 비슷한 통계자료집인 우치다 마사오內田政雄 편 『해외국세편람海外國勢便覽』(1870), 오야 가이코우大屋愷敆 편 『만국명수기万國名數記』(1871) 등이 잇달아 간행되었다.58)

와타나베 카잔 이후 세계 지리에 관한 지식의 소개와 보급이 급속도로 진행되었다. 후쿠자와 유키치는 지리서 『세계국진世界國盡』, 『서양사정서西洋事情書』를 비롯해 여러 책을 출간했다. 세계를 다섯 대륙으로 나누는 것은 아라이 하쿠세키 이후 세계 지리에 관한 일관된 기본 인식이다. 기후, 풍토, 정체政体, 인종, 인구 등의 지표에 따라 세계 각 나라와 민족을 구별하여 문명 발전의 정도를 판정하고, 그 발전 정도를 기준으로 민족을 서열화하였다. 그리고 세계 지리에 관한 지식이 간단한 서술과 삽화로 이미지화되는 한편, 경우에 따라서는 수량적인 지식으로 점차 이해되었다.

6. 문명개화를 향한 여정

1) 세계여행기万國道中記의 간행

문명은 학문, 지식으로 뒷받침되며 지리학・궁리학・천문학의 서적 등을 통해 그때까지의 허무맹랑한 것들을 버림으로써, 즉 천리만물의 진리를 밝힘으로써 발전하는 것이었다. 그러나 막부 말기~메이지 유신기 일본 국민은 아직 공통된 세계이미지를 가지고 있지 않았다. 바로 그 역할을 한 것이 당시 사리에 어두운 어린 아이와 부녀자를 대상으로 각 나라의 이름을 읽는 법부터 인구, 면적, 수도, 정세 등을 간단하게 해설한 대중지리서였다. 요모 순스이四方春翠의 『만국왕래万國往來』(1871), 스도 토키이치로須藤時一郎와 요시다 켄스케吉田賢輔가 함께 번역한 『세계여행기万國道中記』(1872), 오기타 시노부荻田筱夫의 『세계대략世界之大略』(1872), 사와다 순조澤田俊三의 『문명개국왕래文明開國往來』(1873), 구로카와 타카마사黑川孝昌의 『만국명소왕래万國名所往來』(1874), 가토 오로加藤櫻老의 『만국가진万國歌盡』(1877) 등이 차례차례 간행되었다.

동만루주인東灣樓主人의 『만국지리이야기万國地理物語』처럼 소학교 학생들에게 세계 지리를 암기시키기 위한 지리서도 간행되었다. 이 대중지리서의 서두에는 우라시마 타로浦島太郎[24]의 자손인 우라시마 야타로요시浦

24 일본 각지에 퍼져 있는 용궁 전설의 주인공. 위험에 처한 거북을 구해준 우라시마 타로가 거북(용왕의 딸)의 초대를 받아 용궁에 갔다가 돌아오니 몇백 년이 지났다고 하는 이야기인데 지역마다 그 내용이 조금씩 다르다.

島屋太郎吉가 도쿄 쓰키치築地에 와서 세계 여러 나라 사람들을 보게 된다는 설정의 재미있는 이야기가 실려 있다. 선조인 우라시마 타로가 "긴다리섬足長嶋, 거인국에서 소인국에 이르기까지 곳곳에서 희귀한 사람들과 만났다는 이야기가 있는데, 아녀자 중에는 이걸 진짜로 여기는 사람도 많다. 그래서 그 자손인 나도 무엇보다 전 세계 나라들을 전부 돌면서 그 모습을 내 눈으로 직접 보고 생생한 이야기를 세상 아이들에게 들려주고 싶다"며, 미국 지리학자인 코넬 선생을 따라 요코하마를 출발하여 세계 각국을 돌아다니면서 선생의 지리이야기를 듣는 형태로 진행된다.[59)]

거인국, 소인국, 긴다리국 같은 가공의 나라는 근세의 독자들에게 소개된 바깥세계를 구성하는 상상의 나라들이었다. 데라지마 료안寺島良安은 『화한삼재도회和漢三才圖會』 제14권인 「서양오랑캐인물外夷人物」에서 177명의 인물을 소개하였다. 서양오랑캐外夷란 알파벳문자를 쓰는 서양 나라를 가리키며 네덜란드처럼 실제로 존재하는 나라 외에 가공의 나라나 인물도 포함한다. 또 니시카와 조켄西川如見의 『42국 인물도설四十二國人物圖說』도 실재와 가공의 나라, 인물들로 이루어진 미지의 세계를 삽화와 함께 소개하고 있다.[60)]

소인국과 긴다리長脚국이 실제로 있다는 소문은 이후에도 끈질기게 이어져 19세기 초에도 널리 퍼져 있었다. 『갑자야화』에도 가토 키요마사加藤清正의 가신이었던 모리모토 기다유森本儀大夫의 아들 우에몬宇右衛門이 마쓰우라 시게노부松浦鎭信(天祥公)에게 한 이야기가 실려 있다. 천축으로 가는 도중에 있는 소인국에서 다리 놓는 작업을 도와주고 그 사례로 많은 과일을 받았다고 한다. 그 과일이 지금까지 전해 내려오는데 너무 오래되어 우메보시처럼 말랐다는 이야기이다.[61)] 또 히라도平戶성 북서쪽에 있는 간자키야마神崎山의 해변에서 언젠가 다리가 긴 구척장신이 발견되었는데, 그것은 '긴다리'라고 불리는 사람으로 그런 사람이 발견되면 반드시 천기가 바뀐다고 전해 내려온다. 그날 밤에도 구름 한 점 없던 날씨가 잠시 후 먹구름이 덮이면서 비가 내렸다는 이야기가 함께 실려 있다. 마쓰우라 세이잔은 '긴다리'는 요괴일 터이지만 긴다리국이 있다는 것도 허언은 아닐 것이라고 썼다.62)

도쿠가와 막부 말기에 이르러서도 가공의 나라들은 여전히 세계 지도 안에 배치되어 있었다. 가에이嘉永 시기에 간행된 와판瓦板[25] 세계지도를 보면 러시아 북쪽에는 '소인국', 아시아 북쪽에는 '도깨비나라', 카스피해 동쪽에는 '여인국', 북극 가까이에는 '야인국夜人國', 남아메리카 남쪽에는 '장인국長人國'이라고 적혀있다. 막부 말기의 니시키에錦繪[26]에서도 이런 가공의 인물들을 볼 수 있다. 잇케이사이 요시이쿠一惠齊芳幾의 『만국남녀인물도회萬國男女人物圖會』(1861)도 그중 하나이다.63) 잇케이사이 요시이쿠는 다음에 나오는 가나가키 로분 『서양도보여행기西洋道中膝栗毛』의 삽화도 그린 우키요에 화가이다. 그는 『만국남녀인물도회』에서 위쪽의 영국英吉利부터 시작하여 91개 나라의 이름, 지명을 쓰고 영국, 프랑스, 네덜란드, 스페인, 러시아, 미국, 청, 조선, 몽골, 천축, 류큐, 에조 등의 남녀·아동의 모습을 그렸다. 그리고 이런 실재하는 나라들과 지역에 덧붙여 가공의 나라에 관한 인물상상도도 그렸다. 긴팔국長臂國, 긴다리국脚長國, 여인국, 무복국無腹國, 천흉국穿胸國, 소인국 같은 이름을 가진 나라들이다. 우타가와 요시카즈歌川芳員가 그린 〈소인도

25 목판木板 대신 진흙판에 문자나 그림 등을 조각하여 기와처럼 구운 인쇄판.
26 목판으로 인쇄한 일본 에도시대의 풍속화.

小人嶋〉라는 이름의 니시키에(1863)도 세 명의 소인 가족을 키 큰 외국인과 대조시켜 그린 것이다. 그 설명문에는 "이번 요코하마에 소인국 사람이 왔는데 대일본으로부터 서쪽으로 약 일만 팔천 리 떨어져 있다"는 글과 함께, 일본에 온 부부와 아이의 이름・나이・키가 적혀 있다.

『통항일람』(1853)도 태국, 보루네오, 말레이시아처럼 실재하는 나라들에 이어 권272에 '거인국', '소인국' 항목을 두었다.[64] 거인국은 '하타고-라스巴太濫'라고 하며 남아메리카 대륙의 남단에 있다고 한다. 그리고 에도시대 초기에 하마다 카에이浜田嘉兵衛 형제가 서양 배를 타고 세계를 돌아볼 때 일본 동남쪽에 있는 거인국에 다다른 이야기, 간분寬文 시기(1661~1673) 무쓰노쿠니陸奧國 난부南部번의 어민이 손가락 길이가 보통 사람의 4배나 되는 장대한 인골을 그물로 끌어올렸다는 이야기 등을 실었다. 또 소인국에 대해서는 『낙혜잡담일언집落穗雜談一言集』이라는 책을 인용해 소인국의 위치를 둘러싼 세 가지 설(모스크바 북쪽, 북해에 있는 섬, 그린란드 서쪽)을 소개하고, 그 외에도 『화이통상고華夷通商考』(西川如見)의 구라파 호토리야국의 북부 소재설, 에조인(아이누인)들 사이에 전해 내려오는 설 등이 있다고 덧붙였다. 또 옛날에는 소인국의 배가 때때로 에조치와 쓰가루津輕에 와서 흙을 훔쳐 갔다는 이야기, 에조치에 치이사코(작은 아이라는 뜻—역자)라고 불리는 섬이 있다는 것 등 세세한 해설을 붙여놓았다. 동만루주인東灣樓主人의 『만국지리이야기万國地理物語』는 서구의 지리 지식을 받아들임으로써, 이러한 '이형이류異形異類'의 존재까지 끼워 넣어 구성된 세계이미지를 해체하려 했던 것이다. 그리고 게샤쿠 작가 가나가키 로분은 세계 유람을 소재로 한 이야기로 독자에게 현실 세계를 보여주면서 세계지리 지식의 대중화에 공헌했다.

2) 가나가키 로분『서양 도보여행기西洋道中膝栗毛』

가나가키 로분은 도쿠가와 막부 말기에『만국이야기萬國噺』을 내놓으면서 세상에 모습을 드러냈다. 그는 바깥 세계에 대해 굉장히 강한 관심을 가진 게사쿠 작가였다. 가나가키 로분은 요시토라芳虎가 그린「외국명승지 영국의 런던 항구蛮國名勝盡競之內英吉利龍動海口」,「외국 명승지 프랑스의 수도 파리蛮國名勝盡競之內佛蘭西把里須府」(항구도시인 런던과 파리를 그림)에 덧붙인 설명문에도 무역이 바로 두 도시의 번영을 지탱하고 있으며 정비된 시가지, 많은 인구, 강대한 군비, 진취적인 인민, 교육의 보급 등에서 문명국의 면모를 엿볼 수 있다고 적었다. 또 로분은 1872년 5월에『세계의 길世界道路』을 출간했다. 이 책은 세계 각국의 위치・지리・인구・군비・인종・교육 및 각국의 특징을 간단하게 서술한 것으로, 책머리에 서구 주요국의 정체와 역사를 간략하게 서술하였다.

가나가키 로분이 쓴『서양 도보여행기西洋道中膝栗毛』는 간다핫초보리神田八丁堀에 사는 도치멘야 야지로栃面屋弥次郎와 기타리 기타하치北利北八, 두 사람(『도카이도 도보여행기東海道中膝栗毛』[27]의 주인공 야지로베에弥次郎兵衛와 기타하치喜多八의 손자라는 설정)이 요코하마 상인인 다이후쿠야大腹屋廣藏의 수행원이 되어 양학을 공부하는 미치지로通次郎와 함께 영국박람회를 보러가는 여행을 그린 작품이다.[65] 요코하마에서 증기선을 타고 출발

---

27 1802년부터 1814년에 걸쳐 출간된 짓펜샤잇쿠十返舎一九의 작품으로, 지금도 일본에서 매우 인기있는 에도시대 게샤쿠이다. 에도시대 간다 핫초보리의 도치멘야 야지로베에와 기타하치가 이세신궁 참배를 위해 길을 떠나 도카이도, 교토, 오사카 등지를 돌아다니며 벌이는 소동을 그렸다. 주인공인 야지로베에와 기타하치를 줄인 '야지키타'는 그 후 파생되는 오락물에서도 계속 등장하여 지금도 여전히 일본인들의 사랑을 받고 있는 인물형이다.

한 그들은 상하이, 홍콩, 사이공, 싱가포르, 말라카, 실론, 아덴, 수에즈, 카이로, 말타, 지브랄타를 거쳐 런던에 이르는 긴 여행을 하는데, 가는 곳마다 소동을 일으키면서 그곳의 풍토와 인정을 소개한다. 15편 가운데 11편까지는 로분이 썼고, 제12편은 가나가키 로분 원작·후소 칸總生寬 지음이며, 제13편부터는 후소 칸이 혼자 썼다. 이 여행기는 1870년에 제1편이 나와 1876년 제15편까지 길게 이어진 출판물이었다. 1890년에 재출판된 것만 보아도 이 작품이 얼마나 인기였는지 알 수 있다.

이 『서양 도보여행기』의 저술·출판은 대중지리서인 『세계의 길』 간행과 같은 시기에 이루어졌다. 가나가키 로분은 재미있는 게샤쿠의 형태를 빌어 개화와 야만의 세계를 소개하면서, 동시에 다른 한편으론 대중지리서를 썼다. 또 로분의 대표작인 『아구라나베安愚樂鍋』(1871년 묘월卯月)도 지리서의 지식을 충분히 활용하여 이야기를 풀어간다.[66] 일본에 세계지리가 소개되는 과정을 거론할 때 로분은 후쿠자와 유키치와 함께 빠져서는 안 될 인물 중 한 사람이다. 이 게샤쿠 작가는 『서양 도보여행기』를 '어린아이와 부녀자'에게 세계의 유명하거나 높은 산, 풍토, 기후, 기이한 경관, 세계의 지명과 위치 등 세계지리를 이해하도록 하는 뜻깊은 책으로 여겼다(제10편 서문, 『메이지개화기 문학집(1)明治開化期文學集(一)』, 88면). 수에즈의 호텔 술자리 연회에서 부른 노래 속에 세계의 국명을 끼워 넣은 것은 독자들을 향한 지리 계몽의 한 예라고 할 수 있다(제9편 상, 82면).[67]

가나가키 로분은 지리학의 지식을 활용하여 『서양 도보여행기』를 썼다. 그는 지리서의 효용에 관해 미치지로를 통해 다음과 같이 말한다. 아덴에서 야지로를 잃어버렸을 때 미치지로는 낯선 땅에서 불안해하는 기타하치에게 "전 세계 어디를 가더라도 거기에 어떤 산맥이 있고 강이 어디로 흐르고 얼마나 떨어진 곳에 철도가 있고 그 땅의 인종이 흑인인지 백인인지 알고 있으니" 안심하라고(제7편 하, 67면) 말한다. 여기서 말하는 지리서는 후쿠자와 유키치의 『서양여행안내西洋旅案內』와 당시 출간된 지 얼마 안 된 우치다 마사오內田政雄의 『여지지략輿地誌略』을 가리킨다. 미치지로는 『서양여행안내』를 매일 읽고 외우는 인물로 묘사되어 있다.

『서양 도보여행기』는 기타하치와 야지로 두 사람이 청국인 또는 서양인 창기와 만나 그 인물평을 하고 상하이의 호텔 등에서 한바탕 소동을 일으키며 카이로에서는 마차에서 떨어져 다치는 등, 소란스러운 여행을 하면서 만나는 갖가지 일들을 번갈아 보여준다. 또 호랑이, 코끼리, 긴팔원숭이 등 진귀한 동물, 명승유적지인 피라미드 등을 소개하면서 런던까지 가는 도중에 거치는 각 지역의 풍속, 지리, 인정, 명소, 산물 등의 지식을 독자에게 제공한다. 야만・미개한 나라의 백성인 야지로와 기타하치가 긴 항해를 통해 개화의 땅 영국에 도착하는 이 이야기는 미개에서 문명개화로 나아가는 일본의 미래를 그대로 그렸다고 볼 수 있다.

상하이에서 기타하치와 야지로 두 사람은 청국인에게 정중한 태도를 취한다. 그러나 수에즈에서는 "토인은 피부가 까매서 불결하다고 하지 않을 수 없다"(제9편 하, 84면)고 말하는 등, 인종적인 편견이 이 책 곳곳에 이미 나타나있다. 문명을 향해 창을 열 목적으로 쓴 『서양 도보여행기』는 일본인 독자들에게 영국령 실론섬에서의 견문을 그린 제5편의 앞부분(43~44면)에서 일본의 우월성을 다음과 같이 보여준다.

우리 신의 나라는 소국이지만 황통이 만고불변이다. 오랜 옛날부터 오늘날까지 한 번도 다른 나라에게 진 적이 없다. 삼한三韓도 아양을 떨며 엎드리고 류큐도 애벌레처럼 굽실거린다. 치친푸이노온다카라智仁武威の御寶[28]가 우리나라에만 미치는 덕분에, 백성의 넘치는 행복. 실로 황송한 국은을 입어 조금이라도 보답하는 개화의 길로 나아간다. 상대와 나의 상황을 대조해보고 이익을 취하고, 나라를 부유하게 만들어야 한다는 꿍꿍이를 품고 박람회를 향해 가는 주인과 시종.

불패의 황국이라는 인식은, 앞서 다룬 분카 시기 러일전쟁에 관해 말한 『후지오카야일기藤岡屋日記』에서도 볼 수 있다. 거기에서도 "일본은 개국 이래 다른 나라에게 진 적이 없는 나라"라고 말한다. 가나가키로분은 세계지리에 관한 풍부한 지식을 바탕으로 쓴, 재미있는 『서양도보여행기』라는 게샤쿠를 통해 국가적・역사적으로 우월한 신국神國이 문명으로 나아가는 길을 밟아야 한다고 말한 것이다. 그리고 로분은 그런 문학적 시도뿐만 아니라 설교를 통해서도 그것을 실천했다. 로분은 메이지유신 정부의 국민교화정책 담당자(교도직敎導職)로서 신국 일본의 특수성과 그것을 뒷받침하는 국가적 도덕원리(경신敬神, 존왕尊王, 애국의 삼조 교칙)를 설교하는 직무를 스스로 떠맡았다(『삼조의 교칙을 이해하는 지름길三則敎捷徑』).

28 지력과 무력이 뛰어난 보물이라는 뜻. 원래는 오래 전부터 일본에 전해 내려오는 주문의 일종이다. 특히 아픈 아이를 달랠 때 '너는 똑똑하고 용감한 보물이니 울지 말아라' 하는 뜻으로 많이 사용되었다.

7. 끝맺으며

『서양 도보여행기』 제5편에는 1871년(메이지 4) 2월에 쓴 서문이 실려 있다. 그 서문의 연호 표기는 '황화皇和 2531년 신미辛未 봄 2월'이다. 황화에는 "우리나라 기원"이라고 설명이 달려있다. 진무神武 기원을 나타내는 이 '황화'라는 표기가 언제부터 사용되었는지는 분명치 않다. 그런데 이투르프Iturup섬에 '대일본국 이투르프섬大日本國擇捉島'이라는 일본의 영토임을 나타내는 푯말을 세운 곤도 주조近藤重藏 역시 '황화문명'이라는 용어를 저서 안에 사용하였다.68) 19세기 초 공간적인 영토인식과 함께 시간을 인식한 민족고유성이 이런 기년법의 주장으로 나타난 것이다. 이 '황화' 기원은 1873년(메이지 6)에 진무 기원을 채용함으로써 법제화되었고 연호와는 별도로 황국의 독자적인 기년법紀年法이 되었다. 그리고 황국을 표상하기 위한 제도화와 의식화가 다양한 차원에서 진행되었다.

경제적·도덕적으로 자립 자족하는 국가이념을 기반으로 장식화裝飾化한 공무일화公武一和의 정치체제는 1825년(분세이 8)의 '이국선격퇴령' 체제와 함께 출현했다. 그런데 같은 시기에 그런 체제로는 세계사의 전개에 대응할 수 없다며 비판하고 그와는 완전히 다른 국가 구상을 제기하는 움직임이 나타났다. 이런 움직임은 당시 서구에서 크게 발전한 세계지리학의 지식을 바탕으로 한, 일본의 역사적·지리적·국세國勢적 자기인식으로부터 생겨났다. 세계지리학의 지식뿐만 아니라 일본 국내의 지지地誌 편찬 역시 그것을 가능하도록 한 요인이었다. 와타나베 카잔의 작업은 바로 그 전형을 보여준다. 카잔은 자신이 모셨던 다하라 미야케 가문 조상의 사적을 현지답사하고 재구성하여 미야케 가문의 역사에 관한 『방장록方甎錄』이라는 지지를 편찬했다.

지지란 어느 특정한 지역 안에 있는 사물을 수집하고 그것들을 항목에 따라서 차례대로 기술한 것이다. 이 지지라는 방법은 현재 자신의 역사적 위치와 상황을 확인하는 수단이었다.[69] 또한 그것은 서구의 지리학이나 통계학에 비할만한, 지식의 수집과 정리를 위한 학문적 방법이었다. 이런 독자적인 방법이 중국의 지식체계를 배우는 가운데 확립되었고 19세기에는 일본 각지에서 지지가 편찬되었다. 그리고 가까운 장소에서 그런 역사적 계보를 확인하고 나아가 시간을 가능한 한 거슬러 올라가 오래된 역사의 흔적을 찾으려 하는 경향을 만들어냈다. 그것이 팽창하고 개화하는 황국의 국가상을 수용하는 밑바탕이 되었다.

'여자'의 규범과 일탈*

요코타 후유히코 橫田冬彦**

1. 들어가며

이 글은 근세[1] 사회 '여자'의 규범과 일탈에 관한 것으로, 근세 사회의 '규범'과 그로부터의 '일탈'이 근대사회에 미친 영향을 밝히고자 한다. 최근 근세 여성사에 관한 실증연구들은 소위 말하는 '일탈'의 모습을 보여주는 데 그치지 않고 사회로부터 주어진 '규범'을 '극복'한 다양

* 이 글은 전미경과 남효진이 번역했다.

** 1953생년. 교토대학 교수. 일본근세사 전공. 저서『일본의 역사 16권, 천하태평』(講談社, 2000) 외.

1 일본에서 근세는 대개 에도시대(1603~1867)를 의미한다.

한 가능성까지 보여주는 성과를 거두었다.

다른 한편으로 근대 여성사 연구 분야는 여성과 가족·국가의 관계에 대한 이론적 작업에서 큰 진전을 이루었다. 그에 따르면 근대는 봉건적 속박에서 여성을 해방시킨 시대가 아니며, 근대의 나폴레옹 법전이나 메이지 민법 모두 가부장제를 오히려 확립시켰으며, 따라서 근세적 '규범'의 '극복'이 무엇이었는지가 다시 문제로 떠올랐다.

원래대로라면 근대의 이론적 작업에 맞춰 근세에 대한 실증적 성과를 어떻게 총괄할 것인가를 논해야 하지만, 아직 나는 사료적 측면에서도 이론적 측면에서도 이러한 과제를 전면적으로 논할 준비가 되어 있지 않다. 따라서 몇 개의 사료와 그 해석을 제시하는 정도로 살피고자 한다.

2. 오다무라小田村에 사는 가메의 경우

단고노쿠니丹後國 미야즈宮津번의 오다무라小田村에 살았던 가메의 사례를 살펴보자. 이는 가메가 이혼한 후 기타무라北村에 사는 남편 초스케長助의 폭행에서 자신을 구제해 달라고 번에 제소한 사건이다.1)[2]

가메의 소장訴狀이 꽤 길기 때문에 몇 단락(A~F)으로 나눈 다음, 가능

2 오다무라와 기타무라는 모두 에도시대 당시 단고노쿠니 미야즈 번주가 관할했던 요사군与謝郡에 속한 마을이다.

한 한 정확한 현대어로 옮기고자 했다. 또 이 소장은 여러 번 고친 흔적이 남아있는 초안으로, 고치기 전의 원래 글은 [ ] 안에 표시하였다.

구술서

A. 초스케가 다시 합치자면서 가메 집에 와서 폭행

1년 전 저는 기타무라의 초스케와 관계가 있었으나 [① 정붙이고馴染] 살았으나, 이후 오다무라에 사는 긴지로金次郎와 초자에몬長左衛門에게 중재를 부탁해 남편과 헤어졌습니다. 그런데도 초스케는 번번이 저희 집에 찾아와 막무가내로 다시 합치자고 했습니다. 제가 그 말을 전혀 듣지 않으니 초스케는 "내가 아파서 단바노쿠니丹波國 지다칸논智田觀音의 점쟁이에게 물었더니 네가 잘못 빌어서 그렇다고 한다"기에, 저는 "당신을 위해 빈 적이 없습니다. 의심스러우면 그 점쟁이를 데려와도 좋습니다. 당신을 위해 빌 정도로 '걱정'하지 않았습니다"라며 부인했습니다. 그러자 "다시 합치지 않으면 가만두지 않겠다"고 했습니다. 또 [② "중간에 사람을 넣어 사과하면서 다시 합치자"고 몇 번이나 말하기에], "[③ 당신과 나 두 사람만의 일이라면 어떻게든 해보겠지만 초자에몬과 긴지로 두 사람을 후견인으로 하여 이별을 한 마당에 다시 합치면 두 후견인의 체면이 서질 않는다. 아무리 말해도 그건 안 된다"고 거절했습니다. 초스케는 "이제 말로는 안 되겠다"며 제 소매를 잡더니 등불을 끄고 저에게 덤벼들었습니다. 제가 "일단 후견인을 세워 거장去狀(이혼장)을 주고받은 이상 당신에게 시달릴 이유가 없다. 그렇다면 다른 사람에게 물어보고 시달리는 게 맞다고 하면 어떻게 하든 좋다"고 했더니 초스케는 "다른 사람에게 이야기해도 소용이 없으니 여기서 내 마음대로 하겠다[④ 너를 죽인 다음 나도 죽겠다]"라고 했습니다. 그러더니 제 손을 뒤로 묶고 수건으로 입을 막은 다음 낫으로 후려치는 바람에 저는 그만 까무러치고 말았습니다. 정신을 차려보니 초스케가 저에게 밥주발로 물을 먹이고 있었습니다. 밤이 되어 [⑤ 제가 "이 일을 초자에몬과 긴지로에게 말할테니 그리 알라"고 하자] 초스케가 돌아갔습니다.

B. 후견인世話人을 통한 교섭

다음날 밤 저는 집 근처에 숨어 있다가 우연히 초스케와 마주치는 바람에 억지로 끌려가게 되었습니다. 길바닥에서 한참이나 질질 끌려가는 것을 이웃 사람들이 [긴지로에게 알려주어] 겨우 살아났습니다. 그 후 긴지로, 초자에몬, 이웃 사람들이 우리 집에 와 의논하여, 기타무라에 사는 초스케의 후견인 기시치儀七를 불렀습니다. "당신도 초스케와 가메가 이혼장을 주고받을 때 도왔는데, 그 후 초스케는 매일 밤 가메 집에 와 그녀를 폭행하고 있다. 그래서 가메의 후견인인 우리 두 사람은 친척은 물론 이웃들[나아가 촌장님]에게까지도 면목이 서질 않는다"고 설명한 다음, 우리 두 사람을 양쪽 후견인이 각각 맡기로 했습니다.

C. 초스케 부모에 대한 교섭 실패

그런데 그 후 초스케가 오다무라의 효스케兵助 집에 왔을 때 우연히 저도 그 자리에 있었는데, 초스케가 화로의 부젓가락으로 어깨를 찔러 한쪽 팔을 쓰기 힘들게 되었습니다. 그래서 긴지로와 초자에몬은 초스케의 아버지 세이베清兵衛에게 사정 이야기를 하였습니다. 그 후 아버지 세이베는 "아들놈이 돼먹질 못해 **호적을 정리하고 부자 인연을 끊었다(규리久離)**[3] [⑥ "괴이한 짓"을 했다]. 또 오다무라에 가서 가메에게 언제 못된 짓을 할지 모르니 가메를 잘 숨겨 달라"는 말을 기타무라의 소지로惣次郎와 타헤에多兵衛를 통해 전해 왔습니다.

---

3 규리久離는 에도시대에 농민・상민들이 관에 신청하여 가족 또는 친척과 인연을 끊는 일을 의미한다.

D. 초스케 집에서 강간

그 후 초스케가 우리 집에 와서 오늘은 어떻게든 끌고 가겠다고 하여 어쩔 수 없이 초스케 집에 가게 되었습니다. 거기서 이런저런 이야기를 했는데 초스케는 막무가내라, 그 자리에서 저는 **또다시 잘못을 범하게 되었습니다**[⑦ 강간을 당했습니다]. 이해를 구하자면 너무 힘들어서 **잘못을 저지르게 된 것이니**[강간을 당하게 된 것이니] 용서해주십시오. 집에 돌아온 후 저는 긴지로와 초자에몬에게 그 일을 이야기했습니다. 두 사람은 "초스케 같은 자에게 양해를 구하는 것이 통할 것 같지 않아 이혼장을 주고받은 것인데"라고 하였습니다.

E. 감금과 이웃 사람들 · 촌장을 통한 교섭

그 후 저희 이웃 대여섯 사람과 의논한 결과, 초스케와 그쪽 마을 사람들을 함께 저희 집으로 불러 이야기를 하게 되었습니다. 그러나 초스케는 억지만 부리고 "가메가 나를 아프게 만들어서 이혼했다"는 등의 말을 하여 어쩔 수 없이 촌장님에게까지 부탁하게 되었습니다.

촌장님께서 이 일을 알아보고 계시는 가운데, 오다무라의 와카렌추若連中[4] 일로 제가 기타무라의 구미가시라組頭인 추에몬忠右衛門에게 갔을 때 초스케 눈에 띄게 되었습니다. 초스케는 저를 자기 집으로 끌고 가 골방에 가두고 제가 나오려고 하자 후려쳤습니다. 촌장님이 제 친척인 이스케伊助와 긴지로金治郎를 보내 초스케와 교섭하게 하였는데, 그는 "증서를 쓰고, 나아가 오다무라 촌장이 '가메가 전적으로 나쁘다'라고 사람을 시켜 사과하면 풀어주겠다"고 하였습니다. 어쩔 수 없이 촌장님이 이스케와 긴지로를 시켜 사과하자 저를 풀어주었습니다.

---

4 일본 메이지 중기까지 있었던 마을 청년회 조직. 일반적으로 성인식 직후의 15~17세 남자들로 이루어졌다.

F. 번의 영주에게 재판해달라고 제소

초스케는 그럼에도 불구하고 저희 집에 와서 "앞에서 말한 대로 (네가 나쁜 거니까) 다시 합치자"고 몰아붙였습니다. 그래서 긴지로와 이스케에게 의논했더니 "초스케는 법도 이치도 통하지 않은 막돼먹은 자라 언제 무슨 일을 저지를지 모르니 이제는 손을 떼겠다(도리가 없다)"고 하였습니다. 그리하여 제 일을 친척・이웃 대신 이스케가 맡게 되었습니다.

그 후에도 초스케는 허리에 칼을 차고 낫을 들고 왔기 때문에 촌장님께서 하쿠쇼다이百姓代[5]인 기에몬儀右衛門을 통해 설득했지만 듣지 않고, "가메를 때려죽이겠다"고 하였습니다. 그래서 기에몬은 촌장님께 이 일을 넘겼습니다. 이렇게 초스케가 무법자이기에 마을 촌장님을 통해 영주님께 아뢰게 되었습니다. 이제까지 제가 한 증언에는 조금도 거짓이 없습니다. 앞으로 초스케가 오다무라에 와서 구타打擲하는⑧ 행패狼籍를 부리는 일이 없도록 영주님께서 이 문제를 해결해주시길 바라옵니다.

오다무라의 가메

후견인을 비롯해 이웃・친척에게 알아본 결과 위에서 말한 가메의 증언은 모두 사실입니다. 이상.

10월 20일

오다무라의 하쿠쇼다이

같은 마을 구미가시라

같은 마을 쇼야庄屋[6] 이치고로市五郎

5 일본 근세의 말단행정조직인 촌村의 백성을 대표하여, 지역의 장이나 구미가시라組頭의 직무집행을 감시하는 역할을 하였다.

야마다山田 키치자에몬吉左衛門 씨 · 마쓰모토 사스케松本左助 씨

(고리부교郡奉行)[7]

먼저 이 사료에 관한 기초적 사실을 확인해보자.

오다무라 쇼야인 이치고로의 재임기간은 다른 문서나 장부의 서명 등으로 미루어 볼 때 분카文化 8년(1811)부터 덴포天保 2년(1831) 사이로, 이 기간에 이치고로는 이효에伊兵衛(이 문서가 전래된 고카와 집안粉川家)와 함께 번갈아가면서 쇼야로 일했다. 문서를 받은 고리부교의 이름이 나온 연공납부年貢納通 등의 사료로 미루어 볼 때 이 문서의 작성연대는 분세이文政 7~10년(1824~1827) 무렵으로 추정된다.

이 문서의 작성자는 속서奧書까지 만든 점이나 필적으로 볼 때 쇼야 이치고로라 생각된다. 그가 가메의 진술을 '구술서'로 작성한 것이다. 따라서 가메의 진술은 [] 안 원래 글에 가깝고 쇼야 이치고로가 이것을 청원서에 걸맞게 고친 것이다.

단고丹後 미야즈宮津번은 7만 석 규모의 혼죠本庄 가문 영지로, 대대로 도쿠가와를 섬겨왔다. 이 무렵 번주인 혼죠 무네아키라本庄宗發는 지샤부교寺社奉行[8]를 맡았고, 이후 오사카 죠다이大坂城代[9] · 교토 쇼시다이京都所司代[10] · 로쥬老中[11]를 역임하며 막부의 중추가 되었다. 오다무라는

---

6 일본 에도시대 영주가 임명한 지방 관리로 마을의 납세와 세무를 맡아보던 마을의 장.

7 에도시대 군을 관리하는 직무의 하나.

8 무로마치시대부터 에도시대까지 있었던 무가정권의 직제 중 하나.

9 에도 막부시대의 직제 중 하나. 1619년 오사카가 에도 막부 직할지가 되면서 설치된 직제. 쇼군 직속으로 유력한 다이묘가 맡았다.

10 교토京都의 경비와 정무를 취급하는 사람. 에도시대 교토의 민정을 총괄하는 직제로, 3만 석 이상의 다이묘 가운데서 임명되었다.

미야즈성 가까운 평야 지대에 있다. 분세이 8년(1825) 명세서明細帳2)에 따르면, 마을의 수확량은 약 587석, 세대 수는 172호, 자작농 43호, 빈농 125호로, 인구는 800명이었다. 55마리의 소가 있는데 이는 자작농 수와 엇비슷하며, 빈농이 자작농보다 3배 정도 많다는 것은 이곳의 계층 분화가 얼마나 극심한지를 말해준다.

가메가 어떤 계층의 여성이었는지를 말해주는 직접적인 단서는 없다. 그러나 가메는 초스케와 이혼하고 자기 마을로 돌아왔을 때 자기 집에서 폭행을 당했다(A). 그때 가메의 가족사항은 기재되어 있지 않기 때문에 어린 자식을 데리고 돌아왔을 가능성도 있지만, 친정에 아버지 등의 가족은 없었다고 여겨진다. 가메는 말하자면 여성 1인 가구이거나 그와 비슷한 형태로 살았을 것이다.

분세이 8년 이 마을 장부用帳3)에 따르면 총 수입 14석은 인원수와 총 수확을 기준으로 분담되었으며, 총 수확의 경우 마을 밖에서 걷은 것도 포함시켰다. 분담 상황은 〈표〉에 제시되어 있다. 〈표〉에서 합계가 마을 내 가구 수인 172호를 넘는 것은 마을 밖 수확분을 포함했기 때문이다. 여기에 따르면 가메의 친척인 이스케, 중재인仲人인 긴지로와 초자에몬, 가메가 용건이 있어 방문한 효스케는 소위 수확이 전혀 없거나 한 석 정도인 빈농들이었다. 이러한 빈농이 부유한 자작농의 혼인에서 후견인 노릇을 했다고 생각하기 어렵기 때문에 필시 가메도 비슷한 계층이었을 것이다(물론 토지 소유 즉 농업만으로 계층을 판단하는 것은 성급한 결론이다. 오다무라는 미야즈성부터 교토에 이르는 교가이도京街道가 지나가고 있기 때문에 여인숙이나 생계유지를 위한 날품팔이 등의 잡업에 종사하는 계층 또

11 에도 막부를 비롯한 여러 번에 있었던 직명으로, 국정을 통솔하는 임무를 맡았다.

〈표〉 오다무라의 분세이 8년 마을 비용 분담 상황

마을 비용액	인원	비고
70되~	2명	야마다야山田屋 하치자에몬八左衛門 201.2
60되~	3명	
50되~	2명	
40되~	1명	쇼야 이치고로
30되~	9명	조장 / 구미가시라組頭 2명, 절寺
25되~	10명	절寺
20되~	6명	
15되~	14명	
10되~	19명	
5되~	43명	효스케兵助 7.6, 이스케伊助 9.8
1되~	46명	긴지로金次郎 1.3, 초자에몬長左衛門 3.5
0말~	51명	쇼스케丈助 0.2, 사스케佐助 0.4
계	206명	

한 있었음에 틀림없다. 그러나 〈표〉의 제일 위에 있는 야마다야山田屋 하치자에몬八左衛門 등 인근에 옥호屋号를 가질 만큼의 부유층은 장사 이외에도 많은 토지를 가진 지주였을 것이고, 빈민층 대부분은 농업에 종사하지 않더라도 날품팔이를 하는 하층이었을 것이다).

그렇다면 가메는 돌아갈 만한 친정도 없이 이혼을 결심한 것이다. 근세의 이혼장을 수집한 다카이 아키라高木侃의 연구[4]는 이전까지의 '남편전권專權 이혼설'을 부정하고 실제로는 '협의이혼'이 이루어졌음을 밝힌 바 있다. 당시 아내가 이혼을 제기할 수 있는 권리는 아내 쪽 집안과 남편 쪽 집안의 경제적 · 사회적 힘에 따라 다르며, 중재인의 개입 역시 집안 간의 이러한 사회질서를 유지하기 위한 것으로 여겨진다. 그러나 어느 정도의 경제적 · 사회적 위치를 가진 친정이 있는 경우는 그렇다 해도, 가메는 그러한 배경이 없는 상황이었다. 따라서 든든한 친정이나 가문을 갖지 못한 계층에서도 이혼장이나 중재인 같은 방식이 현실적 사회적 시스템으로 기능했음을 알 수 있다.

친정 배경이 없는 빈농층의 경우 아내의 권리를 보장하는 것은 무엇이었을까. 가메 사건의 정황으로 볼 때 분명한 것은 첫째로 중재인과 친척들이고, 둘째로 '이웃 사람들', 셋째로 마을 촌장, 넷째로 번藩의 힘이다.

먼저 첫 번째로 중재인과 친척들의 역할을 살펴보면, B~D의 단계에서는 이혼의 '후견인'인 긴지로와 초자에몬이, E와 F단계에서는 '친척'인 이스케와 긴지로가 등장한다. 앞의 긴지로金次郎와 뒤의 긴지로金治郎는 동일 인물이다(마을 장부 등에는 긴지로金次郎만 기재됨). 이때 초자에몬이 빠지고 '친척'인 이스케가 그 자리를 대신했다. 이것은 어떤 의미인가.

C단계에서 초스케의 아버지 세이베와 교섭하기에 앞서, B단계에서 초자에몬 등이 교섭한 사람은 기타무라쪽 이혼장의 후견인인 기시치儀七였다. 따라서 후견인 역할을 다하지 않은 기시치가 비난받고, 친척뿐 아니라 이웃 사람들에게 초자에몬 등이 체면을 잃게 되었다고 말하고 있다. 이처럼 본래 후견인이 사태를 해결해야만 한다고 여기는 것은 앞서 이혼장을 연구한 다카이 아키라의 지적이나, 민속관행에 대한 시마즈 료코島津良子의 연구5) 등을 통해서도 잘 알려진 사실이다. 따라서 B~E단계에서 후견인에 의한 다양한 교섭과 설득이 실패했다는 것, 특히 D단계에서 가메가 자기 발로 초스케 집에 가 거기에서 강간을 당한 것은 후견인들의 면목을 잃게 한 일이 된다. 이는 가메가 "이 점은 용서해주십시오"라고 사과한 점에서도 알 수 있다. 이로써 이혼의 중재라는 단계는 끝나게 된다. 더구나 초스케의 아버지 세이베

가 아들과 인연을 끊음으로써 책임을 방기했다는 점에서, 가부장이 항상 가족원을 규제하는 힘을 가진 것이 아니었음을 알 수 있다.

이제 D단계를 살펴보자. 가메가 자신에 대한 폭행 등의 사태를 당연히 예측하면서도, B단계처럼 초스케에게 끌려간 것이 아니라 스스로 이웃 마을인 초스케 집에 가 강간을 당하게 된 것은 어찌된 일일까? 폭행당할 것을 알면서 왜 초스케 집에 갔는지, 왜 끝까지 저항하지 않았는지라는 의문이 생긴다. 가메가 초스케와 동행한 점에 대해서는 "어쩔 수 없었다"고만 말하고, 또 "이해를 구하자면 너무 힘들어서 잘못을 저지르게 된 것이"라 하며 "용서해주십시오"라고 사과한다. 이 부분은, "매일 밤 뻔뻔스럽게 나타나 가메를 후려"쳤다는 말에서 알 수 있듯이, 지속적으로 폭행을 당한 가메의 심리상태를 고려해야만 한다.[6)]

이제 후견인이 물러나고 이웃들이 교섭에 참여한다. 게다가 B단계에서는 긴지로와 초자에몬 등이 함께 모여 대책을 의논했는데, E단계에서는 긴지로 등은 빠지고 이웃 사람 대여섯이 기타무라의 초스케와 그의 이웃들을 불러 교섭한다. 그런데 초스케가 이웃의 설득을 거부하고 "가메가 나를 아프게 만들어서 이혼했다"고 하며, 이어 감금사건을 일으킴으로써 촌장과 함께 가메의 신병을 부탁받은 '친척' 이스케·긴지로가 등장한다. 이것은 문제가 이미 이혼의 중재(민사분쟁)가 아닌 폭행·상해문제(형사사건)로 전환되었음을 시사하는 것이다.

E단계에서 가메는 오다무라의 와카렌추 일로 기타무라의 구미가시라인 추에몬忠右衛門에게 간다. 와카렌추가 마을 안 남녀관계를 규제했다는 점에 대해서는 메가 아쓰코妻鹿淳子의 「와카렌추와 마을 아가씨若者連中と村の娘」 연구[7)]에 상세히 나오지만, 가메가 와카렌추와 구체적으로

어떤 문제가 있었는지까지는 알 수 없다. 그러나 가메 스스로 기타무라에 가야만 했던 것은 이혼을 중재한 후견인이 물러났기 때문이다.

그리고 나서 지금까지와 달리 이제 마을 촌장이 등장한다. 마을 촌장은 처음에는 초스케의 요구에 굴복하여 이스케 등을 촌장 대리로 보내 '가메가 전적으로 나쁘다'고 사과하게 된다. 그러나 그것은 초스케의 협박에 의한 것이었으므로 F단계에서 하쿠쇼다이 기에몬이 설득에 나서고, 초스케가 그것을 받아들이지 않은 것을 확인하고 나서야 고리부교郡奉行에게 소송한 것이다.

영주 재판에 제소한 가메 쪽에도 몇 가지 문제가 있다. 먼저 D단계에서 말하고 있듯이 가메 스스로 초스케 집에 갔고, 강간에도 저항하지 않았다는 점에서 그러하다. 또 다른 하나는 이스케 등이 증서를 썼고, 마을 촌장도 '가메가 전적으로 나쁘다'고 사과를 했다는 점이다. 특히 사과의 경우, 초스케 역시 문서주의라는 예상 밖의 수를 두고 있기에 마을 촌장이 스스로 그것을 변명해야만 했다. 그를 위해 가메의 진술은 쇼야 이치고로에 의해 소장訴狀으로 다시 기술되었다. 그것은, 효스케 집에서 초스케와 우연히 만나게 된 것이 C단계인데 가메가 처음에는 D단계라고 말했던 것처럼 그녀의 혼란스러운 기억을 수정하기 위함이다. 또한 단순히 문장의 어구를 다듬은 부분은 별개로 하더라도 다음과 같이 고쳐 쓴 부분을 주목해야 한다.

① "정붙이고馴染"에서 "관계가 있음"으로 변경되었다. 또 ④ A단계에서 폭행이 있었을 때 초스케가 가메를 "죽인 다음 나도 죽겠다"라면서 자신도 죽겠다고 말한 부분을 삭제했다. 이것은 아마도 초스케의 애정이나 부부애 등으로 오해를 살 수 있기 때문일 것이다.

② 초스케가 '중재인'을 내세워 인연을 다시 맺으려한 부분, 요컨대 일단 절차를 밟아가면서 다시 합치려고 한 부분이 삭제되었다.

③ 가메가 후견인의 체면이 서지 않는다는 점을 강조하기 위해 "당신과 나 두 사람만의 일이라면 어떻게든 해보겠지만"이라고 말한 부분이 삭제되었다. 후견인의 체면을 생각해서가 아니라 합치고 싶지 않다는 거부의 표시를 명확히 하기 위한 것으로 보인다.

⑤ A단계에서 폭행 이후 정신을 차린 가메가 초스케에게 "초자에몬과 긴지로에게 말할테니 그리 알라"고 말한 부분을 삭제하고, 밤이 되었기 때문에 초스케가 돌아갔다고 했다. 이는 가메 쪽이 초스케를 화나게 만든 언동이 있었다고 오해 살만한 부분을 용의주도하게 삭제한 것이다.

⑥ 초스케 아버지 세이베가 "괴이한 짓"이라고 한 부분을 "호적을 정리하고 부자 인연을 끊었다(규리久離)"라고 바꿔 썼다. "괴이한 짓"이라고만 하면 경계, 엄벌, 한계가 불분명하다. 따라서 아버지가 자식과 인연을 끊고 호적대장에서 초스케를 정식으로 제적시켜 초스케가 무연고자가 되었음을 분명히 하고 있다.

⑦ 가메가 "강간을 당했습니다"라고 표현한 것을 "잘못을 범하게 되었습니다"라고 수정했다. 강간당하게 된 일이 '잘못임'을 명확히 한 것이다.

⑧ "행패狼籍"를 "구타打擲"로 수정했다. 이 점은 초스케가 "낫으로 위협하고", "때려죽이겠다"고 말한 것을 서술 내용에 맞추어, 형사 사건으로 만들기 위해 수정한 것이다.

이상을 요약하면 가메 측은 재결합의 뜻이 없으며, 초스케의 일방적인 폭력이 있었고, 후견인을 비롯한 지역 사회가 이에 대한 질서를 바로잡으려고 조정을 순차적으로 행했음에도 불구하고 초스케가 이를 전부 받아들이지 않았다는 것이다. 이 사례는 부부간 민사사건이 아닌 무연고자에 대한 형사사건이 되었다는 점을 강조하는 방식으로 소장이 구성되었다. 이를 위해 쇼야는 소송 능력을 발휘한 것이다.

그렇다면 쇼야 이치고로는 왜 이렇게까지 신중하게 소송문서를 작성했던 것일까?

3. 『처벌사례집』의 재판 이혼 사례

이 절에서는 가메 소송의 맥락을 확인하기 위해 막부 효조쇼評定所[12]의 판례집인 『처벌사례집御仕置例類集』에서 동시대의 다양한 재판 이혼 사례를 검토하고자 한다.

1) 남편의 외도와 폭행

덴포 6년(1835) 무사시武藏 우메다무라梅田村에 사는 만이라는 여자는 남편 구메에몬粂右衛門이 "외도를 하는데다 술을 마시면 난폭해져" 더 이상 같이 살 수 없다며, 어린 아들이 있는데도 자신이 "요구해 이혼장

12 에도 막부의 최고재판기관.

을 받았다". 구메에몬은 혼자 자식을 키우기가 힘들어 만을 찾아갔는데, 만과 만의 조모 토메는 "이혼했는데 미련을 갖는다"며 악의에 찬 조소를 보냈고, 이에 구메에몬은 만의 집에 불을 질렀다.

간세이 4년(1792) 에도 니시쿠보西久保에 사는 스에라는 여자는 "남편이 외도하자 포기하고 이혼을 요구"하였고, 이에 남편 사다시치定七는 이혼해주었다. 그런데 사다시치는 "간통한 것은 아니지만" 스에와 후지요시藤吉의 관계를 의심해 후지요시를 죽이고 스에에게 상해를 가한 후 불을 질렀다.

두 경우 모두 아내가 남편의 '외도'를 이유로 이혼장을 받아냈다. 그러나 이혼으로 인해 남편이 사건을 일으킨 것은 아내도 "남편에 대해 불성실했기 때문"이기에, 남편의 처벌과는 별도로 아내 역시 100일 동안 연금 당했다(『天保類集』 1633호; 『續類集』 1233호). 그 외에도 이혼으로 인한 다툼으로 남편이 범죄를 저지른 경우, 이혼을 했다 하더라도 아내에게도 '불성실'의 책임을 묻는 것이 판례로 정착되었다.

2) 남편의 질병과 빈곤

덴포 7년(1836) 히젠肥前 나가사키長崎에 사는 미쓰라는 여자는 남편 기사부로儀三郎에게서 '이혼장'을 받아 냈다. 이들은 빈곤 때문에 나가사키 공식서류長崎表에도 올라가지 못했다. 이혼한 것은 '습창'으로 고통스러워하는 기사부로가 미쓰와 상의 끝에 자신은 시고쿠四國참배[13]

13 신앙 또는 질병 치료를 목적으로 홍법대사弘法大師 구카이空海와 연관된 시고쿠四国의 절 88

를 떠나고 미쓰는 자식을 데리고 친정으로 돌아가기로 했기 때문이다. 그런데 미쓰는 친정으로 가던 중 우라가미무라浦上村 관음당에 묵으면서 그곳을 지키던 승려 시켄志謙과 밀통한 후 그대로 눌러앉았다. 기사부로는 어떻게든 '작별 인사를 하겠다며' 거기에 갔다가 관음당 옆 두 사람이 보는 앞에서 쓰러져 죽었다. 미쓰는 밀통이 드러날까 두려워 시켄에게 기사부로를 "무연고 비렁뱅이"로 처리하게 했다. 이에 대해 효조쇼는 "이혼한 처를 다시 찾아오는 것은 미련이 남아서이지만 (…중략…) 이혼한 이상 구태여 귀찮게 해서는 안 된다"고 하면서도, 병자인데다가 "눈앞에서 전 남편이 죽는 걸 보면서" 자기 보신만 꾀한 것은 "실로 인정에 반하는 것"이고, "애초에 병든 남편을 버리고 이혼한 후 (…중략…) 저절로 불성실한 마음이 나타났다", "재혼을 하지 않는 한 완전히 타인은 아니다"라며 100일 연금에 처했다. 게다가 관음당을 지키는 '청승淸僧'이어야 할 '시켄'과 밀통했기 때문에 나가사키에서도 쫓겨났다(『天保類集』 1634호).

3) 남편의 범죄

덴포 9년(1838) 무사시武藏 고우메무라小梅村에 사는 무메라는 여자는 남편 가이치嘉市가 가짜 돈을 만드는 것을 알고 말렸으나 듣지 않으므로 남편으로부터 '이혼장을 받아'냈다. 효조쇼에서는 '기쿠'라는 여자의 사례와 비교했는데, 무메처럼 기쿠 역시 가짜 돈을 만들고 있는 남

곳을 순례하는 것을 말하며 에도시대부터 성행했다.

편을 말렸지만 남편이 말을 듣지 않았다. 그러나 기쿠는 그것을 그대로 방치하여 30일 연금에 처해졌다. 이에 비해 무메는 "알리고 이혼"했기 때문에 죄가 가볍다는 의견도 있었다. 그러나 대부분 "남편이 막되어 이를 듣지 않는다면 몇 번이라도 말해 못하게 했어야 했는데 그러지 않고 곧바로 이혼해버렸다. 이는 부부간 진실하지 못한 행실로, 이와 같은 박정한 허물을 그대로 넘어가면 어떻게 윤리를 바로 세울 수 있겠는가", "설령 소용이 없더라도 전력을 다해 여러 번 말렸어야지 겨우 한 번 말리고 이혼함으로써 남편을 포기하고 마음속으로 안도했으니 이는 인정에 반하는 것"이라고 했다.

또 이처럼 남편의 범죄를 알고 있었던 경우로, 간세이 6년(1794) 에도 유시마湯島 잇초메一丁目에 사는 이요라는 여자는 남편 초고로長五郎가 "품행이 좋지 않은"데다가, 맡아 두었던 남의 솜을 무단으로 저당 잡혔으므로, 그것은 이요 자신이 일해서 갚겠다고 하고, 주인집과 친정의 권유로 이혼했다. 그러나 남편 초고로는 자신이 버림받았다고 생각하여 이요를 폭행하고 스스로 자해하였는데, 이로 인해 이요는 손가락을 제대로 구부리고 펼 수 없게 되었다. 효조쇼評定所는 이요가 "충실하지는 않지만 남편의 잘못을 보상하겠다고 하면서 이혼했다"며, 기쿠의 30일 연금보다 한 단계 가벼운 '심하게 질책한 후 훈방'하였다. 반면 무메는 "당연한 듯 자신의 안위만 꾀하고 남편은 어떻게 되든 내버려 둔 속마음이 올바르지 않다"고 하여 한 단계 무거운 50일 연금에 처해졌다(『天保類集』 1635호).

4) 남편의 간통

비추쿠니備中國 가사오카무라笠岡村에 사는 가네라는 여자의 경우, 남편 야스지로安次郎에게 말하고 시고쿠 참배에 나섰다가 돌아왔더니 남편이 외간 여자 무메와 간통한 후 처자식을 두고 그녀와 함께 집을 나가버렸다. 가네는 "저녁 무렵 곤경에 처하니 마음이 자꾸 서운해지면서 (…중략…) 원통한 마음을 풀어야겠다"며, 야스지로를 찾아가서 부엌칼로 상해를 입혔기 때문에 추방당했다. 효조쇼評定所는 야스지로가 가네와 이혼하지 않고 처자를 버린 것은 "당연히 유감스러운 일"이고, "도리를 따지자면 남편이 집을 나감으로써 처자를 버리고 떠난 것"이라며 남편에게 책임을 물었다. 그러면서도 "아내의 신분으로 해서는 안 될 짓을 했고 남편 집에 사는 이상 어떠한 어려움이 있어도 집안의 지속을 염려하며 남편의 행동을 따져 해결을 봐야지, 부부가 지켜야 할 도리를 저버려서는 안 된다"고 했다(『天保類集』 1646호).

이처럼 남편의 '외도', '범죄', '가출'로 이야기되는 소위 폭력, 질병, 범죄, 간통 등으로 이혼한 경우를 보면 다음과 같다. 먼저 남편이 간통하거나 처자를 버린다는 것은 "당연히 유감스러운 일"이고 "도리를 따지자면"이라며 남편의 책임을 분명하게 인정했다. 또 남편은 "이혼한 이상 구태여 귀찮게 해서는 안 된다"고 하였다. 또 다른 한편으로 남편을 포기하는 것은 아내 "자신의 안위" 때문이라면서 "남편 집안"의 지속을 위한 아내의 '충실함'을 요구하였고, "(아내가) 요청하여 이혼장"을 받은 것은 "불성실", "인정에 반하는" 혹은 "윤리"가 서지 않는 것으로 간주하였다. 요컨대 한편으론 이혼장이라는 문서주의와 '도리'라는 합리주의를 내세우면서, 다른 한편으로는 인정의 차원에서 "아내의 신분"이라는 규범을 주장하는 서로 모순되는 이중 잣대를 제시하였다.

이러한 이중 규범이 존재하는 이상 가메 사건에서도 설령 이혼하고 남편의 폭행이 입증되더라도 이 정도로는 가메의 '불성실'을 무시할 수 없기에 초스케의 행동만 잘못되었다고는 할 수 없다. 더듬거리는 가메의 '진술'은 이혼문제에서 형사문제로 전개되어 시종일관 이치고로의 '소장'은 문서주의나 합리주의를 최대한 이용한 것이며, 초스케가 모든 단계의 조정을 받아들이지 않았다는 것을 확인하는 형태로 아내의 신분 규범을 뛰어넘으려 고심한 흔적이 보인다.

다른 한편 초스케가 처음에는 중재인을 내세워 다시 합치자고 하고, 안된다면 "너를 죽인 다음 나도 죽겠다"고 하면서 가메를 자기 집으로 유인해 표면적으로는 가메의 '동의' 아래 부부관계를 맺고, 결국에는 친척의 증서를 얻고 촌장이 "가메가 전적으로 나쁘다"고 사과하게 만든 것은 초스케 역시 이러한 상황을 잘 이해하고 있고, 아내의 '진의'에 대한 또 하나의 줄거리를 구상했다는 것을 보여준다. 이렇게 두 개의 규범에 대응하는 두 개의 '이야기'가 있는데, 이 사건을 어떤 '이야기'로 말할 것인가가 쟁점인 것이다.

4. 규범의 이중성과 그것의 극복

손이 마비될 정도의 폭행, 상해, 그리고 강간과 감금이라는 무시무시한 초스케의 폭력은 아마도 이혼 전부터 있었을 것이다. 오늘날로 말하자면 전형적인 가정폭력으로, 이후 다시 합치려는 것은 스토커 같은 행태이다. 그렇기 때문에 가메의 소송은 초스케의 폭행 중지와 마을 내(가메의 생활권) 출입금지를 요구하였던 것이다. "아내의 신분"이라는 사회적 규범이 존재하는 상황에서 가메가 이혼을 단행하는 과정이 얼마나 힘들었을지에 대한 단서는 사료에서 찾을 수 없다.

이혼한 후에도 이 사건을 영주 재판에 끌고 간 것 그리고 가메의 인권을 지키려고 한 것은 누가 뭐라고 해도 가메 자신이었다. 이는 초자에몬 등의 후견인이 물러났을 때 가메 스스로가 와카렌추에게 부탁하러 기타무라에 간 것에서도 잘 알 수 있다. 그러나 D단계에서 알 수 있듯이 가메가 제 발로 초스케와 동행하여 강간을 당할 수밖에 없었던 것처럼, 이혼 후에도 매일 밤 상습적 폭력에 노출되어 온 가메의 심리적 압박은 가늠하기 어렵다.

이러한 가운데 가메는 A단계에서와 같이 폭행을 당하면서도 "초자에몬과 긴지로 두 사람을 후견인으로 하여 이별을 한 마당에 다시 합치면 두 후견인의 체면이 서질 않는다"라고 하였다. 이처럼 가메는 공동체에서 나타나는 인간관계의 일반적 규범을 근거로 재결합을 거부하고, "거장(이혼장)을 주고받은 이상 당신에게 시달릴 이유가 없다"라면서 법적 근거를 명시하고 "다른 사람에게 물어보고 시달리는 게 맞다고 하면 어떻게 하든 좋다"라면서 사태를 외부로 공개하였다. 이는 일반적인 사회적 합의를 주장함으로써 초스케의 폭행을 거부하는 것이며, 바로 이점을 주목해야 한다. 이렇게 함으로써 가메는 초스케에 의한 폭력의 공포와 "내 마음대로 하겠다"라는 남편의 아내에 대한 결정권의 논리를 극복하고자 한 것이다.

또 하나 이 소송을 가능하게 한 것은 후견인 · 마을 사람들 · 촌장이라는 지역사회 시스템과 영주 재판의 존재이다. 중요한 점은 친정 배경이 없는 빈민층 여성에게 이 시스템이 혈혈단신의 여자 개인을 지켜주는 기능을 했다는 것이다. 즉 집안 사이의 사회적 균형을 지키기 위해 중재인이 기능하는 차원이 아니었음에 주목해야 한다.

세키 타미코關民子의 『에도 후기의 여성들江戸後期の女性たち』8)은 『처벌사례집』에 등장한 여성을 본격적으로 분석한 최초의 연구이다. 앞서 언급한 '만'과 '스에'는 '이혼장을 받아낸 여자', '남편의 외도에 복수 한 여자'로, 세키 타미코는 그녀들에게서 '가부장적 지배'에 대한 '저항'과 그로부터의 '이탈'을 읽어냈다. 나아가 남장을 하고 '남자의 일'을 즐긴다거나, 도적질을 한 무연고자 '다케'를 '인륜을 어지럽히는 자'라 하여 낙도로 쫓아낸 사례(『天保類集』 1563호 · 1701호 등)는 '막부제 여성상에 대한 반역', '자각적 저항'으로 보았다.

그러나 세키 타미코가 말하는 '가부장제적 지배'는 앞서 말한 이중 규범 중 후자 즉 '아내의 신분'이라는 규범만을 가리키고 있다. 이혼장의 요구도 남편의 폭력에 대한 저항도 분명 '가부장적 지배'로부터의 이탈이지만, 이를 근세국가 그 자체에 대한 '저항 · 이탈 · 반역(일탈)'과 동급으로 취급해서는 안 된다.

근세국가는 원래 문서주의와 같은 합리적 측면을 가지고 있었으며 국가지배의 정당성을 여기에 두었다는 것을 고려해야 한다. 근세국가는 백성이 '억울하게 죽지 않는다'는 것을 보장하고, 가부장인 남성뿐만 아니라 여성, 어린이, 걸인을 포함해 모든 주민의 신변을 보호하는 것에 정당성을 두고 있었다. 또 도시든 시골이든 지역사회는 이 권력을 일상적으로 확보해야 할 의무가 있었다.[9] 가메 사건의 경우 이것이 가메의 신변을 지키기 위한 '근거'가 되었다. "거장去状(이혼장)을 주고받은 이상 당신에게 시달릴 이유가 없다" 등의 논리가 가메의 내면을 지배하고, 쇼야 이치고로의 소송능력 등 지역사회가 가메를 지켰던 것이다. 이것은 근세국가에 대한 '저항 · 이탈 · 반역'이라기보다는 오히려 근세국가가 가진 문서주의 · 합리주의의 규범(지배원리)에 대해 철저함을 요구한 것이다. 영주 재판과 같은 소송이 가능하다는 것에서 알 수 있듯이 이는 (모순적이긴 하지만) 이중 규범을 구조화한 근세국가의 특징이다.

물론 지역사회의 인간관계와 사회 시스템이 '아내의 신분'이라는 규범을 감시 · 강화하는 기능을 가진 것도 사실이다. 이중 규범이 어떻게 실현되었는가는 그때의 사정(권력관계)에 따른 것이다.

예를 들어 분세이 13년(1830) 빈농 쇼스케丈助의 22세 딸 이요가 셋스쿠니攝津國 아마리有馬군 고가키小柿村에서 고용살이를 하던 중 살해당한 변사 사건을 보자. 이 사건에서 같은 마을의 쇼야인 이치고로는 사정을 잘 알아본 후 아버지 쇼스케로 하여금 딸 이요가 자기 멋대로 연락도 없으며 "평소 속마음을 확인하기 어려웠던 자식"으로 "항상 부모의 뜻을 거스르고", 어디서 어떤 몹쓸 짓을 해 웃어른에게 폐를 끼치고 마을에 어려움을 가져올지 모르므로 호적대장에서 지워버린다는 청원서를 내게 했다. 그리고 고가키小柿村의 쇼야 추베이忠兵衛와 고용주 헤이에몬平右衛門에게 '인연을 끊었기' 때문에 "이쪽과는 아무런 관계가 없으니" "그곳 형편에 맞춰 정리하십시오"라는 서한을 보냈다.[10)] 아마도 이요의 고용주는 아버지 쇼스케에게 금전적인 보상을 어느 정도 했으리라 생각된다. 하지만 이요는 무연고자로 처리되어 법적 보호를 받을 수 없었기 때문에 그녀의 죽음은 어둠에 묻혀버렸다.

이에 반해 오다무라小田村 사스케佐助의 딸 사쓰는 가카와무라香下村로 고용살이를 가 식을 올리지 않은 채 이에몬伊右衛門과 같이 살다가 강제로 이혼을 당했다(해고를 당했다). 그러나 사쓰는 "몸이 평상시와 다른 게 임신을 한 것 같으니 확실해질 때까지는 이혼할 수 없다"고 거부했다. 이에몬이 막무가내로 이혼을 강요했기 때문에 친척인 마사에몬政右衛門과 기타무라의 쇼야가 설득하여, 평소 알고 지내던 관리에게 은밀히 청원서를 냈다. 이에 양쪽 마을 촌장이 조사했더니 이에몬의 '부당함'이 드러났다. 그리하여 사쓰가 임신한 경우엔 신상이 정리될 때까지 한 사람의 생활비를 댈 것, 만일 출산했는데 사쓰의 몸이 안 좋아 조리가 필요할 때는 약값, 기도 비용, 병수발 비용 등 일체를 대고, 또 병사할 경우엔 장례비용 전부를 이에몬이 부담할 것을 약정했다.[11)] 이혼한 여자가 임신했을 때 그 비용을 남편이 부담하는 것은 「공사방어정서公事方御定書」[14]와 미야즈번 법에 분명히 나와 있다.[12)] 하지만 실제 실행 여부는 이혼을 거부한 사쓰의 의지 그리고 그것을 뒷받침하는 지역사회 본연의 자세에 달려있다.

14 에도 막부의 기본 법전.

지역사회 시스템을 어떻게 작동시킬 것인지를 둘러싼 일상적인 사회적 실천에 대해서는 더 논의할 필요가 있다. 근대국가를 봉건적인 '가부장적 지배'에서 벗어난 근대시민 사회원리만으로 설명할 수 없듯이, 근세국가를 '가부장적 지배원리'로만 볼 수는 없다. 여성이 봉건적인 가정 안에 갇혀 있었다고만 보는 것은 앞서 사례로 본 사회적 실천을 전부 무시하는 것이 된다. 이를 규범으로부터의 '일탈'이라기보다는 규범을 '극복'해가는 다양한 방식으로 보는 시각이 요구된다.

저자 주

근대와 세계의 구상

1) 「근대의 비판 — 중단된 투기近代の批判 — 中絶した投企」, 『현대사상現代思想』 12월 임시증간호, 1987, 184~207면. 『사산되는 일본어・일본인死産される日本語・日本人』, 新曜社, 1996에 재수록(사카이 나오키, 이득재 역, 『사산되는 일본어・일본인』, 문화과학사, 2003).

2) 상대의 정체성을 친족관계, 신분의 상하관계, 혹은 직무관계로 파악하지 않고, 인종, 민족 혹은 국적에 따라 확정했던 것이다. 물론 나는 그 지역에 관해 전혀 아는 바 없는 여행자였기 때문에 상대의 신분이나 직업을 알기 어려웠고, 내가 만난 사람들을 그냥 대명사로 지칭한 적도 있다. 그러나 그러한 관계 없음에 곤혹스러워하기보다는, 개인 안에 내재한다고 여겨지는 생리적(육체적 특징으로서의 인종), 문화적(개인의 신체에 각인된 습관이나 언어로서의 민족성), 법적(국가에 등록된 출생이나 가족으로서의 국적) 정체성에 따라 상대를 규정하고, 이를 당연한 것으로 생각했다. 이는 나와 상대의 관계에서 각각 점하고 있는 입장에 따라 상대적으로 상대를 규정하는 것과는 크게 다르다. 경어 용법이 잘 보여주듯이, 올림 받는 연장자와 스스로를 낮추는 아랫사람의 구별은 어디까지나 대화의 관계 속에서 그때그때 결정되는 것이다. 윗사람이냐 아랫사람이냐는 특정 개인의 자격이나 속성이 아니다. 그것은 상대적인 규정이어서 상대가 바뀌면 그에 따라 바뀐다. 이런 의미에서 라왈핀디에서의 나는, 나와의 관계 안에서 상대를 어떻게 자리매김해야 하는지를 전혀 고려하지 않았던 것이다.

3) *The Spectre of Comparisons*, Verso, 1998에서 베네딕트 앤더슨Benedict Anderson은 호세 리살José Rizal을 인용하면서 '비교의 망령'에 대해 말한다(229면). 이 총설에서 논하고 있듯이, '비교의 망령'은 상대화 도식이 작동하는 좋은 예이다. 문제는 나와 라왈핀디 사람들의 경우, 호세 리살이 언급한 마닐라 정원과 스페인 정원의 관계와 달리 망령의 위치가 역전되었다는 점이다. '근대'는 '전근대'의 망령에, '전근대'는 '근대'의 망령에 얽혀 있는 것이다. '상대화'에 대한 보다 자세한 개념에 대해서는 나의 글, 「일본사상이라는 문제日本思想という問題」, 『일본사상이라는 문제日本思想という問題』, 岩波書店, 1997, 33~78면을 참조.

4) 인류학적 인간anthropos과 인본주의적 인간humanitas 그리고 유럽의 운명에 관한 논의 중 가장 대표적인 것은, 잠재적인 형태로 폴 발레리Paul Valery의 「정신의 위기」를 비롯한 일련의 문

명론, 그리고 보다 노골적인 형태로 에드문트 후설Edmund Husserl의 『유럽 학문의 위기와 초월론적 현상학』, 細谷恒夫・木田元 역, 中央公論社, 1992가 있다. 폴 발레리의 문명론에 대한 상세한 분석과 비판에 대해서는 山田広昭, 『삼점확보三点確保』, 新曜社, 2002를 보라. 또한 역사주의 비판으로는 Dipesh Chakrabarty, "Postcoloniality and the Artifice of History", Salah Hassan & Iftihkar Dadi 편, *Unpacking Europe*, Museum Boijmars Van Beuningen Rotterdam, 2001, pp.178~195를 참조. 민족지와 인류학적 인간의 관계에 대해서는 Robert Young, *Colonial Desire*, Routledge, 1995의 제3장에 나오는 '문화' 개념의 역사적 변용을 참조(로버트 J. C. 영, 이경란 외역, 『식민욕망』, 선학사, 2013).

5) 전근대를 극복할 근대의 가능성을 구현하는 것으로 자신들의 민족-언어통일체를 제시하는 역사가 1930~1940년대에 쓰였다는 점은 중요하다. 家永三郎, 「일본사상사에서 부정 논리의 발달日本思想史における否定の論理の発達」, 『이에나가 사부로 전집家永三郎集』 제1권, 岩波書店, 1997(초판 1938); 丸山真男, 『일본 정치사상사 연구日本政治思想史研究』, 東京大学出版会, 1952(초판 1940~1944)(마루야마 마사오, 김석근 역, 『일본정치사상사연구』, 통나무, 1998).

6) Michael Foucault, *Il Faut Défendre La Société*, Gallimard, 1973은 중요한 책이다. 또한 메이지기 '사회'라는 용어의 번역 경위에 대해서는 허버트 스펜서Herbert Spencer가 쓰고 마쓰시마 쓰요시松島剛가 번역한 『사회평권론社会平権論; *Social Stastics or the Conditions Essential to Human Happiness*』 및 장-자크 루소Jean-Jacques Rousseau, 나카에 조민中江兆民 역, 『비개화론非開化論; *Discours sur les sciences et les art*』 그리고 가토 슈이치加藤周一와 마루야마 마사오丸山真男가 주역을 단 『일본 근대사상체계 제15권-번역의 사상日本近代思想体系 第一五巻-翻訳の思想』, 岩波書店, 1991, 159~207면 참조(미셸 푸코, 김상운 역, 『사회를 보호해야 한다』, 난장, 2015).

7) 서양이라는 신화의 탈지리화/탈주 시도에 관한 보다 자세한 논의는 나의 글 「서양의 탈주와 인문과학의 지위西洋の脱臼と人文科学の地位」, 葛西弘隆 역, 『トレイシーズTraces』 제1권(『사상思想』 별책호), 岩波書店, 2000, 106~129면을 참조.

8) James Baldwin, *The Fire Next Time*, Vintage International, 1962, p.9.

9) 家永三郎, 「일본사상사에서 부정 논리의 발달日本思想史における否定の論理の発達」, 『이에나가 사부로 전집家永三郎集』 제1권, 岩波書店, 1997(초판 1938); 丸山真男, 『일본 정치사상사 연구日本政治思想史研究』, 東京大学出版会, 1952.

10) Bernard S. Cohn, *Colonialism and Its Forms of Knowledge*, Princeton University Press, 1996.

11) Anne McClintock, *Imperial Leather-Race, Gender and Sexuality in the Colonial Contest*, Routledge, 1995.

12) Gauri Viswanathan, *Masks of Conquest : Liberty Studies and British Rule in India*, Columbia University Press, 1989. 이 책에 제1장이 수록되어 있다.

13) Johannes Fabian, *Time and the Other-how anthropology makes its object*, New York : Columbia University Press, 1983.

14) 성서의 내용이나 이교도에 대한 신화적 환상을 기저에 깔고 있는 전근대적 정보는, 근대적 인류학의 방법론을 따르는 것이 아니었기 때문에 경험적 실증성을 갖지 못하여 인류학의 원자료 자격을 획득하지 못했다.

15) Johannes Fabian, *Time and the Other-how anthropology makes its object*, New York : Columbia

University Press, 1983. 특히 제1장과 제2장 참조.

16) Johannes Fabian, *Time and the Other-how anthropology makes its object*, New York, Columbia University Press, 1983, 제2장과 제4장. 시간의 층화라는 개념은 '기억'과 '장소'(아리스토텔레스가 말한 의미의 '장소')의 연관 분석을 통하여 근대적 역사의식을 비판하기 위해 고안된 것이다.

17) Eduard Andre, "Voyage dans l'Amerique Equinoxiale"에 수록된 D. Maillet, "La montree de l'agonie", *Le Tour du Monde*, Paris, 1879를 Mary Louise Pratt, *Imperial Eyes-travel writing and transculturation*, London : Routledge, 1992, p.154에서 재인용. 'La montree de l'agonie'를 '고뇌의 등반' 대신 '고뇌를 넘어서'라고 번역할 수도 있다.

18) Mary Louise Pratt, *Imperial Eyes-travel writing and transculturation*, London : Routledge, 1992.

19) Johannes Fabian, *Time and the Other-how anthropology makes its object*, New York : Columbia University Press, 1983, p.35. 제임스 캐리어James Carrier는 서양관에 대한 상식을 의심하지 않는 인류학자의 순진함에 대해 경고한다. 그는 이방인에 관한 지식이 변증법적으로 서양에 관한 지식의 반정립에 의해 만들어지는 이상, 서양관(옥시덴탈리즘)은 골동품으로 취급되는 일이 없을 것이라고 말한다. "인류학적 동양관(오리엔탈리즘)을 이해하기 위해서는 인류학자의 서양관(옥시덴탈리즘)을 우선 이해해야 한다." James Carrier, "Occidentalism", *American Ethnologist* 19, 1992, p.199.

20) 예를 들어, 번역 표상과 번역 행위를 엄밀하게 구분해야 한다는 나의 주장은 이 점과 연관되어 있다. 번역 행위에서 하나의 언어는 다른 언어와 분리되어 있지 않기 때문에, 이미 분리되어 있는 언어 간의 의미 이동이라는 번역의 사고방식은 애초에 초월적인 시점을 내포하고 있다. 그러한 번역관을 초월주의라고 할 수 있다. 나의 책, 『일본사상이라는 문제日本思想という問題』, 岩波書店, 1997의 특히 제1장과 2장을 참조.

21) 번역의 문제에서 번역 행위와 번역 표상을 구별하고, 번역 행위를 이해하는 데에 초월주의를 제거해야하는 것은 이 때문이다.

22) Christopher Finsk, *Language and Relation*, Stanford University Press, 2000을 참조하라. 공시성이란 현상학적 환원에 따라 대상에서 의미작용의 연관만을 도출할 때 얻을 수 있는 대상의 구조이기 때문에, 처음부터 시간이 박탈되어 있는 것이다. 다시 한번 공시성의 비시간적 성격을 피터 오스본과 함께 (또한 요하네스 파비안과 함께) 확인해두자. "공시성은 같은 시간대를 말하는 것이 아니다. 그것은 비시간성을 가진다 : 대상 안에 내재하는 시간성을 담지한, 순수하게 분석적인 공간은 억압을 받는다." Peter Osborne, *The Politics of Time*, Verso, 1995, pp.27~28. 제1장이 이 책에 수록되어 있다.

23) Henri Meschonnic, *Modernité Modernité*, Gallimard, 1988(앙리 메쇼닉, 김다은 역, 『모데르니테 모데르니테』, 동문선, 1999).

24) Peter Osborne, *The Politics of Time*, Verso, 1995, p.23.

25) 이 점에 관한 보다 상세한 분석은 나의 책, 斉藤一他 역, 『과거의 목소리－18세기 일본의 담론에서 언어의 지위過去の声－一八世紀日本の言説における言語の地位』, 以文社, 2002(*Voice of the Past : the status of language in eighteenth-century Japanese discourse*, Cornell University Press, 1991)를 참조.

26) David Roediger, *The Wages of Whiteness : Race and the Making of the American Working Class*,

Verso, 1991과 Noel Ignatiev, *How the Irish Become White*, Routledge, 1995는 '백인'이라는 범주가 어떻게 역사적으로 구성되었는지를 분명하게 분석해 보여준다.

27) Peter Button, "Aesthetic Formation and the Image of Modern China : the Philosophical Aesthetics of Cai Yi", 박사논문, Cornell University, 1999.

네이션과 상상력

1) Benedict Anderson, *Imagined Communities : Reflections on the Origin and Spread of Nationalism*, London : Verso, 1983(베네딕트 앤더슨, 윤형숙 역, 『상상의 공동체』, 나남, 2003).

2) Benedict Anderson, *Imagined Communities : Reflections on the Origin and Spread of Nationalism*, London : Verso, 1983, p.15(베네딕트 앤더슨, 윤형숙 역, 『상상의 공동체』, 나남, 2003).

3) Rabindranath Tagore, "Bhagini nibedita", *Rabindranachanabal*, vol.13, Calcutta : Government of West Bengal, 1962, p.198(『타고르전집』. 이후 *RR*로 표기. 이하, 따로 언급한 경우 외에 *RR*은 1962년 발행한 것을 참조했음).

4) Rabindranath Tagore, "Bhagini nibedita", *RR*.

5) Rabindranath Tagore, "Bhagini nibedita", *RR*.

6) 이 점에 관해서는 존 미Jon Mee에 따르고 있다.

7) Robin Pal, *Kolloler lolahol o onnanno probondho*, Calcutta, 1980, pp.9・13. 또 웃줄 모줌다르의 에세이 "Gapaguchher nari : abarodh theke mukti", *Rabindrashanga*, Calcutta : Sahitya Samidha, 1977, pp.10~14도 참조하기 바람.

8) Rabindranath Tagore, *Galpaguchha*, Calcutta : Visva Bharati, 1973, p.1004.

9) "Sahityabichar", *RR*, vol.14, pp.531~532.

10) "Grambashider proti"(c. 1930), *Palliprakriti*, *RR*, vol.13, p.524.

11) "Abhibhasan", *Palliprakriti*, *RR*, vol.13, p.532. 농촌을 그린 타고르의 작품 속 역사주의와 노스탤지어의 예로는 "Protibhashan"(1926)과 "Pallisheba"(1940), *Palliprakriti*, *RR*, vol.13, pp.540・560 참조.

12) 1927년에 발표된 Bibhutibhushan Bandyopadhyay의 소설 *Pather panchali*는 지나치게 가혹한 빈곤과 농촌생활의 사소한 다툼을 부정하지 않고 따뜻한 감정을 불러일으키는 시골의 이미지를 유지하는데 성공하였으며, 두 가지 극단적인 이미지의 중간 위치를 차지하고 있는 작품이다. 다음의 내 논문을 참조하기 바란다. "Remembered Villages : Representations of Hindu-Bengali Memories in the Aftermath of the Partition", *South Asia* 18, special issue on "North India : Partition and Independence"(guest edited by D. A. Low), 1995, pp.109~129.

13) "Loka-sahitya"에 관한 타고르 에세이 참조(*RR*, vol.13, pp.663~734).

14) 영어 번역은 클린턴 실리Clinton Seely가 한 것이다. Clinton Seely, *A Poet Apart : A Literary Biography of the Bengali Poet Jibanananda Das(1899~1954)*, Newark : University of Delaware, 1990, p.15.

15) Prasanta Pal, *Rabijibani*, Calcutta : Ananda Publishers, vol.4, 1989, p.67. 시의 역사적 배경에 관

해서는 Sachindranath Adhikari, *Shilaidaha o Rabindranath*, Calcutta : Jijnasha, 1974, pp.317~321를 참조.

16) Srikumar Bandyopadhyay, *Bangasahitye upanashyer dhara*, Calcutta : Modern Book Agency, 1988(first pub. 1939).

17) Srikumar Bandyopadhyay, *Bangasahitye upanashyer dhara*, Calcutta : Modern Book Agency, 1988(first pub. 1939), p.1

18) Srikumar Bandyopadhyay, *Bangasahitye upanashyer dhara,* Calcutta : Modern Book Agency, 1988(first pub. 1939), p.3

19) Srikumar Bandyopadhyay, *Bangasahitye upanashyer dhara*, Calcutta : Modern Book Agency, 1988(first pub. 1939), p.13

20) Humayun Kabir, *The Novel in India*, Calcutta : Firma K. L. Mukhopadhyay, 1968, p.2.

21) Humayun Kabir, *The Novel in India*, Calcutta : Firma K. L. Mukhopadhyay, 1968, pp.3・4・5.

22) Hari Ram Mishra, *The Theory of Rasa*, Chhattarpur, M. P. : Vindhyachal Prakashan, 1964, p.10.

23) Sukanta Bhattacharya, "He mahajibon", *Chharpatra*, Calcutta : Saraswat Library, 1967(first pub. 1948). 이 책 안의 시는 1943년부터 1947년 사이에 쓴 것이다.

24) 슈칸토 봇타차리야에 대한 부토뎁 보슈의 논의는 다음을 참조. *Kabita*, ed. Minakshi Datta, *Budhhadev bosu shampadita kabita*, vol.2, Calcutta : Papyrus, 1989, p.104.

25) Marshall Berman, *All That Is Solid Melts into Air*, New York : Penguin, 1988, chapter 1.

26) Charles Baudelaire, trans. Louise Varese, *Paris Spleen*, New York : New Directions, 1970. 또 다음 논의도 참조바람. Walter Benjamin, trans. Harry Zohn, *Charles Baudelaire : A Lyric Poet in the Era of High Capitalism*, London : Verso, 1985(발터 벤야민, 김영옥・황현산 역, 『보들레르의 작품에 나타난 제2제정기의 파리, 보들레르의 몇 가지 모티브에 관하여 외』, 길, 2010); Marshall Berman, *All That Is Solid Melts into Air*, New York : Penguin, 1988, chapter 3(마샬 버만, 윤호병 역, 『현대성의 경험』, 현대미학사, 2004).

27) Aditya Ohadedar, *Rabindra-bidushan itibritta*, Calcutta : Basanti Library, 1986, p.10.

28) Aditya Ohadedar, *Rabindra-bidushan itibritta*, Calcutta : Basanti Library, 1986, p.28.

29) Aditya Ohadedar, *Rabindra-bidushan itibritta*, Calcutta : Basanti Library, 1986, p.27.

30) Aditya Ohadedar, *Rabindra-bidushan itibritta*, Calcutta : Basanti Library, 1986, pp.52・54・59 참조. 그리고 이 텍스트들은 Dipan Chattopadhyay, *Rabindrabirodhi shomalochona*, Calcutta : Annapurna Prakashani, 1994에서도 논의되고 있다.

31) Aditya Ohadedar, *Rabindra-bidushan itibritta*, Calcutta : Basanti Library, 1986, pp.108~109・112.

32) Achintyakumar Sengupta, *Kallolyug*, Calcutta : M. C. Sarkar and Sons, 1988, p.47.

33) Ujjvalkumar Majumdar, "Rabindranath, shamashamay o jibanananda", *Rabindrashanga*, pp.25~26에 인용되어 있다. 또 Sutapa Bhattacharya, *Kabir chokhe kabi : tirisher kabider rabindrabichar*, Calcutta : Aruna Prakashani, 1987, p.69도 참조.

34) Ujjvalkumar Majumdar, "Rabindranath, shamashamay o jibanananda", *Rabindrashanga*, p.23.

35) Edward Thompson, *Rabindranath Tagore : Poet and Dramatist*, Calcutta : Riddhi, 1979(first pub.

1926), pp.315~316.

36) E. P. Thompson, "*Alien Homage*" : *Edward Thompson and Rabindranath Tagore*, Delhi : Oxford University Press, 1993, p.53.

37) Aditya Ohadedar, *Rabindra-bidushan itibritta*, Calcutta : Basanti Library, 1986, pp.123 · 125.

38) Walter Benjamin, trans. Harry Zohn, *Charles Baudelaire : A Lyric Poet in the Era of High Capitalism*, London : Verso, 1985, p.36(발터 벤야민, 김영옥 · 황현산 역, 『보들레르의 작품에 나타난 제2제정기의 파리, 보들레르의 몇 가지 모티브에 관하여 외』, 길, 2010, 80면).

39) "Chhander artha"(1917), *RR*, vol.14, p.153.

40) Ujjvalkumar Majumdar, "Gadyachhanda", *E monihar*, Calcutta : Saibya Pustakalay, 1981, p.64.

41) "Sristi"(1924), *RR*, vol.14, p.319.

42) "Alashya o sahitya"(1887), *RR*, vol.13, p.835.

43) "Shahityadharma"(1927), *RR*, vol.13, p.327.

44) Sutapa Bhattacharya, *Kabir chokhe kabi : tirisher kabider rabindrabichar*, Calcutta : Aruna Prakashani, 1987, p.147. 타고르의 대답에 관해서는 *Chithipatra*, vol.11, Calcutta : Visva Bharati, 1974, pp.41~43을 참조.

45) Sutapa Bhattacharya, *Kabir chokhe kabi : tirisher kabider rabindrabichar*, Calcutta : Aruna Prakashani, 1987, p.163.

46) Sutapa Bhattacharya, *Kabir chokhe kabi : tirisher kabider rabindrabichar*, Calcutta : Aruna Prakashani, 1987, p.78

47) Majumdar, *E monihar*, Calcutta : Saibya Pustakalay, 1981, p.223. 지본나논도 다쉬가 타고르에 대해 한 말에 관해서는, "Rabindranath o adhunik bangla kabita", ed. Faizul Latif Chaudhuri, *Jibanananda daser prabandha shamagra*, Dhaka, 1990, pp.24~29 참조.

48) Sutapa Bhattacharya, *Kabir chokhe kabi : tirisher kabider rabindrabichar*, Calcutta : Aruna Prakashani, 1987, p.102.

49) Samar Sen, "Shvarga hote biday"(1937), *Kayekti kabita*, Calcutta : Anustup, 1989, p.31. "Banishment from Heaven"이라는 시의 제목도 타고르를 모방하고 있다. *Shesher kabita*에 대해서는 *RR*, vol.9, pp.713~793 참조.

50) 타고르가 오미요 초크로보티에게 보낸 편지(1937)는 *Chithipatra*, Calcutta : Visva Bharati, 1974, vol.11, p.201에서 가져왔다.

51) Majumdar, *E monihar*, Calcutta : Saibya Pustakalay, 1981, p.243에 인용되어 있다.

52) Sutapa Bhattacharya, *Kabir chokhe kabi : tirisher kabider rabindrabichar*, Calcutta : Aruna Prakashani, 1987, p.40에 나와 있다.

53) 이 시기의 벵골 농촌의 역사적 설명에 관해서는 Sugata Bose, *Agrarian Bengal : Economy, Social Structure and Politics*, Cambridge : Cambridge University Press, 1986 참조.

54) 클린턴 실리의 영어 번역에 따른다. Clinton Seely, *A Poet Apart : A Literary Biography of the Bengali Poet Jibanananda Das(1899 ~1954)*, Newark : University of Delaware, 1990, p35.

55) "Joto durei jai", *Subhash mukhopdhyayer sreshtha kabita*, Calcutta : Deys, 1976, p.71~72.

56) Sushilkumar Gupta, *Rabindrakabya prashanga : gadyakabita*, Calcutta : India Associated, 1966,

pp.52 · 108 참조. 또 Sisir Kumar Ghosh, *The Later Poems of Tagore*, Calcutta : 1961도 참조.

57) Majumdar, *E monihar*, Calcutta : Saibya Pustakalay, 1981, p.65.

58) 이들 논쟁의 자세한 내용은 Sengupta, *Kallolyug*; Shonamoni Chakrabarty, *Shanibarer chithi o adhunik bangla sahitya*, Calcutta : Aruna Prakashani, 1992; Jibendra Singha Ray, *Kalloler kal*, Calcutta : Deys, 1987과 타고르의 에세이 "Sahitye nabatva"(1927), *RR*, vol.14, p.334 참조.

59) 당시 이 시가 곳도코비타(산문시)로서 갖는 지위에 관해 논쟁이 있었다. 그에 대해서는 Minakshi Datta ed., *Budhhadev Bosu shompadito kabita*, vol.1, p.165의 부토뎁 보슈의 비평을 참조. 또 Mohitlal Mojumdar가 한 비판은 그의 에세이 "Rabindranather gadyakabita", *Sahityabitan*, Calcutta : Bidyoday Library, 1962(first pub. 1942), pp.53~63에 나와 있다.

60) 바이쿤타Vaikuntha란 비슈누Vishnu신의 천국을 가리킨다.

61) "Bansi"(1932), *RR*, vol.3, pp.63~65.

62) 다음 에세이 참조. "Chhander artha", *RR*, vol.14, pp.153 · 155~156; "Bastab", *RR*, vol.14, p.295; "Kabir kaifiyat", *RR*, vol.14, pp.302, 305; "Sahitya", *RR*, vol.14, pp.308~309; "Tathya o satya", *RR*, vol.14, pp.312~316. 타고르의 독특한 미학이론이 모두에게 설득력이 있었던 것은 아니다. 이러한 점과 타고르 옹호의 의견에 대해서는 Bhabanigopal Sanyal, *Rabindranather sahityatattva*, Calcutta : Modern Book Agency, 1974, part 2, pp.38~40; Bimalkumar Mukhopadhyay, *Rabindranandantattva*, Calcutta : Deys, 1991, p.296; Asitkumar Bandyopadhyay, *Sahityajijnashay rabindranath*, Calcutta : Karuna Prakashani, 1980, vol.2; Satyendranath Ray, *Sahityatattve rabindranath*, Calcutta : Sanskrita Pustak bhandar, 1972를 참조.

63) 타고르의 에세이, "Kabir kaifiyat"(1915), *RR*, vol.14, p.301 참조.

64) "Kabir kaifiyat"(1915), *RR*, vol.14. 보다 폭넓은 논의에 대해서는 trans. Abu Sayeed Ayyub, *Tagore and Modernism*, Delhi, 1995 참조.

65) 산문시에 대해 설명하고 있는 1937년 에세이 "Gadyachhander prakriti", *RR*, vol.14, p.284 참조.

66) 1935년 5월 17일에 쓴, 타고르가 Dhurjatiprasad Mukherjee에게 보낸 편지("Gadyachhander prakriti", *RR*, vol.14, p.280).

67) "Gadyachhander prakriti", *RR*, vol.14, pp.312~313(이 시의 한국어 번역은 이정호, 「욕망의 시학—키츠의 「프시케에게 바치는 노래」와 「희랍 항아리에 부치는 노래」 읽기」, 『영시 새로 읽기—워즈워스, 키츠 그리고 T. S. 엘리엇』, 서울대 출판부, 1998, 100면에 따름—역자).

68) 낭만주의와 18세기의 '공리'에 관한 정치경제적 관념 사이의 긴장관계에 대해서는 James Chandler, *England in 1819 : The Politics of Literary Culture and the Case of Romantic Historicism*, Chicago : University of Chicago Press, 1998, pp.188~189 · 231 · 478에서 가져왔다.

69) Eric Stokes, *The English Utilitarians in India*, Delhi : Orient Longman, 1989(first pub. 1959) 참조.

70) John M. Robson, "J. S. Mill's Theory of Poetry", ed. J. B. Schneewind, *Mill : A Collection of Critical Essays*, London : Macmillan, 1969, pp.251~279; Jeremy Bentham, "Introduction to the Principle of Morals and Legislation"(1789), ed. Mary Warnock, *Utilitarianism*, London : Fontana, 1969, p.34 참조.

71) Bankimchandra Chattopadhyay, "Kamalakanta", ed. Jogeshchandra Bagal, *Bankimrachanabali*, Calcutta : Sahitya Samsad, 1974, vol.2, p.54. 식민지주의 문맥에 대한 본킴촌드로의 저작을

둘러싼 의견에 관해서는 Sudipta Kaviraj, *The Unhappy Consciousness : Bankimchandra Chattopadhaya and the Formation of Indian Nationalist Discourse*(Delhi : oxford University Press, 1995) 참조.

72) "Sahitya"와 "Tathya o satya"(1925) 두 에세이(*RR*, vol.14, 특히 pp.308~309 및 312~313) 참조.

73) 타고르의 다음 작품 참조. 벵골어에 대해서는 *Shabdatattva*, 운율은 *Chhanda*(*RR*, vol.14), 민간전승은 *Loka-sahitya*(*RR*, vol.13).

74) "실제 벵골어 단어는 대체로 영어가 갖는 악센트와 무게감이 없다. 또한 산스크리트어처럼 장모음 · 단모음이 갖는 울림을 유지하는 전통도 없다"(Tagore, "Bangla chhande anuprash", *RR*, vol.14, p.130).

75) 예를 들면, "Phuljani", *RR*, vol.13, p.943 참조.

76) Satyajit Ray는 타고르가 노래 가사의 단어를 중요시했음을 강조하였다. Satyajit Ray, "Rabindrasangite bhabbar katha", eds. Abdul Ahad and Sanjida Khatun, *Roilo tahar bani, roilo bhara shure*, Dhaka : Muktadhara, 1983, p.157.

77) 타고르와 대담자가 나눈 그의 음악이론을 둘러싼 의견에 관한 간단한 자료로, Rabindranath Thakur, *Sangitchinta*, Calcutta : Visva Bharati, 1966가 있다.

78) Shankha Ghosh, *Kabitar muhurta*, Calcutta : Anustup, 1991, p.14.

79) Binodbehari Mukhopadhay, "Chitrakar", *Ekshan*, annual number, 1978, pp.201~202.

80) Prabhatkumar Mukhopadhyay, *Gitabitan : Kalanukramik shuchi*, Calcutta : Tagore Research Institute, 1992에 따르면 이 노래는 1905년에 작곡되었다고 한다. 스와데시 운동의 포괄적인 역사에 대해서는 Sumit Sarkar, *The Swadeshi Movement in Bengal, 1903~1908*, Delhi : People's Publishing House, 1973 참조.

81) Edward Thompson, *Rabindranath Tagore : Poet and Dramatist*, Calcutta : Riddhi, 1979(first pub. 1926), p.24. 이 시는 1898년경 씌어졌다고 한다. Prabhatkumar Mukhopadhyay, *Rabindrajibani o sahityaprabeshak*, Calcutta : Visva-Bharati, 1960, vol.1, p.428 참조.

82) Edward Thompson, *Rabindranath Tagore : Poet and Dramatist*, Calcutta : Riddhi, 1979(first pub. 1926), p.151.

83) Diana Eck의 저서 *Darsan : Seeing the Divine in India*(Chambersburg, Penn. : Anima Books, 1985)는 도르숀이라는 주제에 대해 이해하기 쉬운 입문서로 되어 있다. 그러나 그 관습적인 실천을 이해가능한 것으로 제시하기 위해, 인류학적 방법에 의존해버렸다.

84) Raniero Gnoli, *The Aesthetic Experience According to Abhinavagupta*, Varanasi : Chowkhamba Sanskrit Series Office, 1968(revised version of the 1956 edition published from Rome), p.xlvi; V. K. Chari, *Sanskrit Criticism*, Honolulu : University of Hawaii Press, 1990, pp.44 · 59~63; Hari Ram Mishra, *The Theory of Rasa*, Chattarpur, M. P. : Vindhyachal Prakashan, 1964, pp.412 · 415 도 참조.

85) Benedict Anderson, *Imagined Communities : Reflections on the Origin and Spread of Nationalism*, London : Verso, 1983, p.15(베네딕트 앤더슨, 윤형숙 역, 『상상의 공동체』, 나남, 2003).

86) V. K. Chari, *Sanskrit Criticism*, Honolulu : University of Hawaii Press, 1990, p.32.

87) Bimal Krishna Matilal, *Perception : An Essay on Classical Indian Theories of Knowledge*, Oxford :

Clarendon Press, 1986, pp.286~291・311~312는 흄과 칸트의 '상상력'이라는 단어의 사용법과, 인도논리학에서 쓰는 kalopana와 vikalpa 같은 단어의 사용법 사이 유사성에 주목하였다. 모티랄은 어떤 경우라도 '상상력'은 기억의 기능에서 관념 없는 인식과 관념을 수반하는 인식의 사이를 구별한다고 말한다. 콜리지의 '공상력'과 '상상력' 사이 '의미의 구별'에 관해서는 Samuel Tylor Coleridge, ed. Nigel Leask, *Biographia Literaria*, London and Vermont : Everyman, 1997, chapter 4, pp.55~56(吉田利吉 訳, 『문학평전文学評伝』, 52~53면, 法定大学出版局, 1976)을 참조.

88) 『문학평전』의 유명한 제13장은 상상력의 '제1양식'과 '제2양식'을 다음과 같이 정의하고 있다. "나는 제1의 상상력이 모든 인간의 살아가는 방법이며 또 그 지각의 최초의 작동자라고 주장하는데, 그것은 또한 무한한 '신'(I AM)의 영원한 창조 작용을 유한한 마음 안에서 반복하는 것이기도 하다. 제2의 상상력은 전자의 메아리이며, (…중략…) 그 작용의 종류는 제1의 상상력과 마찬가지이며, 다만 그 활동 정도와 양식이 다르다고 생각한다. 그것은 재창조하기 때문에 용해되고 확충, 확산된다. (…중략…) 모두 객체가 (객체로서) 고정된 사물死物인 데 반해, 그것은 그야말로 본질적으로 살아있다." Samuel Tylor Coleridge, ed. Nigel Leask, *Biographia Literaria*, London and Vermont : Everyman, 1997, p.175.
콜리지의 이론에 관한 많은 연구 중 다음에서 많은 도움을 받았다. Geoffrey Hartman, *The Unmediated Vision : An Interpretation of Wordsworth, Hopkins, Rilke and Valery*, New York : Harcourt, Brace & World, 1966; Geoffrey Hartman, "Reflections on the Evening Star : Akenside to Coleridge"; Angus Fletcher, "'Positive Negation' : Threshold, Sequence and Personification in Coleridge"; Thomas McFarland, "The Origin and Significance of Coleridge's Theory of Secondary Imagination"(모두 ed. Geoffrey Hartman, *New Perspectives on Coleridge and Wordsworth : Selected Papers from the English Institute*, New York : Columbia University Press, 1972에서); James K. Chandler, *Wordsworth's Second Nature : A Study of the Poetry and Politics*, Chicago : University of Chicago Press, 1984; ed. John Spencer Hill, *magination in Coleridge*, London : Macmillan, 1978; Negel Leask, *The Politics of Imagination in Coleridge's Critical Thought*, London : Macmillan, 1988; Thomas McFarland, *Coleridge and the Pantheist Tradition*, Oxford : Clarendon, 1969. 이에 관해서는 David Lloyd, Jonathon Mee, James Chandler의 논의로부터 도움을 받았다. 여기서 감사를 표하는 바이다.

89) Thomas McFarland, "The Origin and Significance of Coleridge's Theory of Secondary Imagination", ed. Geoffrey Hartman, *New Perspectives on Coleridge and Wordsworth : Selected Papers from the English Institute*, New York : Columbia University Press, 1972, pp.308~309 참조.

90) Samuel Tylor Coleridge, ed. Nigel Leask, *Biographia Literaria*, London and Vermont : Everyman, 1997, p.57nl. 콜리지는 '공통감각'의 18세기 철학을 바탕으로 이 계기를 분류하고 있다.

91) 브라이언 마수미는 벽돌을 던지는(혹평하는) 것을 예로 들면서, 다음과 같이 설명하고 있다. "벽돌의 주체는 무엇일까? 그것을 던진 팔일까? 그 팔에 연결된 몸일까? 아니면 몸에 포함된 뇌일까? 혹은 뇌와 몸을 그와 같은 접합상태로 이끈 상황일까? 주체는 지금 말한 모든 것인 동시에 어느 것도 아니다. 그러면 그 객체는? 창? 건물? 건물이 지키고 있는 법률? 아니면 법률로 외피를 덮은 계급이나 또 다른 역학관계? 객체는 지금 거론한 모든 것인 동시에

어느 것도 아니다." Brian Massumi, *A User's Guide to "Capitalism and Schizophrenia" : Deviations from Deleuze and Guattari*, Cambridge : MIT Press, 1992, p.5; Massumi, "Which Came First? The Individual or Society? Which Is the Chicken and Which Is the Egg? The Political Economy of Belonging and the Logic of Relation", ed. Cynthia C. Davidson, *Anybody*, Cambridge : MIT Press, 1997, pp.175~188.

92) 프로이트의 에세이 「두려운 낯설음The Uncanny」(1919) 참조. Sigmund Freud, *Art and Literature*, ed. Albert Dickson, translated under the general editorship of James Strachey, Harmondsworth : Penguin, 1990, pp.339~376(프로이트, 정장진 역, 『예술, 문학, 정신분석』, 열린책들, 2004, 401~452면).

93) S. Wajed Ali, "Bharatbarsha", *Matriculation Bengali Selections*, Calcutta : Calcutta University Press, 1938, p.322.

94) 이 에피소드에 관해서는 Partha Chatterjee, *Nationalist Thought and the Colonial World : A Derivative Discourse*, London : Zed, 1986, pp.146~147 참조(빠르타 짯떼르지, 이광수 역, 『민족주의 사상과 식민지 세계』, 그린비, 2013, 307~308면).

95) Jawaharlal Nehru, *The Discovery of India*, New York : John Day, 1946, pp.48~49; Partha Chatterjee, *Nationalist Thought*, p.146(자와할랄 네루, 김종철 역, 『인도의 발견』, 우물이있는 집, 2003, 76~79면 참조).

96) Homi K. Bhabha, "DissemiNation : Time, Narrative, and the Margins of the Modern Nation", his edited volume, *Nation and Narration*, London and New York : Routledge, 1990, pp.291~322(호미 바바, 류승구 역, 『국민과 서사』, 후마니타스, 2011).

다른 시간, 근대

1) 스튜어트 홀Stuart Hall이 편집한 4권짜리 시리즈 *Understanding Modern Societies : An Introduction*, Polity Press / Oxford : Open University, 1992 참조.

2) '구조적 유형의 논리적으로 순서 매겨진 대조성'에 의지한 사회학의 '비역사적 역사주의'에 관한 뛰어난 해설은 Philip Abrams, "The Sense of the Past and the Origins of Sociology", *Past and Present*, 55, 1972, pp.18~32 참조. 인류학에서는 조사調査라는 사회관계가 분명한 이론적 관심의 과녁이 되자마자, 시간에 대한 자기만족이 파쇄되었다. Talal Asad, "*Anthropology and the Colonial Encounter*, London : Ithaca Press, 1973; Johannes Fabian, *Time and the Other : How Anthropology Makes its Obeject*, New York : Columbia University Press, 1983; James Clifford, "On Ethnographic Authority"(1983), *The Predicamnet of Culture : Twentieth Century Ethnography, Literature, and Art*, Cambridge MA : Harvard University Press, 1988, pp.21~54; eds. James Clifford and George E. Marcus, *Writing Culture : The Poetics and Politics of Enthnography*, Berkeley : California University Press, 1986.

3) Karl Marx, *Contribution to a Critique of Political Economy*(1859), Moscow : Progress Publishers, 1970, pp.20~21.

4) Karl Marx, trans. Ben Fowkes, *Capital : A Critique of Political Economy*, Vol.1(1867), Harmondsworth : Penguin, 1976, ch.15.

5) Siegfried Kracauer, *History : The Last Things Before the Last*, New York : Oxford University Press, 1969, p.38.

6) Jean-Paul Sartre, trans. Hazel Barnes, *Search for a Method* (1960), New York : Vintage Books, 1968, p.92; Walter Benjamin, "Theses on the Philosophy of History"(1940), ed. Hannah Arendt, trans. Harry Zohn, *Illumination*, London : Fontana, 1973, Theses XI ~ XII, pp.260 ~ 263; Louis Althusser, "Marxism is not a Historicism"(1968), Louis Althusser and Ethiene Balibar, trans. Ben Brewster, *Reading Capital*, London : Verso, 1979, Pt II, ch.5.

7) 이를테면 Scott Lash, *The Sociology of Postmodernism*, London and New York : Routledge, 1990; Zygmunt Bauman, *Intimations of Postmondernity*, London and New York : Routledge, 1992를 참조.

8) *The Shorter Oxford English Dictionary*, Oxford : Clarendon Press, 1973, p.1342.

9) 이를테면 Ulrich Beck, trans. Mark Ritter, *Risk Society : Towards a New Modernity*(1986), London, Thousand Oaks and New Delih : Sage Publications, 1992(울리히 벡, 홍성태 역, 『위험사회』, 새물결, 2014).

10) 이런 점에서 보면 울리히 벡의 고전적 근대사회학의 현대화가 '재귀적 근대화'의 기치 아래에서 진행되었다는 점은 이율배반적이다. 근대화의 시간성을 남모르게 무너뜨린 것은, 다름 아닌 근대의 재귀성 때문이다. 기묘하게도, 『위험사회』에서는 시간이나 시간성의 이론적 분석이 전혀 없다. Ulrich Beck, Anthony Giddens, Scott Lash, *Reflexive Modernisation : Politics, Tradition and Aesthetics in the Modern Social Order*, Cambridge : Polity Press, 1994를 참조.

11) Marshall Berman, "Why Modernism Still Matters", eds. Soctt Lash and Jonathan Friedman, *Modernity and Identity*, Oxford : Blackwell, 1992, p.34.

12) Marshall Berman, *All That is Solid Melts into Air*; Perry Anderson, "Modernity and Revolution", *New Left Review* 144, March / April 1984, pp.96 ~ 113. 버만이 앤더슨에게 대답한 글은 "The Signs in the Street : A Response to Perry Anderson", *New Left Review* 144, pp.114 ~ 123. 앤더슨의 논문은 *A Zone of Engagement*, London and New York : Verso, 1992, pp.25 ~ 45에, 1985년의 후기 pp.46 ~ 55를 추가 채록. 이하 미주의 페이지 수는 첫출판의 것.

13) Marshall Berman, *All That is Solid Melts into Air*; Perry Anderson, "Modernity and Revolution", *New Left Review* 144, March / April 1984, p.15.

14) Marshall Berman, *All That is Solid Melts into Air*; Perry Anderson, "Modernity and Revolution", *New Left Review* 144, March / April 1984, p.21. 방점은 인용자.

15) Marshall Berman, *All That is Solid Melts into Air*; Perry Anderson, "Modernity and Revolution", *New Left Review* 144, March / April 1984, pp.16 ~ 17 · 35 · 88.

16) Anderson, "Modernity and Revolutions", p.113.

17) Anderson, "Modernity and Revolutions", p.101.

18) 앤더슨의 혁명 개념의 논의에서는 모더니스트의 '사회혁명과의 상상적인 근접성'("Modernity and Revolution", p.104)에 의한 복합을 그 자신이 누차 기술하고 있음에도 불구하고, 혁명의 사회형태가 아닌 정치형태에만 초점이 맞춰져 있다. 보다 이전의 "The Notion of Bourgeois

Revolution"(1976)에도 비슷한 한정된 시각이 있었는데, 양자의 관계를 직접 언급한 점에서 흥미 있는 고찰이다. Perry Anderson, *English Questions*, London and New York : Verso, 1992, pp.105～118.

19) Berman, *All That is Solid*, pp.16～17. "Why Modernism Still Matters"에서는, '고전시대'는 수축되어 "1840년대～1차 세계대전까지 이어진다"(p.34)고 했으나, 이번에는 이것이 근대가 아닌 모더니즘의 시기라고 한다. '근대'는 시야로부터 점점 사라지고 이전 그의 분석인 문화주의를 더욱 강화시켰다.

20) Berman, *All That is Solid*, p.16.

21) 만년의 레이몬드 윌리엄스의 모더니즘론은 대상이 된 것의 시각으로 비재귀적으로 묶이는 모더니즘 이론의 자기충족적 성질에 대해 관심을 두었다. Williams, ed. Tony Pinkney, *The Politics of Modernism : Against the New Conformists*, London : Verso, 1989, chs.1 ans 2. 그러나 이 문제는 크지는 않지만 사회학의 근대이론에서도 절박했던 과제였다. '근대'는 고전적 사회학이론에서는 특권적인 대상만은 아니다. 그 개념이야말로, 19세기 말에 사회학이 학문 분야로서 수립되었던 때의 출발점이 되었다. David Frisby, *Fragments of Modernity : Theories of Modernity in the Work of Simmel, Kracauer and Benjamin*, Cambridge : Polity Press, 1985, p.2.

22) Theodor W. Adorno, trans. E.F.N. Jephcott, *Minima Moralia : Reflections from Damaged Life*(1951), London : Verso, 1978, p.218.

23) '포스트모던'이란 단어는, 1930년대에 라틴 아메리카의 시가 논해질때 처음으로 나타났지만, 여기에서의 의미는 현재와 같은 시대구분의 차원이 아니다. 후자의 의미로는 최초로 사용되었다고 종종 인용되는 것은, 아놀드 토인비Arnold Joseph Toynbee 『역사』의 1947년 판이다. 이 단어가 일반적으로 알려지기 시작한 것은, 1960년대 미국문학사에서 특히 레슬리 피들러Leslie A Fiedler의 저서를 통해서였다. 그러나 이것이 시대의 성질을 일반적으로 가리키는 차원으로 유통된 것은 비평적인 요소가 뚜렷이 드러난 1970년대에서 80년대 초 이후였다. 이러한 보급의 흐름에서 그 중심에 있던 것은 Charles Jencks, *The Language of Postmodern Architecture*, London : Academy Editions, 1977; Jean-Francois Lyotard, *The Postmodern Condition : A Report on Knowledge*; Frederick Jameson, "Postmodernism, or the Cultural Logic of Late Capitalism", *New Left Review*, 146, July / August 1984, pp.53～92.

24) Reinhart Koselleck, Keith Tribe trans., "'Neuzeit' : Remarks on the Semantics of the Modern Concept of Movement", *Futures Past : On the Semantics of Historical Time*, Cambridge MA : MIT Press, 1985, pp.231～266. 다른 '근대'의 의미론적 전사를 더욱 폭넓게 살펴본 것으로서는 Hans Blumenberg, trans. Robert M. Wallace, *The Legitamacy of the Modern Age (Die Legitimatat der Newzeit, 1966～1976)*, Cambridge MA : MIT Press, 1983; Matei Calinescu, *Five Faces of Modernity : Modernism, Avant-Garde, Decadence, Kitsch, Postmodernism*, Durham NC : Duke University Press, 1987, pp.11～92; Hans Robert Jauss, "Literarische Tradition und gegenwartiges Bewusstein der Modernitat", *Literaturgeschichte als Provokation*, Frankfurt : Suhrkamp, 1970; Jacque Le Goff, "Antique(Ancient) / Modern", trans. Steven Rendall and Elizabeth Claman, *Memory and History*, New York : Columbia University Press, 1992, pp.21～50. 새로운 시간의 논

리는, 이렇게 다양한 유럽 언어로 출현하고 있으며 어떤 언어도 유럽 국민국가의 경제적, 정치적, 문화적 발전의 형식과 정도에 구속된다. 그러나 나는 이후 이 책들에서 자유롭게 인용하여, 이것들이 놓인 차이적 사용 영역으로부터 추상화하였다. 유럽의 발전에 내재된 이러한 복잡함을 '비서양' 문화에서 근대의 의미 속 다양한 차이로부터 구별하는 것이 중요하다. 후자는 군사적 경제적인 지배라는 식민지 및 포스트식민지 상황 아래 유럽의 사상과 사회형태로 만들어진 것이기 때문이다.

25) Koselleck, *Futures Past*, p.233.

26) Le Goff, *Memory and History*, p.27.

27) Le Goff, *Memory and History*, p.26.

28) Berman, "Why Modernism Still Matters", p.33.

29) Koselleck, *Futures Past*, p.238.

30) Octavio Paz, trans. Rachel Phillips, *Children of the Mire*, Cambridge MA : Harvard University Press, 1974, p.23. 근대의 개념과 영원성의 관계의 다양성은 특히 ch.4에서 논하고 있다.

31) Blumenberg, *The Legitimacy of the Modern Age*, p.116. 번역을 약간 변용.

32) Koselleck, *Futures Past*, pp.249 · 246; Blumenberg, "The Epochs of the Concept of an Epoch", *The Legitimacy of the Modern Age*, pp.457~482.

33) Walter Benjamin, *Gesammelte Schriften(GS)*, I, 3, Grakfurt M : Suhrkamp Verlag, 1980, p.1152. Frisby, *Fragments of Modernity*, p.15에서 인용.

34) Calinescu, *Five Faces*, p.45.

35) Williams, *The Politics of Modernism*, p.32.

36) Calinescu, *Five Faces*, p.92.

37) Williams, *The Politics of Modernism*, p.32.

38) Lyotrad, "Answering the Question : What is Postmodernism?", *The Postmodern Condition*, p.79.

39) Baudelaire, "The Painter of Modern Life"(1863), Charles Baudelaire, trans. and. ed. Jonathan Mayne, *The Painter of Modern Life and Other Essays*, New York, n.d. : da Capo Press(reprint of Phaidon Press ed., 1964), pp.12~13.

40) Althusser and Balibar, *Reading Capital*, Pt II, ch 4.

41) Jules Michelet, *Histoire de France*, Vol.II, Paris, 1885, p.161.

42) '자본의 출현과 최초의 형식'(자기를 확장하는 가치)으로의 화폐론이 대해서는 Marx, *Capital*, Vol.I, chs., pp.3~6 참조. 최초 '근대'의 사회학자 게오르그 짐멜의 저서는 말할 필요도 없이 Simmel, ed. David Frisby, trans. Tom Bottomore and David Frisby, *The Philosophy of Money*(1900), London : Routledge, 1990(게오르그 짐멜, 김덕영 역, 『돈의 철학』, 길, 2013).

43) Koselleck, *Futures Past*, p.250.

44) Hannah Arendt, *Between Past and Future : Eight Exercises in Political Thought*, Harmondsworth : Penguin, 1977, p.13(한나 아렌트, 서유경 역, 『과거와 미래 사이』, 푸른숲, 2005).

45) Heordor W. Adorno, trans., C. Lenhardt, *Aesthetic Theory*(1970), London : Routldge and Kegan Paul, 1984, p.41(T. W. 아도르노, 홍승용 역, 『미학이론』, 문학과지성사, 1997). 패션은 '새로운 것의 영구한 재출현'이라는 벤야민의 정의는 "Central Park", trans. Lloyd Spencer, *New*

German Critique 34, Winter 1985, p.46.

46) Henri Meschonnic, "Modernity, Modernity", *New Literary History*, Vol.23, 1992, p.419.

47) Henri Meschonnic, "Modernity, Modernity", p.419.

48) Perry Anderson, "modernity and Revolution", p.101.

49) 예를 들면 다음과 같다. Edward W. Soja, *Postmodern Geographies : The Reassertion of Space in Critical Social Theory*, London : Verso, 1989; David Harvey, *The Condition of Postmodernity : An Inquiry into the Origins of Cultural Change*, Oxford : Blackwell, 1989, pp.201~323(데이비드 하비, 구동회 외역, 『포스트 모더니티의 조건』, 한울, 2013). 이에 대한 비판으로는 다음과 같다. Doreen Massey, "Politics and Space / Time", *New Left Review*, 196, November / December 1992.

50) Walter Benjamin, "N (Re the Theory of Knowledge, Theory of Progress)" : Konvolut N from the "Notes and Materials" which make up the Arcades Project", trans. Leigh Hafrey and Richard Sieburth, ed. Gary Smith, *Benjamin : Philosophy, Aesthetics, History*, Chicago : Chicago University Press, 1989, p.62.

51) Naoki Sakai, "Modernity and its Critique : The Problem of Universalism and Particularism", eds. Miyoshi, Masao and Harootunian, H. D., *Postmodernism and Japan*, Durham NC : Duke University Press, 1989, p.106.

52) Paz, *Children of the Mire*, p.23.

53) Naoki Sakai, "Modernity and its Critique", p.94.

54) Homi Bhabha, "'Race', Time and the Revision of Modernity", *The Location of Culture*, London and New York : Routledge, 1994, ch.12.

55) Paul Gilory, *The Black Atlantic : Modernity and Double Consciousness*, London : Verso, 1993, ch.1.

56) Immanuel Kant, "Idea for a Universal History with Cosmopolitan Intent"(1784), Kant, trans. Ted Hymoreys, *Perpetual Peace and Other Essays*, Indianapolis and Cambridge : Hackett Publishing Co, 1983, ch.1.

57) 에르네스트 블로흐의 파시즘 분석을 참조. "Non-contemporaneity, and obligation to its Dialectic"(1932), Ernst Bloch, trans. Neville and Stephen Plaice, *Heritage of our Times*, Cambridge : Polity Press, 1991, pp.97~148. 블로흐는 "우리들은 같은 '지금'에 살고 있지 않다"라고 말한다. 블로흐의 변증법은 특히 '빈' 몽타주로 모순이 가득한 시간분석에서 근대화 이론의 개념 차원보다 훨씬 위에 있다. 그럼에도 불구하고 역사적 시간에서 차이의 지정학적 결정을 무시하거나 경시하기 때문에, 이러한 투쟁은 패러다임의 한계 안에 머물러있다. 예를 들어 몽타주는 "낡은 문화를 이제 배우는 것이 아니라, 여행과 경이로운 시점으로 보는 것을 확실하게 하는" 형식이라는 그의 의견은 p.208(방점 인용자). 한편 여기서 포스트모던 인류학 비판을 예상할 수 있다.

58) 발전이론의 겨냥도로 Jorge Larrain, *Theories of Development : Capitalism, Colonialism and Dependency*, Cambridge : polity Press, 1989. 특히 p.4의 역사지도.

59) Robert Young, *White Mythologies : Writing History and the West*, London and New York : Routledge, 1990, pp.19~20.

60) Fabian, *Time and the Other*, chs.1~3. 파비안의 책은 학문으로서의 인류학을 구성하고 있으며, 그 대상을 원리적으로 역사로부터도 사회학으로부터도 분리시키는 시간성의 형식에 대한 비판으로, 결코 빼놓을 수 없다.

61) eds. Francis Barker, et al, *Postmodernism and the Re-Reading of Modernity*, Manchester : Manchester University Press, 1992. 이 논문의 최초 버전은 이곳에 수록되어 있다.

62) Julia Kristeva, "Women's Time", ed. Toril Moi, *The Keisteva Reder*, Oxford : Blackwell, 1986, p.191.

63) Anderson, "modernity and Revolution", pp.101~103.

64) 필자가 앤더슨과 의견이 다른 부분은 앤더슨이 버만에 대해 비판한 부분이 아니다. '근대'는 모더니즘과 근대화의 변증법이라는 버만의 자리매김에 대해 앤더슨은 받아들이고 있다는 것이다. 버만의 근대론을 받아들인 앤더슨은 알게 모르게 자신의 비판 대상과 공범관계에 있다. 그의 불만은 버만이 그리는 근대화를 관통하는 모더니즘, 즉 바탕에 흐르는 사회역학이나 특정한 문화형식으로부터 추상화된 근대의 시간적 논리의 주장에 관한 것이다. 그러나 그가 그러한 비판을 미학적 모더니즘에 대해 할 때는 설득력이 떨어진다. 모더니즘은 분명 '다년성'의 개념인데 이것이야 말로 중요한 점이 아닐까. 더욱 깊이 이론적으로 생산적 의미에서 모더니즘은 스타일도 아니며, 운동의 개념 — 이것은 경험적인 미술사가 다루는 것 — 도 아니라, 미술의 발전에 특수한 역학으로 내재하는 역사 이론을 지칭하기 위한 말이다. 이렇게 작품을 역사적으로 해석하기 위한 시간틀이 얻어진다. Peter Osborne, "Adorno and the Metaphysics of Modernism : The Problem of a 'Postmodern' Art", ed. Andrew Bengamin, *The Problem of Modernity : Adorno and Benjamin*, London and New York : Routledge, 1989, pp.23~48. 진보 또는 쇠퇴라는 범주를 '넘어선' 역사 경험의 형식을 구축하는 것을 목표로 한 사람이 벤야민이다. Benjamin, "N(Re the Theory of Knowledge)", ed. Smith, *Benjamin*, pp.44・48. 그러나 이렇게 함으로써 벤야민은 앤더슨이 쇠퇴의 개념이 없다며 비난하는 근대적 시간의식의 균질적 연속성으로 확실하게 앤더슨과 대립했다.

65) 예를 들면, Fredric Jameson, "Nostalgia for the Present", *Postmodernism, or, The Cultural Logic of Late Capitalism*, London : Verso, 1991, ch 9.

66) Jürgen Habermas, "Modernity : An Incomplete Project", trans. Seyla benhabib, ed. Hal Foster, *Postmodern Culture*, London : Pluto, 1985, pp.3~15.

67) Jürgen Habermas, *The philosophical Discourse of Modernity : Twelve Lectures*, Cambridge : Polity Press, 1987.

68) Immanuel Kant, "An Answer to the Question : What is Enlightenment?", Kant, *Perpetual Peace and Other Essays*, pp.41~48; Michel Foucault, "Georges Canguilhem : Philosopher of Error", trans. Graham burchell, *Ideology and Consciousness* 7, Autumn 1980, pp.51~62; "Kant on Enlightenment and Revolution", trans. Colin Gordon, *Economy and Society*, Vol.15, no.1, pp.88~96; "What is Enlightenment?", trans. Catherine Porter, ed. Paul Rabinow, *The Foucault Reader*, Harmondsworth : Penguin, 1986, pp.32~50; Jürgen Habermas, "Taking Aim at the Heart of the present : On Foucault's Lecture on Kant's What is Enlightenment?", ed. and trans. Shierry Weber Nicholson, *The New Conservatism : Cultual Criticism and the Historians' Debate*, Cambridge : Polity Press, 1989, ch.7 참조. 이 논의가 미국의 젊은 세대 철학자들에 의해 어떻게 취급되는 지는 존 라이크만

John Rajchman과 리차드 볼린Richard Wolin의 대화를 참조. Rajchman, "Habermas's Complaint", *New German Critique* 45, Fall 1988, pp.163~191; Wolin, "On Misunderstanding Habermas : A Response to Rajchman", *New German Critique* 49, Winter 1990, pp.139~154; Rajchman, "Rejoinder to Richard Wolin", *New German Critique* 49, pp.155~161.

69) 『근대의 철학적 담론』에서는 먼저 헤겔이 '그 자신의 외부에 즉 과거에 존재하는 규범에 대해 근대가 거리 두는 과정을, 처음으로 철학적 차원으로 높였다'고 평가했다. 그러나 위의 책 후반에 하버마스는, 1984년 푸코추도문("Taking Aim at the Heart of the Present")에서도 그랬듯이 칸트야 말로 담론의 창시자라는 푸코의 말을 인정한다. 하버마스가 옹호하는 것은 본질적으로 칸트의 프로젝트인데, 『근대의 철학적 담론』에 칸트의 언급이 전혀 없는 것은 유감이다.

70) Habarmas, *The Philosophical Discourse*, p.7.

71) Kant, "An Answer to the Question : What is Enlightenment?" p.41.

72) Foucault, "Georges Canguilhem", p.54; trans. Thomas McCarthy, *Theory of Communicative Action*(1981), Vol.1, *Reason and the Rationalisation of Society*, London : Henemann, 1985; Jürgen Habermas, trans. Thomas MacCarthy, Vol.2, *Lifeworld and system : A Critique of Functionalist Reason*, Cambridge : Polity Press, 1987; Theodor W. Adorno and Max Horkheimer, trans. John Cumming, *Dialectic of Enlightenment*(1944), London : Verso, 1979.

73) Foucault, "What is Enlightenment?" p.42.

74) Foucault, "Georges Canguilhem", p.54. "전제적 계몽으로서의 이성"이지 "전제적 이성으로서의 계몽"은 아니다. 이러한 정식화에 따라 푸코는 실천이성의 새로운 모델을 조직하고자 힘을 쏟는다. 그가 아무리 힘을 써도, 새로운 형태는 원리적으로 만들어질 수 없다고 한 푸코 비판에 대해서는 다음을 참조한다. Peter Dews, "Power and Subjectivity in Foucault", *New Left Review*, 144, March / April 1984, pp.72~95; Nancy Fraser, "Foucault on Modern Power : Empirical Insights and Normative Confusions", *Praxis International*, 1, 1981. 이는 하버마스가 *The Philosophical Discourse of Modernity*, pp.266~293에서 푸코의 '암호규범주의'를 비난할 때의 노선이다.

75) Foucault, "Kant on Enlightenment and Revolution", p.95.

76) Adorno, *Minima Moralia*, p.221.

77) Althusser and Balibar, *Reading Capital*, p.97(알뛰세르, 발리바르, 김진엽 역, 『자본론을 읽는다』, 두레, 1991); 초기의 논문 Louis Althusser, "Contradiction and Overdetermination"(1962) · "On the Materialist Dialectic"(1963), trans. Ben Brewster, *For Marx*, London : New Left Books, 1977, pp.87~128 · 161~218.

78) Althusser and Balibar, *Reading Capital*, p.94(알뛰세르, 발리바르, 김진엽 역, 『자본론을 읽는다』, 두레, 1991).

79) Althusser and Balibar, *Reading Capital*, pp.99~100(알뛰세르, 발리바르, 김진엽 역, 『자본론을 읽는다』, 두레, 1991).

80) 알뛰세르의 마르스크주의는 역사적 변화를 생각하지 못한 점에서 악명이 높다. 기획 전체가 자초되어버렸다고도 말할 수 있다. 그 근본적인 원인은 알뛰세르가 레닌으로부터 초점

을 맞추었다는 정세적 분석 개념에 정치적 가치가 있다는 것은 비약이다. 헤겔 변증법의 시간성에 대한 알튀세르의 제일 큰 불만은, 현재의 존재론에서 "역사적 시간의 예상, 모든 의식적인 미래의 예상 (…중략…) 모든 미래에 대한 지식을 금"하는 것에 있다. 그 결과 '정치 과학'은 헤겔에는 없고 "엄밀히 말해 헤겔적 정치라는 것은 있을 수 없다"(*Reading Capital*, p.95; *For Max*, p.204 참조). 말할 필요도 없이 실제로 두 종류의 헤겔적 정치가 있다. 악명높은 '좌파' 헤겔주의와 '우파' 헤겔주의가 그것이다. 이들의 오류는 실제로 알튀세르가 헤겔로 귀속되는 것을 반대하는 것이다. 즉 미래에 대한 지나친 예상, 말하자면 '무의식의 예상'으로 미래를 봉쇄해버리기 때문이다. 미래의 지식을 탐구하는 알튀세르는 스스로 생각하는 것보다 훨씬 더 헤겔적이었다. 헤겔에 반대하는 사상가는 "일견 가장 근본적으로 헤겔과 대립하는 지점에서" 더욱 헤겔에 다가가는 형태로 데리다의 의견을 참조한다. "Violence and Metaphysics", trans. Alan Bass, *Writing and Difference*(1967), Chicago, University of Chicago Press, 1978, p.99.

81) Althusser and Baliber, *Reading Capital*, pp.96~97(알튀세르, 발리바르, 김진엽 역, 『자본론을 읽는다』, 두레, 1991).

82) 균질적 시간의식이라는 일상적인 '통상' 형식을 헤겔주의와 공재하는 견해는, Heidegger, trans. John Macquarrie and Edward Robinson, *Being and Time*(1927), Oxford : Blackwell, 1962, 8장 2절에 나온다. 그러나 다음 장을 보면 이러한 공재성은 아리스토텔레스와 상호관계에 의해 매개되었으며, 독자적인 문제를 지닌 헤겔주의의 시간적 특수성을 고려하지 못했다. 이 부분에 대한 하이데거의 '탈구축'적 전개에 대해서는 다음 자료를 참조. Jacques Derrida, "Ousia and Gramme : Note on a Note from *Being and Time*", trans. Alan Bass, *Margins of Philosophy*, Hemel Hempstead : Harvester Wheatsheaf, 1982, pp.29~67. 하이데거의 '통상의 시간 개념'론에 대해서는 pp.62~68을 참조.

83) Fernand Braudel, trans. Sarah Matthews, *On History*, London : Wedenfeld and Nicolson, 1980, p.49(강조는 인용자).

84) Perry Anderson, *Arguments within English Maxism*, London : Verso, 1980, pp.75~76. 이 글에 주의를 환기시켜 준 그레고리 엘리엇에게 감사한다.

85) Braudel, *On History*, p.34. 블로델은 마르크스가 "역사의 장기적 지속을 바탕으로 진정한 사회모델을 최초로 만들어냈다"고 말한다(p.51).

86) 알튀세르와 아날학파의 관계에 대해서 '진정한 대상'과 '지知의 대상'이라는 알튀세르의 구별과, 역사를 '시간의 역사'로 파악하는 아날학파의 생각과의 중첩을 강조한 것이 다음의 논문이다. Peter Schöttler, "Althusser and Annales Historiography : An Impossible Dialogue?" trans. Gregory Elliot, eds. Michael Sprinker and E Ann Kaplan, *The Althusserian Legacy*, London : Verso, 1992, pp.81~98.

87) Perry Anderson, *Arguments within English Maxism*, London : Verso, 1980, p.75.

88) Althusser and Baliber, *Reading Capital*, p.75.

89) Fabian, *Time and the Other*, pp.55~56.

90) Perry Anderson, *Arguments within English Maxism*, London : Verso, 1980, p.74.

91) Althusser and Baliber, *Reading Capital*, p.106.

92) Althusser and Baliber, *Reading Capital*, p.311.

93) Fabian, *Time and the Other*, pp.156～165.

94) 알튀세르의 가장 악명 높은 정식은, 역사에 관한 지知는 "설탕에 대한 지식이 달지 않듯이, 그 자체는 역사가 아니다". Althusser and Baliber, *Reading Capital*, p.106.

95) Max, trans. David Fernbach, *Capital : A Critique of Political Economy*, Vol.2(1885), Harmondsworth : Penguin, 1978, chs.5, pp.7 · 12～15.

새로운 '아시아 상상'의 역사적 조건

1) 여기서는 마르크스의 서술에 대한 추가 설명이 필요하다. 『경제학비판』의 서문에서 마르크스는 서구의 역사 경험을 "사회 경제 형태가 진화한 시대"로 설명했다. 그러나 이 서문은 1859년에 출판된 후 다시 출판되지 않았으며, 다른 곳에서도 언급된 적이 없다. 1877년 어떤 러시아 학자는 '마르크스주의' 이론에 근거하여, 러시아가 봉건사회에서 탈피하기 위해서는 자본주의 제도를 도입해야 한다고 주장했다. 이에 대해 마르크스는 다음과 같이 대답했다. 그는 저작에서 "서구 자본주의적 경제제도가 봉건주의 내부에서 벗어나는 길에 대해 서술하고 싶었을 뿐이다." "서구 자본주의 기원에 관한 나의 역사적 서술은 결코 일반적인 발전의 역사철학을 대체하는 것이 아니다. 모든 민족들은 그들이 놓여 있는 역사적 상황이 어떠하든 최종적으로는 이 길을 걸을 것이다." "이에 따라 나는 분에 넘치는 영광을 받는 동시에 과도한 모욕도 받을 것이다." 『마르크스 · 엥겔스 선집』 제19권, 人民出版社, 1963, 129～130면.

2) Vladimir Lenin, 「민족자결권에 대해」, 『레닌선집』 제2권, 人民出版社, 1973, 447면.

3) 중국의 민족 구역자치의 이론과 실천의 문제는 신중히 검토해야 할 과제이다. 이 문제를 민족공동통치문제와 연결지어 고찰하는 학자도 있다. 여기서의 경험이나 교훈에 대해서는 전문적인 연구가 필요하다. 여기서 상세하게 논의할 수는 없지만, 주륜朱倫의 「민족공치론」, 『중국사회과학』 2001년 제4기를 참조하기 바란다.

4) Vladimir Lenin, 「아시아의 각성」, 『레닌선집』 제2권, 447면.

5) Vladimir Lenin, 「후진적 유럽과 선진적 아시아」, 『레닌 선집』 제2권, 447면.

6) Vladimir Lenin, 「중국의 민주주의와 인민주의」, 『레닌 선집』 제2권, 423면.

7) Vladimir Lenin, 「아시아의 각성」, 『레닌선집』 제2권, 447, 448면.

8) 러시아 지식인의 유럽관과 아시아관은 명백히 서구 근대 정치 발달과 계몽 운동의 역사관에서 영향을 받은 것이다. 레닌의 용법에서 전제주의와 밀접하게 관련된 것으로 사용되는 아시아라는 개념은 근대 유럽의 역사관과 정치관 속에서 발전해 온 것이다. 슬라브주의나 서구주의 논쟁에 대해서는 Nicolai Berdyaev, 雷永生 · 邱守娟 訳, 『러시아사상』 北京 : 三聯書店, 1995, 제1, 2장 1～31 · 32～70면 참조.

9) Vladimir Lenin, 「중국의 민주주의와 인민주의」, 『레닌 선집』 제2권, 428～429면.

10) 오늘날 우익과 좌익 지식인들은 이것을 혁명가의 선견지명이 없기 때문이라고 간주하고, 더 이상 국민국가가 근대 자본주의의 발전을 보증하는 가장 좋은 조건이라고 생각하지 않

게 되었다. 아시아나 유럽에 관한 논의는 이런 종류의 기대를 드러내고 있다. 레닌에게 아시아 문제는 국민국가와 밀접히 연결된 것이다. 그는 아시아에서는 "일본이라는 독립적 국민국가만이 상품생산을 충분히 발전시킬 가능성이 있고, 또 자본주의를 자유롭고 광범위하고 아주 빠르게 발전시킬 조건을 갖출 수 있다. 이 국가는 부르주아 국가이기 때문에 이미 스스로 다른 민족을 압박하고, 식민지를 지배했다"고 서술했다. Vladimir Lenin, 「민족자결권에 대해」, 『레닌 선집』 제2권, 511～512면.

11) 1924년 11월 28일, 쑨원이 고베상업회의소神戶商業会議所 등 5개 단체가 주최한 환영회에 참석했을 때 한 연설이다. 따라서 이 연설은 "고베상업회의소 등 단체에 대한 연설"이라고도 불린다. 孫文, 『쑨원 선집』 11권, 401～409면을 참조.

12) 孫文, 『쑨원 선집』 11권, 402～403면.

13) 쑨원은 다음과 같이 서술했다. "통일은 전체 중국 인민들의 희망이다. 통일할 수 있다면 전국 인민들은 행복을 누릴 것이다. 통일할 수 없다면 고통스러울 것이다. 일본인도 중국에서 장사를 할 수 없으므로 간접적으로 해를 입을 것이다. 일본인이 중국의 통일을 간절히 바라고 있다는 것은 우리 중국인도 믿어 의심치 않는다. 그러나 통일의 가능과 불가능은 중국 내정 문제와 관련된 것이 아니다. 즉 중국혁명 이후 해마다 대란이 계속되고, 통일할 수 없었던 원인은 결코 중국 내부에 있는 것이 아니라 순전히 외부 세력 때문이다. 왜 중국이 통일되지 않는가 그 원인은 순전히 외국인에게 있는 것이다. 구체적으로 말하자면 중국과 외국 사이에 수많은 불평등 조약이 체결되어 있다. 외국인은 그러한 조약을 이용하여 중국에서 특수 권리를 누린다. 근래 중국에 있는 서양인들은 불평등 조약을 이용하여 특수한 권리를 누릴 뿐 아니라 특권 이외에도 조약을 악용하고 이용한다"(「고베에서 일본 신문기자들과의 담화」, 『쑨원 전집』 11권, 373～374면). 아시아 지역이 아직 완전한 국민국가로 전환하지 못했기 때문에 '대아시아주의'는 완전한 지역적 집단의 조직 구조를 설계할 수 없지만, 쑨원의 아시아 구상은 국민국가의 주권 사상과 밀접하게 연관되어 있다. 이러한 의미에서 그의 '대아시아주의'는 1923년에 쿠덴호프 칼레르기Richard de Coudenhove-Kalerg가 『범유럽*Pan-Europe*』에서 제시한, 국민국가 주권을 전제로 한 '범유럽'이라는 명제 및 나아가 더 빠른 시기에 형성된 범아메리카 조직과 일종의 호응관계를 가진다. 이런 종류의 지역 구상은 사실상 국가 연합의 지역적 조직으로 간주된다. 그러나 국가 연합의 역할은 '범유럽', '범아메리카', 북미, 남미, 영국 연방, 소련 및 극동 각 지역 집단 간의 충돌을 판결하는 데 있다. Pierre Gerbet, 『유럽 통일의 역사와 현실』, 28～29면을 참조.

14) 孫文, 「고베상업회의소 등 단체에 대한 연설」, 408～409면.

15) 孫文, 「고베상업회의소 등 단체에 대한 연설」, 409면.

16) 孫文, 「고베상업회의소 등 단체에 대한 연설」, 409면.

17) 孫文, 「고베상업회의소 등 단체에 대한 연설」, 409면.

18) 가령 미야자키 이치사다는 「동양적 근세」라는 글에서 고대, 중세, 근세라는 3분법이 유럽사에서 유래했다고 지적한다. 그러나 그는 이 분류법에 특수한 한계를 설정한다면 아시아의 역사에도 적용할 수 있다고 주장한다. 『일본학자의 중국사 연구론 선집』 제1권, 北京 : 中華書局, 1993, 153～241면.

19) 西嶋定生, 「동아시아세계의 형성」, 『일본학자의 중국사 연구론 선집』 제2권, 39면.

20) 前田直典, 「고대 동아시아의 종말」, 『일본학자의 중국사 연구론 선집』 제1권, 135면.

21) 浜下武志, 『조공체계와 아시아』, 岩波書店, 1997(중역본 朱蔭貴 · 欧陽菲 訳, 『근대중국의 국제계기 — 조공무역체계 및 근대 아주경제권』, 北京 : 중국사회과학출판사).

22) 孫歌, 『아시아는 무엇을 의미하는가 — 문화 사이의 '일본'』, 台湾 : 巨流図書公司, 2001, 71면.

23) 浜下武志, 朱蔭貴 · 欧陽菲 訳, 『근대중국의 국제계기 — 조공무역체계 및 근대 아주경제권』, 35~36면.

24) Fletcher, Joseph F., *Studies on Chinese and Islamic Inner Asia*, Aldershot, Hampshire : Variorum, 1995.

25) 이것은 마르크스가 1857년 3월 18일 전후에 *The New York Daily Tribune* 제4981호를 위해 쓴 사설 「러시아의 중국무역」에 있는 내용이다. 『마르크스 · 엥겔스 선집』 제2권, 北京 : 人民出版社, 1974, 9~11면.

26) 이것은 엥겔스가 1858년 11월 18일 *The New York Daily Tribune* 제5484호를 위해 쓴 사설 「극동에서 러시아의 성공」에 있는 내용이다. 『마르크스 · 엥겔스 선집』 제2권, 40면.

27) 宮崎市定, 「동양적 근세」, 『일본학자의 중국사 연구론 선집』 제1권, 168 · 170면.

28) Wang Gungwu, "Merchants without Empire", James Tracy, cd., *The Rise of Merchant Empires*, Cambridge University Press, 1990, pp.400~421.

29) 이상은 아직 간행되지 않은 후바오치앙의 박사논문을 인용한 것이다. 필자에게 원고를 제공해준 선생에게 다시 한번 감사를 전한다.

30) Max Weber, 『국민국가와 경제정책』, 北京 : 三聯書店, 1997, 98면.

31) 柄谷行人, 「내셔널리즘과 에크리튀르」, 『学人』 제9기, 104~105면.

32) 溝口雄三, 『중국의 사상』, 75면.

33) 溝口雄三, 『중국의 사상』, 75면.

34) 이러한 변화는 다양한 측면에서 나타났다. 가령 철학사상에서는 이원론에서 일원론으로, 인욕 제거의 천리에서 인욕 존재의 천리로 전환을 한 것이다. 또 정치사상에서는 덕치군주관에서 기능적 군주관으로의 전환 및 지방 분권 사상의 출현에서 나타났다. 사회사상에서는 '개인私'에 대한 긍정, 종파 및 종교결사를 기반으로 한 민간상호부조 메커니즘의 확충, 예교의 침투가 가져온 민간의 지역 · 혈연적 질서의 확립을 볼 수 있다. 학술에서는 학문영역의 분화나 독립의 추세, 주자학의 재해석에서 나타난다. 미조구치 유조 교수가 1997년 12월 12일 북경 산롄수뎬三聯書店에서 강연한 원고 「중국의 역사상과 현대상」(未刊)을 참조.

35) 주자학의 전파를 '근대의 계보'라고 이해하는 것은 일본 학술계의 일반적인 인식 중 하나다. 가령 이시다 이치로石田一良는 『문화사학 — 이론과 방법文化史学 — 理論と方法』(杭州 : 浙江人民出版社, 1989)에서 「근대정신의 계보 — 주자학의 세계관 및 그 역사 지위近代精神の系譜 — 朱子学の世界観及びの歴史地位」라는 장을 할애해 다루고 있다. 저자는 '근대정신'은 초월적 신앙과 자연에 대한 관심과의 관계 속에서 발전했으며 "초월자에 대한 관심(신앙)과 인류 자연에 대한 관심(욕념欲念)은 고대에도 상호 융합적인 것이었다. 그러나 이런 종류의 관계 양식은 고대와 중세가 교차하는 시대에 이미 철저하게 붕괴되었다. 이것을 대신하는 것은 두 가지 관계의 분리 대립이며, 초월자가 던진 강한 빛 아래서 일본인은 비로소 자연의 생생한 모습을 직시하게 되어, 근대를 향해 나가게 되었다"(284면)고 썼다. 그러나 이시다 이치로는 여기서 '근세의 계보'를 고대나 중세 및 근세의 시간적 서열 안에 위치시킨다. 이것

은 분명 유럽사의 목적론적 기술을 참조하고 있는 것이다. 이에 반해 미조구치 유조의 기술은 매우 다르다. 미조구치 유조는 중국의 근대가 중세의 해체를 통해 비로소 출현한 것으로 인식하지 않는다. 가령 그는 '자연법'의 문제를 다음과 같이 서술한다. "중국에서는 해체하거나 제거해야만 하는 중세 자연법 사상이 애초부터 없었다. 따라서 이른바 주자의 자연법이 해체되었는지 어떤지는 사실상 문제가 되지 않는다. (…중략…) 어떤 논자는 사상에 따라 주자의 중세 자연법 사상의 존재를 가정한다. 존재가 가정으로 성립한다면, 그 해체도 가정이며 나아가 그 해체된 상태도 가정이다. 이렇게 그의 논리가 성립할지는 모르겠지만 이것은 어디까지나 가정상 성립된 2차, 3차로 중복된 가정의 논리에 지나지 않는다. 따라서 중국 사상사를 해명하는 데 있어 그 유효성은 한계가 있다." 溝口雄三, 『중국 전근대 사상의 굴절과 전개』, 296~297면을 참조.

36) 예를 들면 '개혁해방이라는 신시기' 이후, 중국에서는 '농가생산량연동 청부請負 책임제'라는 형식으로 균전 정책을 실시했다. 이 개혁은 평등주의 이데올로기를 기반으로 하는 공사제公社制나 중앙집권제를 향한 것이지만, 그 정책의 기반은 여전히 토지 재분배 과정의 평등주의 원칙과 상대적 평등을 포함한 도시와 농촌의 관계에 있다. 여기서 평등의 실질적인 내용은 농민 / 도시인구, 향촌 / 국가 관계의 재조정이다.

37) 예를 들어 그는 명말청초의 '인욕' 관념에 대해 논할 때, 다음과 같이 지적한다. "천리의 지위는 여전히 태산처럼 안정적이다. 인욕은 위치가 바뀌었다 해도 그 자체는 자립적인 기반을 획득하지 못했다. (…중략…) 만약 '천리'를 봉건적 신분질서로 간주하고, '인욕'을 사람들의 자연적인 욕망으로 간주한다면 '인욕'은 거꾸로 봉건적 질서 안의 '공公' 또는 '최적'의 성분이며, '천리'는 '인욕'을 자신 안에 가두는 한편, 자신에 대한 재편과 보강을 진행한다고 할 수 있다." 그의 이런 생각은 필자가 앞 주석에서 다룬 토지제와 새로운 질서와의 관계에 관한 논증과 직접적으로 연결된다. 溝口雄三, 『중국 전근대사상의 굴절과 전개』, 10~16면 참조.

38) 內藤湖南, 「당송시대관의 개괄概括的唐宋時代観」, 『일본학자의 중국사 연구론 선집』 제1권, 10~18면.

39) 이 관점은 미야자키 이치사다에게서도 볼 수 있다. 미야자키 이치사다는 『동양적 근세』에서 다음과 같이 서술한다. "분열과 할거가 난무한 동양의 중세에 표면상 대통일 시대가 나타난 적이 있는데, 바로 수당시대이다. 그러나 이는 한족사회의 필연적 이동과 발전의 결과가 아니라 중원에 침입한 북방민족이 대단결한 결과이다. 이것은 바로 샤를마뉴(742~814)의 중세 통일이 로마 제국의 후신이 아니라 로마에 침입한 게르만 민족의 대통일이었다는 것과 같은 궤적을 갖는다." 『일본학자의 중국사 연구론 선집』 제1권, 158면.

40) 宇都宮清吉, 「동양중세사의 영역」, 『일본학자의 중국사 연구론 선집』 제1권, 122면.

41) 마에다 나오노리는 다음과 같이 지적한다. "이러한 상황은 처음이 아니며, 교토학파 대부분이 이러한 생각을 공유한다. 미야자키 교수는 「동양의 소박주의 민족과 문명주의 사회東洋の素朴主義民族と文明主義社会」에서, 또 베이샨강北山康은 「송대의 토지소유형태」(『동양사연구』 3-2)에서 중국 농민이 중세에는 농노였지만 송대 이후 많은 사람이 소작농이 되었다고 논한다. 이러한 논조가 가장 극단적인 사람은 오다케 후미오小竹文夫 교수이다. 그는 「중세 지나支那 사회 경제 발달사 개론中世支那社会経済発達史概論」(『지나연구』 36)에서 유럽의 중세 개념을 그대로 중국사에 적용하여 오호란화五胡乱華를 게르만족의 이동과 같은 것으로

간주한다. 그는 '한대부터 발달했던 화폐경제는 위진 이래 다시 자연 경제를 회복하지만 중원이 모두 파괴되었기 때문에 도시를 떠나 농촌생활을 하게 되었는데, 이는 서양의 중세와 매우 닮았다'는 생각을 보여준다." 前田直典, 「동아시아 고대의 종말東アジアに於ける古代の終末」, 『일본학자의 중국사 연구론 선집』 제1권, 128・140면.

42) Owel Lattimore, *Inner Asian Frontiers of China*, 1940(중역본 趙敏求 역, 『中国的邊疆』, 正中書局, 1941). 여기서 인용한 것은 唐晓峰의 서평 「장성 내외는 고향이다長成内外是故鄕」에서 라티모어의 관점에 대해 해설한 것이다. 해당 서평은 『독서讀書』, 제4기, 1998, 124~128면을 참조.

43) 陳寅恪, 「수당 제도의 연원을 간략하게 논하다隋唐制度史淵源略論稿」, 『천인커 사학논문 선집』, 上海 : 上海古籍出版社, 1992, 515면.

44) 陳寅恪, 「당대정치사 논고唐代政治史述論稿」, 『천인커 사학논문 선집』, 551면. 그는 이 두 인용 후에 다음과 같이 논했다. "주자의 말은 간략한 편이지만, 그 상세한 의미에 대해서는 충분히 독해되지 않았다. 그러나 이 간략한 어구에도 종족과 문화라는 두 가지 문제가 포함되어 있다. 이 두 가지 문제는 당대의 역사에서 중요하며, 당대사 연구자가 무시해서는 안 되는 문제이다."

45) 陳寅恪, 「당대의 번장과 부병唐代の藩将と府兵」, 『천인커 사학논문 선집』, 383면.

46) 宮崎市定, 「동양적 근세」, 『일본학자의 중국사연구론 선집』 제1권, 210면.

47) 王水照, 「천인커 선생 송대관에 대한 나의 견해陳寅恪先生宋代観之我見」, 『인민정협보人民政協報』, 1998.8.31.

48) 宮崎市定, 「동양적 근세」, 『일본학자의 중국사연구론 선집』 제1권, 168, 170면.

49) 宮崎市定, 「동양적 근세」, 『일본학자의 중국사연구론 선집』 제1권, 211~213면. 미야자키 이치사다의 관점은 오늘날 학자들의 연구에서도 호응을 얻고 있다. 가령 James Hevia는 서양 제국주의나 식민지 연구의 영향 아래서 근대성과 전통이라는 통상적인 구분을 벗어나, 1793년 이후 영국과 대청제국의 충돌을 확장의 과정에서 생긴 두 제국 간의 충돌로 간주했다. 또 각 제국들은 자신의 책략과 목적이 있으며 각각 아주 다른 형태로 자신들의 주권을 구축했다고 주장했다. 청조나 영국 제국의 충돌에 관한 James Hevia의 설명 배경에는 그의 청조국가에 대한 이해, 즉 청조 자신이 정복과 민족의 충돌을 겪으며 형성된 하나의 제국이라는 견해가 숨어있다. 그는 다음과 같이 서술한다. "17세기, 18세기 청조의 대외정책은 한족 유교 관료가 결정한 것이 아니라 만주인 통치자에 의해 확립된 것이다. 만주인은 중국을 정복한 데에 만족하지 않고 한족이 아닌 사람들이 사는 지역까지 계속해서 정복해나갔다. 나아가 그들은 일찍이 중화제국이 소유하고 있던 역사적 경계를 훨씬 넘는 곳으로까지 자신들의 영역을 확대했다. (…중략…) 따라서 청조의 대외관계를 논할 때, 우리는 한 가지 기본적 문제에 직면한다. 즉 대외관계에 관해서는 특정한 '중국인'이란 존재하지 않는다는 것이다. 더욱 복잡한 것은 청조의 황권이라는 시각에서 이 문제를 대할 때, 만주인에게는 중국 자체가(내륙아시아나 중앙아시아처럼) '대외 정책' 문제라고 이해될 수밖에 없는 것인지도 모른다"(James Hevia, 「조공체체에서 식민연구까지朝貢システムから殖民研究まで」, 『독서讀書』 제8기, 1998, 65면). 그러나 청조를 단순히 확장된 제국으로 간주하고, 명왕조의 역사적 유산을 계승받는 과정에서 발생한 청조의 변화를 간과해서는 명・청의 특징을 포착할 수 없다. '중국'의 불안정성과 안정성 관계에 대해서는 더욱 복잡한 서술이 필요

하다고 생각한다.

50) 宮崎市定, 「동양적 근세」, 『일본학자의 중국사연구론 선집』 제1권, 240면.

51) 宮崎市定, 「동양적 근세」, 『일본학자의 중국사연구론 선집』 제1권, 163, 166면.

52) 宮崎市定, 「동양적 근세」, 『일본학자의 중국사연구론 선집』 제1권, 236~238면.

53) Ander Gunder Frank, *ReOrient : Global Economy in the Asian Age, Berkeley*, University of California Press, 1998.

54) 浜下武志, 「자본주의 식민지 체제의 형성과 아시아－19세기 중반 영국 은행 자본의 중국 침투 과정資本主義植民地体制とアジア－十九世紀後十年代イギリス銀行資本の対中浸入過程」, 『일본 청년학자론 중국사・송원명청日本中青年学者論中国史・宋元明清巻』, 北京 : 中華書局, 1995, 612~650면.

55) 宮崎市定, 「동양적 근세」, 『일본학자의 중국사연구론 선집』 제1권, 178면.

56) James Hevia, 「조공체체에서 식민연구까지朝貢システムから殖民研究まで」, 『독서読書』 제8기, 1998, 60~68면.

1998년 북경에서 초고
2000년 시애틀에서 수정
2002년 북경에서 개정

문학이라는 제도와 식민지주의

1) Colin McCabe, "Towards a Modern Trivium-English Studies Today", *Critical Quarterly*, 26(1－2), 1984, p.70.

2) D. J. Palmer, *The Rise of English Studies*, Lodon : Oxford University Press, 1965, p.42.

3) 식민지와의 만남이 문학형식을 재정의하는 데 미친 영향에 대해서 연구한 흥미로운 논의로는 Judith Wilt, "The Imperial Mouth : Imperialism, the Gothic and Science Fiction", *Journal of Popular Culture*, 14(4), 1981, pp.618~628을 들 수 있다. 윌트는 서양이 미지의 아프리카, 인도, 중동에 진출하면서, 미래가 어떻게 나타날 것인지에 대해서 빅토리아왕조의 상상력이 신경증에 빠져버렸다고 논한다. 그러한 불안이 조지 웰스Herbert George Wells의 『우주전쟁*The War of the Worlds*』(1898), 브램 스토커Bram Stoker의 『드라큘라*Dracula*』(1897), 조셉 콘라드Joseph Conrad의 『어둠의 속*Heart of Darkness*』(1899)과 같은 작품에 반영되어 있고, 윌트는 이런 소설을 빅토리아왕조의 고딕소설의 변종으로 보고, 식민지와의 접촉이 그러한 변화를 일으킨 촉매가 되었다고 해석한다.

4) "Warren Hastings' letter to Nathaniel Smith, Esq., of the Court of Directors, October 4, 1784", trans. Charles Wilkins, preface to *The Bhagvat Geeta, or Dialogues of Kreeshna and Arjoon*, London : C. Nourse, 1784, p.7.

5) 밀에게 역사란 단순한 사실의 기술이 아니라, "사회적 현상과 그것을 지배하는 법의 방법론적 논술"이었다. 엘리 알레뷔Élie Halévy는 다음과 같이 쓰고 있다. "밀은 영국지배하의 인도 역사로부터 얻은 경험적 지식을, 야만상태로부터 문명으로의 필연적 진보를 증명한다는 귀납적 방식으로 사용하지 않고, 오히려 추량적推量的으로 역사를 기술한다. 이에 따라 인

간의 성질이라는 일관된 사실에 기반을 둔 진보의 정의를 대부분의 출발점으로 삼아 여기에서부터 힌두사회가 진보했을만한 형태를 추측한 것이다." Élie Halévy, trans. Mary Morris, *The Growth of Philosophical Radicalism*, London : Faber and Faber, 1928(reprint, 1952), p.274.

6) Willam Jones, *Asiatic Researchers*, 2 : 3; James Mill, *History of British India*, With Notes by Horace Hayman Wilson, 6 vols(1817; reprint, London : Piper, Stephinson and Spence, 1858), vol.2, book 2, p.111.

7) James Mill, *History of British India*, p.37.

8) James Mill, *History of British India*, p.39.

9) Claude Levi Strauss, translated from the French by Claire Jacobsen and Brooke Grundfest Shoepf, *Structural Anthropology*, New York : Basic Books, 1963(김진욱 역, 『구조인류학』, 종로서적, 1983). 특히 "The Structural Study of Myth"라는 논문을 보시오.

10) Great Britain, *Parliamentary Papers, 1852 ~53*, Evidence of J. Tucker, 32 : 349.

11) *Quaterly Review*, 1832, 48 : 4.

12) J. Talboys Wheeler, *The History of Indian from the Earliest Ages*, p.6.

13) Great Britain, *Parliamentary Papers, 1852 ~53*, Appendix D, p.32.

14) Colonel "Hindoo" Stewart, *Vindication of Hindoos, by a Bengal Officer*, London, 1808, p.97; David Kopf, *British Orientalism and the Bengal Renaissance*, p.141.

15) "Avataras : Four Lectures Delivered at the Theosophical Society, Madras 1899", ed. Ainslee T. Embree, *The Hindu Tradition*, New York : Mordern Library, 1965, pp.322~324.

16) "Drain Inspector's Report", *Collected Works of Mahatma Gandhi*, Ahmedabad : Navajivan Press, 1969, 34 : 546.

17) Lionel Gossman, "Literature and Education", *New Literary History*, Winter 1982, pp.344~345. 라이오넬 고스먼은 다음과 같이 쓰고 있다. "18세기 대학 교과 과정에서 언어와 문학의 중요성을 강조했던 것은 인간과 문화에 관한 몇몇 사고방식이었다. 그 한 가지는 헤르더가 백년도 지난 데카르트를 좇아서 말했던 것처럼, 인간을 짐승과 구별하는 것은 언어 — 상징적 시스템을 이용하는 능력 — 라는 발상(우리들의 발상에서는 언어를 대신해서 과학이나 테크놀로지를 집어넣을 수 있을 것이다)이다. 정확하게 읽을 수 있는 것이야말로 인간이 된다는 사실인 것이다. 특히 문학적 가치에 중요시했던 프로테스탄트들은 문학에 대해 매우 신중했는데, 그것을 인간이 성서 속 신의 말씀을 직접 해석할 수단이라고 보았다. 그것에 의해 인간은 프로테스탄트들이 보기에 협소하고 전통적인, 부패한 교리나 행위로부터 자유로워질 수 있다. (…중략…) 기독교 신자도 철학자도 모두 올바른 문학적 표현형태를 획득해서 사용하는 것이 우리들을 원시상태의 야수성으로 퇴행하는 통상적인 위협에 대한 방어이고 (…중략…) 언어와 문학교육이 청년을 본래의 야수성으로부터 이끌어내는 수단이다. 따라서 17세기와 18세기의 교사들은 세련된 언어와 문학 안에서 학생들을 타고난 본성으로부터 이끌어낼 본질적인 수단을 찾아낸 것이고, 그것은 인습과 미신에 갇힌 자기폐쇄적인 농민 중심의 구전문화의 협소함으로부터 그들을 해방시켜 시대나 국가를 초월한 보편적인 인간문화의 더 넓은 사고방식으로 인도할 수단으로 생각되었던 것이다."

18) Hugh James Rose, *The Tendency of Prevalent Opinions about Knowledge Considered*, Cambridge :

Deighteon, and London : Rivington, 1826, p.11; Alan Bacan, "English Literature Becomes a University Subject : King's College, London, as Pioneer", *Victorian Studies*, 29(4), 1986, p.594.

19) 그 통찰에 대해서는 Franklin Court의 논문 "Adam Smith and the Teaching of English Literature", *History of Education Quarterly*, 25(3), 1985, pp.325~341.

20) Adam Smith, *Theory of Moral Sentiments : An Essay Towards an Analysis of the Principles by Which Men Naturally Judge Concerning the Conduct and Character, First of Thier Neighbours, and Afterwards of Themseleves*(1759), reprint, London : Henry G. Bohn, 1853, p.214.

21) Adam Smith, *Theory of Moral Sentiments*, pp.257~258.

22) Adam Smith, *Theory of Moral Sentiments*, p.162.

23) Adam Smith, *Theory of Moral Sentiments*, p.164.

24) Adam Smith, *Theory of Moral Sentiments*, p.165.

25) "Facts Illustrative of the Character and Condition of the People of India", *Oriental Herald*, October 1828, 19 : 129.

26) "Facts Illustrative of the Character and Condition of the People of India", p.127.

27) "Facts Illustrative of the Character and Condition of the People of India", p.101.

28) "Philosophy of fiction", *Asiatic Journal*, 32, 1831, p.142.

29) "Philosophy of fiction", p.141. 동양의 인간은 "지혜도 교양도 반성도 관찰력도 없는 머리"를 가지고 있는 것을 운명으로 받아들이고, 그 결과 그들이 만들어낸 창작물의 인물은 확실히 재미가 없다.

30) "Philosophy of fiction", p.142, 한편으로 아시아적인 서사는 "사치와 나태의 긴 소파에서 정신을 잠재우고 (…중략…) (아시아의 모험서사는) 운명에 대해 동정을 드러내고, 운명을 거부하고 숙명과 싸우는 활력은 동정하지 않는다".

31) Charles Trevelyan, *On the Education of the People of India*, London : Longman, Orme, Brown, Green and Longmans, 1838, p.192.

32) Charles Trevelyan, *On the Education of the People of India*, p.192. 영어로 교육을 받았던 인도인 학생의 기록은 트레빌리안의 평가를 뒷받침하고 있다. 첫 번째로 영국적 교육을 받았던 찬다 나스 보즈의 다음과 같은 발언을 보자. "영어로 행하는 교육은 우리들에게 자신들이 1789년의 대혁명을 불러일으킨 것보다도 더 거대하고 패악무도한 폭정 아래에 있다는 것을 가르쳐 준다. 그것은 바로 인도에 사회적 폭정이, 가정의 폭정이, 카스트제도의 폭정이, 관습의 폭정이, 종교의 폭정이, 성직자의 폭정이, 사상의 사상에 대한 폭정이, 감정의 감정에 대한 폭정이 존재하고 있다는 사실을 가르쳐 주는 것이다. 그것은 이런 모든 폭정에 대해서 가르쳐 줄 뿐만 아니라, 지극히 과격한 방식으로 우리로 하여금 그것을 느끼도록 만든다." "High Education in India : An Essay Read at the Bethune Society on the 25th April, 1878", Bruce McCully, *English Education and the Origins of Indian Nationalism*, New York : Columbia University Press, 1942, p.221에서 인용.

33) John Murdoch, *Education in India : Letter to His Excellency the Most Honourable Marquis of Ripon, Viceroy and Governor-General of India*, Vepery, Madras : S.C.K.S. Press, 1881, pp.104~105.

34) John Murdoch, *Education in India*, p.17.

35) Eucation Commission, *Report by the Bombay Provincial Committee*, Calcutta : Superintendent of Government Printing, 1884, p.235.

36) John Murdoch, *Eucation in India*, p.111. 교과서를 추천하는 위원회의 장이 헌터 자신이었던 것을 고려하면, 헌터의 책이 선택된 사실은 수긍할 것이다.

37) D. J. Palmer, *Rise of English Studies*, p.22.

38) *Bengal Public Insturction Report for 1856～57*, Appendix A, p.213; John Murdoch, *Education in India*, p.44에서 인용. 영문학 교수가 건강, 검약, 결혼이나 장례식의 사치, 여성의 역할 등의 문제에 대해서 충분히 가르치지 않고, 그들에게는 "사람들에 관한 지식도 없을 뿐만 아니라 동정도 없다"라는 불만이 많이 나오고 있다. 그 결과 이러한 문제에 올바른 정보를 주고 접근하기 위한 교재선택이 아주 중요하다고 생각되어졌던 것이다.

39) Great Britain, *Parliamentary Papers, 1852～1853*, Appendix G, Statement of the Progress and Success of the General Assembly(now Free Church), Institution at Calcutta, 32 : 452～453.

40) Great Britain, *Parliamentary Papers, 1852～1853*, Appendix N, General Report on Public Instruction in the Lower Provinces of the Bengal Presidency for 1843～1844, pp.491～617.

41) Great Britain, *Parliamentary Papers, 1852～1853*, Appendix N, Scholarship Examination Questions 1843 : Literature, 32 : 573.

42) Great Britain, *Parliamentary Papers, 1852～1853*, Appendix N, Hindoo College Answers, 32 : 587.

43) Great Britain, *Parliamentary Papers, 1852～1853*, Evidence of Alexander Duff, 32 : 47.

44) *Calcutta Review*, 1845, 3 : 13.

45) "Letter to His Excellency the Right Hon'ble William Pitt, Lord Amherst, 11 December 1823", *Selected Works of Raja Rammohun Roy*, Delhi : Publications Division, Government of India, 1977, p.301.

46) "Baconian Philosophy Applicable to the Mental Regeneration of India", *Calcutta Christian Observer*, January～December 1838, 7 : 124.

47) Great Britain, *Parliamentary Papers, 1852～1853*, Appendix N, Hooghly College Essays, 32 : 594～595.

48) Great Britain, *Parliamentary Papers, 1852～1853*, Extract from Mahendra Lal Basak's essay "The Influence of Sound General Knowledge on Hinduism", 32 : 450.

49) Great Britain, *Parliamentary Papers, 1852～1853*, Evidence of George Norton, 32 : 105.

팽창하는 황국 · 개화하는 황국

1) 『속태평연표続泰平年表』 제1, 続群書類従完成会, 1982, 31면.

2) 『후지오카야일기藤岡屋日記』 제2권, 三一書房, 1988, 25면.

3) 『와타나베 카잔 전집 渡辺崋山集』 제3권, 日本図書センター, 1999, 211～213면.

4) 羽仁五郎, 『사토 노부히로에 관한 기초 연구佐藤信淵に関する基礎的研究』, 岩波書店, 1929, 51～53면.

5) 『통항일람 속집通航一覧続輯』 제4, 清文堂出版, 1972, 1～6면.

6) 「반란소문叛乱聞蘇」, 『갑자야화 3편甲子夜話 三篇』 5, 平凡社, 1983, 10~11면.

7) 1837년(덴포 8) 3월 20일 항목, 『마쓰자키 코도 일력慊堂日暦』 5, 平凡社, 1980, 41면. 또 5월 5일 항목에서는 오시오 부자가 이즈에 숨어들었다는 정보가 있어 니라야마의 관리 에가와는 부하인 사이토 야쿠로斎藤弥九郎에게 수색을 명했다고 한다(위의 책, 54면).

8) 金山政好 교정, 『난한로쿠南汎録』, 緑地社, 1984. 하치조지마를 포함한 이즈 7도는 러시아 선박 도항문제가 일어나자 막부의 순찰 대상이 되었다. 1797년(간세이寛政 8) 3월 다이칸代官 미카와구치 타로三河口太郎, 1802년(교와享和 2) 시하이칸조支配勘定 출장 관리인 마사키 주로에몬正木十郎右衛門, 1808년(분카 5) 시하이칸조 출장 관리인 하시즈메 라이조橋瓜頼助 등이 현지답사를 위해 파견되었다(『통항일람通航一覧』 제8, 国書刊行会, 1913, 408~410면).

9) 『갑자야화 속편甲子夜話 続篇』 1, 平凡社, 1979, 161면.

10) 이즈노쿠니의 다이칸代官인 이나베에몬伊奈兵右衛門은 1675년(엔포延宝 3) 이즈노쿠니 동남쪽에 있는 섬들을 순찰하라는 명령을 받았다. 선장 시마야 이치자에몬島谷市左衛門이 순찰에서 돌아온 다음부터 이 섬을 '무인도無人島'라고 부르게 되었다. 그 직후 오가사와라 민부小笠原民部라는 인물이 자신의 선조가 도쿠가와 이에야스로부터 이 섬을 하사받았다며 도해渡海 허가를 요청했다. 그가 허가를 받고 1733년(교호享保 18)에 출범한 이후 행방은 알 수 없다고 한다(『통항일람通航一覧』 제8, 国書刊行会, 1913, 410~425면).

11) 『갑자야화甲子夜話』 1, 1977, 83~84면. 마쓰우라 세이잔은 이 오가사와라섬 이야기에 관심이 많았던 듯 하다. 1827년(분세이 10) 오가사와라 산쿠로小笠原三九郎(오와리 도쿠가와 가의 가신)가 상경할 때 교치行智(세이잔의 정보원이었던 행각승)를 통해 세이잔과 만나려고 했으나 직접 만나지는 못하고, 섬에 관해 대략적인 정보만 얻었다. 수십 개의 섬들 가운데 비교적 큰 섬이 6개있는데, 아버지 섬, 어머니 섬, 형 섬, 아우 섬, 언니 섬, 누이 섬으로 불린다고 한다(『갑자야화 속편甲子夜話 続篇』 1, 1979, 160~161면).

12) 『와타나베 카잔 전집渡辺崋山集』 제3권, 日本図書センター, 1999, 218~219면.

13) 佐藤昌介, 『와타나베 카잔渡辺崋山』, 吉川弘文館, 1986, 220~235면.

14) 『와타나베 카잔 전집渡辺崋山集』 제4권, 日本図書センター, 1999, 279~281・287면.

15) 杉浦明平, 『와타나베 카잔 탐색崋山探索』, 岩波書店, 1998, 6~8면.

16) 『통항일람 속집通航一覧続輯』 제1권, 清文堂出版, 1968, 82~88면; 「조선 다케시마 도항경위서朝鮮竹島渡航始末記」, 『신수 시마네현사 사료편3－근세 하新修島根県史 史料篇3－近世 下』, 1965, 328~335면.

17) 「다케시마 1건竹島一件」(『갑자야화 3편 3－권29甲子夜話 三篇3－巻廿九』); 「다케시마 도항 1건竹島渡海一件」(위의 책, 권35); 「다케시마 도항 재가竹島渡航裁許」(위의 책, 권38).

18) 『후지오카야일기藤岡屋日記』 제1권, 三一書房, 1987, 608면.

19) 『후지오카야일기藤岡屋日記』 제1권, 三一書房, 1987, 519~520면.

20) 『후지오카야일기藤岡屋日記』 제2권, 三一書房, 1988, 248면.

21) 밀무역 혐의로 재산을 몰수당한, 실제로 존재했던 호상은 가가현의 제니야 고헤에銭屋五兵衛이다. 1854년(가에이 6) 3월 에도에 떠돈 풍문에 따르면 아키타秋前・히로사키弘前・마쓰마에松前 등에 점포를 내고 장사를 크게 하면서 해마다 이국과 교역을 했던 일이 발각되었다고 한다. 제니야 고헤에의 교역이 남양지역까지 뻗혀있었다는 소문도 있다. 그리고 그

무렵 사가미相模・사도佐渡・가가加賀 해안에 이국선이 출몰한 것은 제니야 코헤에와의 교역 때문이라고 한다. 몰수된 재산은 앞의 예만큼 많지 않다. 금은을 다 합해도 백만냥이 채 되지 않으며 쌀도 35,000석 정도이다(鏑木勢岐, 『제니야고헤에연구銭屋五兵衛の研究』, 銭五顕彰会, 1954 참조).

22) 1835년(덴포 6) 3월 28일 당시 국정을 총괄하던 오쿠보 타다자네大久保忠真는 간조부교勘定奉行 히지카타 이즈모노카미土方出雲守에게 중국 물건이 빼돌려지고 있다는 소문을 전하며 단속하도록 했다(『통항일람 속집通航一覧続輯』 제1권, 清文堂出版, 1968, 162~186면).

23) 『갑자야화 3편甲子夜話 三篇』 1, 平凡社, 1983, 276~277면.

24) 渡辺崋山, 「신기론慎機論」, 佐藤昌介 교정, 『와타나베 카잔・다카노 초에이 논집崋山・長英論集』, 岩波書店, 1978, 34면.

25) 『통항일람 속집通航一覧続輯』 제2권, 清文堂出版, 1968, 352~354면.

26) 『마쓰자키 코도 일력慊堂日暦』 5, 1839년(덴포 10) 2월 1일 항목, 平凡社, 1980, 244면.

27) 한 인물이 와타나베 카잔의 무리에 들어가 하구라 게키의 하치조지마 순찰에 동행했던 모토키 아무개・하급무사・의사를 잡은 결과, "미토의 상인 아무개의 배를 빌려 그 무리들과 함께 무인도로 건너가 영국 배를 불러 그 나라로" 도항하려고 한 계획이 들통났다고 한다(덴포 10년 5월 15일・18일 항목, 『마쓰자키 코도 일력慊堂日暦』 5, 平凡社, 1980, 276~277면).

28) 『후지오카야일기藤岡屋日記』 제2권, 三一書房, 1988, 99면.

29) 오시오 헤이하치로는 오사카에 숨어있는 기독교 신도들을 잡아내는 일을 할 때 스스로 기독교 신도가 되어 염탐하여 찾아냈다고 한다(『갑자야화 3편甲子夜話三篇』 4, 平凡社, 1983, 47면).

30) 『후지오카야일기藤岡屋日記』에는 1842년(덴포 13) 나가사키의 관리로 포술가砲術家인 다카시마 슈한高島秋帆이 잡혀간 것과 관련해 청국과 내통했다는 죄상이 적혀있다. 다카시마 슈한의 본거지에 있던 대량의 무기가 몰수되었으며 그와 관련해 20여 명이 잡혔다. 다카시마 무리는 고토五島열도에 고래잡이 창고를 차려놓고 겉으로는 고래잡이를 한다며 "청에 글을 보내 청군을 불러들이고" 청과 내통하면서 앞장서서 일본을 침략할 계획을 세웠는데 그것이 발각되었다고 한다(『후지오카야일기藤岡屋日記』 제2권, 三一書房, 1988, 325면).

31) 『통항일람通航一覧』 제7, 国書刊行会, 1913, 83면.

32) 『통항일람通航一覧』 제7, 国書刊行会, 1913, 79~80면.

33) 『통항일람通航一覧』 제7, 国書刊行会, 1913, 192~193면.

34) 『통항일람通航一覧』 제7, 国書刊行会, 1913, 235~236면.

35) 『에도마치법령 집성江戸町触集成』 제11권, 塙書房, 1999, 213면.

36) 竹内秀雄 교정, 『태평년표泰平年表』, 続群書類従完成会, 1979, 169면.

37) 『나가사키 네덜란드상관 일지長崎オランダ商館日記』 5, 雄松堂出版, 1994, 346면.

38) 竹内秀雄 교정, 『태평년표泰平年表』, 続群書類従完成会, 1979, 173면. 『태평년표』는 도쿠가와 막부의 가신인 오노 히로키大野広城가 만들었다. 1542년부터 1837년까지의 정치・외교・사회의 움직임을 편년체로 서술한 것으로 1841년 출판되었다. 그러나 출판 직후인 1841년 6월 10일 오노 히로키는 정무에 관련된 서적을 간행했다는 이유로 처벌을 받았고 책도 절판되었다.

39) 『후지오카야일기藤岡屋日記』 제1권, 三一書房, 1987, 75면.

40) 『통항일람通航一覧』 제8, 国書刊行会, 1913, 450면.

41) 『통항일람通航一覧』 제1, 国書刊行会, 1913, 2면.

42) 『통항일람通航一覧』 제1권 첫 면에 나오는 이런 자급자족 사회라는 인식이 반드시 막부의 외교통상 체제를 지키기 위한 일방적인 것은 아니다. 서구 나라들 가운데 유일하게 통상이 허용된 네덜란드인들 중에도 같은 의견을 가진 자가 있었다. 네덜란드 상관 책임자로 일했으며 일본 연구에도 업적을 남긴 헨드릭 되프는 레자노프에게 보낸 편지에서 무역 거절에 대해 일본 내 물산이 충분하고 사치품이 없어도 일본인은 불편함을 느끼지 않는다고 말했다(斎藤阿具 역주, 『되프일본회상록ゾーフ日本回想録』, 駿南社, 1928, 138~139면).

43) 『후지오카야일기藤岡屋日記』 제1권, 三一書房, 1987, 381면.

44) 藤田覚, 『근세정치사와 천황近世政治史と天皇』, 吉川弘文館, 1999, 82~83면.

45) 斎藤阿具 역주, 『되프일본회상록ゾーフ日本回想録』, 駿南社, 1928, 21면

46) 『사토 노부히로 무학집佐藤信淵武学集』 상, 岩波書店, 1942, 315~326면.

47) 『사토 노부히로 무학집佐藤信淵武学集』 상, 岩波書店, 1942, 419면.

48) 杉浦明平, 『와타나베 카잔 탐색崋山探索』, 岩波書店, 1998, 19~23면.

49) 「서양열국사략西洋列国史略」, 『사토노부히로 가학전집佐藤信淵家学全集』 하권, 岩波書店, 1927, 761면.

50) 島崎隆夫, 「사토노부히로-인물・사상 및 연구사佐藤信淵-人物・思想ならびに研究史」, 『일본사상대계 제45권-안도 쇼에키・사토 노부히로日本思想大系 第四十五巻-安藤昌益・佐藤信淵』, 岩波書店, 1977, 606~607면.

51) 1831년(덴포 2) 1월 22일에 마쓰우라 세이잔은 모가미 토쿠나이最上徳内와 만나 에조에 관해 문답을 나누었다. 그때 모가미 토쿠나이는 러시아인이 아이누인을 기독교로 교화시키고 있음을 언급했다. 토쿠나이는 아이누인에게 "우리 속국은 이세신궁의 덕을 숭배해야 한다"고 권유했는데, 그것을 받아들여 아이누인이 이세신궁에 선물을 바치겠다는 의지를 보였다. 토쿠나이는 선물을 시바노진구芝の神宮에 바쳤다. 그리고 신궁으로부터 부적을 받아서 에조치 아쓰케시에 신메이神明사당를 지었다. 그러나 후에 곤도 주조近藤重蔵와 함께 그 신사를 둘러보러갔을 때 사당이 없는 걸 보고 신메이신사를 다시 지었다. 그 날 멀리 바라보니 자줏빛 구름이 바다 위에 길게 뻗치는 상서로운 기운이 나타났다(『갑자야화 속편甲子夜話 続篇』 1, 1980, 83~88면).

52) 『통항일람通航一覧』 제6, 国書刊行会, 1913, 361~364면. 그 글에 나오는 "최근 나가사키에 내항한 미국 배라고 칭하는 것, 벵가라, 보스톤배 운운"하는 배는 보스톤에서 출항하여 1807년(분카 4) 4월 나가사키에 내항한 미국 배로 생각되며, 이 글은 그 직후에 쓴 것으로 추측된다(위의 책, 237~241면).

53) 佐藤昌介 교정, 『와타나베 카잔・다카노 초에이 논집崋山・長英論集』, 岩波書店, 1978, 93면.

54) 『일본사상대계 제55권-와타나베 카잔・다카노 초에이・사쿠마 쇼잔・요코이 쇼난・하시모토 사나이日本思想大系 第四十五巻-渡辺崋山・高野長英・佐久間象山・横井小楠・橋本左内』, 岩波書店, 1971, 81면.

55) 大久保利謙편, 『니시아마네전집西周全集』 제4권, 宗高書店, 1981, 81~83면.

56) 大久保利謙편, 『니시아마네전집西周全集』 제4권, 宗高書店, 1981, 251~255면.

57) 羽賀祥二, 「메이지유신과 '정표'의 편제明治維新と'政表'の編製」, 『일본사연구日本史研究』 388号.

58) 小島勝治, 『통계문화론집統計文化論集』 VI, 未来社, 1985, 42～61면.

59) 東湾楼主人, 『만국지리이야기万国地理物語』(1873.7), 일본 국립국회도서관 소장. 코넬S. S. Cornell은 메이지 초기에 골드스미스Goldsmith(『만국지리계몽万国地理啓蒙』 메이지 6년), 오거스터스 미첼S.Augustus Mitchell(『만국지리지万国地理誌』 메이지 10년, 『만국지리입문서万国地誌階梯』 메이지 11년)과 함께 당시 가장 유명했던 지리학자로 메이지 5년(1872)에 『만국지리훈몽万国地理訓蒙』(西村恒方 일역)이라는 번역서가 나왔다.

60) 『42개국인물도설四十二国人物図説』, 享保五年(1720), 淵梅軒蔵版.

61) 『갑자야화甲子夜話』 2, 平凡社, 1977, 33면.

62) 『갑자야화甲子夜話』 2, 平凡社, 1977, 149면.

63) 이하 니시키에에 관해서는 小西西郎, 『니시키에 에도 막부 말기의 역사錦絵 幕末明治の歴史』 2, 講談社, 1977 참조.

64) 『통항일람通航一覧』 제7, 国書刊行会, 1913, 76～78면.

65) 짓펜샤잇쿠의 『도카이도 도보여행기』의 성공으로 수많은 도보여행기가 세상에 나왔는데, 이는 메이지 시대에 이르러서도 계속되었다. 가나가키 로분도 『나리타가도 도보여행기成田道中膝栗毛』와 후지산 순례를 소재로 한 『익살 도보여행기滑稽道中膝車』(1883)를 썼다. 『서양 도보여행기』는 야지・기타 두 사람의 해외유람 이야기인데, 벳부 이와지로別府岩次郎(春陽亭主人)의 『해외 도보여행기海外膝栗毛』(1900)도 이와 유사한 게사쿠이다.

66) 『메이지개화기문학집明治開化期文学集』 1, 筑摩書房, 1966, 139～140면.

67) "눈 덮인 프러시아도 아메리카도 마차로 지나 잉기리스(영국), 나는 이제 포르투갈, 너는, 언제나 불란서, 덧없는 희랍과 인도. 터키에서 하룻밤 묵고, 애굽 쪽으로 좋아요, 차이나차이나 매달리네, 러시아로 보이는데 사랑의 길 하트츠치리톤."

68) 「正斎書箱考」, 『곤도세사이전집近藤正斎全集』 제2, 国書刊行会, 1906, 1면.

69) 羽賀祥二, 『사적론－19세기 일본의 지역사회와 역사의식史蹟論－十九世紀日本の地域社会と歴史意識』, 名古屋大学出版会, 1998, 제6장 참조.

'여자'의 규범과 일탈

1) 宮津市教育委員会所蔵粉川家文書, 『미야즈시의 역사宮津市史』 史料編 第三巻, 宮津市役所, 1999, 4장(宮本裕次, 岩城卓二 담당분), 600～603면. 이 사료는 『미야즈시의 역사宮津市史』 편찬 과정에서 발견되었다.

2) 분세이文政 8년 「丹後与謝郡小田村指出下帳」(粉川家文書 近世 A38).

3) 분세이文政 8년 「酉諸入用帳」(粉川家文書 近世 A40) 외.

4) 高木侃, 『미쿠다리한－에도의 이혼과 여성三くだり半－江戸の離婚と女性たち』, 平凡社, 1987; 山中至 「江戸時代・明治前期の離婚法」, 『이혼의 비교사회사離婚の比較社会史』, 三省堂, 1992.

5) 島津良子, 「幕末期の婚姻と離婚－『전국민사관례사례집全国民事慣例類集』の陳述より」, 『여성과 남성의 시공女と男の時空』 6, 藤原書店, 1995.

6) 小野和子『교토대학 야노 교수 사건京大・失野事件』, インパクト출판, 1998. 특히 井上摩耶子의 「의견서」는 심리학적 측면에서 명쾌한 논증으로, 역사학에서는 Georges Vigarelloジョルジュヴィガレロ의 『강간의 역사強姦の歴史』, 作品社, 1999가 문제의 소재를 명확하게 제시하고 있다.

7) 妻鹿淳子, 「와카렌추와 마을 아가씨若者連中と村の娘」, 『일본사연구日本史研究』 376, 1993.

8) 関民子, 『에도 후기의 여성江戸後期の女性たち』, 亜紀書房, 1980.

9) 근세국가의 이러한 측면에 대해서는 横田冬彦, 『일본의 역사 16－천하태평日本の歴史 16－天下泰平』, 講談社, 2002 참조.

10) 宮津市教育委員会蔵粉川家文書, 『미야즈시의 역사宮津市史』 史料編 第三巻, 宮津市役所, 1999, 588～589면.

11) 宮津市教育委員会蔵粉川家文書, 『미야즈시의 역사宮津市史』 史料編 第三巻, 宮津市役所, 1999, 1010면.

12) 예를 들면 明和四年宮津町方条目(宮津市教育委員会蔵粉川家文書, 『미야즈시의 역사宮津市史』 史料編 第三巻, 宮津市役所, 1999, 113쪽).